CORNELIUS GÖTZE

Vouching In und Third-Party Practice

Schriften zum Internationalen Recht

Band 64

Vouching In und Third-Party Practice

Formen unfreiwilliger Drittbeteiligung im amerikanischen Zivilprozeß und ihre Anerkennung in Deutschland

Von

Cornelius Götze

Duncker & Humblot · Berlin

Die Deutsche Bibliothek – CIP-Einheitsaufnahme

Götze, Cornelius:
Vouching In und Third-Party Practice : Formen unfreiwilliger Drittbeteiligung im amerikanischen Zivilprozess und ihre Anerkennung in Deutschland / von Cornelius Götze. – Berlin : Duncker und Humblot, 1993
(Schriften zum Internationalen Recht ; Bd. 64)
Zugl.: Freiburg (Breisgau), Univ., Diss., 1993
ISBN 3-428-07896-9
NE: GT

Fotoprint: Werner Hildebrand, Berlin
Printed in Germany

ISSN 0720-7646
ISBN 3-428-07896-9

Meinen Eltern

A small step for mankind,
but a giant leap for me ...

Vorwort

Die vorliegende Untersuchung hat im Sommersemester 1993 der rechtswissenschaftlichen Fakultät der Albert-Ludwigs-Universität Freiburg als Dissertation vorgelegen. Sie geht im wesentlichen zurück auf eine Anregung meines Doktorvaters, Herrn Professor Dr. Rolf Stürner, dem ich an dieser Stelle nochmals für seine jederzeitige Ansprechbarkeit und die zügige Begutachtung der Arbeit danken möchte.

Zu danken habe ich auch den Herren Professoren Barceló, Clermont, Kent und Rossi von der Cornell Law School in Ithaca/New York, die sich mir bei den Recherchen zum US-amerikanischen Teil dieser Arbeit, die ich im Rahmen eines LL.M.-Programms anstellen konnte, als hilfsbereite und geduldige Diskussionspartner zur Verfügung stellten.

Gewidmet ist dieses Buch meinen Eltern, die mich stets in all meinen Plänen unterstützt haben und ohne die ich einige dieser Pläne nicht hätte verwirklichen können.

Berlin, im Sommer 1993

Cornelius Götze

Inhaltsverzeichnis

Abkürzungsverzeichnis

A.	Atlantic Reporter
A.2d	Atlantic Reporter, 2d Series
a.A.	anderer Ansicht
a.a.O.	am angegebenen Ort
abl.	ablehnend
Abs.	Absatz
A.D.	Appellate Division Reports (New York)
A.D.2d	Appellate Division Reports (New York), Second Series
a.E.	am Ende
a.F.	alte Fassung
aff'd	affirmed
All E.R.	All England Law Reports
Ala.	Alabama; Alabama Reports
allg.Ans.	allgemeine Ansicht
A.L.R.	American Law Reports
A.L.R.2d	American Law Reports, Second Series
A.L.R.3d	American Law Reports, Third Series
A.L.R.4th	American Law Reports, Fourth Series
amend(s).	amendment(s)
Am. J. Comp. L.	American Journal of Comparative Law
Am. Jur. 2d	American Jurisprudence, Second Edition
Anh.	Anhang
Anm.	Anmerkung
Ann.	Annotated
app.	appendix
App. Div.	Supreme Court, Appellate Division (New York)
Ariz.	Arizona; Arizona Reports
Ark.	Arkansas; Arkansas Reports
Ark. L. Rev.	Arkansas Law Review
Art.	Artikel
art.	article
Aufl.	Auflage
BB	Der Betriebs-Berater
B.C. L. Rev.	Boston College Law Review
Bd.	Band
BGB	Bürgerliches Gesetzbuch
BGBl.	Bundesgesetzblatt
BGH	Bundesgerichtshof
BGHZ	Entscheidungen des Bundesgerichtshofs in Zivilsachen

Black	Black's Reports (Supreme Court)
Brev.	Brevard's Reports (South Carolina)
bzw.	beziehungsweise
C.A.	Court of Appeal; Court of Appeals
Cal.	California; California Reports
Cal. App.	California Appellate Reports
Cal. App. 2d	California Appellate Reports, Second Series
Cal. App. 3d	California Appellate Reports, Third Series
Cal. Civ. Code	California Civil Code
Cal. Code Civ. Proc.	California Code of Civil Procedure
Cal. L. Rev.	California Law Review
Cal. Rptr.	West's California Reporter
C.D.	Central District
cert. denied	certiorari denied
Ch.	Chancery Law Reports
ch.	chapter
Cir.	Circuit
C.J.	Chief Judge
C.J.S.	Corpus Juris Secundum
cmt.	comment
Colo.	Colorado; Colorado Reports
Colum. J.L. & Soc. Probs.	Columbia Journal of Law and Social Problems
Colum. L. Rev.	Columbia Law Review
Com. L.J.	Commercial Law Journal
Comp.	Compiled
Conn.	Connecticut; Connecticut Reports
Conn. B.J.	Connecticut Bar Journal
Cons.	Consolidated
Cornell L. Rev.	Cornell Law Review
C.P.	Court of Common Pleas
D.	District
DAJV	Deutsch-Amerikanische Juristenvereinigung
Dall.	Dallas' Reports (Pennsylvania)
DB	Der Betrieb
D.C.	District of Columbia
Del.	Delaware; Delaware Reports
ders.	derselbe
dies.	dieselbe; dieselben
Div.	Division
d.h.	das heißt
Duke L.J.	Duke Law Journal
E.D.	Eastern District
EGBGB	Einführungsgesetz zum Bürgerlichen Gesetzbuch
Einf.	Einführung
Einl.	Einleitung
Eng. Rep.	English Reports

erl.	erläutert
F.	Federal Reporter
f.	und folgende Seite
F.2d	Federal Reporter, Second Series
FamRZ	Zeitschrift für das gesamte Familienrecht
Fed. R. Civ. P.	Federal Rules of Civil Procedure
ff.	und folgende Seiten
Fla.	Florida; Florida Reports
Fn.	Fußnote
fol.	folio
F.R.D.	Federal Rules Decisions
F. Supp.	Federal Supplement
Ga.	Georgia
Ga. App.	Georgia Appeals Reports
gem.	gemäß
Gen.	General
Geo. L.J.	Georgetown Law Journal
GG	Grundgesetz
h.A.	herrschende Ansicht
Halbbd.	Halbband
Harv. L. Rev.	Harvard Law Review
Hdb.	Handbuch
Hill	Hill's Reports (South Carolina)
h.L.	herrschende Lehre
h.M.	herrschende Meinung
hrsg.	herausgegeben
i.e.S.	im engeren Sinne
Ill.	Illinois; Illinois Reports
Ill. 2d	Illinois Reports, Second Series
Ill. App.	Illinois Appellate Court Reports
illus.	illustration(s)
I.L.M.	International Law Materials
Ind.	Indiana; Indiana Reports
Ind. App.	Indiana Court of Appeals Reports
insbes.	insbesondere
Int'l Law.	International Lawyer
Iowa L. Rev.	Iowa Law Review
IPRax	Praxis des internationalen Privat- und Verfahrensrechts
i.S.	im Sinne
i.V.m.	in Verbindung mit
i.w.S.	im weiteren Sinne
J.	Judge
Johns.	Johnson's Reports (New York)
JR	Juristische Rundschau
JurBüro	Das juristische Büro

JuS	Juristische Schulung
JZ	Juristenzeitung
Kan.	Kansas; Kansas Reports
Kap.	Kapitel
Ky.	Kentucky; Kentucky Reports
La.	Louisiana; Louisiana Reports
LG	Landgericht
L.R.-Ch.	Chancery Law Reports
Mass.	Massachusetts; Massachusetts Reports
m.a.W.	mit anderen Worten
M.D.	Middle District
Md.	Maryland; Maryland Reports
MDR	Monatsschrift für deutsches Recht
Me.	Maine; Maine Reports
Mich.	Michigan; Michigan Reports
Mich. L. Rev.	Michigan Law Review
Minn.	Minnesota; Minnesota Reports
Minn. L. Rev.	Minnesota Law Review
Misc.	Miscellaneous Reports (New York)
Misc. 2d	Miscellaneous Reports (New York), Second Series
Miss.	Mississippi; Mississippi Reports
Mo.	Missouri; Missouri Reports
m.w.N.	mit weiteren Nachweisen
n.	note
Nachdr.	Nachdruck
N.C.	North Carolina; North Carolina Reports
N.C. App.	North Carolina Court of Appeals Reports
n.c.p.c.	nouveau code de procédure civile (Frankreich)
N.D.	North Dakota; North Dakota Reports; Northern District
N.E.	North Eastern Reporter
N.E.2d	North Eastern Reporter, Second Series
Neudr.	Neudruck
Nev.	Nevada; Nevada Reports
n.F.	neue Fassung
N.H.	New Hampshire; New Hampshire Reports
NiemeyersZ	Niemeyers Zeitschrift
N.J.	New Jersey; New Jersey Reports
N.J. Rev. Stat.	New Jersey Revised Statutes
N.J. Super.	New Jersey Superior Court Reports
NJW	Neue Juristische Wochenschrift
No.	Number
Nr.	Nummer
N.W.	North Western Reporter
N.W.2d	North Western Reporter, Second Series

N.Y.	New York; New York Reports
N.Y.2d	New York Reports, Second Series
N.Y. Civ. Prac. Act	New York Civil Practice Act
N.Y. Civ. Prac. L. & R.	New York Civil Practice Law and Rules
N.Y.S.	New York Supplement
N.Y.S.2d	New York Supplement, Second Series
o.	oben
O.C.G.A.	Official Code of Georgia Annotated
Okla.	Oklahoma; Oklahoma Reports
OLG	Oberlandesgericht
Or.	Oregon; Oregon Reports
P.	Pacific Reporter
p.	page
P.2d	Pacific Reporter, Second Series
Pa.	Pennsylvania; Pennsylvania State Reports
Pa. Super.	Pennsylvania Superior Court Reports
para(s).	paragraph(s)
pl.	plea
P.R.	Puerto Rico
pt.	part
Q.B.D.	Queen's Bench Division Law Reports
r.	rule
reh'g denied	rehearing denied
rev. denied	reversal denied
rev'd	reversed
RG	Reichsgericht
RGZ	Entscheidungen des Reichsgerichts in Zivilsachen
R.I.	Rhode Island; Rhode Island Reports
RIW	Recht der internationalen Wirtschaft
Rn.	Randnummer
Rspr.	Rechtsprechung
S.	Seite; Satz
s.	siehe
s.a.	siehe auch
S.C.	South Carolina; South Carolina Reports
S.C.L.	South Carolina Law Reports
S.D.	South Dakota; South Dakota Reports; Southern District
S.E.	South Eastern Reporter
S.E.2d	South Eastern Reporter, Second Series
s.o.	siehe oben
So.2d	Southern Reporter, Second Series
Speers	Speers' Reports (South Carolina)
Stan. L. Rev.	Stanford Law Review

str.	streitig
st. Rspr.	ständige Rechtsprechung
s.u.	siehe unten
Super. Ct.	Superior Court (New Jersey, Pennsylvania)
supp.	supplement
S.W.	South Western Reporter
S.W.2d	South Western Reporter, Second Series
Tenn.	Tennessee; Tennessee Reports
Tex.	Texas; Texas Reports
tit.	title
u.	unten
u.a.	unter anderem; und andere
U.C.C.	Uniform Commercial Code
U.C.C. Rep. Serv.	Uniform Commercial Code Reporting Service
U. Chi. Legal F.	University of Chicago Legal Forum
UCLA L. Rev.	University of California at Los Angeles Law Review
U. Det. J. Urb. L.	University of Detroit Journal of Urban Law
U. Ill. L.F.	University of Illinois Law Forum
U.L.A.	Uniform Laws Annotated
unstr.	unstreitig
U. Pa. L. Rev.	University of Pennsylvania Law Review
U.S.	United States Reports
U.S.C.	United States Code
U.S. Const. Art.	United States Constitution Article
U.S.C.A.	United States Code Annotated
usw.	und so weiter
v.	versus
v.a.	vor allem
Va.	Virginia; Virginia Reports
Va. L. Rev.	Virginia Law Review
Verf.	Verfasser
VersR	Versicherungsrecht
vgl.	vergleiche
Vol.	Volume
Vt.	Vermont; Vermont Reports
Wall.	Wallace's Reports (Supreme Court)
Wash.	Washington; Washington Reports
Wash. App.	Washington Appellate Reports
Wash. L. Rev.	Washington Law Review
W.D.	Western District
Wis.	Wisconsin; Wisconsin Reports
Wis. 2d	Wisconsin Reports, Second Series
W. Va.	West Virginia; West Virginia Reports
Y.B.	Year Books

z.B.	zum Beispiel
ZPO	Zivilprozeßordnung
z.T.	zum Teil
zust.	zustimmend
ZVglRWiss	Zeitschrift für vergleichende Rechtswissenschaft
ZZP	Zeitschrift für Zivilprozeß

Anm.: Die Abkürzungsweise der zitierten US-amerikanischen Rechtsliteratur richtet sich weitgehend nach dem Standardwerk *The Bluebook — A Uniform System of Citation*, 15. Aufl., Cambridge (Mass.) 1991.

Einleitung

Zivilverfahren, in denen um die vermögensrechtliche Verantwortlichkeit des Beklagten gegenüber dem Kläger gestritten wird, resultieren nicht zwangsläufig in einer endgültigen Haftungszuweisung. Ist die Ersatzpflicht des Beklagten einmal gerichtlich festgestellt, so erhebt sich in seiner Person vielmehr häufig die Folgefrage, ob er seinerseits Rückgriff gegen einen ihm ausgleichspflichtigen Dritten nehmen kann. Verständlicherweise hat er ein starkes Interesse an einer möglichst raschen Klärung dieser Frage. Vor allem aber muß ihm angesichts der charakteristischen "Scharnierstellung", die seine eigene Haftung im Gefüge von Haupt- und Regreßanspruch kennzeichnet, daran gelegen sein, die Gefahr sich widersprechender Beurteilungen dieser Haftpflicht auszuschalten, die ihm bei der Durchführung zweier voneinander völlig unabhängiger, Rechtskraft nur inter partes entfaltender Verfahren droht. An dieser Stelle nun treffen die Individualinteressen des Beklagten mit denjenigen der Öffentlichkeit zusammen: dieselben Streitpunkte zweimal zu verhandeln, läuft auf eine nach Möglichkeit zu vermeidende Mehrbelastung gerichtlicher und finanzieller Ressourcen hinaus.

So verwundert es nicht, daß die meisten Prozeßrechtssysteme, die — wie das deutsche und prinzipiell auch das US-amerikanische Recht[1] — von einem Zweiparteienmodell ausgehen, einem Beklagten erlauben, eine ihm nach seiner Behauptung ausgleichspflichtige dritte Partei in den für den Regreß vorgreiflichen Hauptprozeß hineinzuziehen. Die Formen, die eine solche erzwungene Intervention im einzelnen annehmen kann, schwanken je nach Rechtsordnung erheblich[2]. Typischerweise hat sie aber zumindest die Wirkung, den betroffenen Dritten an bestimmte Feststellungen des laufenden Verfahrens zu binden — und zwar ohne Rücksicht darauf, ob er der Beitrittsforderung nachgekommen ist oder nicht.

1. Auch in Deutschland und in den Vereinigten Staaten kennt man Mechanismen der unfreiwilligen Beteiligung eines potentiell regreßpflichtigen Dritten am Rechtsstreit. Was das deutsche Prozeßrecht betrifft, so sind es namentlich die Regeln über die Streitverkündung, §§ 72ff., 68 ZPO, die diesem Zwecke zu dienen bestimmt sind. Im amerikanischen Recht stehen dem Beklagten grundsätzlich sogar zwei Vorgehensweisen zur Wahl: er kann entweder auf das der Streitverkündung ähnelnde Verfahren des *vouching in* zurückgreifen und den Dritten auffordern, die Verteidigung des Erstprozesses zu übernehmen, widrigenfalls ihn bestimmte Präklusionswirkungen treffen. Er kann aber auch — und das

---

[1] Vgl. zum deutschen Recht *Rosenberg/Schwab*, § 40 IV, zum amerikanischen Recht *Cound u.a.*, S. 553; *Rosenberg/Smit/Dreyfuss*, S. 31.

[2] Für eine knappe rechtsvergleichende Übersicht siehe *Cohn*, §§ 5-217ff.

geschieht in der modernen Praxis weitaus häufiger — eine echte Drittklage, genannt *third-party practice* oder *impleader*, gegen den Dritten erheben, wodurch dieser zur Partei des anhängigen Ausgangsverfahrens gemacht wird. Die Darstellung dieser beiden amerikanischen Konzepte steht im Mittelpunkt des *ersten Teils* der vorliegenden Untersuchung.

2. Die Diskrepanzen, die zwischen den von beiden Rechtsordnungen zur Verfügung gestellten Instituten prinzipiell und im Detail bestehen, können sich im internationalen Wirtschafts- und Rechtsverkehr als folgenträchtig erweisen. Das gilt insbesondere für den Fall, daß der ursprüngliche Beklagte, der sich zuvor in einem der beiden Länder der dort vorgesehenen Form der Drittzitierung bedient hatte, die dadurch üblicherweise hervorgebrachten Bindungswirkungen später vor den Gerichten des anderen Staates geltend machen möchte. Hier erhebt sich die Frage, ob und nach welchen Maßstäben eine solche Inlandserstreckung der ausländischen Verfahrenswirkungen anerkannt werden kann. Der Beantwortung dieser Frage aus deutscher Perspektive geht der *zweite Teil* der hiesigen Arbeit nach.

Erster Teil: Das amerikanische Recht

Erstes Kapitel: *Vouching In*

I. Beschreibung und Zweck des Instituts

Vouching in bezeichnet ein Verfahren, das das amerikanische Recht einem Beklagten — nur ihm steht diese Option offen[1] — zur Verfügung stellt, der einen ihm seiner Ansicht nach im Rückgriff zum Ersatz verpflichteten Dritten in den Rechtsstreit hineinziehen möchte[2]. Dies geschieht, indem der Beklagte der betreffenden Person eine *vouching notice* zukommen läßt, in welcher er sie davon unterrichtet, daß gegen ihn ein Prozeß angestrengt worden sei, und ihr die Verteidigung jenes Prozesses anträgt. Der Empfänger der *notice*, der sogenannte *vouchee*, steht damit vor der Entscheidung, ob er dem Verlangen des Erstbeklagten, des *voucher*, nachkommen will oder nicht. Wenn ja, übernimmt er im folgenden die Kontrolle über die Verteidigung des *voucher*, ohne jedoch nach außen hin Partei des Verfahrens zu werden. Da er in diesem Falle — wenn auch nicht nominell, so doch de facto — selbst verhandelt, ist er in einem etwaigen Folgeprozeß über seine Regreßpflicht an die Ergebnisse des Vorverfahrens gebunden. Lehnt der Dritte dagegen die Übernahme der Verteidigung ab, so wird der Prozeß zunächst ohne Rücksicht auf ihn fortgesetzt. Das vorausgegangene *vouching in* bewirkt jedoch — und hierin liegt seine eigentliche Bedeutung —, daß die Entscheidung des Rechtsstreits auch in diesem Falle einen charakteristischen Präklusionseffekt auf den *vouchee* entfaltet, wenn es zum Folgeprozeß gegen ihn kommt.

Welche Zwecke mit diesem Institut verfolgt werden, ist unschwer zu erraten. An erster Stelle steht das Bestreben, den mutmaßlich regreßberechtigten Erstbeklagten vor sich einander widersprechenden Beurteilungen seiner eigenen

---

[1] Als Beklagter gilt in diesem Sinne auch ein *third-party defendant*. Vgl. Smith v. Goble, 248 Ark. 415, 452 S.W.2d 336 (1970).

In älteren Entscheidungen wird vereinzelt auch dem Kläger das Recht zugesprochen, sich des Verfahrens zu bedienen. Kläger war in solchen Fällen jedoch stets ein Käufer, der im Laufe einer von ihm selbst gegen eine dritte Partei erhobenen *positiven* Titelfeststellungsklage seinen Verkäufer zur Gewährleistung aufforderte. Siehe Daniels v. Street, 15 Ark. 307 (1854); Ashburn v. Watson, 8 Ga. App. 566, 70 S.E. 19 (Ct. App. 1911). Diese Konstellation ist zwar weiterhin denkbar, aber nicht mehr sonderlich praxisrelevant: in den heute eindeutig dominierenden Produkthaftungs- und Versicherungsfällen ist es in aller Regel der verletzte Dritte, der als Kläger auftritt.

[2] Vgl. einführend 46 *Am. Jur.2d* Judgments §§ 553ff., 59 *Am. Jur.2d* Parties § 187, 67A *C.J.S.* Parties § 105.

Haftpflicht in Haupt- und Rückgriffsverfahren zu schützen[3]. Auf diese Weise wird ihm das Risiko abgenommen, zunächst selbst zur Zahlung verurteilt zu werden, anschließend aber eine Verneinung seiner Verantwortlichkeit erleben zu müssen, die ihm jeglichen Regreß abschneidet. Ein weiteres Hauptziel ist die Vermeidung eines wiederholten Verhandelns derselben Streitfragen, also die Schonung gerichtlicher und finanzieller Kapazitäten[4], die im amerikanischen Recht einen hohen Stellenwert genießt. Schließlich wird mitunter zusätzlich auf den Effekt hingewiesen, daß der *vouchee* durch seine Sachnähe und etwaiges Detailwissen oft zu einer wirksameren Verteidigung des *voucher* beitragen könne[5].

Zur terminologischen Klarstellung sei vorab bemerkt, daß statt von *vouching in* häufig auch einfach von *vouching* die Rede ist. Vornehmlich außerhalb des Produktgewährleitungsrechts findet daneben ferner der Begriff *tender of defense* Verwendung[6].

II. Geschichtliche Entwicklung

In seiner heutigen Form ist das amerikanische *vouching in* das Ergebnis einer langen, nicht immer bruchlos verlaufenden geschichtlichen Entwicklung[7]. Wie der folgende Abriß zeigen wird, lassen sich seine Ursprünge bis weit in das englische Mittelalter zurückverfolgen. Insofern kann man *vouching in* als ein fest in der englischen Rechtstradition verankertes Konzept bezeichnen. Andererseits sind sowohl die theoretische Fundierung als auch der praktische Anwendungsbereich dieses Konzepts im Laufe der Zeit beträchtlichen Schwankungen unterworfen gewesen. Das gilt insbesondere im Gefolge der "Rezeption" des *vouching*-Verfahrens durch die nordamerikanischen Gerichte zu Beginn des 19. Jahrhunderts, deren Art und Weise gewisse Zweifel an der historischen Kontinuität und Geschlossenheit der Doktrin aufkommen lassen. Interessant ist ihr Bedeutungswandel allemal.

---

[3] Siehe bereits Bender v. Fromberger, 4 Dall. 436, 437 (Pa. 1806) (Tilghman, C.J.). Vgl. 18 *Wright/Miller/Kane*, § 4452, S. 441; *Christensen*, 18 Stan. L. Rev. 666, 670 (1966); *Gross*, 118 U. Pa. L. Rev. 237, 253 (1969); *Bostelman*, 14 Colum. J.L. & Soc. Probs. 189, 201f. (1978).

[4] Siehe bereits Davis v. Wilbourne, 19 S.C.L. 11, 12, 1 Hill 27, 28 (1833); Boyd v. Whitfield, 19 Ark. 447, 467 (1858). Vgl. 18 *Wright/Miller/Kane*, § 4452, S. 441; *Christensen*, 18 Stan. L. Rev. 666, 670 (1966); *Gross*, 118 U. Pa. L. Rev. 237, 253 (1969); *Bostelman*, 14 Colum. J.L. & Soc. Probs. 189, 201f. (1978).

[5] Das gilt primär für Titelstreitigkeiten. Siehe bereits Davis v. Wilbourne, 19 S.C.L. 11, 12, 1 Hill 27, 28 (1833); Boyd v. Whitfield, 19 Ark. 447, 467 (1858). Vgl. 18 *Wright/Miller/Kane*, § 4452, S. 441; *Christensen*, 18 Stan. L. Rev. 666, 670 (1966); *Gross*, 118 U. Pa. L. Rev. 237, 253 (1969).

[6] Vgl. nur *Feirich*, 1967 U. Ill. L.F. 236 (1967).

[7] Vgl. einführend *Hinman*, 34 Va. L. Rev. 321 (1948).

A. Englisches Mittelalter

1. *Vouching to Warranty*

a) Angelsächsische Periode

Ihre früheste namentliche Erwähnung findet die Praxis des *vouching* in den in der Landessprache abgefaßten Gesetzesbüchern der angelsächsischen Könige[8]. Grundlage dieser in der Zeit vor der normannischen Okkupation im Jahre 1066 entstandenen Kompilationen war germanisches Stammesrecht[9], worauf später noch zurückzukommen sein wird[10]. *Vouching to warranty* oder, latinisiert, *ad warantum vocare* bezeichnete in jenen Schriften ursprünglich ein Verfahren, mittels dessen sich der Besitzer einer beweglichen Sache[11] gegen den — in erster Linie strafrechtlichen, jedoch zugleich auf eigentumsrechtliche Konsequenzen abzielenden[12] — Vorwurf zur Wehr setzen konnte, er habe sich jenes Gutes durch Diebstahl bemächtigt[13]. Er tat dies, indem er unter Eid[14] und Zuhilfenahme von Zeugen denjenigen benannte, von dem er den betreffenden Gegenstand erworben habe. Dazu heißt es in den aus den Jahren 685-86 datierenden Gesetzen der kentischen Könige Hlothære (673-85) und Eadric (685-86):

> "If one man steal property from another, and the owner afterwards lay claim to it; let him vouch to warranty at the king's hall, if he can, and let him bring thither the person who sold it him; if he cannot do that, let him give it up, and let the owner take possession of it."[15]

Ganz ähnlich liest man im Gesetzbuch des nur kurze Zeit darauf (688-95) regierenden Königs Ine von Wessex (das allerdings erst gegen Ende des 9. Jahrhunderts schriftlich niedergelegt wurde):

---

[8] Vgl. zum Folgenden allgemein *Pollock/Maitland*, Vol. II, S. 157ff., 209f.; *Holdsworth*, Vol. II, S. 110ff.; *Bigelow*, S. 265ff.

[9] Vgl. *Baker*, S. 1ff.

[10] S.u. Zweiter Teil, Erstes Kapitel, I. C.

[11] *Holdsworth*, Vol. II, S. 112ff.; *Bigelow*, S. 266.

[12] *Pollock/Maitland*, Vol. II, S. 159f.; *Holdsworth*, Vol. II, S. 111 ("The action therefore partakes of both a proprietary and a delictual character. It aims at regaining the object and at securing compensation for the theft."). Dazu, daß das angelsächsische Recht — wie das germanische Recht generell — ursprünglich keine Scheidung von Zivil- und Strafrecht kannte, siehe *Holdsworth*, Vol. II, S. 33ff., 154ff.

[13] *Pollock/Maitland*, Vol. II, S. 162 ff.; *Holdsworth*, Vol. II, S. 112.

[14] Bei *Thorpe*, Vol. I, S. 181, ist die dabei gebräuchliche Eidesformel wiedergegeben: "[A]s I vouch it to warranty, so did he sell it to me into whose hand I now set it."

[15] Hlothære und Eadric, § 7, zitiert nach *Thorpe*, Vol. I, S. 31. *Liebermann*, Erster Band, S. 10, übersetzt:

"Wenn einer einem anderen Manne (bewegliches) Gut stiehlt, und es späterhin dieser Eigentümer (im Anefang) faßt, (so) ziehe (der verklagte Besitzer) die Gewähr zur Königshalle, wenn er kann, indem er denjenigen herbeibringt, welcher es ihm verkauft hat; wenn er das nicht kann, lasse er (es) los und greife der Eigentümer zu."

"If a man attach stolen property, and the person with whom it is attached then vouch another man to warranty; if then the man will not accept it, and says that he never sold him that, but sold him other; then must he prove who vouches it to that person, that he sold him none other, but that same."[16]

Behandeln die soeben zitierten ältesten Quellen das *vouching to warranty* noch in sehr fragmentarischer Weise, so regelt eine vergleichsweise detaillierte Vorschrift in den Gesetzen des einige Jahrhunderte später über das gesamte angelsächsische Gebiet herrschenden Königs Æthelred II. (978-1013) den praktischen Verfahrensablauf schon etwas eingehender:

"If any one attach that which he had lost, let him with whom he attaches it declare whence it came to him; let him deliver it back, and appoint a 'borh' that he will produce his warrantor at the place where it is claimed. [...] Let him deliver it up to the party who sold it to him, and desire that he clear, if he can. If he accept, he then clears him with whom it was first attached. Let him afterwards declare whence it came to him. [...] And let the parties always come to the place where it was first attached."[17]

Diese Gesetzesstelle erhellt, daß der herbeigerufene Garant, der *vouchee*, für den Fall, daß er seine Haftung anerkannte, in den Besitz an der im Streite befindlichen Sache eingewiesen wurde und im Prozeß nicht neben, sondern an die Stelle des zunächst Beklagten, des *voucher*, trat; dieser wurde aus dem Rechtsstreit entlassen[18]. Dem nunmehr verklagten Gewährsmann stand es im folgenden frei, sich seinerseits des *vouching to warranty* zu bedienen; auf diese Weise konnte idealiter die Erwerbskette, die in den Besitz des ursprünglichen Beklagten gemündet war, vollständig zurückverfolgt werden[19]. Der mehrfache Gebrauch der Vokabel "*to clear*" unterstreicht übrigens den damals primär

[16] Ine, § 75, zitiert nach *Thorpe*, Vol. I, S. 151. *Liebermann*, Erster Band, S. 123, übersetzt:

"Wenn gestohlenes Gut im Anefang gefaßt wird, und die Person, bei der es gefaßt wird, zieht nun die Gewähr auf einen andern Mann: wenn dieser Mann jenes [Zugeschobene] dann nicht annehmen will und sagt, daß er ihm dieses nie verkauft habe, vielmehr [etwas] anderes verkauft habe, dann darf, wer es zu dieser Person [in Gewähr] zieht, [durch Eid] beweisen, daß er [der herangezogene Gewährsmann] ihm kein anderes als dieses selbe verkauft hat."

[17] II Æthelred, § 8, zitiert nach *Thorpe*, Vol. I, S. 289. *Liebermann*, Erster Band, S. 225/227, übersetzt:

"Wenn jemand was ihm verloren ging, im Anefang fasst, so erkläre der (Besitzer), bei dem er es fasst, woher es an ihn (den Besitzer) gekommen sei, gelobe (in die Hand) und setze Bürgschaft, dass er seinen Gewährsmann dort, wo es eingeklagt worden ist, hinbringen werde. [...] Er schiebe an die Person, die es ihm veräussert hatte, und fordere, dass dieser (Gewährsmann), wenn er kann, die Reinheit (der eingeklagten Sache) darthue. Wenn dieser (Bezogene den Schub) annimmt, dann reinigt er (hiermit) den (Besitzer), bei welchem es im Anefang vorhin gefasst worden war. Jener (Bezogene) erkläre sodann, woher es an ihn gekommen sei. [...] Und man ziehe es allemal dort zur Gewähr, wo es zuerst (vom Anefänger) gefasst worden ist."

[18] *Pollock/Maitland*, Vol. II, S. 158, 163; *Holdsworth*, Vol. II, S. 113.

[19] *Pollock/Maitland*, Vol. II, S. 158, 163f.; *Holdsworth*, Vol. II, S. 113.

In späteren Zeiten wurde die Möglichkeit des Kettenregresses auf drei Garanten begrenzt. Konnte der dritte Vormann sein Eigentum nicht dartun, wurde der ursprüngliche Beklagte freigesprochen, mußte jedoch zugleich die Sache herausgeben. *Holdsworth*, Vol. II, S. 113;

pönalen Charakter des Verfahrens. Bemerkenswert ist an der zuletzt zitierten Vorschrift auch, daß sie in unmißverständlichen Worten die Zuständigkeit des zuerst angerufenen Gerichtes für die Verhandlung aller damit verbundenen gewährzüglichen Streitigkeiten verfügt — und damit explizit eine angelehnte Zuständigkeit für das *vouching to warranty* dekretiert[20].

Was aber geschah, wenn der vom Beklagten benannte Gewährsmann erschien, jedoch gleichzeitig abstritt, dem Beklagten die Sache verkauft zu haben? In einem solchen Falle kam es zu einem Zwischenstreit unter beiden Parteien[21]. Setzte sich in diesem das Gesamtverfahren bisweilen erheblich verzögernden Interludium der angebliche Garant durch, wurde der Beklagte als überführt angesehen[22]. Obsiegte hingegen letzterer, galt der Garant seinerseits als des Diebstahls schuldig[23]. Dasselbe Verdikt drohte ihm, wenn er der *vouching notice* von vornherein keine Folge leistete[24].

b) Zeit nach der normannischen Besetzung

In der soeben skizzierten, aus den frühen angelsächsischen Zeugnissen — deren Fülle auf die weite Verbreitung des zugrundeliegenden germanischen Brauches hinweist[25] — bekannten Erscheinungsform, also als Verfahren zur Entkräftung eines Diebstahlvorwurfs im *Fahrnis*recht, findet *vouching to warranty* noch Mitte des 13. Jahrhunderts im wesentlichen unveränderte Erwähnung in einer der ersten und gleichzeitig bedeutendsten systematischen Abhandlungen des Common Law, nämlich in dem von Bracton verfaßten Traktat *De Legibus et Consuetudinibus Anglie*[26]. Allerdings hatte sich der Hauptanwendungsbereich des Instituts zu jener Zeit bereits nachhaltig verschoben, und zwar auf das Gebiet des feudalrechtlich geprägten *Immobiliar*rechts, also der *real actions*[27]. Durch *vouching to warranty* appellierte der Empfänger eines Lehens hier an die Pflicht seines Herrn zur gerichtlichen Verteidigung der Besitzrechte seines Gefolgsmannes gegen Herausgabeverlangen Dritter. Diese Obliegenheit wurde als Bestandteil der

---

Pollock/Maitland, Vol. II, S. 163f. Siehe II Cnut, § 24,2, bei *Thorpe*, Vol. I, S. 391, und *Liebermann*, Erster Band, S. 327.

20 Siehe auch II Æthelred, § 9, bei *Thorpe*, Vol. I, S. 289/291, und *Liebermann*, Erster Band, S. 227. Vgl. *Holdsworth*, Vol. II, S. 113.

21 *Pollock/Maitland*, Vol. II, S. 163.

22 *Holdsworth*, Vol. II, S. 113.

23 *Pollock/Maitland*, Vol. II, S. 163.

24 *Holdsworth*, Vol. II, S. 113.

25 *Bigelow*, S. 265f., hält es für sicher, daß das Verfahren allen germanischen Rechtsbüchern bekannt gewesen sei, die der Lex Salica folgen. Siehe auch unten Zweiter Teil, Erstes Kapitel, I. C.

26 Bracton, f. 151, bei *Thorne*, Vol. II, S. 426f.

27 Vgl. *Pollock/Maitland*, Vol. II, S. 662ff.; *Bigelow*, S. 266ff.; *Jenks*, S. 110ff.; *Holdsworth*, Vol. II, S. 76.

Zu den unterschiedlichen Formen der *real actions*, wie *writ of right*, *writ of entry* oder *possessory assizes* (z.B. die *assize of novel disseisin* oder die *assize of mort d'ancestor*), vgl. *Holdsworth*, Vol. III, S. 1-22; *Baker*, S. 267f.; *Rawle*, § 11.

feudalherrlichen Schutzpflicht aufgefaßt[28]; es bedurfte also zu ihrer Entstehung grundsätzlich keiner förmlichen Garantieabrede[29].

Eine ausführliche Beschreibung dieses im 12. bzw. 13. Jahrhundert im Lehensrecht gebräuchlichen *vouching*-Verfahrens geben Glanvill im dritten Buche seiner berühmten Darstellung der königlichen Gerichtsbarkeit, dem *Tractatus de Legibus et Consuetudinibus Regni Angliae*, der ebenfalls zu den ehrwürdigsten Quellen des frühen Common Law zählt, sowie wiederum Bracton in seinem oben bereits erwähnten Werk. In den Grundzügen unterschied sich jenes Verfahren nicht von seinen historischen Vorläufern: der herbeigerufene *warrantor* trat an die Stelle des zuerst Beklagten, sofern er seine Verteidigungspflicht anerkannte[30]; andernfalls mußte seine Pflicht durch Urteil oder im Duell festgestellt werden[31]. Widerspenstige Garanten konnten gerichtlich geladen werden[32]. Bedeutungsvoll sind aber die Neuerungen. So wird erstmals deutlich ausgesprochen, was im Verhältnis zwischen *voucher* und *vouchee* geschah, wenn es dem letzteren nicht gelang, den Herausgabeanspruch des Dritten abzuwehren: er schuldete seinem Lehensmann dann zum Ausgleich ein gleichwertiges Stück Land, das sogenannte *escambium*[33]. Entsprechendes galt bezeichnenderweise, wenn der *vouchee* unentschuldigt ausblieb und der *voucher* daraufhin den Prozeß verlor[34]. Dazu führt Glanvill aus:

> "Note also that when it is established that he who is brought to warrant is bound to warrant the thing, then from that moment he for whom he ought to warrant it cannot lose it, because, if the demandant proves in court that the thing is his, the warrantor shall be bound to give to him who vouched him an equivalent in exchange, if he has property out of which he can do this."[35]

Die Erwähnung und ausführliche Erörterung der mit dem *escambium* zusammenhängenden Fragen bei Glanvill und Bracton[36] ist ein augenfälliges Indiz für die im Vergleich zu früheren Zeiten immer akzentuierter hervortretende Funktion des *vouching to warranty* als eines haftungsrechtlichen Regreßmechanismus mit ersten deutlichen Ansätzen einer Präklusionswirkung. Bei

---

[28] Dies wird beispielhaft illustriert durch die von Bracton, f. 382, bei *Thorne*, Vol. IV, S. 195, zitierte Aufforderungsformel: "You are bound to warrant me the land claimed because I am your man thereof and you have taken my homage therefrom and are in seisin of my service, and my father and his ancestors were the men of your ancestors." Siehe auch Glanvill, IX,4; *Bigelow*, S. 268f.; *Rawle*, § 2; *Hinman*, 34 Va. L. Rev. 321, 323 (1948).

[29] Später wurden solche ausdrücklichen Abreden aber immer häufiger hinzugefügt, so daß sie schließlich zur eigenständigen Gewährsgrundlage heranwuchsen. Vgl. Bracton, f. 380b, 381b, bei *Thorne*, Vol. IV, S. 192, 194, und passim; *Rawle*, §§ 3-4, 6.

[30] Glanvill, III,1.

[31] A.a.O.

[32] Glanvill, III,2-3; Bracton, f. 380, bei *Thorne*, Vol. IV, S. 191.

[33] Glanvill, III,1; Bracton, f. 386 ff., bei *Thorne*, Vol. IV, S. 206 ff.

[34] Vgl. Glanvill, III,4.

[35] Glanvill, III,1.

[36] Siehe Fn. 35. Eine bis in technische Einzelheiten reichende Beschreibung des Verfahrens, mit dem die Forderung nach dem *escambium* verbunden war, gibt Bracton, fol. 258b ff., bei *Thorne*, Vol. III, S. 261 ff., im Rahmen seiner Erörterung der *assise of mortdancestor*.

Glanvill findet man übrigens auch den Satz, daß ein Versäumen des *vouching to warranty* von Seiten des Beklagten den Verlust aller Rechte gegen seinen Gewährsmann zur Folge habe[37].

In vorläufiger Zusammenfassung läßt sich somit feststellen, daß *vouching to warranty* eine dem englischen Recht seit vornormannischer Zeit vertraute Form der Hinzuziehung eines Dritten zu einem laufenden Rechtsstreite war, deren Funktion zunächst vor allem in der Reinigung vom Vorwurf des Diebstahls, später in erster Linie in der Vorbereitung des Rückgriffs gegen einen Titelgaranten bestand. Der zur Verteidigung bereite *vouchee* trat grundsätzlich an die Stelle des *voucher*, nicht etwa neben ihn. Etwaige Streitigkeiten über das Bestehen des Gewährsverhältnisses wurden auf der Stelle ausgetragen, also nicht auf einen späteren Zeitpunkt verschoben.

2. Bürgenregreß

Außer der Beziehung zwischen *warrantor* und *warrantee* kannte das mittelalterliche Recht Englands mindestens noch eine weitere Rückgriffskonstellation, deren Bestehen Auswirkungen bereits im Primärprozeß gegen den Regreßberechtigten zeitigen konnte. Gemeint ist das Verhältnis zwischen Bürgen und Hauptschuldner. Auch auf dieses soll an dieser Stelle kurz eingegangen werden. Denn wenn auch das *vouching to warranty* schon der gemeinsamen Terminologie wegen als dogmengeschichtliche Hauptwurzel der heutigen amerikanischen Doktrin erscheint, so wird sich doch im folgenden erweisen, daß diese Annahme gewisser Einschränkungen bedarf[38]. Umso wichtiger ist es, aufzuzeigen, welche anderen historischen Vorbilder womöglich das Bewußtsein der Väter der modernen *vouching*-Praxis mitgeprägt haben.

Wie aus dem einzigen wissenschaftlichen Beitrag hervorgeht, der sich etwas eingehender mit den geschichtlichen Ursprüngen des *vouching in* befaßt[39], lassen sich in besagtem Verhältnis zwischen Bürgem und Hauptschuldner Belege finden, die auf eine Pflicht des letztgenannten hindeuten, den Bürgen nicht nur gegebenenfalls zu entschädigen[40], sondern ihn auch auf sein Verlangen hin von der Last eines gegen ihn angestrengten Prozesses zu befreien[41]. Kam der Hauptschuldner dieser Verpflichtung nicht nach, so wurde er mit einer Buße belegt[42]; in *Chancery*-Verfahren späterer Zeiten konnte er offenbar sogar gerichtlich zur Übernahme der Verteidigung gezwungen werden[43]. Allerdings

[37] Glanvill, III,5. — Im gemeinen Prozeß Deutschlands war diese Frage, jedenfalls soweit es um den Eviktionsregreß des Käufers ging, infolge einer widersprüchlichen Quellenlage im autoritätsspendenden römischen Recht lange Zeit umstritten. Vgl. *Endemann*, S. 274; *Gönner*, S. 361; *Wetzell*, S. 52 Fn. 29.

[38] Siehe unten B.

[39] *Hinman*, 34 Va. L. Rev. 321 (1948).

[40] Vgl. dazu den in Y.B. Pas. 43 Edw. III, fol. 11, pl. 1, LI MS. Hale 189, fol. 265v. (C.P.) (1369) geschilderten, bei *Baker/Milsom*, S. 229f., nachgedruckten Fall.

[41] Siehe den Fall des Amisius of Oxford, Fair Court of St. Ives, A.D. 1270, abgedruckt in Selden Society, Select Cases, Vol. I, S. 4-6. Vgl. *Hinman*, 34 Va. L. Rev. 321, 324f. (1948).

[42] Selden Society, Select Cases, Vol. I, S. 6. Vgl. *Hinman*, 34 Va. L. Rev. 321, 325 (1948).

enthalten die einschlägigen Quellen, soweit ersichtlich, keinerlei Hinweis darauf, daß der säumige Hauptschuldner Bindungswirkungen irgendwelcher Art zu gewärtigen hatte. Auch taucht in diesen Fundstellen nirgends das Wort "*vouching*" auf. Gleichwohl läßt sich nicht ausschließen, daß die Erinnerung an die überkommene Pflicht des Hauptschuldners zur Entlastung seines Bürgen im Prozeß die Entwicklung des modernen *vouching*-Konzepts erleichtert hat — zumindest, soweit es auf andere als *warranty*-, also Gewährleistungsverhältnisse im engeren Sinne, ausgedehnt wurde.

B. Angloamerikanische Neuzeit

1. Von *Duffield v. Scott* zur modernen US-Praxis

Wie gesehen, war die Praxis des *vouching to warranty* in England ein etablierter Bestandteil des mittelalterlichen Systems der *real actions*. Als solcher teilte sie auch im weiteren Verlauf der Geschichte deren Schicksal. Die Formalität und zunehmende Komplexität des Verfahrens führte nämlich im Zusammenwirken mit dem Aufbrechen starrer feudalrechtlicher Strukturen seit dem Ende des 15. Jahrhundert zu einer immer weiteren Zurückdrängung der *real actions* zu Lasten der *personal actions*[44], deren rechtstechnischer Ausgangspunkt nicht die Geltendmachung eines dinglichen Titels, sondern die Durchsetzung eines gegen eine bestimmte Person gerichteten Anspruchs war[45]. Die *personal actions* zeichneten sich nicht nur durch einen einfacheren Verfahrensablauf aus, sondern stellten außerdem bestimmte mit einer *real action* nicht verfolgbare Anspruchsinhalte, namentlich Geldschadensersatz, zur Verfügung[46]. Der allgemeinen Tendenz folgend, gewannen sie auch im Grundstücksrecht zunehmend an Bedeutung, und bald war die personalrechtliche *action of ejectment* vollständig an die Stelle der realrechtlichen Herausgabeklagformen getreten[47]. Freilich war den *personal actions* das fest mit dem Konzept der *real actions* verknüpfte Institut des *vouching to warranty* fremd, und es fand sich dort auch zunächst kein dem Zwecke nach verwandtes Gegenstück zu dieser Figur — angesichts der später noch zu streifenden kontinentaleuropäischen Rechtslage[48] übrigens ein Anzeichen für die geringe Wirkung, die die Rezeption des römischen Rechts in Großbritannien

[43] Siehe die Petition of Mathew Phylipp and Thomas Coke, Early Chancery Proceedings, Bundle 44, No. 142, abgedruckt in 4 Oxford Studies in Social and Legal History 222, 224 (1914).

[44] Vgl. *Rosenberg/Smit/Dreyfuss*, S. 64f.; *Hinman*, 34 Va. L. Rev. 321, 326f. (1948). Im Jahre 1834 wurden die *real actions* in England schließlich völlig abgeschafft. Siehe *Rawle*, § 10; *Rosenberg/Smit/Dreyfuss* a.a.O.

[45] Zur historischen Entwicklung und dogmatischen Abgrenzung beider Verfahrensformen vgl. die im Literaturverzeichnis aufgeführte Abhandlung *Ziegenbeins*.

[46] Vgl. *Baker*, S. 269ff. In den herkömmlichen *real actions* des Common Law konnte Schadensersatz nicht verlangt werden. Als Grund wurde angeführt, daß "the court could not give the demandant that which he demanded not, and the demandant in real actions demanded no damages, neither by writ or count". Vgl. *Rawle*, § 12.

[47] Siehe *Rosenberg/Smit/Dreyfuss*, S. 64f.; *Ziegenbein*, S. 82; *Baker*, S. 270.

[48] Siehe unten Zweiter Teil, Erstes Kapitel, I. C.

hinterlassen hatte —; Dispute um eine etwaige Rückgriffshaftung mußten in einem separaten Verfahren ausgetragen werden[49]. So überrascht es nicht, daß die literatische Behandlung des *vouching* in jener Periode deutlich abebbt.

Dieser Zustand war jedoch nicht von Dauer: im späten 18. und frühen 19. Jahrhundert hielt das *vouching* Einzug in den Bereich der *personal actions*. Zu jener Zeit nämlich begannen englische und amerikanische Gerichte den Satz aufzustellen, daß eine im Regreßwege in Anspruch genommene Partei an ein im Vorprozeß gegen den Rückgriffsgläubiger ergangenes Urteil gebunden sei, sofern letzterer ihr Mitteilung von dem gegen ihn laufenden Verfahren gemacht und ihr die Gelegenheit eingeräumt hatte, die Verteidigung jenes Verfahrens zu übernehmen. Interessanterweise läßt sich diese moderne Regel nicht auf eine einzelne Quelle zurückführen. Vielmehr scheinen die beteiligten Richter in England und den Vereinigten Staaten sie zumindest teilweise unabhängig und ohne Kenntnis voneinander formuliert zu haben[50]. Dafür spricht einmal die große zeitliche Nähe der entsprechenden Entscheidungen[51], zum anderen aber auch der Umstand, daß das Prinzip häufig ohne jegliche Bezugnahme auf irgendwelche, geschweige denn gemeinsame, Präzedenzien geltend gemacht wurde[52] — was sich nicht zuletzt mit einem an dogmatischer Etymologie wenig interessiertem prozessualen Pragmatismus erklären ließe[53]. Auch wurde das Verfahren ursprünglich keineswegs einheitlich mit dem Terminus "*vouching*" belegt[54]. Nimmt man diese Beobachtungen zusammen, dann legen sie den Schluß nahe, daß die Tragfähigkeit der entwicklungsgeschichtlichen Brücke zwischen historischem *vouching to warranty* und modernem *vouching in* nicht überschätzt werden sollte.

Dieser Eindruck erhärtet sich bei einem Blick auf die Entscheidung, die allgemein als Geburtsstunde des heutigen amerikanischen *vouching*-Verfahrens gilt. Es handelt sich hierbei um ein englisches Urteil aus dem Jahre 1789, *Duffield v. Scott*[55]. Dort begehrte der im Vorprozeß auf Zahlung bestimmter Schulden in Anspruch genommene Kläger vom Beklagten aus einem *covenant to indemnify*, also einer Entschädigungsabrede, die Erstattung des von ihm aufgewendeten Betrages. Der Beklagte, der zuvor vom Ausgangsverfahren informiert worden war, bestritt daraufhin die Verpflichtung des nunmehr

[49] *Hinman*, 34 Va. L. Rev. 321, 327 (1948).

[50] Siehe *Hinman*, 34 Va. L. Rev. 321, 327ff. (1948).

[51] V.a. Duffield v. Scott (unten Fn. 57) (dictum); Bender v. Fromberger (unten Fn. 64); Adm'rs. of Goodwyn v. Taylor, 2 Brev. 171 (S.C. 1807); Hamilton v. Cutts, 4 Mass. 349 (1808) (dictum); Kip v. Brigham, 6 Johns. 158 (N.Y. 1810) (dictum); Davis v. Wilbourne, 19 S.C.L. 11, 1 Hill 27 (1833).

[52] So z.B. in Duffield v. Scott (unten Fn. 57); Bender v. Fromberger (unten Fn. 64); Adm'rs. of Goodwyn v. Taylor (oben Fn. 53).

[53] Vgl. die entsprechende Vermutung *Hinmans*, 34 Va. L. Rev. 321, 329 (1948).

[54] Vgl. einerseits Duffield v. Scott (unten Fn. 57); Bender v. Fromberger (unten Fn. 64); Hamilton v. Cutts (oben Fn. 53); Kip v. Brigham (oben Fn. 53), die den Begriff "vouching" nicht verwenden, andererseits Adm'rs. of Goodwyn v. Taylor (oben Fn. 53); Davis v. Wilbourne (oben Fn. 53), wo das Wort auftaucht.

[55] 100 Eng. Rep. 628, 3 T.R. 374 (K.B. 1789), nachgedruckt in [1775-1802] All E.R. 621.

Klagenden zur Zahlung der Summe im Hauptprozeß. Dieses Vorbringen wurde ihm vom Gericht nicht gestattet, denn:

> "[I]f a demand be made which the person indemnifying is bound to pay, and notice be given to him, and he refuse to defend the action, in consequence of which the person to be indemnified is obliged to pay the demand, that is equivalent to a judgment, and estops the other party from saying that the defendant in the first action was not bound to pay the money."[56]

Abgesehen davon, daß die zitierte Passage den Charakter eines bloßen *obiter dictum* trägt[57], begegnet man in der gesamten Entscheidung weder der Vokabel "*vouching*" noch einem Verweis auf etwaige Präzedenzfälle. Immerhin ist darauf hingewiesen worden, daß anzunehmen ist, daß die Richter jener Zeit mit dem althergebrachten Mechanismus des *vouching to warranty* sehr wohl vertraut waren[58]. Das ändert allerdings nichts an der Tatsache, daß es in *Duffield v. Scott* nicht — wie beim *vouching to warranty* — um Gewährleistung, sondern — wie angedeutet — um Entschädigung ging[59].

Nichtsdestoweniger wuchs dem Urteil im Laufe des 19. Jahrhunderts vor allem in den Vereinigten Staaten, weniger dagegen in England[60], immer mehr die Rolle des autoritativen *precedent* zu[61]. Diese Rolle mußte es sich freilich mit anderen Entscheidungen teilen, denn die amerikanischen Gerichte hatten — wie bereits erwähnt — ihrerseits frühzeitig und offenbar unbeeinflußt von der englischen Rechtsprechung eine gleichlautende Regel aufgestellt. So stößt man in der im Jahre 1806 ergangenen Entscheidung *Bender v. Fromberger*[62], die die Rechtsgewährleistungsklage eines Grundstückskäufers gegen seinen Verkäufer zum Gegenstand hatte, auf folgende Sätze:

> "[T]he evidence offered by the defendant, to prove that he had a good title to the land in question, is inadmissible. The title has been already decided in an ejectment, the only mode in which title to land can be directly decided; and of that ejectment, the defendant had full notice. If the defendant should now be permitted to give his title in evidence; and the jury should find a verdict in favour of it, the plaintiff's remedy, by action of covenant on the deed, would be gone; and if his title should ultimately fail, on the trial of another ejectment, to be brought by him, he would lose both land and money."[63]

---

[56] 100 Eng. Rep. 628, 630, 3 T.R. 374, 377, [1775-1802] All E.R. 621, 623 (Buller, J.).

[57] Der Regreßschuldner hatte nämlich ein derart umfassendes Entschädigungsversprechen abgegeben, daß er auch bei unterbliebener Benachrichtgung vom Vorprozeß ohne weiteres gehaftet hätte. Vgl. *Hinman*, 34 Va. L. Rev. 321, 328.

[58] *Hinman*, 34 Va. L. Rev. 321, 328 (1948).

[59] Dieser Umstand veranlaßt *Mixon*, 29 Ark. L. Rev. 486, 488 (1976), zu der Schlußfolgerung: "[T]he famous case of *Duffield v. Scott* ushered a *new and similar procedure* to take the place of voucher in England." (zweite Hervorhebung vom Verf.)

[60] Dazu im Anschluß unter 2.

[61] Vgl. nur Kip v. Brigham (oben Fn. 53); Clark's Executors v. Carrington, 11 U.S. 308 (1813); Sommerville's Executors v. Hamilton, 17 U.S. 230 (1819); Robbins v. Chicago, 71 U.S. (4 Wall.) 657 (1867); Drennan v. Bunn, 124 Ill. 175, 16 N.E. 100 (1888), die alle Bezug auf Duffield v. Scott nehmen.

[62] 4 Dall. 436 (Pa. 1806).

[63] 4 Dall. 436, 437 (Tilghman, C.J.).

Dieser Ausspruch, der sich weder auf *Duffield v. Scott* noch auf die Praxis des *vouching to warranty* stützte, wird als ältestes amerikanisches Zeugnis des zeitgenössischen *vouching in* angesehen. Zugleich verdeutlicht er erstmals in plastischer Weise einen der Hauptzwecke des Verfahrens: den Schutz des Regreßsuchenden vor einander widersprechenden Urteilen. Dabei drängt sich erneut der Eindruck auf, daß das praktische Bedürfnis nach einem diesem Zwecke dienlichen Konzept die Frage nach der theoretischen Herleitbarkeit desselben in den Hintergrund gedrängt haben dürfte.

Im übrigen gab es aber bei der Entwicklung und Ausweitung des neuen Instituts in den USA auch immer wieder Gerichte, die tatsächlich unmittelbar auf das historische Vorbild des *vouching to warranty* rekurrierten[64]; dabei scheinen sie sich zuweilen der Fragwürdigkeit dieses Vorgehens bewußt gewesen zu sein[65].

Wie dem auch sei, spätestens in der zweiten Hälfte des 19. Jahrhunderts hatte sich die Figur des *vouching in* einen festen Platz im amerikanischen Recht gesichert. Erfaßt wurden dabei nicht mehr nur Titelgewährleistungspflichten (wie beim historischen *vouching to warranty* und im Falle *Bender v. Fromberger*) und Entschädigungsversprechen (wie im Falle *Duffield v. Scott*), sondern in zunehmenden Maße auch andere Arten von — vertraglichen wie gesetzlichen — Regreßverhältnissen[66]. So trat an die Stelle kasuistischer Erweiterungen der Regel in Laufe der Zeit mehr und mehr eine abstrakt-systematische Betrachtungsweise. Einer der frühesten Belege für dieses generalisierende Verständnis der Doktrin ist das aus dem Jahre 1856 stammende Urteil *Littleton v. Richardson*[67], eine Entscheidung, die zu den bei der Ausdehnung der Doktrin eine kuriose Hauptrolle einnehmenden Fällen gehört, in denen eine Stadt, die zuvor von einem im öffentlichen Verkehrsraum zu Schaden gekommenen Passanten auf Schadensersatz in Anspruch genommen worden war, Rückgriff auf die für das betreffende Gefahrobjekt primär verantwortliche Privatperson nahm[68]. Das Gericht stellte fest:

"But when a person is responsible over to another, either by operation of law or by express contract [...] and he is duly notified of the pendency of the suit and requested to take upon him the

[64] Vgl. z.B. Belden v. Seymour, 8 Conn. 304, 308 (1831); Davis v. Wilbourne, 19 S.C.L. 11, 12, 1 Hill 27, 28 (1833); Middleton v. Thompson, 1 Speers 67, 69 (S.C. 1842).

[65] So heißt es beispielsweise in der Entscheidung Davis v. Wilbourne, 19 S.C.L. 11, 12, 1 Hill 27, 28 (1833): "There is no doubt that the doctrine of voucher is strictly and technically applicable only to real actions. [...] But the principle, as far as it is applicable, has been so long applied in cases involving the rights of personal property, that I have never before heard it called in question in our Courts." Vgl. auch Middleton v. Thompson, 28 S.C.L. 28, 29, 1 Speers 67, 69 (1842).

[66] Vgl. z.B. Heiser v. Hatch, 86 N.Y. 614 (1881), wo der Regreßschuldner die Echtheit bestimmter Schuldverschreibungen zugesichert hatte.

[67] 34 N.H. 179 (1856).

[68] Insbesondere scheinen die amerikanischen Städte in der zweiten Hälfte des 19. Jahrhunderts voll von ungesicherten Baugruben gewesen zu sein. Siehe Chicago v. Robbins, 67 U.S. (2 Black) 418 (1863); Robbins v. Chicago, 71 U.S. (4 Wall.) 657 (1867); Washington Gas Light Co. v. District of Columbia, 161 U.S. 316 (1896).

defence of it, he is no longer regarded as a stranger, because he has the right to appear and defend the action, and has the same means and advantages of controverting the claim as if he was the real and nominal party upon the record. In every such case, if due notice is given to such person, the judgment, if obtained without fraud or collusion [...] will be conclusive against him, whether he has appeared or not [...] of every fact established by it."[69]

Ähnlich umfassend formulierte in einem ähnlichen Fall der *U.S. Supreme Court* 40 Jahre später, also 1896, unter ausdrücklich beifälliger Kommentierung der soeben zitierten Passage:

"[I]t is settled that where one having [a right to recover] is sued, the judgment rendered against him is conclusive upon the person liable over, provided notice be given to the latter, and full opportunity to defend the action."[70]

Dieses Urteil, *Washington Gas Light Co. v. District of Columbia*[71], stellt nicht nur eine der wenigen Äußerungen des *Supreme Court* zum Thema dar, sondern ist bis in unsere Tage auch das letzte bedeutendere Diktum des Gerichts in diesem Bereiche geblieben. Daran wird zweierlei deutlich: erstens, daß das Institut des *vouching in* zu den die heutige Rechtsprechung nur in geringerem Maße beschäftigenden Materien zählt, und zweitens, daß die moderne Entwicklung der Doktrin mit dem Anfang dieses Jahrhunderts im wesentlichen abgeschlossen war.

Ein bedeutungsvoller letzter Schritt stand allerdings noch aus. Während nämlich — wie gesehen — der Gebrauch des *vouching in* zur Geltendmachung einer *warranty of title*, d.h. im Bereich der Rechtsmängelgewährleistung, von geradezu prototypischer Bedeutung war, blieb seine Anwendbarkeit auf *warranties of quality*, also beim Rückgriff eines beklagten Zweitveräußerers auf seinen Verkäufer wegen eines Sachmangels, noch bis in jüngere Zeit umstritten[72]. Die zögernde Haltung vieler Gerichte in dieser Frage erklärt sich offenbar vor allem aus der Tatsache, daß bei Produktdefekten in der Regel nicht auszuschließen ist, daß sich die betreffende Kaufsache erst in den Händen des Erstkäufers/Zweitverkäufers verschlechtert hat. Anders als im Falle der Übertragung eines fehlerhaften Rechtstitels besteht also keine vollkommene Interessenparallelität zwischen ihm und seinem Vormann, wenn er von einem seiner Abnehmer gerichtlich in Anspruch genommen wird. Daher hielten die Richter es lange für unangemessen, dem Erstverkäufer eine Bindung an die Ergebnisse des Primärverfahrens aufzubürden[73]; die evidente Lösung, ihm eine

[69] 34 N.H. 179, 187.

[70] Washington Gas Light Co. v. District of Columbia, 161 U.S. 316, 329 (1896). Vgl. auch die kurz zuvor ergangene Entscheidung des New Yorker Court of Appeals, Oceanic Steam Navigation Co. v. Compania Transatlantica Española, 144 N.Y. 663, 39 N.E. 360 (1895), auf die sich der Supreme Court ebenfalls bezieht.

[71] 161 U.S. 316 (1896).

[72] Siehe einerseits Smith & Melton v. Moore, 7 S.C. 209 (1876); Booth v. Scheer, 185 P. 898, 105 Kan. 643 (1919) (Grundsätze des *vouching in* nicht anwendbar auf *warranties of quality*); andererseits London Guar. & Accident Co., Ltd. v. Strait Scale Co., 15 S.W.2d 766 (1929); Liberty Mut. Ins. Co. v. J.R. Clark Co., 329 Minn. 511, 59 N.W.2d 899 (1953) (Grundsätze anwendbar).

entsprechende Einrede nachträglicher Verschlechterung zu gestatten, wurde merkwürdigerweise zunächst kaum diskutiert. Erst Mitte der fünfziger Jahre wurde das *vouching in* ausdrücklich auch auf das Gebiet der Sachmängelhaftung erstreckt — von den Verfassern des *Uniform Commercial Code* (*U.C.C.*), jenes wichtigsten Ergebnisses binnenamerikanischer Rechtsvereinheitlichungsbemühungen, das in weitgehend übereinstimmender Form von sämtlichen Staaten der USA übernommen wurde[74].

Damit haben wir aber die Schwelle von der Schilderung geschichtlicher Entwicklungen zur Darstellung des aktuellen Rechts endgültig überschritten.

2. Exkurs: Das weitere Schicksal des *Vouching In* in England

In England lassen sich im gesamten 19. Jahrhundert gerade drei Fälle ausmachen, die sich auf *Duffield v. Scott* berufen[75]. In unserem Jahrhundert finden sich gar bis in das Jahr 1986 überhaupt keine Entscheidungen mehr, die auf *Duffield* bzw. das darin formulierte Prinzip rekurrieren. In jenem Jahr erging dann das Urteil *Ben Shipping Co. (Pte) Ltd. v. An Bord Bainne*[76]. Darin werden *Duffield* und seine englischen Folgeurteile als veraltet ("*not modern*") bezeichnet und die Geltung eines ähnlich weiten *vouching*-Prinzips wie im heutigen amerikanischen Recht, auf das eine der Parteien verwiesen hatte, ausdrücklich verworfen[77].

Die Gründe für die damit wohl ein für allemal besiegelte Obsoleszenz des *vouching* in England werden allgemein in der Einführung der englischen *third party procedure* durch den *Judicature Act* von 1873[78] gesehen[79]. Das ist insofern bemerkenswert, als die in den Zwanziger Jahren dieses Jahrhunderts

[73] Vgl. *Squillante/Fonseca*, § 22-10, S. 284f.; *Squillante*, 78 Com. L.J. 380, 380 (1973); *Degnan/Barton*, 51 Cal. L. Rev. 471, 473-76 (1963); *Flynn*, 36 Conn. B.J. 288, 289 (1962). Vgl. auch die *concurring opinion* von Mason, J., in Booth v. Scheer, 185 P. 898, 900, 105 Kan. 643, 647 (1919).

[74] Zum Sonderfall Louisiana vgl. U.C.C. Rep. Serv. State Correlation Tables 191 (1979).

Zur Übernahme des *vouching* in den *U.C.C.* vgl. *Degnan/Barton*, 51 Cal. L. Rev. 471 (1963); *Christensen*, 18 Stan. L. Rev. 666 (1966); *Squillante*, 78 Com. L.J. 380 (1973); *Mixon*, 29 Ark. L. Rev. 486 (1976); *Bernard*, 55 U. Det. J. Urb. L. 73 (1977).

[75] Es sind dies Smith v. Compton, 3 B. & Ad. 407, 110 Eng. Rep. 146 (1832), der einen *covenant of title to land* betraf, Jones v. Williams, 7 M. & W. 493, 151 Eng. Rep. 860 (1841), und Parker v. Lewis, 8 L. R.-Ch. 1035 (1873), in denen es wie in *Duffield* um einen *contract to indemnify* ging.

[76] [1986] 2 All E.R. 177.

[77] Wörtlich heißt es auf S. 187 der Entscheidung:

"I do not think any such principle can be found in the authorities relied on. Nor do I think it desirable to attempt to lay down such a far reaching principle. [...] The shipowners referred me, in support of their argument, to a number of United States authorities, mostly concerned with insurance. These show that the United states law on this subject is markedly different from our own. The principles which emerge are in my judgment entirely unsuited to be grafted in any general way into the English law . . . ."

[78] Dazu unten Zweites Kapitel, II. A.

[79] Vgl. *Christensen*, 18 Stan. L. Rev. 666, 668 (1966); *Squillante/Fonseca*, § 22-10, S. 284.

einsetzende allgemeine Verbreitung der *third-party practice* in den USA *nicht* zu einem vergleichbaren Ergebnis geführt hat: dort bestehen bis heute beide Institute nebeneinander fort[80]. Da dieser Umstand wiederum im wesentlichen darauf zurückzuführen ist, daß der *impleader* im Gegensatz zum *vouching in* reguläre Gerichtszuständigkeit gegenüber dem Dritten voraussetzt[81], liegt die Frage nahe, ob die englische *third party procedure* geringere Anforderungen an die territoriale Zuständigkeit für die Drittklage stellt als die amerikanische *third-party practice*[82]. Das war aber bis in die jüngste Vergangenheit zu verneinen. Denn bis 1983 setzte die Erhebung einer Drittklage nicht nur im amerikanischen, sondern auch im englischen Recht voraus, daß gegenüber dem Drittbeklagten ein selbständiger Zuständigkeitstatbestand geltend gemacht werden konnte (wobei sich die englischen Anknüpfungspunkte nicht grundsätzlich von amerikanischen Standards unterschieden). Eine angelehnte Zuständigkeit wurde also nicht beansprucht[83]. Erst in jenem Jahr wurde die einschlägige Bestimmung, *R.S.C. Ord. 16, r. 3(4)*, im Zusammenhang mit der Angleichung des englischen Rechts an das EuGVÜ dahingehend abgeändert, daß man den englischen Gerichten eine Annexzuständigkeit für Drittklagen einräumte[84]. Die Ursache für die divergierende Entwicklung des *vouching in* in den USA und England kann daher nicht auf zuständigkeitsrechtlichem Gebiete liegen.

So bleibt als plausible Erklärung nur die schlichte Mutmaßung, daß dem gemeinsamen Präzedenzfall *Duffield v. Scott* in der amerikanischen Rechtsentwicklung, die sich im ausgehenden 18. Jahrhundert ja bereits von der englischen abzulösen und eigene Wege zu beschreiten begonnen hatte, eine Bedeutung beigemessen wurde, die ihm im Mutterland in dieser Allgemeinheit niemals hatte zugedacht werden sollen. Das paßt auch zu der früher gemachten Beobachtung, daß die "Renaissance" des *vouching*-Verfahrens in den USA zu einem guten Teil auf Entscheidungen fußt, zu denen man dort offenbar unbeeinflußt von *Duffield v. Scott* gelangt war.

III. Heutige Bedeutung

A. Anwendungsbereich

Wie zuvor beschrieben, hat die Doktrin des *vouching* in den vergangenen Jahrhunderten eine stetige Ausdehnung ihres Anwendungsbereichs erfahren.

[80] Siehe hierzu im einzelnen das Dritte Kapitel.

[81] Dazu unten IV. D. sowie Zweites Kapitel, IV. D.

[82] In diese Richtung wohl *Cohn*, § 5-223.

[83] Siehe Swansea Shipping Co. v. Duncan, [1876] 1 Q.B.D. 644 (C.A.); McCheane v. Gyles, [1902] 1 Ch. 287 (C.A.); Gilchrist v. Dean, [1960] V.R. 266; *Dicey/Morris*, 10. Aufl., S. 227; *Collins*, S. 66; *Schröder*, S. 578.

[84] Vgl. *Dicey/Morris*, 11. Aufl., S. 312 Fn. 96, S. 315 illus. 7; *Cheshire/North*, S. 193 Fn. 18; *Collins*, S. 150; *Kaye*, S. 791 Fn. 1434. Danach wird der Drittbeklagte jetzt als "*necessary or proper party to a claim brought against a person duly served*" i.S.d. *R.S.C. Order 11, r.1(1)(c)* behandelt.

Dementsprechend wird das Verfahren heutzutage auf eine Vielzahl von Sachverhalten angewandt, deren einzige Gemeinsamkeit die vertraglich oder gesetzlich begründete Einstandspflicht eines Dritten gegenüber der beklagten Partei eines Zivilverfahrens ist[85]. Die Regreßverpflichtung kann — um nur die geläufigsten Anspruchsgrundlagen zu nennen — ihren Ursprung in einer *warranty* haben[86] oder auf einem *indemnity agreement* (insbesondere einem *insurance contract*) beruhen[87]. Sie kann gleichermaßen als Folge von *negligence*[88] oder *strict liability in tort*[89] eintreten. Auch ein Anspruch auf *contribution*, d.h. Gesamtschuldnerausgleich unter Mittätern[90], kommt in Betracht[91]. Das Gleiche gilt für den Fall der *suretyship*, also einer Bürgschaftsabrede[92].

---

[85] Vgl. 18 *Wright/Miller/Kane*, § 4452, S. 440; 1B *Moore*, ¶ 0.405[9]. Vgl. auch bereits das erste *Restatement of Judgments §§ 107-109* (1942).

[86] Siehe Fitzpatrick v. Hoffman, 104 Mich. 228, 62 N.W. 349 (1895) (warranty of title); United N.Y. Sandy Hook Pilots Ass'n v. Rodermond Indus., Inc., 394 F.2d 65 (3d Cir. 1968) (warranty of workmanlike performance); Humble Oil & Ref. Co. v. Philadelphia Ship Maintenance Co., Inc., 444 F.2d 727 (3d Cir. 1971) (warranty of workmanlike performance); U.S. Wire & Cable Corp. v. Ascher Corp., 34 N.J. 121, 167 A.2d 633 (1961) (warranty of quality); Hessler v. Hillwood Mfg. Co., 301 F.2d 61 (6th Cir. 1962) (warranty of quality); Uniroyal, Inc., v. Chambers Gasket & Mfg. Co., 177 Ind. App. 508, 380 N.E.2d 571 (Ct. App. 1978) (warranty of quality); Blommer Chocolate Co. v. Bongards Creameries, Inc., 635 F. Supp. 919 (N.D. Ill. 1986) (warranty of quality).

[87] Siehe Miller v. United States Fidelity & Guar. Co., 291 Mass. 445, 197 N.E. 75 (1935) (liability insurance); Farm Bureau Mut. Auto. Ins. Co. v. Hammer, 177 F.2d 793 (4th Cir. 1949) (liability insurance); Theodore v. Zurich Gen. Accident & Liab. Ins. Co., 364 P.2d 51 (Alaska 1961) (liability insurance); State Bank of New Prague v. Am. Sur. Co., 206 Minn. 137, 288 N.W. 7 (1939) (fidelity insurance); Falcon v. Beverly Hills Mortgage Corp., 166 Ariz. 311, 802 P.2d 1010 (Ct. App. 1990) (bank insurance); Booth-Kelly Lumber Co. v. S. Pac. Co., 183 F.2d 902 (9th Cir. 1950) (contractual indemnity provision); Dennis v. S.E. Kansas Gas Co., Inc., 227 Kan. 872, 610 P.2d 627 (1980) (hold harmless agreement).

[88] Siehe Hoskins v. Hotel Randolph Co., 203 Iowa 1153, 211 N.W. 423 (1926), *cert. denied*, 275 U.S. 566 (1927); Westinghouse Elec. Corp. v. J.C. Penney Corp., 166 So. 2d 211 (Fla. Dist. Ct. App. 1964); Olin's Rent-A-Car Sys., Inc. v. Royal Continental Hotels, Inc., 187 So. 2d 349 (Fla. Dist. Ct. App. 1966).

[89] Siehe Smith Radio Communications, Inc. v. Challenger Equip., Ltd., 527 P.2d 711 (Ore. 1974); Litton Sys., Inc. v. Shaw's Sales & Serv., Ltd., 119 Ariz. 10, 579 P.2d 48 (Ct. App. 1978); Int'l Harvester Co. v. TRW, Inc., 107 Idaho 1123, 695 P.2d 1262 (1985).

[90] Vgl. *Prosser/Keeton*, §§ 50, 51.

[91] Siehe beispielsweise Keitz v. Nat'l Paving & Contracting Co., 214 Md. 479, 136 A.2d 229 (1957); Am. Mut. Liab. Ins. Co. v. Matthews, 87 F. Supp. 854 (E.D.N.Y. 1949). Anderer Auffassung aber 1B *Moore*, ¶ 0.405[9] n.2. Vgl. auch Fn. 356.

[92] Siehe Int'l Fidelity Ins. Co. v. Goltra Corp., 149 N.J. Super. 574, 374 A.2d 481 (Super. Ct. App. Div. 1977).

B. Rechtsquellen

1. *Case Law*

Das *vouching in* stellt auch heute noch ein maßgeblich auf *case law* beruhendes Rechtsinstitut dar[93], das sich auf der Basis von *precedents* weiterentwickelt. Als solches ist es, soweit ersichtlich, in allen Bundesstaaten anerkannt[94]. Daneben stößt man zwar in einigen wenigen Staaten auch auf eine Verankerung des Prinzips in Gesetzesform, dies jedoch freilich meist nur in von historischen Zufälligkeiten diktierten sachrechtlichen Einzelfeldern, wie beispielsweise im Verhältnis zwischen Bürge und Hauptschuldner[95], bei Rückgriffsansprüchen einer Stadt[96] oder im Falle von Entschädigungsverträgen[97]. Das auffällig selektive Tätigwerden der Gesetzgeber in diesen Bereichen spiegelt offensichtlich Stationen der angesprochenen[98] kasuistisch-sukzessiven Erweiterung des *vouching*-Verfahrens durch die örtlichen Gerichte wider. Eine Ausnahme stellen insofern lediglich New Jersey[99], South Dakota[100] und vor allem Georgia dar, wo schon sehr früh[101] eine allgemeine Geltung beanspruchende *vouching*-Vorschrift eingeführt wurde[102].

2. *U.C.C. Section 2-607(5)(a)*

Eine gesetzliche Teilkodifizierung des *vouching*, die für die Praxis von überragender Wichtigkeit ist, findet sich darüberhinaus im zweiten Buch des zuvor bereits erwähnten *U.C.C.*, das dem Kaufrecht (*sale of goods*) gewidmet ist. Dort heißt es in *Section 2-607(5)(a)*:

> Where the buyer is sued for breach of warranty or other obligation for which his seller is answerable over

---

[93] Siehe nur State *ex rel.* Bldg. Comm'n v. Wood, 53 Del. 527, 173 A.2d 327 (1961) ("common law procedural device"); Humble Oil & Ref. Co. v. Philadelphia Ship Maintenance Co., 444 F.2d 727 (3d Cir. 1971) ("common-law device"); Dixon v. Fiat-Roosevelt Motors, Inc., 8 Wash. App. 689, 509 P.2d 86 (1973) ("'vouching in' is a common-law device"); SCAC Transp. (USA) Inc. v. S.S. Danaos, 845 F.2d 1157 (1988) ("common-law practice of 'voucher'"). Vgl. auch 59 Am. Jur.2d Parties § 187 (1987); *Squillante/Fonseca*, § 22-10, S. 281 ("common-law doctrine").

[94] Zum Weiterbestehen der Doktrin auch nach der allseitigen Einführung und Verbreitung der *third-party practice* siehe unten Drittes Kapitel.

[95] Siehe *Cal. Code Civ. Proc. § 1912* (Deering 1992).

[96] Siehe *Iowa Code § 364.14* (1991).

[97] Siehe *Cal. Civ. Code § 2778(5)* (Deering 1992).

[98] S.o. II. B. 1.

[99] Siehe *N.J. Rev. Stat. 63(21)* (1991).

[100] Siehe *S.D. Codified Laws § 56-3-12* (1991).

[101] Im Jahre 1895.

[102] Die Bestimmung, *O.C.G.A. § 9-10-13* (1991), lautet:

Where a defendant may have a remedy over against another person and vouches him into court by giving notice of the pendency of the action, the judgment rendered therein shall be conclusive upon the person vouched, as to the amount and right of the plaintiff to recover.

(a) he may give his seller written notice of the litigation. If the notice states that the seller may come in and defend and that if the seller does not do so he will be bound in any action against him by his buyer by any determination of fact common to the two litigations, then unless the seller after seasonable receipt of the notice does come in and defend he is so bound.

Diese Bestimmung ist deshalb von so großer Bedeutung, weil sie auf einem wirtschaftsrechtlichen Kerngebiet, der Sachmängelhaftung im Kaufrecht, erlassen wurde und dort in allen Bundesstaaten der USA mit Ausnahme Louisianas in gleichlautender Fassung gilt[103]. Dementsprechend ist es nicht verwunderlich, wenn ein Großteil der neueren Kommentierungen und Fälle zum *vouching in* aus dem Bereiche dieser Norm stammt[104].

Eine der *Section 2-607(5)(a)* nachgebildete Vorschrift, *Section 3-803*, begegnet übrigens nochmals im wertpapierrechtlichen Teil des *U.C.C.*; sie ist aber in der Praxis ohne erkennbare Resonanz geblieben[105].

3. *Restatement (Second) of Judgments Section 57*

Von einiger Tragweite für die Bestimmung der *Rechtsfolgen* des *vouching in* und daher an dieser Stelle ebenfalls anzusprechen ist schließlich eine zumindest *gesetzesähnliche* Schriftquelle. Gemeint ist die Erwähnung, die das Verfahren im 1982 erschienenen *Restatement (Second) of Judgments* erfährt. Obgleich es sich bei den *Restatements* bekanntlich nicht um mit Verbindlichkeit ausgestattete Gesetzesschriften, sondern um private Publikationen des *American Law Institute* handelt[106], treten diese systematisierenden Regelwerke doch mit dem Anspruch auf, das geltende amerikanische Recht wiederzugeben, und genießen angesichts ihrer hohen wissenschaftlichen Qualität in der Rechtsliteratur den Stellenwert einer *secondary authority*[107]. Dementsprechend werden sie auch sehr häufig von den Gerichten zur argumentativen Untermauerung ihrer Ausführungen herangezogen[108].

---

[103] Vgl. 4 U.C.C. Rep. Serv. IV (1968); U.C.C. Rep. Serv. State Correlation Tables (1979).

[104] An Entscheidungen vgl. z.B. Step-Saver Data Systems, Inc. v. Wyse Technology, 912 F.2d 643 (3d Cir. 1990); Barber-Greene Co. v. Bruining Co., 357 F.2d 31 (8th Cir. 1966); Alvarado v. J.C. Penney Co., Inc., 768 F. Supp. 769 (D. Kan. 1991); Leighton Indus., Inc. v. Callier Steel Pipe & Tube, Inc., No. 89-C8235, 1991 U.S. Dist. LEXIS 1749 (N.D. Ill. 1991); Moldex, Inc. v. Ogden Eng'g Corp., 652 F. Supp. 584 (D. Conn. 1987); Blommer Chocolate Co. v. Bongards Creameries, Inc., 635 F. Supp. 919 (N.D. Ill. 1986); Ford Motor Co. v. Bendix Corp., 268 N.W.2d 305, 83 Mich. App. 108 (1978); Bendix-Westinghouse Automotive Air Brake Co. v. Swan Rubber Co., 55 Cal. App.3d 256, 127 Cal. Rptr. 571 (Ct. App. 1976).

An Schrifttumsäußerungen vgl. neben den in Fn. 76 genannten Autoren noch *Flynn*, 36 Conn. B.J. 288 (1962); *Gross*, 118 U. Pa. L. Rev. 237 (1969).

[105] So findet sich im Kommentar zu *§ 3-803* nur eine einzige Fallanmerkung. Siehe 1B Uniform Laws Annotated (U.L.A.) 526f. (1989 & pocket pt. 1991).

[106] Siehe nur *Blumenwitz*, S. 53f., 84f.; *Schack*, US-ZPR, S. 12 Fn. 90.

[107] Vgl. *Farnsworth*, S. 78-80; *Blumenwitz*, S. 54.

[108] Vgl. für den hier interessierenden Bereich der *§ 57* z.B. SCAC Transp. (USA) Inc. v. S.S. Danaos, 845 F.2d 1157 (2d Cir. 1988); Metro. Property & Liab. Ins. Co. v. Kirkwood, 729 F.2d 61 (1st Cir. 1984); Preisner v. Aetna Cas. and Surety Co., 203 Conn. 407, 525 A.2d 83 (1987); Wear

Mit dem *vouching* befaßt sich in erster Linie *Section 57* des besagten *Restatement*[109]. Sie lautet:

(1) Except as stated in Subsection (2), when one person (the indemnitor) has an obligation to indemnify another (the indemnitee) for a liability of the indemnitee to a third person and an action is brought by the injured person against the indemnitee and the indemnitor is given reasonable notice of the action and an opportunity to assume or participate in its defense, a judgment for the injured person has the following effects on the indemnitor in a subsequent action by the indemnitee for indemnification:

(a) The indemnitor is estopped from disputing the existence and extent of the indemnitee's liability to the injured person; and

(b) The indemnitor is precluded from relitigating issues determined in the action against the indemnitee if:

(i) the indemnitor defended the action against the indemnitee; or

(ii) the indemnitee defended the action with due diligence and reasonable prudence.

(2) If there is a conflict of interest between the indemnitor and the indemnitee regarding the injured person's claim against the indemnitee, so that the indemnitor could not properly have assumed the defense of the indemnitee, a judgment for the injured person precludes the indemnitor only with respect to issues determined in the first action as to which:

(a) there was no conflict of interest between the indemnitee and the indemnitor; and

(b) the indemnitee conducted a defense with due diligence and reasonable prudence.

(3) A "conflict of interest" for purposes of this Section exists when the injured person's claim against the indemnitee is such that it could be sustained on different grounds, one of which is within the scope of the indemnitor's obligation to indemnify and another of which is not.

Weitere nennenswerte Rechtsquellen außerhalb des Richterrechts existieren nicht[110].

C. Systematische Einordnung

1. Grundsatz

Was die systematische Stellung des *vouching in* angeht, so diskutieren einige Autoren die Doktrin erwartungsgemäß im Rahmen einer Darlegung der Grundsätze der *third-party practice*, also als Unterfall der subjektiven Verfahrenserweiterung[111]. In viel größerer Ausführlichkeit wird das *vouching* aber regelmäßig im Zusammenhang mit der Lehre von der Rechtskraft (*res*

v. Farmers Ins. Co. of Washington, 49 Wash. App. 655, 745 P.2d 526 (Ct. App.1987); Indus. Indem. Co. v. Beeson, 153 Ariz. 317, 736 P.2d 800 (Ct. App. 1986); Farmers Ins. Co. of Arizona v. Vagnozzi, 138 Ariz. 443, 675 P.2d 703 (1983); Piedmont Equip. Co., Inc. v. Eberhard Mfg., 99 Nev. 523, 665 P.2d 256 (1983); Litton Systems, Inc. v. Shaw's Sales & Service, Ltd., 119 Ariz. 10, 579 P.2d 48 (Ct. App. 1978).

109 Schon das erste *Restatement of Judgments* aus dem Jahre 1942 befaßte sich mit den Konsequenzen einer *vouching notice* — freilich noch nicht in der begrifflichen Klarheit und systematischen Tiefe seines Nachfolgers. Siehe *Restatement of Judgments §§ 107-109*.

110 Zu *§ 58* des *Restatement (Second) of Judgments* vgl. unten VI. C.

111 Siehe beispielsweise *James/Hazard/Leubsdorf*, § 10.18 Fn. 4; 59 *Am. Jur.2d* Parties § 187 (1987).

judicata) erörtert — so nicht nur im *Restatement*[112], sondern ebenso in den beiden größten und einflußreichsten Kommentaren zum bundesstaatlichen Prozeßrecht[113]. In Gesetzestexten begegnet vereinzelt auch eine beweisrechtliche Etikettierung der Regel[114].

Diese Uneinheitlichkeit des thematischen Zusammenhangs, in dem das *vouching in* im Schrifttum begegnet, läßt sich mit der Ansiedlung des Phänomens an einer Schnittstelle prozessualer Regelungsbereiche erklären, wie sie ja auch für die Streitverkündung des deutschen Rechts kennzeichnend ist. Was durch sie nicht in Frage gestellt wird, ist die prinzipielle Einordnung des *vouching* als Doktrin des Verfahrensrechts.

2. Der Einfluß des materiellen Rechts

a) Problematik

Mit der Feststellung, beim *vouching in* handle es sich um ein prozeßrechtliches Institut, ist die Antwort auf dogmatische Folgefragen aber nicht ohne weiteres vorgezeichnet. So wurde bereits darauf hingewiesen, daß das *vouching*-Verfahren verschiedenenorts eine gesetzliche Regelung im Kontext spezifischer Regreßverhältnisse erfahren hat[115]. Wichtigstes Beispiel ist, wie erwähnt, *Section 2-607(5)(a) U.C.C.*. Gerade in Kommentierungen dieser Bestimmung nun wird das Institut häufig als bloßer verfahrensbezogener Annex des im eigentlichen Mittelpunkt stehenden sachrechtlichen Normkomplexes, also der kaufrechtlichen Gewährleistung, erörtert[116]. Dies wiederum zieht vielfach eine entschieden materiellrechtlich geprägte Interpretation des *vouching in* nach sich, was sich bisweilen in einer Deutung des Verfahrens als Ausfluß einer *kaufvertraglich verankerten Pflicht* des *warrantor* äußert[117]. Diese Sichtweise — deren ganze Fragwürdigkeit sich bei einem Blick auf die Tatsache offenbart, daß das *vouching* auch in Fällen *ex delicto* begründeter Einstandspflichten verfügbar ist — berührt zwar die grundsätzliche Qualifizierung des Konzepts als prozessualen Mechanismus nicht[118], kann sich

---

112 S.o. B. 3.

113 Siehe 18 *Wright/Miller/Kane*, § 4452; 1B *Moore*, ¶ 0.405[9] (1991). Vgl. auch *James/Hazard/Leubsdorf*, § 11.30; 46 *Am. Jur.2d* Judgments §§ 553-63 (1969 & supp. 1991).

114 Siehe *N.J. Rev. Stat. 63(21)* (1991).

115 S.o. B. 1., 2.

116 Vgl. z.B. 1B U.L.A. 56, 99f.; *White/Summers*, § 9-12; *Squillante/Fonseca*, § 22-10; *Landis*, 79 A.L.R.4th 278, 291ff. (1990). So kommt es dann z.B. auch zu der von *Koch*, ZVglRWiss 85 (1986), 11, 16 zitierten Beschreibung des *vouching in* als einer "procedural doctrine with a distinctively commercial flavour", eine entwicklungsgeschichtlich durchaus anfechtbare Charakterisierung.

117 Vgl. *Squillante/Fonseca*, § 22-10, S. 290: "The vouching in procedure . . . is . . . grounded . . . on the warrantor's promise that he will defend against any breach of warranty which may be brought against his buyer or to be bound by the results of any action brought against his buyer." Ähnlich *Degnan/Barton*, 51 Cal. L. Rev. 471, 479, 481 (1963).

118 Siehe nur *Flynn*, 36 Conn. B.J. 288, 293 (1962).

aber dennoch als in mehrfacher Hinsicht folgenschwer erweisen. Das zeigt sich insbesondere anhand der gerade im Rahmen der vorliegenden Arbeit interessierenden kollisionsrechtlichen Frage, welches Rechtsregime für die Zulässigkeit bzw. die Wirkungen eines kaufrechtlichen *vouching letter* maßgeblich ist (dazu sogleich unter b)). Die Betonung des materiellen Rechts kann aber auch auf weitere Problemkreise ausstrahlen und dort zu abweichenden Argumentationsmustern führen — so bei der Frage, ob ein wirksamer *tender of defense personal jurisdiction* des Erstgerichts über den *vouchee* zur Voraussetzung hat (dazu unter IV. D.), oder bei der dogmatischen Begründung der durch das *vouching* ausgelösten Präklusion (dazu unter VI. A. 4. a)).

Daß übrigens die *Schöpfer* des *U.C.C.* die Charakterisierung des *vouching in* als einer *prozessualen Doktrin* teilten, wird eindrücklich durch die Entstehungsgeschichte der *Section 2-607(5)(a)* belegt. Der erste Schlußentwurf des Gesetzes aus dem Jahre 1950 hatte nämlich zunächst im Anschluß an ältere Vorarbeiten in *§ 2-718* sowohl *vouching in* als auch echte *third-party practice* des verklagten Erstkäufers autorisiert, letzteres unter ausdrücklichem Verweis auf die *Federal Rules of Civil Procedure*[119]. Im zweiten Schlußentwurf des *U.C.C.* 1951 wurde *§ 2-718* dann jedoch ersatzlos gestrichen[120]. Begründet wurde dies mit dem *prozeßrechtlichen* Charakter der Bestimmung, die deshalb in einem Handelsgesetzbuch fehl am Platze sei[121]. Im Jahre 1956 nahm man dann das *vouching*, nicht aber die *third-party practice*, an anderer Stelle, nämlich eben in *Section 2-607(5)(a)*, wieder in den *Code* auf[122]. Dies geschah aber nicht, weil sich an der prozessualen Einordnung des Instituts etwas geändert hätte, sondern aufgrund seiner Nähe zur benachbarten *Section 2-607(5)(b)*, die damals auf Betreiben der New Yorker Patentanwaltschaft eingefügt wurde[123].

b) *Vouching In* und lex causae

In der Konsequenz der soeben geschilderten Tendenzen einer materiellrechtlichen "Vereinnahmung" des *vouching in* liegt es, daß — bezeichnenderweise wiederum ausschließlich im Bereiche des *U.C.C.* — von verschiedenen Autoren die Frage aufgeworfen worden ist, ob für die Zulässigkeit und Wirksamkeit des *vouching in* das Recht des Prozeßgerichts, also die lex fori, oder etwa das (Kauf)Vertragsstatut, die lex causae, bestimmend sei[124]. In der täglichen Spruchpraxis findet dieses Problem keine Beachtung — schon

[119] Siehe *Code of Commercial Law § 119* (Draft 1948); *Uniform Commercial Code § 2-718* (Proposed Final Draft 1950).

[120] Vgl. *Uniform Commercial Code, Appendix* (Proposed Final Draft No. 2 1951).

[121] Vgl. *Degnan/Barton*, 51 Cal. L. Rev. 471, 472 (1963).

[122] Siehe 1956 Recommendations of the Editorial Board for the Uniform Commercial Code § 2-607.

[123] Vgl. Recommendations of the Editorial Board for the Uniform Commercial Code § 2-607, Reason; *Degnan/Barton* a.a.O. — *§ 2-607(5)(b)* betrifft das Recht des Patentgebers, die Verteidigung von gegen den -nehmer gerichteten Klagen zu übernehmen.

[124] Siehe *Flynn*, 36 Conn. B.J. 288 (1962); *Degnan/Barton*, 51 Cal. L. Rev. 471 (1963); *Squillante/Fonseca*, § 22-10, S. 292.

deshalb nicht, weil *Section 2-607(5)(a) U.C.C.* in 49 Staaten der USA universales Einheitsrecht darstellt und die amerikanischen Gerichte bekanntlich einen starken Hang zur Anwendung eigenen Sachrechts besitzen[125].

Besagte Schrifttumsstimmen lehnen die Maßgeblichkeit der lex causae im Ergebnis jedoch einhellig ab. Am entschiedensten wird dieses Resultat in einem Artikel verfochten, der sein Votum indes ausdrücklich auf die Rechtslage in Connecticut beschränkt wissen will:

> "With Connecticut as a forum, parties have the benefit of the provision [gemeint ist die in Connecticut geltende Version der § 2-607(5)(a), der Verf.] even though all contractual and performance elements are beyond its borders . . . . If Connecticut is the forum, there is no choice-of-law problem; we consider [the voucher provision's] procedural nature and it is available in a breach of warranty case."[126]

Ebenfalls verworfen wird die lex causae-Lösung in einem weiteren Aufsatz[127], dessen Verfasser sich zusätzlich in Fällen, in denen der Erst- und Zweitprozeß in verschiedenen Bundesstaaten stattfinden, für die alleinige Maßgeblichkeit der lex fori des Zweitstaates aussprechen[128]. Immerhin zeigt aber allein schon die Tatsache, daß die Problematik als diskussionswürdig erachtet wird, wie stark der materiellrechtliche Kontext des *U.C.C.* auf die dogmatische Behandlung des *vouching in* einzuwirken vermag. Dieser Befund wird an anderer Stelle erneut Beachtung verlangen.

IV. Voraussetzungen eines wirksamen *Vouching In*

A. Die *Vouching Notice*

Um die für das *vouching* charakteristische Präklusionswirkung auszulösen, müssen verschiedene Bedingungen erfüllt sein, deren erste und fundamentale die Benachrichtigung des potentiell Regreßpflichtigen durch die beklagte Partei des Ausgangsverfahrens ist[129].

---

125 Vgl. *Degnan/Barton* a.a.O., 480; *Squillante/Fonseca* a.a.O.

126 *Flynn*, 36 Conn. B.J. 288, 292, 293 (1962).

127 *Degnan/Barton*, 51 Cal. L. Rev. 471, 480f. (1963)

128 *Degnan/Barton*, 51 Cal. L. Rev. 471, 481 (1963): "[W]hatever may be said for this view [d.h. die Bestimmung der Wirkung eines *vouching letter* nach dem Vertragsstatut, der Verf.] when applied to other aspects of the contract of sale, it seems inapposite to the problem presented by vouching letters. The question is one well within the province of the state in which the second action is brought. The effect that that state wishes to give to prior adjudication elsewhere is, at least in the first instance, its concern." Die letzte Wendung ist in Anbetracht der *full faith and credit clause* (Art. 4 § 1 der US-Verfassung) nicht selbstverständlich. Vgl. auch *Squillante/Fonseca*, § 22-10, S. 292, die zum gleichen Ergebnis gelangen. Vgl. des weiteren *Christensen*, 18 Stan. L. Rev. 666, 675 Fn. 56 (1966).

129 Die Gerichte haben stets darauf beharrt, daß ein ohne Benachrichtigung erlangtes *tatsächliches Wissen* vom Hauptprozeß nicht ausreicht. Siehe Hill v. Oswald, 99 Ill. App. 120 (App. Ct. 1901); Seattle v. Northern Pac. R.R.. Co., 47 Wash. 552, 92 P. 411 (1907); Liberty Mut. Ins. Co. v. Byerly, 299 F. Supp. 213 (E.D. Wis. 1969). Vgl. auch Chase Nat'l Bank v. City of

An diese *vouching notice* werden bestimmte Anforderungen hinsichtlich Inhalt und Form gestellt.

1. Inhalt

Der notwendige Inhalt einer *vouching notice* läßt sich in den Worten einer neueren Entscheidung wie folgt zusammenfassen:

"[S]uch notice [...] must contain full and fair information concerning the pending action and an unequivocal, certain and explicit demand to undertake the defense thereof, with an offer to surrender control of the action to the indemnitor at least to that portion of the claim for which the indemnitee seeks ultimately to hold the indemnitor liable."[130]

Auf die in diesem Zitat angesprochenen Elemente soll im folgenden näher eingegangen werden.

a) Mitteilung über die Anhängigkeit eines Verfahrens

Der *voucher* muß den *vouchee* in eindeutiger und detaillierter Weise über das gegen den ersteren laufende Verfahren unterrichten[131]. Entscheidend ist insoweit, ob die ihm zur Verfügung gestellten Informationen den *vouchee* in die Lage versetzen, das Maß seiner Involvierung vollständig zu überblicken und gegebenenfalls die Verteidigung des Falles zu übernehmen[132]. Dazu gehört, daß die Mitteilung Angaben zu den vom Hauptkläger geltend gemachten Anspruchsgrundlagen, zur Beweislage, aber auch — soweit bereits bekannt —

Norwalk, 291 U.S. 431 (1934); Provident Tradesmens Bank & Trust Co. v. Patterson, 390 U.S. 102 (1968); Martin v. Wilks, 490 U.S. 755 (1989). Vgl. *Restatement of Judgments § 107*, cmt. e, S. 516. Es gibt jedoch ernstzunehmende Stimmen im Schrifttum, die den Eintritt bestimmter Präklusionswirkungen für den Fall befürworten, daß eine Person eine ihr sich bietende Gelegenheit zur Intervention bewußt hat verstreichen lassen. Siehe 18 *Wright/Miller/Kane*, § 4452.

Eine andere Frage ist im übrigen, ob faktische Kenntnis vom Primärverfahren Auswirkungen auf die Entscheidung darüber haben kann, ob eine darauffolgende Benachrichtigung hinreichend informativ bzw. rechtzeitig erfolgt ist. Vgl. Application of Savoy, 232 N.Y.S.2d 396 (Sup. Ct. 1962) (ersteres bejahend); Illinois Cent. R. Co. v. Blaha, 3 Wis. 2d 638, 89 N.W.2d 197 (1958); Ford Motor Co. v. Bendix Corp., 83 Mich. App. 108, 268 N.W.2d 305 (Ct. App. 1978) (letzteres bejahend).

130 U.S. Wire & Cable Corp. v. Ascher Corp., 34 N.J. 121, 127, 167 A.2d 633, 636-37 (1961); zustimmend United N. Y. Sandy Hooks Pilots Ass'n v. Rodermund Indus., Inc., 394 F.2d 65 (3d Cir. 1968).

131 Siehe außer den in der vorigen Fußnote genannten Entscheidungen v.a. Oceanic Steam Navigation Co. v. Compania Transatlantica Española, 144 N.Y. 663, 39 N.E. 360 (1895): "It is sufficient that the party against whom ultimate liability is claimed is fully and fairly informed of the claim and that the action is pending with full opportunity to defend or to participate in the defense." Zustimmend Washington Gas Light Co. v. District of Columbia, 161 U.S. 316, 329-30 (1896). Vgl. auch *Schopler*, 73 A.L.R.2d 504, 515-16 (1960).

132 Siehe Hartford Acci. & Indem. Co. v. First Nat'l Bank & Trust Co., 162 Misc. 348, 294 N.Y.S. 522 (1937), *rev'd*, 256 A.D. 30, 9 N.Y.S.2d 590 (1938), *rev'd*, 281 N.Y. 162, 22 N.E.2d 324 (1939). Vgl. auch *Restatement (Second) of Judgments § 57*, cmt. e; *Schopler* a.a.O.

zu Ort und Zeitpunkt der Verhandlung enthält[133]. Die Übersendung einer Kopie der Klageschrift wird zwar grundsätzlich nicht gefordert, ist aber in der Vergangenheit meist als ausreichend erachtet worden[134].

b) Aufforderung zur Übernahme der Verteidigung (*Tender of Defense* i.e.S.)

Zentraler Bestandteil der *notice* ist des weiteren das Verlangen des Absenders, ihr Empfänger solle die Verteidigung des Rechtsstreites übernehmen. Dieser *tender of defense* bildet den eigentlichen Kern des Gesamtverfahrens, eröffnet er doch dem Entschädigungspflichtigen die Möglichkeit des Eingreifens in das laufende Verfahren und stellt damit einen Rechtfertigungsgrund für seine spätere Präklusion dar. Demgemäß macht die überwältigende Mehrheit der neueren Entscheidungen die Wirksamkeit der *notice* davon abhängig, daß der *voucher* sein Begehren dem *vouchee* gegenüber explizit und unzweideutig zum Ausdruck bringt[135]. Diesen Standpunkt nehmen auch der *U.C.C.*[136] und das *Restatement* ein[137].

Darüberhinaus besteht heute überwiegend Konsens darüber, daß der *voucher* willens sein und auch anbieten muß, dem *vouchee* die *alleinige* Führung des Prozesses zu überlassen[138]; nur nach einer Mindermeinung soll das Erbieten

---

[133] Siehe außer den in den vorigen Fußnoten genannten Entscheidungen noch Robbins v. Chicago, 71 U.S. (4 Wall.) 657, 673-74 (1867); Newell Contracting v. Blankenship, 130 S.C. 131, 125 S.E. 420 (1924). Vgl. auch *Schopler* a.a.O., 516.

[134] Siehe Spokane v. Crane Co., 98 Wash. 49, 167 P. 63 (1917); Santa Cruz Portland Cement Co. v. Snow Mountain Water & Power Co., 96 Cal. App. 615, 274 P. 617 (1929). Siehe dagegen Hartford Acci. & Indem. Co. v. First Nat'l Bank & Trust Co., 162 Misc. 348, 294 N.Y.S. 522 (1937), *rev'd*, 256 A.D. 30, 9 N.Y.S.2d 590 (1938), *rev'd*, 281 N.Y. 162, 22 N.E.2d 324 (1939) (Übersendung einer Klageabschrift nicht ausreichend, wenn sich aus ihr keine Anhaltspunkte für eine mögliche Regreßpflicht des Dritten ergeben). Vgl. auch *Schopler* a.a.O., 517.

[135] Siehe Crawford v. Pope & Talbot, Inc., 206 F.2d 784 (3d Cir. 1953); United N. Y. Sandy Hooks Pilots Ass'n v. Rodermund Indus., Inc., 394 F.2d 65 (3d Cir. 1968); State Bank of New Prague v. Am. Surety Co., 206 Minn. 137, 288 N.W. 7 (1939); Jones v. Bozeman, 321 S.W.2d 832 (Tenn. Ct. App. 1958); U.S. Wire & Cable Corp. v. Ascher Corp., 34 N.J. 121, 127, 167 A.2d 633, 636-37 (1961).

Ganz überwiegend in alten Entscheidungen findet sich vereinzelt auch die Gegenansicht, nach der eine Aufforderung zur Verteidigungsübernahme verzichtbar ist. Vgl. Chicago v. Robbins, 67 U.S. (2 Black) 418 (1863); Drennan v. Bunn, 124 Ill. 175, 16 N.E. 100 (1888); Spokane v. Crane Co., 98 Wash. 49, 167 P. 63 (1917). Vgl. auch *Schopler* a.a.O., 520ff.

[136] S.o. III. B. 2.

[137] Vgl. *Restatement (Second) of Judgments § 57*, cmt. e.

[138] Siehe Lamb v. Belt Casualty Co., 3 Cal. App. 2d 624, 40 P.2d 311 (1935); Hartford Acci. & Indem. Co. v. First Nat'l Bank & Trust Co., 162 Misc. 348, 294 N.Y.S. 522 (1937), *rev'd*, 256 A.D. 30, 9 N.Y.S.2d 590 (1938), *rev'd*, 281 N.Y. 162, 22 N.E.2d 324 (1939); U.S. Wire & Cable Corp. v. Ascher Corp., 34 N.J. 121, 127, 167 A.2d 633, 636-37 (1961); Listerman v. Day & Night Plumbing & Heating Service, Inc., 384 S.W.2d 111 (Mo. Ct. App. 1964); United N. Y. Sandy Hooks Pilots Ass'n v. Rodermund Indus., Inc., 394 F.2d 65 (3d Cir. 1968); Litton Sys., Inc. v. Shaw's Sales & Serv., Ltd., 119 Ariz. 10, 579 P.2d 48 (Ct. App. 1978); Contractor's Lumber & Supply Co. v. Champion Int'l Corp., 463 So. 2d 1084 (Miss. 1985); Bloch v. Arrowhead-Purita

gemeinsamer Verteidigung ausreichen[139]. Angesichts der Tatsache, daß dem *vouchee* in der Folge die Möglichkeit einer nochmaligen Verhandlung rückgriffserheblicher Streitfragen grundsätzlich verwehrt sein soll, ist der Standpunkt der herrschenden Auffassung nur konsequent: eine umfassende Bindung an die Ergebnisse des Vorprozesses ist alleine dann unbedenklich, wenn dort zuvor eine ebenso umfassende Gelegenheit zur Wahrnehmung der eigenen Interessen bestanden hatte. Diese Sichtweise steht auch im Einklang mit amerikanischem Verfassungsrecht[140]. Das schließt allerdings die nach wohl allgemeiner Ansicht zulässige Möglichkeit nicht aus, die *offer to surrender control* auf den Teil der Klage zu beschränken, an den die potentielle Regreßpflicht des *vouchee* anknüpft[141].

c) Androhung der Präklusionswirkung

Die Frage, ob dem Empfänger der *vouching notice* die mit dem *vouching* typischerweise verbundenen Bindungswirkungen ausdrücklich angedroht werden müssen, wird nicht ganz einheitlich beantwortet. Während *Section 2-607(5)(a)*

Waters, Inc., 798 F.2d 1238 (9th Cir. 1986); Falcon v. Beverly Hills Mortgage Corp., 166 Ariz. 311, 802 P.2d 1010 (Ct. App. 1990).

[139] Diese Meinung wird u.a. vertreten in Drennan v. Bunn, 124 Ill. 175, 16 N.E. 100 (1888); Oceanic Steam Navigation Co. v. Compania Transatlantica Española, 144 N.Y. 663, 39 N.E. 360 (1895). Auch die beiden großen Kommentare zum Bundesprozeßrecht wollen grundsätzlich das Angebot einer gemeinschaftlich geführten Verteidigung ausreichen lassen, sofern nur dem *vouchee* wenigstens das für einen *Mitbeklagten* typische Ausmaß an Kontrolle zugestanden wird. Siehe 18 *Wright/Miller/Kane*, § 4451, S. 430; 1B *Moore*, ¶ 0.411[6], S. 457f. Diese Mindestanforderung liegt wohl auch der Wendung "... opportunity to assume or *participate* in its defense ..." (Hervorhebung vom Verf.) in *§ 57* des *Restatement* zugrunde; vgl. *Restatement (Second) of Judgments § 57*, cmt. e: "[The notice must not be] accompanied by demands or conditions such that the indemnitor could assume the defense only by surrendering his own legal rights or reservations." Vgl. auch *Restatement (Second) of Judgments § 39*; *Schopler*, 73 A.L.R.2d 504, 524ff. (1960); *Restatement of Judgments § 107*, cmt. e, S. 516.

[140] Selbst eine echte Prozeßpartei ist in einem späteren Rechtsstreit gegen Dritte nach den Grundsätzen der *issue preclusion* nur unter der Voraussetzung an die Feststellungen des Erstprozesses gebunden, daß sie dort eine "full and fair opportunity to litigate" besaß. Vgl. Blonder-Tongue Lab., Inc. v. Univ. of Ill. Found., 402 U.S. 313 (1971); Parklane Hosiery Co., Ltd. v. Shore, 439 U.S. 322 (1979); Restatement (Second) of Judgments § 29. An diesem Standard muß sich auch das *vouching in* messen lassen, vgl. SCAC Transp. (USA) Inc. v. S.S. Danaos, 845 F.2d 1157, 1162 (2d Cir. 1988); Universal Am. Barge Corp. v. J-Chem, Inc., 946 F.2d 1131, 1136 (5th Cir. 1991); er ist Ausfluß der *due process clause* der amerikanischen Verfassung, vgl. *Tribe*, §§ 10-7, 10-15. Dementsprechend räumt beispielsweise 18 *Wright/Miller/Kane*, § 4451, S. 430 Fn. 9, ein, daß eine — von ihm prinzipiell für ausreichend erachtete — bloße Teilung der Kontrolle über die Verteidigung zu Einschränkungen der den *vouchee* im Folgeprozeß treffenden Präklusionswirkung führen kann.

[141] Siehe U.S. Wire & Cable Corp. v. Ascher Corp., 34 N.J. 121, 127, 167 A.2d 633, 636-37 (1961); United N. Y. Sandy Hooks Pilots Ass'n v. Rodermund Indus., Inc., 394 F.2d 65 (3d Cir. 1968); Litton Sys., Inc. v. Shaw's Sales & Serv., Ltd., 119 Ariz. 10, 579 P.2d 48 (Ct. App. 1978); Contractor's Lumber & Supply Co. v. Champion Int'l Corp., 463 So. 2d 1084 (Miss. 1985). Vgl. auch City of Des Moines v. Barnes, 238 Iowa 1192, 30 N.W.2d 170 (1947).

U.C.C. sie explizit bejaht[142], lassen sich Fälle außerhalb des Anwendungsbereichs dieser Bestimmung finden, die von der Notwendigkeit einer entsprechenden Ankündigung absehen[143].

2. Form

Hinsichtlich etwaiger beim *vouching* einzuhaltender Formerfordernisse gilt bis heute prinzipiell immer noch, was der New Yorker *Court of Appeals* im Falle *Oceanic Steam Navigation Co. v. Compania Transatlantica Española*[144] bereits vor nahezu einhundert Jahren feststellte:

> "No particular form of words is necessary in order to constitute notice in such cases nor is it even necessary to give a written notice."[145]

Die Benachrichtigung ist also weder an eine spezielle Wortwahl noch an eine bestimmte Form gebunden und kann grundsätzlich auch mündlich abgegeben werden[146]. Letztere Option ist freilich schon aus Beweisgründen wenig ratsam. Im Falle der besonders wichtigen *Section 2-607(5)(a) U.C.C.* ist sie dem Beklagten ohnehin verschlossen: dort ist ausdrücklich von einer "*written notice*" die Rede[147], so daß eine bloß mündliche Mitteilung nicht ausreicht[148].

B. Verfahren

Die Übermittlung des *tender of defense* ist an kein förmliches Verfahren gebunden. Sie ist nicht etwa Prozeßhandlung, sondern bedeutet ein rein privates Tätigwerden[149]. Das Gericht wird nicht eingeschaltet, und vielfach erlangt auch keiner der sonstigen am Urprozeß beteiligten Personen Kenntnis vom Vorgehen des *voucher*. Wie noch zu sehen sein wird, ist es nicht zuletzt dieser informelle Charakter des Verfahrens, der das *vouching in* für viele Beklagte attraktiv erscheinen läßt[150].

---

[142] S.o. III. B. 2. Vgl. z.B. Bendix-Westinghouse Automotive Air Brake Co. v. Swan Rubber Co., 55 Cal. App. 3d 256, 127 Cal. Rptr. 571 (Ct. App. 1976); Crews v. Ramirez, 18 U.C.C. Rep. Serv. 919 (Cal. Ct. App. 1976); Lester Bldg. Associates, Inc. v. Davidson, 514 A.2d 1100 (Del. Ch. 1986).

[143] Siehe beispielsweise Liberty Mut. Ins. Co. v. Byerly, 299 F. Supp. 213 (E.D. Wis. 1969). Die Mehrzahl der Gerichte entscheidet jedoch auch in den außerhalb des *U.C.C.* liegenden Fällen anders; siehe z.B. Humble Oil & Ref. Co. v. Philadelphia Ship Main. Co., 444 F.2d 737 (3d Cir. 1971); Hessler v. Hillwood Mfg. Co., 302 F.2d 61 (6th Cir. 1962).

[144] 144 N.Y. 663, 39 N.E. 360 (1895).

[145] 144 N.Y. 663, 665, 39 N.E. 360, 361 (1895).

[146] Vgl. nur Culver Contracting Corp. v. Humphrey, 268 N.Y. 26, 196 N.E. 627, *reh'g denied*, 268 N.Y. 719, 198 N.E. 574 (1935); U.S. Wire & Cable Corp. v. Ascher Corp., 34 N.J. 121, 167 A.2d 633 (1961); United N. Y. Sandy Hooks Pilots Ass'n v. Rodermund Indus., Inc., 394 F.2d 65 (3d Cir. 1968).

[147] S.o. III. B. 2.

[148] Ein Muster für eine *written notice* gem. *§ 2-607(5)(a)* ist abgedruckt in 4 U.L.A. 153 (1968).

[149] Vgl. nur *Gross*, 118 U. Pa. L. Rev. 237, 242 (1969); *Bostelman*, 14 Colum. J.L. & Soc. Probs. 189, 214f. in Fn. 106 (1978).

C. Zeitpunkt

Dem Adressaten einer *vouching notice* wird eine präklusionsauslösende Übernahme der Verteidigung nur zugemutet, wenn man ihm den Verfahrenseintritt so früh ermöglicht, daß er zu einer sorgfältigen und umfassenden Vorbereitung seiner Prozeßführung in der Lage ist. Dementsprechend steht die Wirksamkeit der *notice* unter dem Vorbehalt ihrer rechtzeitigen Abgabe[151]. Starre Fristen haben sich in diesem Punkte nicht herausgebildet; die Gerichte lassen vielmehr in typischer Common Law-Manier die Umstände des Einzelfalles entscheiden[152]. Als allgemeine Regel läßt sich aber formulieren, daß die Benachrichtigung des *vouchee* zu einem Zeitpunkt erfolgen muß, in dem ihm noch das gesamte Instrumentarium prozessualer Verteidigungsmittel offensteht. Dies schließt insbesondere auch eine Kontrolle über das Stadium der *pretrial proceedings* samt der Maßnahmen der *discovery* mit ein[153].

[150] S.u. V. A. 1.

[151] Siehe bereits Davis v. Wilbourne, 19 S.C.L. 11, 12, 1 Hill 27, 28 (1833), wo sich ein Gericht erstmals mit der Frage befaßt und dabei eine Kopplung an die Frist zur Klageerwiderung für angemessen hält. Siehe im übrigen z.B. U.S. Wire & Cable Corp. v. Ascher Corp., 34 N.J. 121, 167 A.2d 633 (1961); United N. Y. Sandy Hooks Pilots Ass'n v. Rodermund Indus., Inc., 394 F.2d 65 (3d Cir. 1968); Liberty Mut. Ins. Co. v. Byerly, 299 F. Supp. 213 (E.D. Wis. 1969); Dixon v. Fiat-Roosevelt Motors, Inc., 8 Wash. App. 689, 509 P.2d 86 (1973); Litton Sys., Inc. v. Shaw's Sales & Serv., Ltd., 119 Ariz. 10, 579 P.2d 48 (Ct. App. 1978); Sky City Stores, Inc. v. United Overton Corp., 90 N.C. App. 124, 367 S.E.2d 338 (Ct. App. 1988), *rev. denied*, 323 N.C. 175, 373 S.E.2d 114 (1988); Falcon v. Beverly Hills Mortgage Corp., 166 Ariz. 311, 802 P.2d 1010 (Ct. App. 1990), *rev'd on other grounds*, 815 P.2d 896 (1991). Vgl. auch *Schopler*, 73 A.L.R. 504, 536ff. (1960); *Mixon*, 29 Ark. L. Rev. 486, 501f. (1976); *Bernard*, 55 U. Det. J. Urb. L. 73, 88 (1977).

[152] Grundlegend Oceanic Steam Navigation Co. v. Compania Transatlantica Española, 144 N.Y. 663, 39 N.E. 360 (1895): "The defendant was entitled to a reasonable notice and a reasonable opportunity to defend, and this question is not governed by any fixed or arbitrary rules, but must depend upon the facts and circumstances of the case." Das Gericht hielt damals eine *notice* 8 Tage vor Verhandlungsbeginn für ausreichend. Siehe auch Illinois Cent. R. Co. v. Blaha, 3 Wis. 2d 638, 89 N.W.2d 197 (1958) (Nachricht fünf Tage vor dem Beginn der Verhandlung rechtzeitig, da ihr Empfänger von Anfang an von der Klage gewußt, seine offensichtliche Verantwortung aber kategorisch geleugnet hatte); Dixon v. Fiat-Roosevelt Motors, Inc., 8 Wash. App. 689, 509 P.2d 86 (1973) (*notice* zwei Wochen nach Klageerhebung und sechs Wochen vor Verhandlungsbeginn angesichts der Unumgänglichkeit zeitaufwendiger Verteidigungsvorbereitung und der durch Besonderheiten des konkreten Falles bedingten Unmöglichkeit eines Verhandlungsaufschubs unzureichend); Kimmel v. Iowa Realty Co., Inc., 339 N.W.2d 374 (Iowa 1983) (Mitteilung zwei Monate nach Verfahrens- und 40 Tage vor Verhandlungsbeginn mangels Glaubhaftmachung eines Nachteils auf Seiten des *vouchee* ausreichend).

[153] Siehe U.S. Wire & Cable Corp. v. Ascher Corp., 34 N.J. 121, 167 A.2d 633 (1961), wo eine Benachrichtigung 17 Tage vor der Verhandlung und nach Abschluß der *pretrial*-Phase als verspätet zurückgewiesen wurde: "The notice should be given so shortly after the institution of the suit as to permit a complete control of pretrial proceeding by the indemnitor." Zustimmend United N. Y. Sandy Hooks Pilots Ass'n v. Rodermund Indus., Inc., 394 F.2d 65 (3d Cir. 1968), wo die Mitteilung allerdings erst fünfeinhalb Jahre nach Klageerhebung und über zwei Jahre nach der erstmaligen Verhandlung des Falles erfolgte; Litton Sys., Inc. v. Shaw's Sales & Serv., Ltd., 119 Ariz. 10, 579 P.2d 48 (Ct. App. 1978); Falcon v. Beverly Hills Mortgage Corp., 166 Ariz. 311, 802

D. *Personal Jurisdiction* über den *Vouchee*

In Zeiten, da mit der *third-party practice* ein dogmatisch erheblich weiterreichendes Konzept zur prozessualen Bewältigung der Regreßproblematik allgemeinen Eingang in das amerikanische Recht gefunden hat, ist es ganz besonders ein Merkmal, das dem *vouching in* einen bleibenden Anwendungsbereich sichert. Gemeint ist die *extrajurisdictionality* des Verfahrens: im Gegensatz zum *impleader* setzt ein wirksames *vouching in* nicht voraus, daß der herbeizitierte Dritte der *personal jurisdiction* des Erstgerichts unterliegt[154]. Die dem *vouching* eigene Bindungswirkung tritt also auch gegenüber Personen ein, die der territorialen Zuständigkeit jenes Gerichts entzogen gewesen wären. Dieser Besonderheit kann nicht nur in interlokalen, sondern offenkundig auch in internationalen Rechtsstreitigkeiten erhebliche Bedeutung zukommen[155]. Allerdings ist dabei sogleich einschränkend hinzuzusetzen, daß die weite Verbreitung und der extensive Gebrauch sogenannter *long-arm statutes*, deren vorrangiger Zweck in der den verfassungsrechtlichen Rahmen ausschöpfenden Einräumung von *jurisdiction* besteht[156], die Häufigkeit der Situationen immer

---

P.2d 1010 (Ct. App. 1990), *rev'd on other grounds*, 815 P.2d 896 (1991). Vgl. auch Ford Motor Co. v. Bendix Corp., 83 Mich. App. 108, 268 N.W.2d 305 (Ct. App. 1978) (Nachricht fünf Tage vor dem Beginn der Verhandlung rechtzeitig, da ihr Empfänger seit mehr als einem Jahr von der Klage gewußt und auch bei der *pretrial discovery* mitgewirkt hatte).

154 Siehe State *ex rel.* Bldg. Comm'n v. Wood, 53 Del. 527, 173 A.2d 327, 332 (1961) ("[W]here personal service cannot be obtained the device of 'vouching in' still may be and is utilized . . . ."); Hessler v. Hillwood Mfg. Co., 302 F.2d 61 (1962) (implizit); Grummons v. Zollinger, 240 F. Supp. 63 (N.D. Ind. 1964) (implizit), *aff'd*, 341 F.2d 464 (7th Cir. 1965); West Indian Co. Ltd. v. S.S. Empress of Canada, 277 F. Supp. 1, 3 (S.D.N.Y. 1967); Liberty Mut. Ins. Co. v. Byerly, 299 F. Supp. 213 (E.D. Wis. 1969); Moyses v. Spartan Asphalt Paving Co., 383 Mich. 314, 333, 174 N.W.2d 797, 805 (1970) ("Vouching in, however, does not require service of process."); Travelers Indem. Co. v. Evans Pipe Co., 432 F.2d 211 (6th Cir. 1976) (implizit); Wisconsin Barge Line, Inc. v. The Barge Chem 300, 546 F.2d 1125 (5th Cir. 1977) (implizit); Uniroyal, Inc. v. Chambers Gasket & Mfg. Co., 177 Ind. App. 508, 521, 380 N.E.2d 571, 580 (Ct. App. 1978) ("[Vouching-in] has the unique advantage of not requiring personal service of process."); SCAC Transp. (USA) Inc. v. S.S. Danaos, 845 F.2d 1157, 1163 (2d Cir. 1988) ("A party can, however, be vouched into a judicial proceeding when there is neither personal jurisdiction nor consent."); Step-Saver Data Sys., Inc. v. Wyse Technology, 912 F.2d 643, 650 (3d Cir. 1990); Universal Am. Barge Corp. v. J-Chem, Inc., 946 F.2d 1131, 1138 (5th Cir. 1991). Vgl. *Degnan/Barton*, 51 Cal. L. Rev. 471, 477ff. (1963); *Christensen*, 18 Stan. L. Rev. 666, 671ff. (1966); *Mixon*, 29 Ark. L. Rev. 486, 499 (1976); *Bostelman*, 14 Colum. J.L. & Soc. Probs. 189, 203 (1978); *Koch*, ZVglRWiss 85 (1986), 11, 18; *Lüke*, S. 190. Vgl. auch *Squillante/Fonseca*, § 22-10, S. 290ff.; 18 *Wright/Miller/Kane*, § 4452; 1B *Moore*, ¶ 0.405[9]. — A.A. nur *Flynn*, 36 Conn. B.J. 288, 289ff. (1962).

155 Ein Beispiel dieser Art bietet der in der vorigen Fußnote erwähnte Fall Moyses v. Spartan Asphalt Paving Co., 383 Mich. 314, 174 N.W.2d 797 (1970), in welchem der Beklagte versucht hatte, ein französisches Unternehmen im Wege der Drittklage in den Prozeß hineinzuziehen. Das Gericht lehnte seinen Antrag mangels *jurisdiction* über die ausländische Gesellschaft ab, wies den Beklagten aber gleichzeitig auf die Möglichkeit hin, sich des keine *personal jurisdiction* erfordernden *vouching* zu bedienen.

156 Vgl. allgemein *Born/Westin*, S. 20ff.

mehr verringert hat, in denen eine Drittklage mangels *personal jurisdiction* über den potentiellen *third-party defendant* scheitert[157]. Gleichwohl lassen sich gerade auf internationaler Ebene auch heute noch Konstellationen denken, in denen der Dritte als Ausländer nicht über die erforderlichen "*minimum contacts*"[158] verfügt, von denen nach der maßgeblichen Auffassung des *U.S. Supreme Court* die Ausübung jeglicher *jurisdiction* abhängt.

Im amerikanischen Schrifttum ist besagte "Zuständigkeitsneutralität"[159] des *vouching* in neuerer Zeit immer wieder Gegenstand meist kritischer Stellungnahmen gewesen[160]. Die Diskussion kreist vorrangig um die Frage der Vereinbarkeit der *extrajurisdictionality* des *vouching* mit der *due process*-Verbürgung der US-Verfassung[161]. Dabei vertritt eine Reihe von Autoren mehr oder weniger explizit die These, daß das *vouching* gleichsam eine Sonderform eines *long-arm statute* darstelle, für die folglich dieselben verfassungsrechtlichen Schranken gelten sollten[162]. Dieser Ansicht wird von anderer Seite entgegengehalten, daß ein kategorialer Unterschied zwischen einer *jurisdiction* erfordernden Klageerhebung und einer *vouching notice* bestehe: im ersteren Falle werde der Opponent *Partei* des Verfahrens, unterliege als solche der Sanktionsgewalt des Gerichts, könne — womöglich durch Versäumnisurteil — verurteilt werden und habe Zwangsvollstreckungsmaßnahmen zu gewärtigen; im zweiten Falle trete demgegenüber die Bindung einer *Nichtpartei* an bestimmte Urteilsfeststellungen ein, wie dies auch sonst in Fällen der Rechtskrafterstreckung[163] auf sogenannte *privies* vorkomme, ohne daß dabei das Bestehen

[157] Vgl. *Christensen*, 18 Stan. L. Rev. 666, 678 (1966); *Mixon*, 29 Ark. L. Rev. 486, 500 (1976); *Bostelman*, 14 Colum. J.L. & Soc. Probs. 189, 203f. (1978). Vgl. auch Blommer Chocolate Co. v. Bongards Creameries, Inc., 635 F. Supp. 919 (N.D. Ill. 1986), wo der Beklagte einer unbeantworteten *vouching notice* alsbald einen *third-party complaint* folgen ließ.

[158] Dies ist bekanntlich der Standard, den der *Supreme Court* in seiner Entscheidung International Shoe v. Washington, 326 U.S. 310, 326 (1945), festlegte. Vgl. auch unten Zweites Kapitel, IV. D. 1. a).

[159] Diese Wiedergabe des Wortes *extrajurisdictionality* erscheint dem Verfasser als nicht nur sprachlich, sondern auch sachlich gegenüber Begriffen wie "Annex-" bzw. "angelehnte Zuständigkeit" vorzugswürdig, da der amerikanische Terminus gerade die Gegenstandslosigkeit der Zuständigkeitsfrage impliziert.

[160] Siehe *Christensen*, 18 Stan. L. Rev. 666 (1966); *Gross*, 118 U. Pa. L. Rev. 237 (1969); *Bernard*, 55 U. Det. J. Urb. L. 73 (1977); *Bostelman*, 14 Colum. J.L. & Soc. Probs. 189 (1978).

[161] Vgl. *U.S. Const. amends. V, XIV § 1.*

[162] Siehe *Christensen*, 18 Stan. L. Rev. 666, 676 (1966) ("Of course . . . vouching-in the warrantor requires that he have a 'minimum contact.'"); *Gross*, 118 U. Pa. L. Rev. 237, 241, 268 (1969) ("In vouching cases the Code provision [gemeint ist *§ 2-607(5)(a) U.C.C.*, der Verf.] is the long-arm statute. . . . The vouching provision is no more able to bind a nonresident party than impleader or any similar joinder device."); *Bernard*, 55 U. Det. J. Urb. L. 73, 95 (1977) ("Vouching effectively fulfills the basic purpose of a jurisdictional statute. . . . The differences between this long-arm provision and the common garden variety statute do not present compelling reasons for treating the vouching provision [gemeint ist *§ 2-607(5)(a) U.C.C.*, der Verf.] unlike a member of the long-arm statute family.").

[163] Zur Streitfrage, ob es sich bei der durch das *vouching in* ausgelösten Bindungswirkung um einen Fall der Rechtskrafterstreckung, genauer gesagt von *collateral estoppel* bzw. *issue preclusion*, handelt oder ob ein Präklusionseffekt sui generis vorliegt, s.u. VI. A. 4. a).

von *jurisdiction* gegenüber den davon Betroffenen vorausgesetzt werde[164]. Das bedeutet allerdings nicht, daß die zuletzt genannte Auffassung den *vouching*-Mechanismus für ohne weiteres mit der *due process clause* der Verfassung vereinbar hielte[165]; sie wendet sich lediglich gegen die aus ihrer Sicht verfehlte Qualifizierung des Problems als Frage des Zuständigkeitsrechts, das sie als nicht einschlägig erachtet. In diesem Punkte trifft sie sich mit einer dritten, im Bereiche des *U.C.C.*-Kaufrechts vertretenen Meinung, wonach die durch das *vouching* herbeigeführte Präklusion des Verkäufers nicht Folge zuständigkeitsgebundener Ausübung von Gerichtsgewalt, sondern Nebenwirkung seines vertraglichen Gewährleistungsversprechens ist[166]. Hier zeigen sich übrigens erneut die Konsequenzen einer vertragsrechtlich geprägten Interpretation des *vouching in*[167].

Die in der Literatur anklingenden Bedenken hinsichtlich der Verfassungskonformität der *extrajurisdictionality* des *vouching* haben bislang wenig Eindruck auf die Gerichts- und Gesetzgebungspraxis gemacht. In der Rechtsprechung wird das Phänomen in aller Regel kommentarlos als historisch gewachsenes Faktum hingenommen[168]; soweit ersichtlich, existiert kein einziges Urteil, in dem der Eintritt der *vouching*-Wirkungen mangels *jurisdiction* über die Person des *vouchee* im Vorprozeß abgelehnt worden wäre[169]. Und auch die Verfasser des *U.C.C.* waren sich — wie die Entwürfe zum *Code* beweisen — der Problematik durchaus bewußt, ohne Anstoß daran zu nehmen[170]. Das bedeutet, daß aller Grund zu der Annahme besteht, daß es

---

164 Siehe *Bostelman*, 14 Colum. J.L. & Soc. Probs. 189, 209 Fn. 85 (1978): "[T]he discussions . . . merely consider whether vouching is permissible where personal jurisdiction over the recipient of the notice is unavailable. No article properly characterizes vouching as a procedure for binding non-parties to a judgment. Such a characterization requires a due process analysis of the opportunity to defend that vouching affords the recipient; considerations of due process are only tangentially relevant." Vgl. auch S. 203 Fn. 59, 214f. Fn. 106.

165 Vgl. die in der vorigen Fußnote zitierten Andeutungen.

166 Siehe *Degnan/Barton*, 51 Cal. L. Rev. 471, 479 (1963): "The seller is precluded not because the court had jurisdiction over him but because he agreed with his buyer to defend or abide the result." Ebenso *Squillante/Fonseca*, § 22-10, S. 290. Hiergegen wiederum *Gross*, 118 U. Pa. L. Rev. 237, 266 (1969): "[O]ne could argue that vouching is a contract term implied by the Code into every contract for the sale of goods. . . . However, implying consent from the Code in the absence of an explicit contract provision is an unjustified fiction." Zustimmend *Bernard*, 55 U. Det. J. Urb. L. 73, 83 (1977); ähnlich *Christensen*, 18 Stan. L. Rev. 666, 674 Fn. 49 (1966); *Mixon*, 29 Ark. L. Rev. 486, 504 (1976). Vgl. auch *McCoid*, 28 Stan. L. Rev. 707, 722 (1976).

167 Vgl. dazu bereits oben unter III. C. 2.

168 Vgl. die in Fn. 156 genannten Entscheidungen. Zur Lösung der Zuständigkeitsfrage im frühen angelsächsischen Recht, das dem *vouchee* freilich die Stellung einer echten Partei zuwies, s.o. II. A. 1. a).

169 Immerhin äußert sich ein neueres Urteil zumindest andeutungsweise zur Problematik, wenn es ausführt: "[The defendant] argues that the use of correspondence as a substitution for formal pleadings and *service of process*, in other words, the vouching in process, violates the due process clause of the United States Constitution . . . . We do not agree. Binding the indemnitor to a judgment against the indemnitee, where the indemnitor has received due notice of the pending litigation, is not a denial of due process." (Hervorhebung vom Verf.) Litton Sys., Inc. v. Shaw's Sales & Serv., 119 Ariz. 10, 579 P.2d 48 (Ct. App. 1978).

auch in Zukunft bei der Befreiung des *vouching*-Verfahrens von den Schranken der *personal jurisdiction* bleiben wird.

V. Die möglichen Reaktionen des *Vouchee*

Dem Empfänger einer *vouching notice*, der vor der Entscheidung steht, wie er darauf reagieren soll, bieten sich in der Regel zwei Möglichkeiten: er kann entweder dem Verlangen des Beklagten, sich am Prozeß zu beteiligen, Folge leisten oder aber sich weigern, dies zu tun. Unter Umständen stehen im jedoch noch weitere Optionen offen.

A. Annahme des *Tender of Defense*

1. Beteiligtenstellung des *Vouchee*

Nimmt der *vouchee* den *tender of defense* an, so tritt er auf Beklagtenseite in das laufende Verfahren ein, um die Verteidigung des *voucher* zu übernehmen. Wie bereits angedeutet, rückt er dabei freilich nach außen hin nicht in die Stellung eines formellen Prozeßbeteiligten; Partei des Verfahrens ist weiterhin allein der *voucher*[171]. Auf diese Weise ist es dem *vouchee* möglich, seine Identität geheimzuhalten; es scheint durchaus vorzukommen, daß dem Gericht und der Gegenseite die Existenz eines verteidigenden *vouchee* gänzlich unbekannt bleiben[172]. Es ist nicht zuletzt diese Anonymität, die das Verfahren für die am *vouching in* beteiligten Parteien interessant macht: dem *vouchee* ist in der Regel daran gelegen, daß die Jury nichts von der Existenz eines die Härte einer Verurteilung des Beklagten möglicherweise abfedernden finanziellen Auffangnetzes erfährt, und der *voucher* denkt nicht selten ebenso, zumal wenn sein Rückgriffsrecht mit Zweifeln behaftet ist[173].

---

[170] So heißt es im Entwurf 1952 zu *§ 3-803 U.C.C.*, dem Gegenstück der *§ 2-607(5)(a)* im dritten Buch des *U.C.C.*: "The section is not intended to displace existing procedures for interpleader or joinder of parties but to supplement such procedures in situations *in which jurisdictional or procedural difficulties prevent their complete effectiveness*." (Hervorhebung vom Verf.) *Uniform Commercial Code § 3-803*, Comment (Official Draft 1952).

[171] Siehe State Bank of New Prague v. Am. Sur. Co., 206 Minn. 137, 288 N.W. 7 (1939); Hardee v. Allied Steel Buildings, Inc., 182 Ga. App. 587, 356 S.E.2d 682 (Ct. App. 1987). Vgl. *Mixon*, 29 Ark. L. Rev. 486, 498 (1976); *Bernard*, 55 U. Det. J. Urb. L. 73, 95 (1977); *Bostelman*, 14 Colum. J.L. & Soc. Probs. 189, 191 (1978). Anders z.T. noch ältere Entscheidungen, die dem *vouchee* das Recht zusprachen, wahlweise auch als formelle Partei in den Prozeß einzutreten. Siehe Oceanic Steam Navigation Co. v. Compania Transatlantica Española, 114 N.Y. 663, 39 N.E. 360 (1895).

[172] Vgl. *Degnan/Barton*, 51 Cal. L. Rev. 471, 478 (1963); *Bostelman*, 14 Colum. J.L. & Soc. Probs. 189, 204 (1978).

[173] Vgl. *Gross*, 118 U. Pa. L. Rev. 237, 268 (1969); *Mixon*, 29 Ark. L. Rev. 486, 499 (1976); *Bostelman*, 14 Colum. J.L. & Soc. Probs. 189, 204 (1978). Diese Überlegung traf bisher insbesondere auf Versicherungsfälle zu, wo sie aber angesichts des inzwischen in vielen Bereichen allgemein üblichen Abschlusses einer Haftpflichtversicherung an Überzeugungskraft

2. Prozessuale Befugnisse

Der herbeigerufene Dritte hat nach herrschender Meinung ein Anrecht darauf, daß der eigentliche Beklagte ihn den Prozeß in alleiniger Verantwortung weiterführen läßt; das gilt zumindest in Hinsicht auf den Teil des Klägervorbringens, der als regreßauslösend in Betracht kommt[174]. Ausschlaggebend ist, ob dem *vouchee* dieselben Verteidigungsrechte und -mittel zur Verfügung stehen, als wenn er selbst nominell Partei wäre[175]. Die ihm zugestandene Entscheidungsmacht erstreckt sich ebenso auf den Einsatz des Instrumentariums der *pretrial discovery*[176] wie auf das tatsächliche und rechtliche Vorbringen vor Gericht[177] oder die Beweisführung[178]; auch die Einlegung von Rechtsmitteln muß dem *vouchee* gestattet sein[179]. Selbst die Disposition über den Streitgegenstand als Ganzes ist ihm nicht entzogen: er kann beispielsweise den Klaganspruch anerkennen oder sich vergleichen[180]. Allerdings darf er sich bei keiner seiner Handlungen in Widerspruch zu den abstrakt verstandenen Interessen des *voucher* setzen, dem er eine sorgfältige Verteidigungsführung schuldet[181].

---

verloren hat, da die Jury in derartigen Fällen ohnehin mit dem Bestehen einer Versicherung rechnen dürfte. Vgl. 6 *Wright/Miller/Kane*, § 1449.

174 Siehe die oben zu IV. A. 1. b) in den Fn. 140, 143 genannten Entscheidungen.

175 So schon Littleton v. Richardson, 34 N.H. 179, 187 (1856): "[The notified indemnitor] has the same means and advantages of controverting the claim as if he were the real and nominal party upon the record." Zustimmend Washington Gas Light Co. v. Dist. of Columbia, 161 U.S. 316, 330 (1896); Hartford Accident & Indem. Co. v. First Nat'l Bank & Trust Co., 281 N.Y. 162, 167, 22 N.E.2d 324, 326 (1939); State Bank of New Prague v. Am. Sur. Co., 206 Minn. 137, 288 N.W. 7 (1939); Olin's Rent-A-Car Sys., Inc. v. Royal Continental Hotels, Inc., 187 So. 2d 349 (Fla. Dist. Ct. App. 1966); Clarke v. Fidelty & Casualty Co., 55 Misc. 2d 327, 334, 285 N.Y.S.2d 503, 508 (Sup. Ct. 1967); Uniroyal, Inc. v. Chambers Gasket & Mfg. Co., 177 Ind. App. 508, 520, 380 N.E.2d 571, 579 (Ct. App. 1978).

176 Siehe U.S. Wire & Cable Corp. v. Ascher Corp., 34 N.J. 121, 167 A.2d 633 (1961); United N. Y. Sandy Hooks Pilots Ass'n v. Rodermund Indus., Inc., 394 F.2d 65 (3d Cir. 1968); Litton Sys., Inc. v. Shaw's Sales & Serv., Ltd., 119 Ariz. 10, 579 P.2d 48 (Ct. App. 1978).

177 Siehe Hoskins v. Hotel Randolph Co., 203 Iowa 1153, 211 N.W. 423 (1926), *cert. denied*, 275 U.S. 566 (1927); State Bank of New Prague v. Am. Sur. Co., 206 Minn. 137, 288 N.W. 7 (1939)

178 Vgl. *Restatement (Second) of Judgments § 39*, cmt. c; Note, 65 Harv. L. Rev. 818, 856 (1952).

179 Siehe Hoskins v. Hotel Randolph Co., 203 Iowa 1153, 211 N.W. 423 (1926), *cert. denied*, 275 U.S. 566 (1927); U.S. Wire & Cable Corp. v. Ascher Corp., 34 N.J. 121, 167 A.2d 633 (1961); Dennis v. S.E. Kansas Gas Co., 227 Kan. 872, 610 P.2d 627 (1980); SCAC Transp. (USA) Inc. v. S.S. Danaos, 845 F.2d 1157, 1160f. (2d Cir. 1988). Vgl. 1B *Moore*, ¶ 0.411[6], S. 456; *Restatement (Second) of Judgments § 39*, cmt. c; Note, 65 Harv. L. Rev. 818, 856 (1952).

180 Vgl. St. Louis Dressed Beef & Provision Co. v. Maryland Casualty Co., 201 U.S. 173, 182 (1906) (implizit); Theodore v. Zurich Gen. Accident & Liab. Ins. Co., Ltd., 364 P.2d 51, 55 (Alaska 1961) (implizit); 7C *Appleman*, § 4711; *Dobbyn*, S. 229f.

181 Siehe Hoskins v. Hotel Randolph Co., 203 Iowa 1153, 211 N.W. 423 (1926), *cert. denied*, 275 U.S. 566 (1927); Farm Bureau Mut. Auto. Ins. Co. v. Hammer, 177 F.2d 793 (4th Cir. 1949); Stout v. Grain Dealers Mut. Ins. Co., 307 F.2d 521 (4th Cir. 1962); Barber-Greene Co. v. Bruning

Ob der *vouchee* seinerseits eine weitere Person per *vouching notice* zur Übernahme der Verteidigung auffordern darf, ist nicht endgültig geklärt[182].

Erreicht die Verfahrensbeteiligung des *vouchee* das vorgenannte Ausmaß nicht, so tritt ihm gegenüber später auch keine auf seine frühere Prozeßteilnahme gestützte Präklusionswirkung ein[183]. Unzureichend sind beispielsweise die Bereitstellung anwaltlichen Rates, die teilweise Finanzierung der Verteidigung oder das Auftreten als Zeuge — jedenfalls sofern diese Akte isolierte Einzelhandlungen bleiben[184].

B. Ablehnung des *Tender of Defense*

Lehnt der *vouchee* die Übernahme der Verteidigung des *voucher* ab — sei es, indem er diese Absicht ausdrücklich kundtut, sei es, indem er die ihm zugegangene Mitteilung geflissentlich ignoriert —, so wird das laufende Verfahren ohne Rücksicht auf ihn fortgeführt und abgeschlossen. Die Wirkungen des *vouching in* zeigen sich in diesem Falle erst im anschließenden Folgeprozeß zwischen den beiden am *vouching* beteiligten Parteien.

C. Antrag bei Gericht auf Aufhebung der *Vouching Notice*

Nicht statthaft ist nach herrschender Ansicht ein Antrag des *vouchee* bei Gericht, die *vouching notice* aus formellen oder inhaltlichen Gründen aufzuheben[185]. Wie bereits erörtert[186], stellt die *notice* nach amerikanischem

---

Co., 357 F.2d 31 (8th Cir. 1966). Vgl. *Dobbyn*, S. 228ff. Zu dem daraus folgenden diffizilen Problem möglicher Interessenkonflikte zwischen *voucher* und *vouchee* s.u. VI. A. 6.

182 Die Frage wird verneint in May v. Loeb, 57 Ga. App. 788, 196 S.E. 268 (Ct. App. 1938), jedoch bejaht in den älteren Urteilen Thurston v. Spratt, 52 Me. 202 (1863), und Axford v. Graham, 57 Mich. 422, 24 N.W. 158 (1885), inzident auch in Martinique Shoes, Inc. v. New York Progressive Wood Heel Co., 207 Pa. Super. 404, 217 A.2d 781 (Super. Ct. 1966). Eine weitere Entscheidung, die sich ansatzweise mit dieser Problematik zu befassen hatte, verneinte eine Erstreckung der Bindungswirkung des ersten Urteils auf einen späteren Prozeß zwischen *vouchee* und einer vierten Person, welche im Erstverfahren vom *voucher* zur Verteidigungsübernahme aufgefordert worden war. Siehe Hartford Accident & Indem. Co. v. First Nat'l Bank & Trust Co., 281 N.Y. 162, 22 N.E.2d 324 (1939). Vgl. auch Annotation, 123 A.L.R. 1152 (1940).

183 Dies schließt selbstverständlich nicht aus, daß der Betroffene nach den Grundsätzen an das Urteil gebunden wird, die für den dem Erstprozeß fernbleibenden *vouchee* gelten.

184 Vgl. 18 *Wright/Miller/Kane*, § 4451, S. 432f.; 1B *Moore*, ¶ 0.411[6], S. 456ff.; *Restatement (Second) of Judgments § 39*, cmt. c.

185 Siehe Bouleris v. Cherry-Burrell Corp., 45 Misc. 2d 318, 256 N.Y.S.2d 357 (Sup. Ct. 1964); Urbach v. City of New York, 46 Misc. 2d 503, 259 N.Y.S.2d 975 (Sup. Ct. 1965); die letztgenannte Entscheidung verwarf dabei ausdrücklich ein früheres, teilweise abweichendes Urteil, Cole v. Long Island Lighting Co., 14 A.D.2d 922 (1961); Alvarado v. J.C. Penney Co., Inc., 768 F. Supp. 769 (D. Kan. 1991) (dictum). Anderer Ansicht aber *In re* Perkins & Will Partnership, 131 Misc. 2d 826, 502 N.Y.S.2d 318 (Sup. Ct. 1985), wonach ein *vouching*-Versuch durch *Feststellungsurteil* für nichtig erklärt werden kann, sofern das *vouching* aus Rechtsgründen unzulässig ist; implizit auch Hardee v. Allied Steel Buildings, Inc., 182 Ga. App.

Recht keine Prozeßhandlung dar. Daraus wird überwiegend gefolgert, daß ein Aufhebungsantrag ins Leere stieße: das Gericht ist für das außerprozessuale Handeln der Parteien nicht zuständig.

D. Erhebung einer Feststellungsklage auf Nichtbestehen der Regreßpflicht

Fraglich ist, ob der *vouchee* die *vouching notice* mit der Erhebung einer *declaratory judgment action* beantworten kann, die auf die Feststellung seiner Nichthaftung gegenüber dem *voucher* abzielt. Bestünde diese Möglichkeit, so könnte sie den *vouchee* in geeigneten Fällen aus dem Dilemma befreien, über die Übernahme der Verteidigung des *voucher* entscheiden zu müssen, bevor das Bestehen seiner eigenen Ersatzpflicht gerichtlich festgestellt worden ist[187]. Allerdings knüpft das amerikanische Prozeßrecht die Zulässigkeit einer Feststellungsklage an das Vorliegen einer "*actual controversy*"[188], und eine solche wird in der Regel verneint, wenn die Erheblichkeit der begehrten Feststellung von der vorherigen Entscheidung vorgreiflicher Rechtsfragen abhängig ist. Es ist daher nicht erstaunlich, wenn dem *vouchee* der Weg der Feststellungsklage mangels Rechtsschutzbedürfnis bislang mehrheitlich versperrt worden ist[189]. Handelt es sich beim *vouchee* um den Versicherer des *voucher*, entscheiden die Gerichte freilich in aller Regel anders[190], was mit der scharfen *materiellrechtlichen* Pflichtenstellung des Versicherers zu erklären sein dürfte[191]. Ohnehin zeichnet sich die Rechtsprechung auf dem Gebiet der

587, 356 S.E.2d 682 (Ct. App. 1987). Unklar West Indian Co. v. S.S. Empress of Canada, 277 F. Supp. 1 (1967), wo das Gericht zwar eine *motion to vacate and dismiss* unter ausdrücklicher Bezugnahme auf *Bouleris* zurückwies, gleichzeitig aber von der prinzipiellen Statthaftigkeit einer solchen *motion* auszugehen schien.

186 S.o. IV. B.

187 Vgl. hierzu Universal Am. Barge Corp. v. J-Chem, Inc., 946 F.2d 1131, 1139 (5th Cir. 1991) sowie insbesondere *Bostelman*, 14 Colum. J.L. & Soc. Probs. 189, 194ff. und passim (1978).

188 Vgl. für das Bundesprozeßrecht *28 U.S.C. § 2201(a)*. Diese Einschränkung basiert letztlich auf art. III, § 2 der US-Verfassung. Vgl. etwa Aetna Life Ins. Co. v. Haworth, 300 U.S. 227 (1937).

189 Siehe Location Auto Leasing Corp. v. Lembo Corp., 62 Misc. 2d 856, 310 N.Y.S.2d 365 (Sup. Ct. 1970); Eureka Casualty Co. v. Henderson, 92 A.2d 551 (Pa. 1952). Vgl. Western Elec. Co. v. Hammond, 135 F.2d 283 (1st Cir. 1943), wo das Gericht andeutete, daß die auf ein entsprechendes Verlangen des Beklagten hin erfolgende Übernahme der Verteidigung als ein der Feststellungsklage vorzuziehendes Vehikel der Interessenwahrnehmung anzusehen sei. Vgl. auch *Bostelman*, 14 Colum. J.L. & Soc. Probs. 189, 194 Fn. 27 (1978).

190 Siehe Farmers Ins. Co. v. Vagnozzi, 138 Ariz. 443, 675 P.2d 703 (1983); Metro. Property & Liab. Ins. Co. v. Kirkwood, 729 F.2d 61 (1st Cir. 1984); Continental Ins. Co. v. Bergquist, 400 N.W.2d 199 (Minn. Ct. App. 1987) (implizit); Ranger Ins. Co. v. Desnoyers & Associates, Inc., 1992 U.S. Dist. LEXIS 7040 (N.D. Ill. 1992); anders aber die bereits in der vorigen Fußnote genannte Entscheidung Eureka Casualty Co. v. Henderson, 92 A.2d 551 (Pa. 1952). Vgl. Stout v. Grain Dealers Mut. Ins. Co., 307 F.2d 521 (4th Cir. 1962), wo dem *voucher* seinerseits gestattet wurde, Feststellungsklage auf Bestehen des vom *vouchee* übernommenen Versicherungsschutzes zu erheben. Vgl. auch 1B *Moore*, ¶ 0.411[6], Fn. 19; *Keeton/Widiss*, § 7.6, S. 849ff.; *Dobbyn*, S. 222.

declaratory judgments nicht eben durch Einheitlichkeit aus, so daß zukünftige Entwicklungen in diesem Bereich schwer vorherzusagen sind.

E. Intervention des *Vouchee*

Eine seltener erörterte Alternative des Reagierens auf die *vouching notice* stellt die Möglichkeit das *vouchee* dar, dem laufenden Verfahren als Intervenient beizutreten. Das Institut der *intervention* genießt im amerikanischen Recht allgemeine Verbreitung; auf Bundesebene ist es in *Rule 24* der *Federal Rules of Civil Procedure* (*Fed. R. Civ. P.*) geregelt[192]. Ein Recht zur Intervention besteht nach dieser insoweit repräsentativen Bestimmung immer dann, wenn von dem anhängigen Prozeß eine Beeinträchtigung von Interessen des Interventionswilligen zu erwarten ist und diese Interessen nicht schon durch eine der bereits am Prozeß beteiligten Parteien angemessen vertreten werden[193]. Die wenigen Entscheidungen, die sich mit der Frage befassen, ob diese Voraussetzungen im Falle eines potentiell regreßpflichtigen *vouchee* erfüllt sind, kommen mehrheitlich zu einem bejahenden Ergebnis[194].

Als vorteilhaft kann sich eine *intervention* für den *vouchee* deswegen erweisen, weil auch sie ihm in gewissem Maße erlaubt, bereits im anhängigen Prozeß das Rückgriffsverhältnis betreffende Streitfragen zu verhandeln[195].

Ist die Intervention einmal erfolgt, so weist das amerikanische Recht dem Intervenienten die Position einer vollen Partei zu[196]; demgemäß richtet sich auch die Bestimmung der Bindungswirkungen des ergehenden Urteils gegenüber dem intervenierenden *vouchee* nach gewöhnlichen *res judicata*-Prinzipien. Für die vorliegende Untersuchung ist diese Option daher nicht von weiterem Interesse.

---

191 Dazu ausführlicher unter VI. C.

192 Vgl. dazu etwa *Friedenthal/Kane/Miller*, § 6.10.

193 Siehe *Fed. R. Civ. P. 24(a)*. Daneben sieht *Fed. R. Civ. P. 24(b)* weitere Fälle vor, in denen die Zulassung der Intervention in das Ermessen des Gerichts gestellt ist.

194 Siehe Alvarado v. J.C. Penney Co., Inc., 768 F. Supp. 769 (D. Kan. 1991); Bay State Heating & Air Conditioning Co. v. Am. Ins. Co., 78 A.D.2d 147, 434 N.Y.S.2d 66 (App. Div. 1980); City of Des Moines v. Barnes, 238 Iowa 1192, 30 N.W.2d 170 (1947) (obiter dictum). Vgl. auch Moldex, Inc. v. Ogden Health Prods., 489 N.E.2d 130 (Ind. Ct. App. 1986) (Antrag auf Zulassung der Intervention des *vouchee* als verspätet, nicht etwa unstatthaft abgelehnt).

Anderer Ansicht waren die Richter in Farmland Irrigation Co. v. Dopplmaier, 220 F.2d 247 (9th Cir. 1955), da eine hinlängliche Geltendmachung der Interessen des *vouchee* durch den *voucher* gewährleistet sei, und in Benedict v. Breshears, 251 Or. 443, 446 P.2d 127 (1968). Vgl. auch *Bostelman*, 14 Colum. J.L. & Soc. Probs. 189, 194 Fn. 27 (1978).

195 Zwar vermag der Intervenient den Streitgegenstand des Verfahrens, in das er eintritt, nicht zu verändern; diese Beschränkung soll den *vouchee* jedoch offenbar nicht daran hindern, Ausführungen zu seiner Exkulpation zu machen. Siehe Alvarado v. J.C. Penney Co., Inc., 768 F. Supp. 769, 774 (D. Kan. 1991).

196 Siehe nur Dist. of Columbia v. Merit Sys. Protection Bd., 762 F.2d 129 (D.C. Cir. 1985).

F. Beitritt als *Amicus Curiae*

Eine Beteiligung des *vouchee* am Verfahren als *amicus curiae*[197] mag zwar theoretisch denkbar sein[198], ist aber jedenfalls praktisch nicht ratsam: der mit dieser Stellung einhergehende Status verschafft dem *vouchee* nämlich keinerlei Einfluß auf das Prozeßgeschehen[199], und den durch das *vouching in* ausgelösten Präklusionswirkungen entgeht er auf diese Weise ebensowenig.

VI. Die den *Vouchee* treffenden Bindungswirkungen

Das funktionale Wesensmerkmal des *vouching in*-Verfahrens als eines Mittels der Prozeßkonzentration sind die dem Erstprozeß entspringenden Präklusionswirkungen, denen der *vouchee* nicht nur bei einer Verteidigungsübernahme, sondern auch dann ausgesetzt ist, wenn er sich geweigert hat, auf das Verlangen des *voucher* einzugehen. Dem letzteren Falle gilt im folgenden sogar das Hauptaugenmerk, denn diese Alternative stellt die nicht nur theoretisch problematischere, sondern auch praktisch weitaus häufigere und damit anerkennungsrechtlich interessantere Konstellation dar.

A. Die Präklusion des nichtverteidigenden *Vouchee*

1. Grundsatz

Verallgemeinernde Aussagen zum amerikanischen Recht müssen immer unter dem Vorbehalt einer zur faktenlastigen Einzelfallbetrachtung neigenden Spruchpraxis stehen; das ist auch in der vorliegenden Frage nicht anders. Doch haben die Gerichte im Laufe der Zeit Reichweite und Grenzen der Bindungen, denen der dem Erstprozeß ferngebliebene *vouchee* ausgesetzt ist, in verhältnismäßig konsistenter Weise abgesteckt. Als Quelle nachrangiger Unsicherheiten erweisen sich lediglich die bis heute nicht völlig ausgeräumten Meinungsverschiedenheiten über die genaue theoretische Rechtfertigung jener Bindungen — *issue preclusion* oder Wirkung *sui generis*? —, die jedoch nur an einer Stelle praktische Relevanz erlangen; daher sollen sie auch erst dort erörtert werden[200].

Prinzipiell gilt, daß derjenige, der es auf eine *vouching notice* hin versäumt hat, die Verteidigung des Beklagten zu unternehmen, im Regreßverfahren hinsichtlich aller den Rückgriffsanspruch berührenden "*issues*", also

[197] Vgl. allgemein 4 *Am. Jur.2d* Amicus Curiae sowie — aus deutscher Sicht — *Hirte*, ZZP 104 (1991), 11.

[198] Selbst dies ist schon zweifelhaft, denn in der Regel gestatten die Gerichte einen Beitritt als *amicus curiae* nur, wenn der betreffenden Person kein Interventionsrecht zusteht und sie auch sonst nicht zur Partei des Verfahrens gemacht werden kann. Vgl. 4 *Am. Jur.2d* Amicus Curiae § 2.

[199] Vgl. 4 *Am. Jur.2d* Amicus Curiae §§ 3-6; 1B *Moore*, ¶ 0.411[6], S. 442f. Vgl. auch *Weinschenk*, S. 86 Fn. 315.

[200] S.u. 4.

tatsächlichen und rechtlichen Streitfragen[201], präkludiert ist, über die im Vorprozeß bereits entschieden wurde[202]. Das bedeutet, daß der *vouchee* nicht länger bestreiten kann, daß der *voucher* dem Erstkläger gegenüber haftbar gewesen ist; auch die Höhe des deswegen zu zahlenden Schadensersatzes entzieht sich seinen Angriffen[203]. Dabei hat er nicht nur die Tatsache der Ersatzpflicht als solche, sondern auch das Vorliegen der diese Pflicht auslösenden Tatbestandsvoraussetzungen samt des darunter zu subsumierenden Lebenssachverhaltes als feststehend hinzunehmen[204]. Das gilt insbesondere (und vorbehaltlich einiger später noch zu erörternder Einschränkungen) auch für solche Urteilsfeststellungen, die dem *voucher* das Tor zum Rückgriff öffnen und daher im folgenden als "regreßauslösend" oder "haftungsüberwälzend" bezeichnet werden sollen[205]. Zu diesen im Schnittpunkt von Primär- und Sekundärhaftung liegenden Urteilsgrundlagen gehören beispielsweise die Bejahung von Fahrlässigkeit auf Seiten des beim *vouchee* (nur) gegen fahrlässige Schadenszufügung versicherten *voucher* oder die Feststellung, daß ein Fehler der dem *voucher* vom *vouchee* gelieferten Kaufsache für den vom Erstkläger geltend gemachten Schaden verantwortlich sei.

Im übrigen hindert den *vouchee* nichts daran, das Bestehen des angeblichen Regreßverhältnisses oder den Eintritt der Voraussetzungen seiner Regreßpflicht in Abrede zu stellen, da diese Fragen im Vorprozeß nicht zu klären waren[206].

---

[201] Dazu, daß unter "*issue*" sowohl Tatsachen- als auch Rechtsfragen zu verstehen sind, vgl. *Restatement (Second) of Judgments § 27*; *James/Hazard/Leubsdorf*, § 11.21.

[202] Siehe z.B. Washington Gas Light Co. v. Dist. of Columbia, 161 U.S. 316, 329ff. (1896); Hoskins v. Hotel Randolph Co., 203 Iowa 1152, 211 N.W. 423 (1926), *cert. denied*, 275 U.S. 566 (1927); State *ex rel.* Bldg. Comm'n v. Wood, 53 Del. 527, 173 A.2d 327 (1961); U.S. Wire & Cable Corp. v. Ascher Corp., 34 N.J. 121, 167 A.2d 633 (1961); Travelers Indem. Co. v. Evans Pipe Co., 432 F.2d 211 (6th Cir. 1970); Uniroyal, Inc. v. Chambers Gasket & Mfg. Co., 177 Ind. App. 508, 521, 380 N.E.2d 571, 580 (Ct. App. 1978); Litton Sys., Inc. v. Shaw's Sales & Serv., Ltd., 119 Ariz. 10, 579 P.2d 48 (Ct. App. 1978); SCAC Transp. (USA) Inc. v. S.S. Danaos, 845 F.2d 1157, 1162 (2d Cir. 1988) ("The indemnitor is precluded . . . from relitigating issues decided in the original action . . ."); Leighton Indus., Inc. v. Callier Steel Pipe & Tube, Inc., No. 89-C8235, 1991 U.S. Dist. LEXIS 1749 (N.D. Ill. 1991); *Restatement (Second) of Judgments § 57(1)(a), (b)(ii)* und cmts. a, b; 18 *Wright/Miller/Kane*, § 4452; 1B *Moore*, ¶ 0.405[9]; *James/Hazard/Leubsdorf*, § 11.29; *Bostelman*, 14 Colum. J.L. & Soc. Probs. 189, 192 (1978).

[203] Siehe nur U.S. Wire & Cable Corp. v. Ascher Corp., 34 N.J. 121, 167 A.2d 633 (1961); Hardee v. Allied Steel Buildings, 182 Ga. App. 587, 356 S.E.2d 682 (Ct. App. 1987); *Restatement (Second) of Judgments § 57(1)(a)* und cmt. a.

[204] Siehe die in den vorigen Fußnoten zitierten Quellen.

[205] Grundlegend Washington Gas Light Co. v. Dist. of Columbia, 161 U.S. 316, 332 (1896): "It follows, therefore, that the judgment against [the voucher] conclusively established a fact from which [the vouchee's] negligence results." Vgl. 1B Moore, ¶ 0.405[9]: "[I]f the judgment against the voucher adjudicates the nature of the claim against him, as usually it will, the judgment is normally binding as to the nature of the claim for the purpose of determining whether it is within the coverage of the vouchee's obligation." Dem folgt z.B. Aetna Casualty & Surety Co. v. Hase, 390 F.2d 151 (8th Cir. 1968).

[206] Siehe z.B. Chicago v. Robbins, 67 U.S. (2 Black) 418, 423 (1863); State *ex rel.* Bldg. Comm'n v. Wood, 53 Del. 527, 173 A.2d 327 (1961) ("[T]he prior case . . . is not conclusive of

Außerdem steht es ihm selbstverständlich frei, sich auf das Fehlen oder die Unzulänglichkeit der *vouching notice* zu berufen[207].

Diese Grundsätze können indessen nur als erste Anhaltspunkte bei der Bestimmung der *vouching*-Wirkungen dienen, sind sie doch in mehrfacher Hinsicht konkretisierungsbedürftig: Unter welchen Umständen wird eine Frage als bereits verbindlich entschieden betrachtet? Gilt in dieser Hinsicht für sämtliche in Betracht kommenden *issues* ein einheitlicher Maßstab? Kann die Art und Weise der Verteidigung durch den *voucher* Anlaß zu Einschränkungem der Bindung des *vouchee* geben? Gibt es weitere Durchbrechungen des Präklusionseffekts? Zur Beantwortung dieser Fragen bedarf es eines genaueren Eingehens auf die Gerichts- und kommentierende Literatur.

2. Das Erfordernis tatsächlichen Entschiedenseins

Zunächst einmal ist bei der Bestimmung des Präklusionsausmaßes sorgfältig darauf zu achten, wie weit das Judikat des Vorgerichtes genau reicht, denn eine Bindung kann naheliegenderweise nur eintreten, wenn und soweit über die entsprechende Streitfrage auch bereits *tatsächlich entschieden* worden ist[208]. Aufmerksamkeit verdient dieses Kriterium beispielsweise in Situationen, in dem der ursprüngliche Kläger seine Forderungen gegen den *voucher* auf mehrere, nicht sämtlich den Rückgriff ermöglichende Anspruchsgrundlagen gestützt hatte und die Jury in der Folge die Begründetheit der Klage — wie durchaus üblich — per *general verdict* pauschal bejaht hatte, also *ohne* sich dabei auf eine bestimmte Anspruchsgrundlage festzulegen. Hier kann der *vouchee* offensichtlich nicht an ein Vorliegen etwaiger haftungsüberwälzender Tatbestandsmerkmale gebunden werden[209].

3. Das Erfordernis der Entscheidungserheblichkeit

Eine weitere fühlbare Einschränkung erfährt die Wirkung eines *tender of defense* durch den Grundsatz, daß eine Präklusion nur in dem Maße eintritt, in

the question of whether the person served with notice is in such relation to the defendant as to be bound."); Humble Oil & Ref. Co. v. Philadelphia Ship Main. Co., 444 F.2d 727 (3d Cir. 1971); Uniroyal, Inc. v. Chambers Gasket & Mfg. Co., 177 Ind. App. 508, 521, 380 N.E.2d 571, 580 (Ct. App. 1978); Moldex, Inc. v. Ogden Eng'g Corp., 652 F. Supp. 584 (D. Conn. 1987); SCAC Transp. (USA) Inc. v. S.S. Danaos, 845 F.2d 1157, 1162 (2d Cir. 1988) ("[T]he indemnitor can dispute the existence and the scope of any requirement of indemnity."); Universal Am. Barge Corp. v. J-Chem, Inc., 946 F.2d 1131 (5th Cir. 1991); *Restatement (Second) of Judgments § 57*, illus. 1, 2; 1B *Moore*, ¶ 0.405[9].

207 Siehe nur Uniroyal, Inc. v. Chambers Gasket & Mfg. Co., 177 Ind. App. 508, 521, 380 N.E.2d 571, 580 (Ct. App. 1978); SCAC Transp. (USA) Inc. v. S.S. Danaos, 845 F.2d 1157, 1162 (2d Cir. 1988); Universal Am. Barge Corp. v. J-Chem, Inc., 946 F.2d 1131 (5th Cir. 1991); 1B *Moore*, ¶ 0.405[9].

208 Siehe nur Dixon v. Fiat-Roosevelt Motors, Inc., 8 Wash. App. 689, 509 P.2d 86 (Ct. App. 1973); SCAC Transp. (USA) Inc. v. S.S. Danaos, 845 F.2d 1157, 1162 (2d Cir. 1988); 18 *Wright/Miller/Kane*, § 4452, S. 440.

209 Vgl. Int'l Harvester Co. v. TRW, Inc., 107 Idaho 1123, 695 P.2d 1262 (1985).

dem über die betreffende Frage im Erstverfahren auch *notwendigerweise* entschieden worden war[210]. Ein geläufiges Anwendungsbeispiel bildet der im Produkthaftungsrecht unter dem Topos "*change of condition*" erörterte Fall, daß das frühere Urteil auf der Feststellung eines Defekts der dem *voucher* vom *vouchee* gelieferten Kaufsache beruhte[211]. Eine solche Entscheidung stellt für den *vouchee* verbindlich nur fest, daß die Ware *zum Zeitpunkt des Zweitverkaufs* mängelbehaftet war; er kann daher weiterhin behaupten, daß sie sich erst in den Händen des *voucher* verschlechtert habe, ihn selbst also keine Verantwortung treffe[212]. Dies soll nach der extensiven Auslegung der Regel durch viele Gerichte selbst dann gelten, wenn das Ersturteil das Durchdringen der Vorklage *explizit und ausschließlich* auf einen vom *voucher* zu verantwortenden *Herstellungs*fehler gestützt hatte[213]. Die Fehler*quelle*, so wird argumentiert, sei nämlich für den Erfolg jener Klage ohne Belang gewesen und hätte daher nicht entschieden werden *müssen*[214].

---

[210] Siehe z.B. State *ex rel.* Bldg. Comm'n v. Wood, 53 Del. 527, 173 A.2d 327 (1961) ("[T]he prior case is conclusive only of matters necessarily included in the litigation . . ."); Siebrand v. Eyerly Aircraft Co., 196 F. Supp. 936 (D. Ore. 1961); Barber-Greene Co. v. Bruning Co., 357 F.2d 31 (8th Cir. 1966); Humble Oil & Ref. Co. v. Philadelphia Ship Main. Co., 444 F.2d 727 (3d Cir. 1971); Dixon v. Fiat-Roosevelt Motors, Inc., 8 Wash. App. 689, 509 P.2d 86 (Ct. App. 1973); Eason v. Weaver, 557 F.2d 1202 (5th Cir. 1977).

Für die zahlreichen Urteile, die in den Wirkungen des *tender of defense* einen Fall der *issue preclusion* sehen, folgt diese Einschränkung schon aus den im Bereiche dieser Doktrin geltenden Prinzipien. *Siehe Restatement (Second) of Judgments § 27*; *James/Hazard/Leubsdorf*, § 11.20; 18 *Wright/Miller/Kane*, § 4421.

[211] Vgl. die Erörterung der Problematik bei *Degnan/Barton*, 51 Cal. L. Rev. 471, 484ff. (1963), und *Fonseca/Squillante*, § 22-10, S. 292ff. Vgl. auch *Mills*, 40 Mich. L. Rev. 872 (1942); *Mixon*, 29 Ark. L. Rev. 486, 497 (1976). Die Möglichkeit einer solchen *change of condition* war der maßgebliche Grund für das bis in unser Jahrhundert anhaltende Zögern der amerikanischen Gerichte, die *vouching*-Regeln überhaupt auf Sachmängelfälle anzuwenden. S.o. II. B. 1. bei Fn. 74.

[212] Vgl. Frank R. Jelleff, Inc. v. Pollak Bros, Inc., 171 F. Supp. 467, 472 (N.D. Ind. 1957) sowie die in der vorigen Fußnote genannten Quellen.

[213] Vgl. Siebrand v. Eyerly Aircraft Co., 196 F. Supp. 936 (D. Ore. 1961); Dixon v. Fiat-Roosevelt Motors, Inc., 8 Wash. App. 689, 509 P.2d 86 (Ct. App. 1973). Anders aber Smith Radio Commun., Inc. v. Challenge Equip., Ltd., 527 P.2d 711 (Ore. 1974).

[214] Vgl. die in der vorigen Fußnote genannten Entscheidungen. Hinter diesem angreifbaren Standpunkt, der bloß potentielle Alternativbegründbarkeit zum Kriterium mangelnder Entscheidungsrelevanz macht, steht offenbar das Bestreben, den *vouchee* nicht an Feststellungen zu binden, bezüglich derer ein sich auf die Verteidigung des Erstprozesses auswirkender Interessenkonflikt zwischen *voucher* und *vouchee* abzeichnen mußte. Die Berechtigung dieses Anliegens ist inzwischen allgemein anerkannt; siehe unten 6. Seine rechtliche Bewältigung unter dem Gesichtspunkt der Entscheidungsunerheblichkeit ist aber nach Ansicht des Verfassers gleichwohl verfehlt, eine Einschätzung, die die amerikanische Rechtswissenschaft mit der Ausbildung einer eigenständigen Doktrin zur Lösung derartiger "*conflicts of interests*" ja im Grundsatz zu teilen scheint.

4. Das Erfordernis streitigen Verhandelns

a) Konzeptioneller Hintergrund

In der Frage, ob und inwieweit die Präklusion des nichtverteidigenden *vouchee* ein streitiges Verhandeln zur Sache im Vorprozeß voraussetzt, Versäumnis- und andere auf nicht voll ausgefochtener Basis ergangene Urteile also als Bindungsgrundlage ausscheiden, bieten die Rechtsquellen ein nicht ganz einheitliches Bild. Die Erklärung hierfür dürfte vor allem in der eingangs bereits erwähnten latenten Unklarheit über das konzeptionelle Fundament der den ferngebliebenen *vouchee* treffenden Bindungswirkungen zu suchen sein. Dieser theoretische Hintergrund muß daher eingangs näher beleuchtet werden.

Nachdem gegen Ende des vorigen Jahrhunderts vermehrt das Bedürfnis nach einer dogmatischen Einordnung der *vouching*-Wirkungen aufgekommen war, dominierten bald die Stimmen, die das Phänomen mit dem Begriffsinstrumentarium der *issue preclusion* (früher auch mit dem heute weithin gemiedenen Terminus *collateral estoppel* bezeichnet) zu erfassen versuchten[215]. Zur Untermauerung dieser Charakterisierung war man bemüht, aufzuzeigen, daß die Beziehung von *voucher* und ferngebliebenen *vouchee* unter eine der Kategorien von Rechtsverhältnissen subsumiert werden könne, die nach amerikanischem Recht herkömmlich eine Erstreckung von *res judicata*-Wirkungen auf Dritte zu rechtfertigten vermochten, daß also zwischen *voucher* und *vouchee* "*privity*" bestehe[216]. Zu jenen *privity* schaffenden Konstellationen gehörte unter anderem auch der Fall der Repräsentation einer Nichtpartei durch eine Partei[217], und diesen betrachtete man im Verhältnis der am *vouching in* Beteiligten mehr und mehr als einschlägig: der *vouchee* müsse sich deswegen eine Bindung an das im Prozeß gegen den *voucher*

---

[215] So andeutungsweise schon Davis v. Wilbourne, 19 S.C.L. 11, 1 Hill 27 (1833), später aber ausdrücklich Hoskins v. Hotel Randolph Co., 203 Iowa 1152, 211 N.W. 423 (1926), *cert. denied*, 275 U.S. 566 (1927); Thomas v. Ferriss, 113 Conn. 539, 155 A. 829 (1931); Clarke v. Fidelty & Casualty Co., 55 Misc. 2d 327, 285 N.Y.S.2d 503 (Sup. Ct. 1967); Aetna Casualty & Sur. Co. v. Hase, 390 F.2d 151 (8th Cir. 1968); Humble Oil & Ref. Co. v. Philadelphia Ship Main. Co., 444 F.2d 737 (3d Cir. 1971); Lane v. Hartford Fire Ins. Co., 343 F. Supp. 79 (E.D. Mo. 1972); Dixon v. Fiat-Roosevelt Motors, Inc., 8 Wash. App. 689, 509 P.2d 86 (1973). Vgl. auch *Mills*, 40 Mich. L. Rev. 872 (1942).

Zur Lehre von der *issue preclusion* allgemein vgl. *James/Hazard/Leubsdorf*, §§ 11.17ff.; *Restatement (Second) of Judgments §§ 27ff.* Rechtsvergleichend *Engelmann-Pilger*, S. 72ff.; *Zeuner*, FS Zweigert, S. 603; *Habscheid*, FS Fragistas, S. 529.

[216] Vgl. bereits Littleton v. Richardson, 34 N.H. 179 (1856) und später z.B. Maddocks v. Gushee, 120 Me. 247, 113 A. 300 (1921); Thomas v. Ferriss, 155 A. 829 (Conn. 1931); Clarke v. Fidelty & Casualty Co., 55 Misc. 2d 327, 285 N.Y.S.2d 503 (Sup. Ct. 1967).

Das Konzept der *privity* ist inzwischen weitgehend als zirkulärer Kunstbegriff diskreditiert. Vgl. nur Bruszewski v. United States, 181 F.2d 419, 423 (3d Cir.), *cert. denied*, 340 U.S. 765 (1950); *James/Hazard/Leubsdorf*, § 11.23. Das *Restatement (Second) of Judgments* verzichtet — im Gegensatz zu seinem Vorgänger — völlig auf den Terminus.

[217] Vgl. nur *James/Hazard/Leubsdorf*, § 11.23.

ergangene Urteil gefallen lassen, weil seine Interessen dort bereits angemessen vertreten worden seien[218].

Wichtigste Konsequenz einer solchen Einstufung der *vouching*-Wirkungen als Unterfall der *issue preclusion* ist die Geltung der im Bereiche dieser Doktrin bestehenden Bindungsgrenzen[219]. Dazu zählt neben dem Erfordernis der Entscheidungserheblichkeit insbesondere der Grundsatz, die zur Präklusion anstehenden Fragen müßten zuvor Gegenstand streitiger Verhandlung (*actual litigation*) gewesen sein: *issue preclusion* leitet ihre Rechtfertigung aus der Tatsache ab, daß über die betreffenden Streitpunkte schon einmal aktiv gestritten worden ist[220]. Wo es an dieser Voraussetzung fehlt — wie unter anderem im Falle von Versäumnis- oder Anerkenntnisurteilen, Geständnissen oder Vergleichen[221] —, tritt grundsätzlich auch keine Bindung ein[222].

Freilich leistete der soeben beschriebenen Sichtweise seit jeher ein zweites, ihm teilweise widersprechendes Erklärungsmodell Konkurrenz, das sich unter Hinweis auf die eigenständige geschichtliche Entwicklung und Funktion des *vouching*-Verfahrens gegen die Qualifizierung seiner Wirkungen als *issue preclusion* wandte und wendet[223]. Diese Auffassung stellt die Auslassung einer

---

218 Siehe nur Jennings v. United States, 374 F.2d 983, 986 (4th Cir. 1967); SCAC Transp. (USA) Inc. v. S.S. Danaos, 845 F.2d 1157, 1162 (2d Cir. 1988); Jamaica Commodity Trading Co. v. Connell Rice & Sugar Co., 766 F. Supp. 138, 151 (S.D.N.Y. 1991); Universal Am. Barge Corp. v. J-Chem, Inc., 946 F.2d 1131, 1140 (5th Cir. 1991). Ein "repräsentationales" Verständnis der durch einen *tender of defense* ausgelösten Präklusion klingt namentlich auch im zweiten *Restatement* an. Vgl. *Restatement (Second) of Judgments § 57*, cmts. b, c; 18 *Wright/Miller/Kane*, § 4452, S. 445. Vgl. auch *Christensen*, 18 Stan. L. Rev. 666, 675f. (1966).

219 Es ist nicht Gegenstand dieser Arbeit, das inzwischen wohl jedem, der sich mit amerikanischem Recht näher befaßt, bekannte Grundgerüst der Lehre von der *issue preclusion* darzustellen. Verwiesen sei in diesem Punkte auf das *Restatement (Second) of Judgments §§ 27ff.*; *James/Hazard/Leubsdorf*, §§ 11.17ff.; *Engelmann-Pilger*, S. 72ff., alle mit zahlreichen Verweisungen.

220 Siehe nur *James/Hazard/Leubsdorf*, § 11.18; *Friedenthal/Kane/Miller*, § 14.11; *Restatement (Second) of Judgments § 27*, cmts. d, e; 18 *Wright/Miller/Kane*, §§ 4421, 4442f.; 1B *Moore*, ¶ 0.443f.; *Engelmann-Pilger*, S. 74f.

221 Vgl. *Restatement (Second) of Judgments § 27*, cmt. e; *James/Hazard/Leubsdorf*, § 11.18, S. 610; 18 *Wright/Miller/Kane*, §§ 4442, 4443; 1B *Moore*, ¶ 0.444.

222 Einzige allgemein anerkannte Ausnahme von dieser Regel stellen Fälle dar, in denen der Parteiwille eindeutig auf eine spätere Präklusion auch ohne streitige Verhandlung gerichtet ist. Vgl. *Wright/Miller/Kane* a.a.O.; *Moore* a.a.O. Darüberhinaus gibt es vereinzelt Gerichte, die am Erfordernis der *actual litigation* auch sonst Abstriche zu machen bereit sind und beispielsweise Versäumnisurteile für präklusionstauglich halten. Siehe z.B. Lane v. Hartford Fire Ins. Co., 343 F. Supp. 79 (E.D. Mo. 1972). Diese Auffassung stellt aber zumindest heute eine zu vernachlässigende Mindermeinung dar. Vgl. die in Fn. 222 angegebenen Quellen.

223 Diesem Standpunkt wird insbesondere im wissenschaftlichen Schrifttum immer wieder Ausdruck verliehen. Vgl. z.B. *Vestal*, 9 St. Louis U. L.J. 29, 39ff. (1964), der die dem *vouching* folgende Präklusion als "*preclusion by act or inaction*" der "*preclusion by judgment*" gegenüberstellt; *Mixon*, 29 Ark. L. Rev. 486, 503f. (1976); andeutungsweise auch *Bostelman*, 14 Colum. J.L. & Soc. Probs. 189, 217ff. (1978). Vgl. auch *Spencer Bower/Turner*, § 235, eine der wenigen Stellungnahmen zum *vouching*-Präzedenzfall Duffield v. Scott aus englischer Sicht: "[I]t is clear that it was not intended to suggest that this type of case raises any question of

Gelegen-, ja Obliegenheit, die Verteidigung des *voucher* zu übernehmen, an den Anfang der Präklusion des *vouchee*: komme er dieser Obliegenheit nicht nach, so könne er sich später nicht über die Ergebnisse des Erstprozesses beklagen[224]. Eine solche Argumentation, die aus historischer und funktionaler Perspektive einiges für sich hat[225], beruft sich also auf eine dem *venire contra factum proprium* ähnliche Grundlage der durch das *vouching in* ausgelösten Bindungen[226]. Zum die Präklusion des *vouchee* rechtfertigenden Kriterium wird damit die ihm *mögliche*, nicht die *wirkliche* Ausfechtung seiner Interessen im Vorprozeß; dementsprechend verliert die Forderung nach tatsächlicher streitiger Verhandlung als Voraussetzung der Bindung erheblich an Bedeutung. Das wiederum steht in eklatantem Widerspruch zur Behandlung der *vouching*-Wirkungen als *issue preclusion*; sie nehmen stattdessen den Charakter einer Bindung *sui generis* an, die eine gewisse Verwandtschaft mit der Doktrin des *equitable estoppel*, also einem originär billigkeitsrechtlichem Einwendungsausschluß, aufweist[227].

Obgleich die zuletzt erläuterte Anschauung in jüngerer Zeit endgültig in den Hintergrund getreten ist, sind die Reibungen zwischen beiden Theorieströmungen auch heute noch nicht völlig überwunden.

---

estoppel per rem judicatam at all, the 'estoppel' there referred to being an election (implied from conduct and inaction) by the indemnifying party that he was content to treat the judgment in the first action as binding upon himself, though in fact and law, he not being a party thereto, it was not so."

Entscheidungen, die sich ausdrücklich und vorbehaltslos zu diesem Ansatz bekennen, sind ohne Ausnahme älteren Datums. Siehe z.B. St. Joseph & G.I. Ry. v. Des Moines Union Ry., 180 Iowa 1292, 162 N.W. 812, 816f. (1917). Soweit es neuere Urteile gibt, die die *vouching*-Wirkungen nicht als Fall des *collateral estoppel* auffassen, geschieht dies meist nur implizit und ohne den Versuch einer Alternativerklärung. Siehe z.B. Int'l Harvester Co. v. TRW, Inc., 107 Idaho 1123, 695 P.2d 1262, 1264 (1985); Hardee v. Allied Steel Buildings, Inc., 182 Ga. App. 587, 356 S.E.2d 682, 684 (Ct. App. 1987).

224 Bezeichnenderweise begegnet diese Argumentation verstärkt in der Diskussion von Fällen, in denen die Haftung des *vouchee* vertraglicher Natur ist; dabei geht man bisweilen so weit, der Abgabe eines Gewährleistungsversprechens die konkludente Mitübernahme einer echten *Pflicht* zur Verteidigung des Versprechensempfängers beimessen zu wollen. Vgl. *Degnan/Barton*, 51 Cal. L. Rev. 471, 481 (1963). Dies ist ein weiteres Beispiel für das enge Zusammenspiel von materiellem und Prozeßrecht im Kontext des *vouching in*. Vgl. o. III. C. 2. Was nach dieser Theorie im Bereich *außervertraglich* begründeter Regreßpflichtigkeit gelten soll, bleibt unklar.

225 Dazu, daß das mittelalterliche Recht die Verteidigung des Lehensnehmers als *Pflicht* des Lehnsherrn und Garanten aufgefaßt hatte, s.o. II. A. 1. b).

226 Daß dieser Gedanke auch der Streitverkündungswirkung deutschen Rechts zugrundeliegt, betont *Milleker*, ZZP 80 (1967), 288, 304.

227 Eine ausdrückliche Einordnung unter diese Doktrin findet sich in Urteilen selten. Ein Beispiel ist aber die Entscheidung State Bank of New Prague v. Am. Sur. Co., 206 Minn. 137, 288 N.W. 7 (1939), wo es im Verlaufe der Diskussion heißt: "The indemnitor is bound in such a case (gemeint ist *vouching in*, der Verf.) not by the contract of indemnity . . . nor by the judgment as a determination of the issue against him, but by estoppel in pais (ein Synonym für die *equitable estoppel*-Lehre, der Verf.)." Zur bemerkenswerten terminologischen Differenzierung des *Restatement* s.u. b).

b) Der Standpunkt des *Restatement*

Symptomatisch für den eben beschriebenen Spannungszustand ist vor allem die zwiespältige Position, die das *Restatement* in der vorliegenden Frage einnimmt. Zu ihrer Illustrierung diene folgendes, in Anlehnung an das *Restatement* gebildete Beispiel[228]:

Der Kunde eines Geschäftes erhebt Schadensersatzklage gegen den Ladeneigentümer wegen einer Verletzung, die angeblich auf mangelnde Gebäudesicherheit zurückzuführen sei. Der Geschäftsinhaber sendet daraufhin seinem Hauswart, der ihm gegenüber vertraglich zur Instandhaltung des Gebäudes verpflichtet ist, eine *vouching notice*, die dieser aber ignoriert. In der Folge läßt der Inhaber *Versäumnisurteil* gegen sich ergehen und strengt eine Regreßklage gegen den Hauswart an.

Dem *Restatement* zufolge darf der Hauswart nicht mehr zu den Fragen des Vorliegens und des Ausmaßes ("*existence and extent*") der Haftpflicht des Ladeneigentümers gehört werden[229]. Wohl aber kann er mangels streitiger Verhandlung dieser Frage im Vorprozeß weiterhin behaupten, daß die Verletzung des Kunden nicht auf mangelnder Gebäudesicherheit, sondern auf einer Nachlässigkeit des Geschäftsinhabers beruhte[230]. Das bedeutet, daß der *vouchee* für den Fall, daß im Vorprozeß eine streitige Einlassung zur Sache von Seiten des *voucher* unterblieben ist, zwar an das Faktum der rechtlichen Verantwortlichkeit des *voucher* als solches, nicht hingegen an die im Vorurteil unbestritten hingenommene Tatsachenbasis bzw. deren rechtliche Subsumtion unter die vom Vorkläger geltend gemachte Anspruchsgrundlage gebunden sein soll, so daß er nicht daran gehindert ist, vorzubringen, daß die Haftung des *voucher* auf einem den Rückgriff *nicht* eröffnenden Lebenssachverhalt beruhe[231].

Zur Erklärung der von ihm vorgenommenen Differenzierung — die sich aus deutscher Perspektive vielleicht am ehesten mit derjenigen zwischen Tenor und Urteilsgründen vergleichen läßt — führt das *Restatement* aus, daß einerseits die Weigerung des *vouchee*, den *voucher* zu verteidigen, Grund genug sei — der Verwirkungsgedanke —, ihm das Recht zu nehmen, sich später darauf zu

---

228 Vgl. *Restatement (Second) of Judgments § 57*, illus. 1, 2.

229 Siehe *Restatement (Second) of Judgments § 57*, illus. 2 sowie insbesondere cmt. b. Auch das *Restatement*, das prinzipiell einem "repräsentationalen" Ansatz der *vouchee*-Präklusion folgt, verzichtet also nicht völlig auf den Verwirkungsgedanken.

230 Siehe *Restatement* a.a.O.

231 Vgl. *Restatement (Second) of Judgments § 57*, cmt. b:

"When . . . the indemnitee failed to defend the action brought by the injured party, the action against the indemnitee has gone to judgment without actual adjudication of all issues. In such a situation, although . . . the indemnitor is estopped to deny the existence and extent of the indemnitee's liability to the injured party, the indemnitor is free to litigate all issues that must be determined in establishing his obligation to indemnify, even though one or more of these issues could have been litigated in the injured person's action against the indemnitee."

Vgl. auch das erste *Restatement of Judgments § 107*, cmt. f.

berufen, letzterer sei dem ursprünglichen Kläger *überhaupt nicht* (oder zumindest nicht in dieser Höhe) zur Ersatzleistung verpflichtet gewesen; im Hinblick auf diese Fragen sei das Vorurteil daher auch ohne *actual litigation* bindend[232]. Dahinter steht anscheinend die Überlegung, daß der *voucher* durch eine Präklusion diesen Ausmaßes *allein* noch nichts zu Lasten des *vouchee* zu gewinnen hoffen darf, wenn er sich seinerseits nicht verteidigt. Da er andernfalls sein eigenes Haftenmüssen im Rückgriffsverfahren erneut unter Beweis zu stellen hätte, bedeutet besagte Präklusion für den *voucher* aber gleichzeitig einen gewissen Teilschutz vor sich widersprechenden Urteilen.

Andererseits könne es, so das *Restatement*, dem *vouchee* aber angesichts der ohnehin starken Versuchung des *voucher*, die Angriffe des Erstklägers auf rückgriffseröffnende Anspruchsgrundlagen zu lenken, nicht zugemutet werden — der Repräsentationsgedanke —, an eine nie verhandelte Tatsachenversion gebunden zu sein, die eine Überwälzung der Haftung auf seine Person erlauben würde[233]. Insoweit sei daher streitiges Verhandeln Mindestvoraussetzung für eine Präklusion.

Auffälligerweise schlägt sich der soeben beschriebene Gegensatz im *Restatement* auch sprachlich nieder: in bezug auf "*existence and extent*" der *voucher*-Haftung bedient es sich nämlich zur Charakterisierung der Bindungswirkung des ansonsten an keiner Stelle des *Restatement* vorkommenden Begriffes "*estopped*"[234], und nur im übrigen greift es auf die von ihm zur Kennzeichnung der *issue preclusion* für gewöhnlich verwendete Vokabel "*precluded*" zurück[235]. Ohne diesen Umstand überbewerten zu wollen, ist er doch ein weiteres Indiz für den ambivalenten Geltungsgrund der *vouchee*-Präklusion.

c) Die Rechtsprechung

In den Äußerungen der Gerichte zum Erfordernis streitigen Verhandelns findet man erstaunlicherweise kaum je explizite Anklänge an die im *Restatement* formulierte Dichotomie[236]; überhaupt nimmt die neuere Entscheidungsliteratur nur selten erkennbar Notiz von den beschriebenen Friktionen[237]. Aber auch in ihren praktischen Ergebnissen steht die Rechtsprechung nicht ganz im Einklang mit dem *Restatement*:

Übereinstimmung besteht zunächst einmal insoweit, als sich eine bei weitem überwiegende Mehrzahl von Urteilen zu dem Satz bekennt, daß über eine

232 A.a.O.

233 *Restatement (Second) of Judgments § 57*, cmt. a, b.

234 *Restatement (Second) of Judgments § 57(1)(a).*

235 *Restatement (Second) of Judgments § 57(1)(b).*

236 Das gilt überraschenderweise auch für die vom *Restatement* in der *Reporter's Note* zu *§ 57*, cmt. a, in Bezug genommenen Entscheidungen.

237 Symptomatisch insoweit beispielsweise SCAC Transp. (USA) v. S.S. Danaos, 845 F.2d 1157, 1162 (2d Cir. 1988): "The indemnitor is precluded . . . by *principles of or analogous to collateral estoppel* . . . ." (Hervorhebung vom Verf.) Vgl. auch Fn. 225.

einzelne Frage auch tatsächlich gestritten worden sein muß, wenn dem *vouchee* eine nochmalige Verhandlung derselben abgeschnitten werden soll[238]. Oft geschieht dies unter ausdrücklicher Berufung auf die Prinzipien der *issue preclusion*. Daneben liest man zwar auch immer wieder die um einiges allgemeiner gehaltenen Feststellung, der *vouchee* sei an die Feststellungen der Vorentscheidung so lange gebunden, als diese nicht das Ergebnis betrügerischer Manipulationen (*fraud or collusion*)[239] darstelle, wobei die Notwendigkeit einer *actual litigation* mit keinem Wort erwähnt wird[240]. Doch scheint mit dieser abweichenden Wortwahl kein Abrücken vom Postulat streitigen Verhandelns intendiert zu sein: denn abgesehen davon, daß sie bisher noch nie an entscheidungserheblicher Stelle als Argument gegen besagte Forderung ins Felde geführt worden ist, läßt sich ihre routinemäßige Verwendung plausibel auch damit erklären, daß es sich um eine der ältesten Formulierungen der *vouching*-Folgen handelt[241].

Man kann daher davon ausgehen, daß einem *voucher*, der den *vouchee* an die den Regreß eröffnende Tatsachenbasis des Erstprozesses binden will, dieser Schritt in der Praxis regelmäßig verwehrt wird, wenn und soweit die frühere Entscheidung

— ein Versäumnisurteil (*default judgment*) war, der Beklagte das Vorbringen des Klägers also nicht bestritten hatte[242];

— auf einem Geständnis (*admission*) des *voucher* beruhte[243]; oder

— auf der Grundlage von Parteivereinbarungen (*stipulations*) über einzelne Sachverhaltspunkte erging[244, 245].

---

238 Siehe beispielsweise Stewart & Foulke, Inc. v. Robertshaw Controls Co., 397 F.2d 971 (5th Cir. 1968); Dixon v. Fiat-Roosevelt Motors, Inc., 8 Wash. App. 689, 509 P.2d 86 (1973) ("Neither the doctrine of collateral estoppel nor the vouching-in doctrine can be applied to preclude litigation of issues which were previously unlitigated."); Blommer Chocolate Co. v. Bongards Creameries, Inc., 635 F. Supp. 919 (N.D. Ill. 1986); Universal Am. Barge Corp. v. J-Chem, Inc., 946 F.2d 1131 (5th Cir. 1991); Leighton Indus., Inc. v. Callier Steel Pipe & Tube, Inc., No. 89-C8235, 1991 U.S. Dist. LEXIS 1749 (N.D. Ill. 1991). Ebenso 18 *Wright/Miller/Kane*, § 4452, S. 441 ("The issue must have been actually litigated."); *Squillante/Fonseca*, § 22-10, S. 283; *Mixon* 29 Ark. L. Rev. 486, 504 (1976).

239 Dazu unten 7.

240 Siehe z.B. Washington Gas Light Co. v. Dist. of Columbia, 161 U.S. 316, 329ff. (1896); Olin's Rent-A-Car Sys., Inc. v. Royal Continental Hotels, Inc., 187 So. 2d 349 (Fla. Dist. Ct. App. 1966); Uniroyal, Inc. v. Chambers Gasket & Mfg. Co., 177 Ind. App. 508, 521, 380 N.E.2d 571, 580 (Ct. App. 1978); Dennis v. S.E. Kansas Gas Co., Inc., 227 Kan. 872, 610 P.2d 627 (1980)

241 Sie geht zurück auf die zu Beginn der Arbeit bereits erwähnte Entscheidung Littleton v. Richardson, 34 N.H. 179 (1856).

242 Siehe Universal Am. Barge Corp. v. J-Chem, Inc., 946 F.2d 1131 (5th Cir. 1991) (obiter dictum); 18 *Wright/Miller/Kane*, § 4452, S. 444. Vgl. *Bostelman*, 14 Colum. J.L. & Soc. Probs. 189, 256f. und Fn. 272 (1978). Vgl. auch Continental Ins. Co. v. Bergquist, 400 N.W.2d 199 (Ct. App. Minn. 1987), aus dem hervorgeht, daß die Vorinstanz ein Versäumnisurteil offenbar für nicht bindend gehalten hatte (die Entscheidung selbst gelangt mangels Erheblichkeit nicht zur Beantwortung der Frage).

243 Siehe Blommer Chocolate Co. v. Bongards Creameries, Inc., 635 F. Supp. 919 (N.D. Ill. 1986) (obiter dictum). Vgl. auch Dewald v. Minster Press Co., 494 F.2d 795 (6th Cir. 1974), wo sich die gleiche Frage im Rahmen einer echten Drittklage stellte.

Soweit sich entgegen diesem herrschenden Verständnis sporadisch Entscheidungen finden, die den *vouchee* beispielsweise an die Feststellungen eines Versäumnis- oder eines Anerkenntnisurteils binden wollen[246], sind diese (fast ausnahmslos älteren) Abweichungen nicht als Ausdruck eines *vouching*-spezifisch weiten Präklusionskonzepts zu verstehen, sondern beruhen auf der heute ganz überwiegend verworfenen Ansicht, daß auch derartige Urteile *issue preclusion* nach sich ziehen können.

Keine ersichtliche Bestätigung in der Rechtsprechungspraxis findet aber die zweite Hälfte des vom *Restatement* entworfenen Präklusionskonzeptes, also die Bindung des *vouchee* an "*existence and extent*" der *voucher*-Haftung auch ohne streitige Verhandlung im Vorprozeß[247]. Diese Feststellung gilt jedenfalls vorbehaltlich des sogleich noch zu erörternden Bereiches des Verfahrensabschlusses durch Vergleich (den jedoch wiederum das *Restatement* nicht im Blick hatte[248]). Das bedeutet zwar nicht, daß man diesen Teil der *§ 57* gänzlich außer acht lassen könnte; gerade wegen des beachtlichen Autoritätsgrades der *Restatments* ist es nämlich kaum auszuschließen, daß sich Gerichte im Streitfalle früher oder später doch auf die in der genannten Bestimmung

---

244 Siehe Am. Sur. Co. v. Coblentz, 381 F.2d 185 (5th Cir. 1967); Blommer Chocolate Co. v. Bongards Creameries, Inc., 635 F. Supp. 919 (N.D. Ill. 1986) (obiter dictum); Falcon v. Beverly Hills Mortgage Corp., 166 Ariz. 211, 802 P.2d 1010 (Ct. App. 1990) (implizit). Zustimmend 18 *Wright/Miller/Kane*, § 4452, S. 442.

245 Dagegen hat ein Gericht die einem *summary judgment* zugrundeliegenden Tatsachenfeststellungen als präklusionsauslösend erachtet. Siehe Blommer Chocolate Co. v. Bongards Creameries, Inc., 635 F. Supp. 919 (N.D. Ill. 1986). Anders aber das Gericht in einem Falle, in dem deutliche Anzeichen für Kollusion zwischen den ursprünglichen Parteien bestanden: Farmers Ins. Co. v. Vagnozzi, 138 Ariz. 443, 675 P.2d 703 (1983). — Das amerikanische Prozeßrecht räumt jeder Prozeßpartei die Möglichkeit ein, gegen seinen Kontrahenten ein Sachurteil auf abgekürztem Wege zu erlangen, sofern letzterer die Behauptungen, für die er die Beweislast trägt, nicht hinreichend zu substantiieren vermag. Dies geschieht durch Antrag auf *summary judgment*. Wird dem Antrag stattgegeben, so entfällt jedes weitere Verhandeln, da dafür im wahrsten Sinne des Wortes nicht genügend Streitstoff vorhanden ist. Siehe z.B. *Fed. R. Civ. P. 56*. Vgl. allgemein *Friedenthal/Kane/Miller*, §§ 9.1 - 9.3. Genau besehen liegt darin aber kein Verzicht auf das Erfordernis der *actual litigation*. Das Weiterverhandeln wird der den gegnerischen Vortrag *bestreitenden* (!) Partei vom Erstgericht nämlich allein deswegen verwehrt, weil das Prozeßergebnis angesichts der unterhalb der Erheblichkeitsschwelle bleibenden Einlassung dieser Partei bereits vorgezeichnet ist. Vgl. 18 *Wright/Miller/Kane*, § 4444. Dementsprechend kommt ein *summary judgment* auch sonst als taugliche Grundlage für *issue preclusion*in Betracht. Vgl. *Wright/Miller/Kane* a.a.O.; *Friedenthal/Kane/Miller*, § 14.11, S. 673.

246 Siehe z.B. Maddocks v. Gushee, 120 Me. 247, 113 A. 300 (1921); Thomas v. Ferriss, 155 A. 829 (Conn. 1931); (als einziges Beispiel aus neuerer Zeit) Lane v. Hartford Fire Ins. Co., 343 F. Supp. 79 (E.D. Mo. 1972) (*default judgment*).

247 Eine Ausnahme stellt allenfalls International Fidelity Ins. Co. v. Goltra Corp., 149 N.J. Super. 574, 374 A.2d 481 (Super. Ct. App. Div. 1977) dar (obiter dictum dahingehend, daß ein *Versäumnisurteil* den *vouchee* hinsichtlich des Bestehens und des Betrages der Haftung des *voucher* präkludiere).

248 Keine der vom *Restatement* zu *§ 57* aufgelisteten Refernzentscheidungen betraf einen Vergleich.

getroffene Differenzierung berufen werden[249]. Für die heutige Rechtswirklichkeit hat sie jedoch keine erkennbare Bedeutung.

5. Vergleiche

Ein angesichts der amerikanischen Vorliebe für Vergleiche besonders wichtiger Spezialfall eines nicht auf streitiger Verhandlungsgrundlage beendeten Vorprozesses stellt seine Beilegung durch *settlement* dar.

Daß ein Vergleich dem *vouchee* gegenüber Präklusionswirkung zu entfalten vermag, wird von einem Großteil der zu dieser Frage veröffentlichten Entscheidungen glatt verneint[250]: wo zuvor nichts entschieden worden sei, könne auch keine Bindung eintreten[251]. Bemerkenswerterweise kreisen diese eine Präklusion ablehnenden Urteile wiederum sämtlich um den Versuch des *voucher*, den *vouchee* an eine bestimmte, seine Einstandspflicht auslösende Tatsachen- bzw. Subsumtionsbasis zu binden[252]. Soweit dagegen die begrenztere Frage nach dem Bestehen der Ersatzpflicht des *voucher* gegenüber dem Erstkläger als solchem betroffen ist, lassen sich zahlreiche Entscheidungen finden, die dem zuvor erfolgten *tender of defense* Wirkung zukommen lassen wollen[253]. Man stößt hier also auf einen ähnlichen Gegensatz, wie ihn

---

[249] Das *Restatement (Second) of Judgments* ist immerhin erst zehn Jahre in Kraft — eine angesichts der Spärlichkeit von Entscheidungen zum vorliegenden Themenkomplex nicht eben lange Zeitspanne. Das erste *Restatement* hatte noch keine dem Nachfolgewerk entsprechende Unterscheidung getroffen.

[250] Diese Tatsache bleibt bei *Koch*, ZVglRWiss 85 (1986), 11, 24, unerwähnt.

[251] Siehe CGM Valve Co., Inc. v. Gulfstream Steel Corp., 596 S.W.2d 161, 163 (Tex. Ct. App. 1980) ("The initial question is whether voucher is available to the defendant who settles the first cause of action as opposed to litigating the cause to judgment. We hold that it is not."); Dodge Trucks, Inc. v. Wilson, 231 S.E.2d 818, 821 (Ct. App. 1976) ("Under voucher, the vouchee is bound by the *judgment* if a right to recover is established. . . . [T]he necessity of a judgment is apparent." [Hervorhebung im Original]); Ford Motor Co. v. W.F. Holt & Sons, Inc., 453 F.2d 116 (6th Cir. 1971); Gentry v. Wilmington Trust Co., 321 F. Supp. 1379 (D. Del. 1970) ("To permit the buyer to settle the action and consent to a judgment without a full-scale adversary proceeding would present a serious risk of collusion. If the seller is to be bound by application of § 2-607 [des *U.C.C.*, der Verf.], determinations of fact sought to be applied against him must be made only after a conscientiously conducted defense."); Stewart & Foulke, Inc. v. Robertshaw Controls Co., 397 F.2d 971, 974 (5th Cir. 1968) ("[A]n actual trial is required as distinguished from a resolution of the issues by agreement of the parties under a prior settlement agreement."); Martinique Shoes, Inc. v. New York Progressive Wood Heel Co., 207 Pa. Super. 404, 217 A.2d 781 (Super. Ct. 1966); New York Cent. & H.R.R. Co. v. T. Stuart & Son Co., 157 N.E. 540 (Mass. 1927). Vgl. auch *Bostelman*, 14 Colum. J.L. & Soc. Probs. 189, 257f. (1978).

Für die Anhänger der Auffassung, die *vouching*-Wirkungen seien ein Unterfall der *issue preclusion*, versteht sich dieser Standpunkt von selbst.

[252] Das einzige auffindbare Urteil, das so weit geht, eine derartige Bindung an die dem Vergleich zugrundeliegende Tatsachenbasis für möglich zu halten, ist Baker v. N.E. Indus. Park, Inc., 423 N.Y.S.2d 308, 311 (App. Div. 1979). Allerdings geht aus der Entscheidung hervor, daß den benachrichtigten Dritten in jenem Fall eine vertragliche *Verpflichtung* zur Verteidigungsübernahme traf; die Verletzung einer solchen Pflicht wird häufig durch *vouching*-untypische verschärfte Präklusionswirkungen sanktioniert. Siehe unter C.

zumindest das *Restatement* auch sonst in Fällen fehlender "*actual litigation*" postuliert[254] — und aus vermutlich denselben Erwägungen.

Bei näherem Besehen stößt die Parallelität allerdings auf Grenzen. Soweit es nämlich Entscheidungen gibt, die dem *vouching* eine Vergleichswirkung zubilligen, besteht diese nach ganz überwiegender Auffassung nicht etwa darin, daß der *vouchee* überhaupt keine Einwendungen mehr gegen das Bestehen der Haftung des *voucher* erheben dürfte[255]. Folge der *vouching notice* soll vielmehr sein, daß ihr Urheber im Prozeß gegen ihren Empfänger nicht mehr gezwungen ist, sein *wirkliches* Haftenmüssen (*actual liability*) gegenüber dem ursprünglichen Kläger zu beweisen, sondern nur noch zeigen muß, daß er diesem *möglicherweise* haftbar (*potentially liable*) gewesen wäre, in gutem Glauben handelte und die Vergleichssumme vernünftig war[256]. Im Ergebnis nichts anderes drückt auch die kürzere und ebenfalls gebräuchliche Formulierung aus, der *vouchee* sei an jedes "*reasonable settlement*" gebunden[257]; allerdings soll

253 Siehe Burlington Northern, Inc. v. Hughes Bros., Inc., 671 F.2d 279 (8th Cir. 1982); Wisconsin Barge Line, Inc. v. The Barge Chem 300, 546 F.2d 1125 (5th Cir. 1977); Morris v. Federated Mut. Ins. Co., 497 F.2d 538 (5th Cir. 1974); West Coast Terminals Co. v. Luckenbach S.S. Co., 349 F.2d 568 (9th Cir. 1965); U.S. Steel Corp. v. Emerson-Comstock Co., 141 F. Supp. 143 (N.D. Ill. 1956); Chicago, R.I. & Pac. Ry. Co. v. Dobry Flour Mills, Inc., 211 F.2d 785 (10th Cir. 1954); Luton Mining Co. v. Louisville & N.R. Co., 123 S.W.2d 1055 (Ky. Ct. App. 1938); New York Cent. R.R. Co. v. Wm. Culkeen & Sons Co., 144 N.E. 96 (Mass. 1924). Vgl. *Feirich*, 1967 U. Ill. L.F. 236, 265ff. (1967).

Einige Entscheidungen machen den Eintritt dieser Wirkung von einem *separaten "pre-settlement" tender of defense* des Erstbeklagten abhängig, in dem der Dritte aufgefordert wird, sich dem Vergleich anzuschließen oder auf eigenes Risiko weiterzuprozessieren. Vgl. Tankrederiet Gefion A/S v. Hyman-Michaels Co., 406 F.2d 1039, 1043f. (6th Cir. 1969); Whisenant v. Brewster-Bartle Offshore Co., 446 F.2d 394, 402f. (5th Cir. 1971); Parfait v. Jahncke, 484 F.2d 296, 305 (5th Cir. 1973); Atlantic Richfield Co. v. Interstate Oil Transp. Co., 784 F.2d 106, 110ff. (2d Cir. 1986). Diese Urteile stellen aber wohl kaum — wie *Koch*, ZVglRWiss 85 (1986), 11, 24, zu meinen scheint — ein für alle *vouching*-Fälle Geltung beanspruchendes Zusatzerfordernis auf. In den genannten Urteilen befanden sich Erstbeklagter und Dritter nämlich jeweils im durch eine echte Drittklage begründeten Verhältnis von *third-party plaintiff* und *third-party defendant*. Anders als nach einem ursprünglichen *tender of defense* hat aber der Drittbeklagte grundsätzlich nicht die Gelegenheit und Rechtsmacht, einen Vergleich zwischen den Hauptparteien durch eigene Prozeßführung zu verhindern; deshalb setzt seine diesbezügliche Bindung ein gesondertes Angebot der Verteidigungsübernahme durch den Drittkläger voraus.

254 S.o. 4. b).

255 So allerdings wohl die ältere Entscheidung New York Cent. R.R. Co. v. Wm. Culkeen & Sons Co., 144 N.E. 96, 98 (Mass. 1924). Auch *Feirich*, 1967 U. Ill. L.F. 236, 267 (1967), favorisiert diese Lösung und meint, sie mehreren Entscheidungen entnehmen zu können — aus Sicht des Verfassers zu Unrecht.

256 Siehe SCAC Transp. (USA) Inc. v. S.S. Danaos, 845 F.2d 1157, 1164 (2d. Cir. 1988); Atlantic Richfield Co. v. Interstate Oil Transp. Co., 784 F.2d 106, 113 (2d Cir. 1986); Morris v. Federated Mut. Ins. Co., 497 F.2d 538, 543f. (5th Cir. 1974); West Coast Terminals Co. v. Luckenbach S.S. Co., 349 F.2d 568, 570 (9th Cir. 1965); Wise Shoes, Inc. v. Blatt, 164 A. 89 (Pa. 1933).

257 Vgl. Burlington Northern, Inc. v. Hughes Bros., Inc., 671 F.2d 279, 282f. (8th Cir. 1982);

ihm damit wohl zuweilen die zusätzliche Bürde auferlegt werden, *seinerseits* die Unangemessenheit des Vergleichs nachweisen zu müssen[258]. Die Wirkung des *vouching in* entspricht in diesen Fällen also einer — bisweilen durch eine Beweislastumkehr verstärkte — Beweiserleichterung, einer gleichsam abgeschwächten Präklusion[259].

Feuer v. Menkes Feuer, Inc., 187 N.Y.S.2d 116, 121 (App. Div. 1959); U.S. Steel Corp. v. Emerson-Comstock Co., 141 F. Supp. 143, 148 (N.D. Ill. 1956); Chicago, R.I. & Pac. Ry. Co. v. Dobry Flour Mills, Inc., 211 F.2d 785, 788 (10th Cir. 1954).

258 Vgl. U.S. Steel Corp. v. Emerson-Comstock Co., 141 F. Supp. 143, 148 (N.D. Ill. 1956). Vgl. auch Wisconsin Barge Line, Inc. v. The Barge Chem 300, 546 F.2d 1125, 1129f. (5th Cir. 1977).

259 Erwähnt sei am Rande, daß auch unabhängig von einer Benachrichtigung des möglicherweise Regreßpflichtigen von einer in der Rechtsprechung vertretenen Mindermeinung der Standpunkt vertreten wird, daß ein Vergleich im Vorprozeß ganz allgemein zur Folge habe, daß der Rückgriffsgläubiger im Regreßverfahren nur noch die Möglichkeit seiner eigenen Ersatzpflicht dartun muß. Siehe WestAmerica Mortgage Co. v. Tri-County Reports, Inc., 670 F. Supp. 819, 821 (N.D. Ill. 1987); Gentry v. Wilmington Trust Co., 321 F. Supp. 1379 (D. Del. 1970); Moses-Ecco Co. v. Roscoe-Ajax Corp., 320 F.2d 685, 689 (D.C. Cir. 1963). Anderer Auffassung ist allerdings die wohl herrschende Meinung. Vgl. Ke-Wash Co. v. Stauffer Chem. Co., 177 N.W.2d 5, 12 (Iowa 1970); United Boatbuilders, Inc. v. Tempo Prods. Co., 459 P.2d 958, 960f. (Wash. Ct. App. 1969); Williams v. Johnston, 442 P.2d 178, 184 (Idaho 1968); S.W. Miss. Elec. Power Ass'n v. Harragill, 182 So. 2d 220, 223 (Miss. 1966); Chicago, R.I. & Pac. Ry. Co. v. Dobry Flour Mills, Inc., 211 F.2d 785, 788 (10th Cir. 1954). Vgl. auch *Bostelman*, 14 Col. J.L. & Soc. Probs. 189, 199 n.44 (1978).

In diesem Zusammenhang muß ferner eine Problematik kurz angesprochen werden, die in die Frage nach dem Beweiswert eines zuvor abgeschlossenen Vergleichs für das Regreßverfahren hineinspielt und dabei Verwirrung zu stiften geeignet ist. Häufig scheinen nämlich die Entscheidungen, die sich mit der Bedeutung des im Ausgangsverfahren erzielten Vergleiches befassen, davon auszugehen, daß ein dort ergangenes *Urteil jedenfalls* — also auch *ohne* Benachrichtigung des Regreßpflichtigen — die Wirkung gehabt hätte, die Haftpflicht des Rückgriffsgläubigers mit Verbindlichkeit auch für den -schuldner festzustellen. Vgl. Tankrederiet Gefion A/S v. Hyman-Michaels Co., 406 F.2d 1039, 1042 (6th Cir. 1969); Parfait v. Jahncke Serv., Inc., 484 F.2d 296, 304 (5th Cir. 1973); Molett v. Penrod Drilling Co., 826 F.2d 1419, 1429 (5th Cir. 1987). Wäre diese Auffassung im Sinne einer Rechtskrafterstreckung zu verstehen, so würde sie offensichtlich das Bedürfnis für einen *tender of defense* überhaupt in Frage stellen. Doch ist insoweit Vorsicht geboten. Abgesehen davon, daß derartige Aussagen meist nur der Rang eines *obiter dictum* einnehmen oder eine *notice* in concreto tatsächlich vorlag, lassen sie zuweilen den Verdacht aufkommen, daß sie Ausdruck einer unzureichenden Differenzierung sind zwischen Regreßpflichten, die an die *Haftung* des Regreßgläubigers, und solchen, die an einen diesem entstandenen *Schaden* (d.h. hier: die Urteilssumme) anknüpfen. Siehe Ford Motor Co. v. W.F. Holt & Sons, Inc., 453 F.2d 116 (6th Cir. 1971). Vgl. auch *Degnan/Barton*, 51 Cal. L. Rev. 471, 482f., 484 n.53 (1963). Wenn in Fällen der letzteren Art ein gegen den Regreßsuchenden ergangenes Urteil als "bindend" angesehen wird, so dürfte nicht *Drittpräklusion*, sondern die aus einer Auslegung des Verrtages gewonnene *Erfüllung eines Tatbestandsmerkmals* vorliegen. Ähnliches gilt für Verpflichtungen, die von vornherein auf echte Urteilshaftung gerichtet sind, vgl. 42 *C.J.S.* Indemnity, § 56 c., und wohl auch für Versicherungsverträge, die eine Erstattungspflicht hinsichtlich aller Beträge vorsehen, zu deren Zahlung der Berechtigte rechtlich verpflichtet ist ("*which the insured becomes legally obligated to pay*"); vgl. Comment, 114 U. Pa. L. Rev. 734, 740f. (1966). Im übrigen aber heißt es im einzigen höherinstanzlichen Urteil, das zu den in diesem Bereich herrschenden Unstimmigkeiten und Widersprüchen ausdrücklich Stellung

Bemerkenswert ist im vorliegenden Zusammenhang noch ein weiterer Umstand, nämlich daß die *Art* der gerichtlichen Umsetzung des Vergleiches für seine hier untersuchten Wirkungen anscheinend nicht von Bedeutung ist[260]. Denn wenn die im Verfahren zwischen den Regreßparteien ergehenden Entscheidungen — wie in aller Regel — in lediglich allgemeiner Weise auf ein zuvor erzieltes "*settlement*" rekurrieren, wäre es vorschnell, anzunehmen, daß man daraus ohne weiteres auf eine prozeßdogmatisch genau definierte Form der Beendigung des Ausgangsverfahrens schließen könnte[261]. Bei im einzelnen schwankender Begriffsbildung[262] kommt nämlich neben dem Erlaß eines die Parteivereinbarungen inkorporierenden *consent judgment*[263] vor allem auch eine die Klage formell abweisende Entscheidung in Betracht, die je nach Parteiwillen eine spätere erneute Klageerhebung offenläßt (*dismissal without prejudice*) oder aber ausschließt (*dismissal with prejudice*)[264]. In einem solchen Falle werden die Vergleichsgrundlagen vom zuständigen Gericht oft nicht einmal zur Kenntnis genommen, geschweige denn gebilligt[265]. Darauf wird im Rahmen der Anerkennungsdiskussion zurückzukommen sein[266].

6. Interessenkonflikte (*Conflicts of Interests*)

Gelegentlich kann es vorkommen, daß das Vorbringen des ursprünglichen Klägers einen unweigerlichen Interessenkonflikt (*conflict of interests*) zwischen *voucher* und *vouchee* heraufbeschwört. Diese Situation tritt ein, wenn der Kläger seinen Anspruch gegen den *voucher* auf mindestens zwei Anspruchsgrundlagen stützen kann, von denen aber nur eine dem *voucher* den Regreß gegen den *vouchee* ermöglichen würde[267]. Man denke beispielsweise an den

nimmt, klarstellend: "[I]t would be repugnant to the sense of justice if an indemnitor could be bound by a judgment after trial in a proceeding to which he was not a party and of which he had no notice. There is no authority for binding him in such circumstances . . . ." Jennings v. United States, 374 F.2d 983, 986 (4th Cir. 1967). Siehe auch Feuer v. Menkes Feuer, Inc., 187 N.Y.S.2d 116, 122 (App. Div. 1959) ("[I]f the indemnitee fails to notify the indemnitor, . . . he proceeds at his own risk with regard to any *judgment or settlement* which may eventually ensue." [Hervorhebung vom Verf.]). Vgl. 42 *C.J.S.* Indemnity, §§ 47, 56 c.

260 Diese Tatsache wurde dem Verfasser im Gespräch mit amerikanischen Professoren ausdrücklich bestätigt.

261 Vgl. z.B. *Resnik*, 1987 U. Chi. Legal F. 43, 45ff.; *Mengler*, 29 B.C. L. Rev. 291, 291 n.1 (1988); *Teply*, S. 227.

262 Siehe *Resnik*, 1987 U. Chi. Legal F. 43, 45.

263 Vgl. dazu Note, 72 Harv. L. Rev. 1314 (1959); *Lynch u.a.*, §§ 11:27, 12:26; *Teply*, S. 227; 47 *Am. Jur.2d* Judgments §§ 1080ff.; *Resnik*, 1987 U. Chi. Legal F. 43, 45.

264 Vgl. *Haydock*, § 6.17, S. 184f.; *Lynch u.a.*, § 12:25; *Teply*, S. 227; 47 *Am. Jur.2d* Judgments §§ 1095f.; *Resnik*, 1987 U. Chi. Legal F. 43, 46. Vgl. auch *Fed. R. Civ. P. 41(a)(1)(ii)*.

In selteneren Fällen verbergen sich auch hinter äußerlich "gewöhnlichen" Urteilen Parteivergleiche.

265 Vgl. *Haydock*, § 6.17, S. 185; *Resnik*, 1987 U. Chi. Legal F. 43, 46.

266 Siehe unten Zweiter Teil, Erstes Kapitel, III.

267 Vgl. einführend *Restatement (Second) of Judgments § 57*, cmt. c; *Degnan/Barton*, 51

Käufer eines Produktes, dessen Gewährleistungsanspruch Erfolg sowohl im Falle eines dem Hersteller/*vouchee* unterlaufenen Fabrikationsfehlers als auch im Falle einer Verschlechterung der Kaufsache durch den Verkäufer/*voucher* beschieden wäre[268]. Ein weiteres, in der Praxis recht häufiges Beispiel ist die Klage des Opfers einer unerlaubten Handlung, die auch bei vorsätzlicher Schadensverursachung durchdringen würde, während der Täter/*voucher* beim *vouchee* nur gegen fahrlässiges Handeln haftpflichtversichert ist[269].

In solchen Fällen gerät der *vouchee* in ein gravierendes Dilemma:

Übernähme er die Verteidigung des *voucher*, so dürfte er nicht etwa versuchen, dessen Haftung auf eine rückgriffsversperrende Ansspruchsgrundlage zu lenken, denn dies widerspräche seiner Verpflichtung zu einer energischen Vertretung der Interessen des *voucher*[270]; gleichzeitig würde ihm als prozeßkontrollierender Nichtpartei aber eine Bindung an das in diesem Prozeß ergehende Urteil drohen[271]. Lehnte er andererseits den *tender of defense* ab, so liefe er ebenfalls Gefahr, später an für ihn nachteilhafte Feststellungen gebunden zu sein[272]. Er hätte also die Wahl zwischen einer Präklusion ohne die Gelegenheit, sich zuvor rechtliches Gehör zu verschaffen, und einer Verletzung seiner Pflichten gegenüber dem *voucher*.

Nachdem die Gerichte in älteren Entscheidungen das mögliche Bestehen und die Implikationen einer derartigen Interessenkollision weitgehend ignoriert

---

Cal. L. Rev. 471, 489ff. (1963); *Gross*, 118 U. Pa. L. Rev. 237, 262ff. (1969); *Bostelman*, 14 Col. J.L. & Soc. Probs. 189, 195 und passim (1978); 18 *Wright/Miller/Kane*, § 4452.

268 Vgl. nur Barber-Greene Co. v. Bruning Co., 357 F.2d 31 (8th Cir. 1966); *Restatement (Second) of Judgments § 57*, cmt. c.

269 Vgl. nur Farm Bureau Mut. Auto. Ins. v. Hammer, 177 F.2d 793 (4th Cir. 1949); *Restatement (Second) of Judgments § 57*, cmt. c.

270 Siehe Hoskins v. Hotel Randolph Co., 211 N.W. 423, 428 (Iowa 1926) ("In assuming to act for [the voucher], [the vouchee] could not on well-settled principles act in its own interests to the prejudice of [the voucher]."); Farm Bureau Mut. Auto. Ins. v. Hammer, 177 F.2d 793 (4th Cir. 1949) ("It was not possible for the company [Empfänger des *tender of defense*, der Verf.] in these suits to defend the insured [Urheber des *tender of defense*, der Verf.], and at the same time to protect its own interests. It could not exculpate itself by showing that the injurious acts of the insured were beyond the scope of the policy, for this showing would establish the liability of the insured to the injured parties to an even greater extent than claimed in the complaints."). Ebenso Stout v. Grain Dealers Mut. Ins. Co., 307 F.2d 521 (4th Cir. 1962); Barber-Greene Co. v. Bruning Co., 357 F.2d 31 (8th Cir. 1966); State Farm Fire & Casualty Co. v. Garrity, 785 F.2d 1225 (4th Cir. 1986). Siehe auch *Restatement (Second) of Judgments § 57*, cmt. c, S. 81.

Unklar sind die Folgen eines solchen pflichtwidrigen Verhaltens. Sie dürften aber zumindest darin bestehen, daß der *voucher* seinerseits durch das Ergebnis des Ausgangsverfahren nicht gebunden wird. Vgl. *Restatement (Second) of Judgments § 39*, cmt. f. In der Entscheidung Hoskins v. Hotel Randolph Co., 211 N.W. 423, 428 (Iowa 1926), die freilich die Problematik des *conflict of interests* nicht voll erfaßt, führt das den Interessen des *voucher* abträgliches Verhalten des *vouchee* gar zu dessen unmittelbarem Haftenmüssen.

271 Vgl. die in der vorigen Fußnote angeführten Nachweise.

272 Vgl. Farm Bureau Mut. Auto. Ins. v. Hammer, 177 F.2d 793 (4th Cir. 1949); Stout v. Grain Dealers Mut. Ins. Co., 307 F.2d 521 (4th Cir. 1962); State Farm Fire & Casualty Co. v. Garrity, 785 F.2d 1225 (4th Cir. 1986); *Restatement (Second) of Judgments § 57*, cmt. c, S. 81.

hatten[273], setzte sich seit der Mitte dieses Jahrhunderts mehr und mehr die Ansicht durch, daß die Weigerung des *vouchee*, dem *voucher* zu Hilfe zu kommen, in diesem Falle keinen Präklusiveffekt nach sich ziehen dürfe, soweit der *conflict of interests* reicht[274]; die verbindliche Entscheidung von Streitfragen, hinsichtlich derer kein solcher Gegensatz besteht, bleibe dagegen möglich[275]. Dieser Auffassung hat sich auch das zweite *Restatement* angeschlossen[276]. Sie schützt den *vouchee* wohlgemerkt offenbar nur dann, wenn er die Verteidigung des *voucher* abgelehnt hatte: es sind keine Urteile ersichtlich, die dem *vouchee* eine Berufung auf einen präklusionshindernden Interessenkonflikt gestattet hätten, nachdem er zuvor dem Erstverfahren *beigetreten* war[277]. Auch die Zulässigkeit einer Verteidigung unter einem entsprechenden ausdrücklichen *Vorbehalt* wird nur in den (noch verwickelteren) Situationen diskutiert, in denen den *vouchee* eine echte materiellrechtliche Pflicht zur Verteidigung des *voucher* trifft, also namentlich in Versicherungsfällen[278].

In Umständen, wie sie in den Eingangsbeispielen geschildert wurden, führt die *conflict of interests*-Lehre dazu, daß der dem Vorprozeß ferngebliebene *vouchee* frei bleibt, die zur Ersatzpflicht des *voucher* und ihren Grundlagen getroffenen Feststellungen zu bestreiten, selbst wenn sie dort Gegenstand streitigen Verhandelns und für die Bejahung des erstklägerischen Anspruches notwendig gewesen waren. Der Warenhersteller dürfte also trotz einer anderslautenden Beurteilung in der Vorentscheidung weiterhin behaupten, die

---

273 Vgl. z.B. die bereits mehrfach erwähnte Entscheidung Hoskins v. Hotel Randolph Co., 211 N.W. 423 (Iowa 1926) sowie v.a. Miller v. U.S. Fidelity & Casualty Co., 291 Mass. 445, 197 N.E. 75 (1935).

274 So andeutungsweise schon Pfarr v. Standard Oil Co., 146 N.W. 851 (Iowa 1914); grundlegend dann Farm Bureau Mut. Auto. Ins. v. Hammer, 177 F.2d 793 (4th Cir. 1949). Siehe im übrigen Karas v. Snell, 142 N.E.2d 46 (1957); Stout v. Grain Dealers Mut. Ins. Co., 307 F.2d 521 (4th Cir. 1962); Barber-Greene Co. v. Bruning Co., 357 F.2d 31 (8th Cir. 1966); Ferguson v. Birmingham Fire Ins. Co., 254 Ore. 496, 460 P.2d 342 (1969); Farmers Ins. Co. v. Vagnozzi, 138 Ariz. 443, 675 P.2d 703 (1983); Piedmont Equip. Co., Inc. v. Eberhard Mfg., 99 Nev. 523, 665 P.2d 256 (1983); State Farm Fire & Casualty Co. v. Garrity, 785 F.2d 1225 (4th Cir. 1986); Wear v. Farmers Ins. Co., 49 Wash. App. 655, 745 P.2d 526 (Ct. App. 1987); Universal Am. Barge Corp. v. J-Chem, Inc., 946 F.2d 1131, 1139ff. (5th Cir. 1991).

Anderer Auffassung ist aber weiterhin 1B *Moore*, ¶¶ 0.405[9] n.10, 0.411[6] n.19.

275 Siehe Universal Am. Barge Corp. v. J-Chem, Inc., 946 F.2d 1131, 1140 (5th Cir. 1991); Jamaica Commodity Trading Co. v. Connell Rice & Sugar Co., 766 F. Supp. 138, 151 (S.D.N.Y. 1991); SCAC Transp. (USA) v. S.S. Danaos, 845 F.2d 1157, 1163 (2d Cir. 1988). Vgl. *Restatement (Second) of Judgments § 57*, cmt. c und Illu. 5.

276 Siehe *Restatement (Second) of Judgments § 57(2), (3)* mit cmt. c und illus. 4-6.

277 Diese Einschränkung findet nachdrücklichen Rückhalt in der Formulierung der *conflict of interests*-Problematik in *§ 57(2)* des *Restatement*, aus der deutlich hervorgeht, daß sie nur die Konstellation ins Auge faßt, in der der *vouchee* einen Eintritt ins Ausgangsverfahren abgelehnt hat. Daß dies kein unbewußtes Versehen sein kann, zeigt ein Blick auf die anschließende *§ 58*. Vgl. 1B Moore, ¶ 0.405[9], S. 252: "The general rule is that a vouchee who comes in to defend waives defenses that are personal to him . . . ." Vgl. auch *Restatement (Second) of Judgments § 57*, cmt. a, S. 78.

278 Dazu unten C.

Kaufsache habe an keinem Fabrikationsfehler gelitten; der Versicherer wäre nicht an eine etwaige Feststellung der Fahrlässigkeit des Versicherten gebunden.

Der wegen eines Interessenkonfliktes nicht verteidigende *vouchee* ist somit nicht länger gezwungen, zu naheliegenden, aber nur selten erfolgversprechenden Behauptungen von Kollusion und Betrug im Vorprozeß Zuflucht zu nehmen[279], um den aus ihm resultierenden Bindungswirkungen zu entgehen. Andererseits ist nicht zu übersehen, daß die Anerkennung einer Präklusionsbeschränkung qua Interessenkollision die durch den *tender of defense* eigentlich in Angriff genommene Gefahr inkonsistenter Entscheidungen für den *voucher* wieder beträchtlich erhöht[280]. Zwar betonen die Gerichte zur Abwehr von Schutzbehauptungen des *vouchee* immer wieder, daß sich das Bestehen eines *conflict of interests* auf konkrete Anhaltspunkte in der Formulierung der Vorklage stützen lassen muß, die nachträgliche Konstruierung widerstreitender Interessen durch den *vouchee* also nicht ausreicht[281]. Auch unter Geltung dieser Prämisse gibt es aber genügend Raum für Situationen, in denen sich der *vouchee* mit Erfolg auf einen Interessenkonflikt berufen kann. Maßgeblichen Anteil hat hieran die in den Vereinigten Staaten verbreitete Neigung eines Klägers, zunächst einmal alle nur erdenklichen Anspruchsgrundlagen ins Felde zu führen — was bisweilen sehr anschaulich mit dem Ausdruck "*shotgun pleading*" belegt wird[282] —, eine Tendenz, die durch viele neuere Prozeßgesetze noch gefördert wird, indem sie dem Kläger erlauben, in seiner Klagschrift eine beliebige Anzahl von Ansprüchen ohne jegliche Rücksicht auf ihre inhaltliche Konsistenz zu formulieren und geltend zu machen[283].

7. Arglistiges Verhalten der Parteien des Vorprozesses (*Fraud and Collusion*); Nachlässige Prozeßführung durch den *Voucher*

Eine letzte Möglichkeit der Präklusionsabwendung bietet sich einem dem Ausgangsverfahren ferngebliebenen *vouchee*, der beweisen kann, daß das dort ergangene Urteil auf betrügerischen Manipulationen, insbesondere Kollusion, der an ihm beteiligten Parteien beruht[284]. Da dieser Nachweis allerdings in der Regel nur unter eindeutigen Umständen glücken kann, sind die Fälle, in denen er gelungen ist, seit jeher nicht allzu zahlreich[285]. Letzteres mag freilich teilweise

---

279 Dazu sogleich unter 7.

280 Vgl. *Restatement (Second) of Judgments § 57*, cmt. c, S. 82f.

281 Siehe etwa Ford Motor Co. v. Bendix Corp., 268 N.W.2d 305, 306 (Mich. Ct. App. 1978); Morse Chain Co. v. Formsprang Co., 380 Mich. 475, 481, 157 N.W.2d 244, 247 (1968); Stout v. Grain Dealers Mut. Ins. Co., 307 F.2d 521, 523 n.1 (4th Cir. 1962).

282 Siehe *Mixon*, 29 Ark. L. Rev. 486, 497 (1976); *Degnan/Barton*, 51 Cal. L. Rev. 471, 493 (1963). Vgl. auch Comment, 114 U. Pa. L. Rev. 734, 734ff. (1966).

283 Siehe beispielsweise *Fed. R. Civ. P. 8(e)(2)*.

284 Siehe schon die klassische Formulierung des *vouching*-Prinzips in Littleton v. Richardson, 34 N.H. 179 (1856), wiedergegeben auf S. 13f. dieser Arbeit. Vgl. *Restatement (Second) of Judgments § 57*, cmt. d.

285 Beispiele sind Moldex, Inc. v. Ogden Eng'g Corp., 652 F. Supp. 584 (D. Conn. 1987) (an Urteilserschleichung grenzendes Verhalten der Parteien des Vorprozesses); Grummons v.

auch an der Tatsache liegen, daß kollusives Verhalten nicht selten schon aus einem anderen Grunde zur Nichtbindung des *vouchee* führt: so äußert es sich oft in mangelnder oder nur scheinbarer streitiger Verhandlung im Vorprozeß[286]; häufig hilft auch bereits die *conflict of interests*-Lehre.

Noch weniger erfolgversprechend sind Versuche, die Prozeßführung des *voucher* als (bloß) nachlässig (*not diligent, imprudent*) zu diskreditieren, um einer Bindung auf diese Weise zu entgehen. Theoretisch ist ein solches Vorbringen zwar erheblich[287], praktisch aber — sofern nicht weitere Faktoren, wie z.B. mangelnde streitige Verhandlung, hinzutreten, die ein selbständiges Bindungshindernis bilden würden — kaum aussichtsreich[288].

8. Zusammenfassung

Ausmaß und Grenzen der Urteilsbindung des nichtverteidigenden *vouchee* lassen sich resümierend wie folgt zusammenfassen:

Die Präklusion erfaßt grundsätzlich alle für den Rückgriff vorgreiflichen Streitfragen tatsächlicher und rechlicher Art, über die im Ausgangsverfahren bereits entscheiden wurde. Einschränkungen ergeben sich unter dem Gesichtspunkt mangelnder Entscheidungserheblichkeit und namentlich aus dem Erfordernis streitiger Verhandlung, dessen Geltung — zumindest soweit haftungsüberwälzende Urteilsfeststellungen, nicht nur der "Entscheidungstenor", betroffen sind — heute keinen Zweifeln mehr unterliegt. Eine weitere wichtige Bindungsgrenze stellt das Vorliegen eines Interessenkonfliktes zwischen den am *vouching in* beteiligten Parteien dar; dagegen führt eine Berufung auf arglistiges Verhalten im Vorprozeß in der Praxis nur selten zum Erfolg.

Vergleicht sich der *voucher* nach unbeantwortet gebliebenem *tender of defense* mit dem ursprünglichen Kläger, so muß er im Folgeverfahren nur mehr sein mögliches Haftenmüssen nachweisen; eine Bindung des *vouchee* an eine dem Vergleich etwa zugrundegelegte regreßeröffnende Tatsachenversion tritt aber nicht ein.

B. Die Präklusion des verteidigenden *Vouchee*

Entschließt sich der *vouchee* auf seine Benachrichtigung hin, dem anhängigen Verfahren beizutreten, so wird er dadurch in die Lage versetzt, die volle Kontrolle über die Verteidigung des *voucher* zu übernehmen[289]. Er reiht sich damit in die nicht auf den *tender of defense* beschränkte Kategorie von Personen ein, die als Nichtpartei die Prozeßführung einer Partei beherrschen[290].

Zollinger, 240 F. Supp. 63 (N.D. Ind. 1964), *aff'd*, 341 F.2d 464 (7th Cir. 1965) (kollusiver Vergleich). Vgl. *Bostelman*, 14 Col. J.L. & Soc. Probs. 189, 196 (1978).

286 Vgl. nur Stewart & Foulke, Inc. v. Robertshaw Controls Co., 397 F.2d 971 (5th Cir. 1968).

287 Vgl. nur *Restatement (Second) of Judgments § 57(1)(b)(ii)*.

288 Siehe Hessler v. Hillwood Mfg. Co., 302 F.2d 61, 63 (6th Cir. 1961); Litton Sys., Inc. v. Shaw's Sales & Serv., Ltd., 119 Ariz. 10, 579 P.2d 48 (Ct. App. 1978).

289 S.o. V. A. 2.

Daß eine solche Verfahrensstellung eine umfassende Präklusion nach sich zieht, ist seit jeher anerkannt[291]. Auch herrscht in diesem Falle interessanterweise vollkommene Einigkeit über deren dogmatische Qualifizierung als Fall der *issue preclusion*: der *vouchee* hat alle im Regreßverfahren wiederauftauchenden Streitfragen selbst verhandelt, also seinen "*day in court*" gehabt; folglich sieht man es als gerechtfertigt an, ihn nach Maßgabe der üblichen Regeln des *collateral estoppel* an das Ergebnis des Vorprozesses zu binden[292].

Dementsprechend präkludiert ihn das im Ausgangsverfahren ergangene Urteil hinsichtlich aller auf streitiger Grundlage getroffenen, für sein Ergebnis wesentlichen Feststellungen zu Bestehen, Voraussetzungen und Höhe der Verantwortlichkeit des *voucher*[293].

Abschließend sei nochmals darauf hingewiesen, daß diese Präklusionswirkung dem *vouchee* auch dann droht, wenn er die Verteidigung des *voucher* trotz eines bestehenden Interessenkonfliktes übernommen hat. Dies gilt zumindest vorbehaltlich der anschließend noch zu erörternden Eigenheiten im Versicherungsbereich.

---

290 Weitere zu dieser Fallgruppe gehörende Beispiele sind die Prozeßführung für eine Gesellschaft durch ihre Gesellschafter oder die Verteidigung eines wegen Patentverletzung verklagten Händlers durch den Hersteller oder Zulieferer des betroffenen Produkts. Siehe 18 *Wright/Miller/Kane*, § 4451, S. 430f.; 1B *Moore*, ¶ 0.411[6], S. 447ff.

291 Siehe *Wright/Miller/Kane* a.a.O.; *Moore* a.a.O.; *James/Hazard/Leubsdorf*, § 11.27; *Mixon*, 29 Ark. L. Rev. 486, 503 (1976). Vgl. schon Belden v. Seymour, 8 Conn. 304, 308 (1831); Walker v. Ferrin, 4 Vt. 523, 530 (1832). Spätere Fälle sind Carleton v. Lombard, Ayers & Co., 149 N.Y. 137, 43 N.E. 422 (1896); Hoskins v. Hotel Randolph Co., 211 N.W. 423 (Iowa 1926); Keitz v. Nat'l Paving & Contracting Co., 214 Md. 479, 136 A.2d 229 (1957).

292 Siehe die in der vorigen Fußnote zitierten Quellen sowie z.B. Feuer v. Menkes Feuer, Inc., 187 N.Y.S.2d 116, 121 (App. Div. 1959); *Degnan/Barton*, 51 Cal. L. Rev. 471, 488 (1963); *Bernard*, 55 U. Det. J. Urb. L. 73, 89 (1977); *Bostelman*, 14 Col. J.L. & Soc. Probs. 189, 193 (1978). Das *Restatement (Second) of Judgments* formuliert in *§ 39*:

A person who is not a party to an action but who controls or substantially participates in the control of the presentation on behalf of a party is bound by the determination of issues decided as though he were a party.

293 Siehe nur Carleton v. Lombard, Ayers & Co., 149 N.Y. 137, 43 N.E. 422, 426 (1896). — Ob eine Bindung des beitretenden *vouchee* auch bei teilweise oder vollkommen unverhandelter Urteilsbasis in Frage kommt, wird, soweit ersichtlich, nicht erörtert; die gesamte dogmatische und praktische Aufmerksamkeit gilt dem Falle des ferngebliebenen Dritten. Nach Sinn und Zweck des Verfahrens ist eine solche Bindung nicht abwegig, zumal der *vouchee* bei der Verteidigung im Hauptprozeß ja im wesentlichen freie Hand hatte. Möglicherweise ließe sie sich auf den Gedanken des *equitable estoppel* stützen. Vgl. hierzu allgemein 1B *Moore*, ¶ 0.408; 18 *Wright/Miller/Kane*, § 4453. Vgl. auch die entsprechenden Andeutungen in Cowan v. Ins. Co. of N. America, 22 Ill. App.3d 883, 888ff., 318 N.E.2d 315, 321f. (App. Ct. 1974). Denkbar wäre stattdessen auch eine Zuordnung unter die Ausnahmefälle, in denen nach mutmaßlichem Parteiwillen eine *issue preclusion* auch ohne *actual litigation* eintritt. Vgl. 18 *Wright/Miller/Kane*, §§ 4443; 1B *Moore*, ¶ 0.444.

C. Exkurs: Besonderheiten in Versicherungsfällen

Eine Erörterung der Wirkungen eines *tender of defense* wäre nicht vollständig ohne eine wenigstens kursorische Erwähnung der Eigenheiten, die sich aus dem Zusammenspiel zwischen materiellem und Prozeßrecht in Fällen ergeben, in denen den benachrichtigten *vouchee* kraft Vertrages die ausdrückliche Pflicht trifft, den *voucher* gegen Klagen Dritter zu verteidigen. Augenfälliges Anzeichen für die Sonderstellung derartiger Fälle ist die Tatsache, daß das *Restatement* ihm im Anschluß an die Grundregel der *Section 57* eine eigene Vorschrift, *Section 58*, widmet[294]. Das einzige praktisch relevante Beispiel für einen derartigen "*independent duty to defend*" ist eine entsprechende Verpflichtung des Haftpflichtversicherers, die in den meisten Versicherungspolicen festgeschrieben ist[295]. Ihr Bestehen hat eine deutliche Verschärfung der durch die *vouching notice* ausgelösten Präklusion zur Folge, die im folgenden kurz angesprochen werden soll.

Unterläßt der zur Verteidigung des *voucher* Verpflichtete, die Verteidigung zu übernehmen, so ist er nach herrschender Meinung an die Ergebnisse dieses Prozesses auch dann gebunden, wenn der *voucher* dort nicht streitig oder sonst nachlässig zur Sache verhandelt hat[296]. Außerdem droht ihm gleichzeitig der

---

294 Die Vorschrift bestimmt:

(1) When an indemnitor has an obligation to indemnify an indemnitee (such as an insured) against liability to third persons and also to provide the indemnitee with a defense of actions involving claims that might be within the scope of the indemnity obligation, and an action is brought against the indemnitee involving such a claim and the indemnitor is given reasonable notice of the action and an opportunity to assume or participate in its defense, a judgment for the injured person has the following effects on the indemnitor in a subsequent action by the indemnitee for indemnification:

(a) The indemnitor is estopped from disputing the existence and extent of the indemnitee's liability to the injured person; and

(b) The indemnitor is precluded from relitigating those issues determined in the action against the indemnitee as to which there was no conflict of interest between the indemnitor and the indemnitee.

(2) A "conflict of interest" for purposes of this Section exists when the injured person's claim against the indemnitee is such that it could be sustained on different grounds, one of which is within the scope of the indemnitor's obligation to indemnify and another of which is not.

295 Vgl. *Restatement (Second) of Judgments § 58*, cmt. a; 7C *Appleman*, § 4862; *Dobbyn*, S. 213ff.; Comment, 114 U. Pa. L. Rev. 734 (1966); *Feirich*, 1967 U. Ill. L.F. 236, 263ff. (1967).

Die praktische Bedeutung dieser Fallkategorie erklärt sich nicht zuletzt daraus, daß es dem Opfer einer unerlaubten Handlung nach amerikanischem Recht bis in jüngere Zeit nicht gestattet war, direkt gegen den Versicherer des Täters vorzugehen; dies konnte allein der Versicherte tun. Vgl. 44 *Am. Jur.2d* Insurance, §§ 1575ff.; Note, 74 Harv. L. Rev. 357 (1960). Der *tender of defense* war daher lange Zeit die einzige Möglichkeit, eine Bindung des Versicherers schon im Verfahren um die Primärhaftung des Versicherten herbeizuführen.

In Fällen, in denen der Versicherungsvertrag keine solche Verpflichtung vorsieht — vgl. z.B. City of Peoria v. Underwriter's at Lloyd's London, Uninc., 290 F. Supp. 890 (Ill. 1968) —, bleiben die Folgen des *tender of defense* auf das reguläre Maß beschränkt. Vgl. z.B. State Farm & Casualty Co. v. Garrity, 785 F.2d 1225, 1226 (4th Cir. 1986).

Verlust etwaiger Einwendungen aus dem Regreßverhältnis, also zu Bestehen und Ausmaß seiner eigenen Einstandspflicht[297]. Die Pflichtversäumnis des *vouchee* wird also durch deutlich pönalen Charakter tragende Konsequenzen sanktioniert[298].

Im Falle eines *conflict of interests* zeitigt das Bestehen einer materiellrechtlichen Verteidigungspflicht ebenfalls Folgen. Nach einer verbreiteten Ansicht führt sie nämlich dazu, daß der benachrichtigte Dritte die Verteidigung auch unter diesen Umständen nicht ablehnen darf; dafür soll es ihm aber entgegen früher erörterten Grundsätzen erlaubt sein, sich später trotz erfolgter Verteidigungsübernahme auf seine widerstreitenden Interessen zu berufen, wobei die Erhaltung dieser Möglichkeit bisweilen an einen ausdrücklichen Rechtsvorbehalt in Form einer "*reservation of rights*" oder eines sogenannten "*non-waiver agreement*" geknüpft wird[299]. Nach anderer Auffassung entfällt die Verteidigungspflicht bei einer Interessenkollision von vornherein — und mit ihr die Bindung des nichtbeitretenden *vouchee* an die Vorentscheidung[300].

Zur Klarstellung sei aber erneut betont, daß die soeben vorgestellten Sonderregeln den Bedürfnissen eines speziellen Sachrechtsgebietes entspringen und daher von den "reinen" *vouching*-Wirkungen strikt zu trennen sind[301].

---

[296] Vgl. das Fehlen einer der *§ 57(1)(b)(ii)* entsprechenden Bestimmung in *§ 58* des *Restatement*. Vgl. auch St. Louis Dressed Beef & Provision Co. v. Maryland Casualty Co., 201 U.S. 173, 183 (1906); 18 *Wright/Miller/Kane*, § 4452, S. 444; 7C *Appleman*, § 4689, S. 218; *Dobbyn*, S. 220f.

[297] Siehe z.B. Leonardi v. Standard Accident Ins. Co., 212 F.2d 887 (2d Cir. 1954). Vgl. *Restatement (Second) of Judgments § 58*, cmt. a, S. 90; 7C *Appleman*, § 4689, S. 214; *Dobbyn*, S. 221; Comment, 114 U. Pa. L. Rev. 734, 739f. (1966); 18 *Wright/Miller/Kane*, § 4452, S. 444; *Feirich*, 1967 U. Ill. L.F. 236, 264f. (1967).

[298] Vgl. *Feirich*, 1967 U. Ill. L.F. 236, 264f. (1967); 18 *Wright/Miller/Kane*, § 4452, S. 444.

[299] Vgl. *Restatement (Second) of Judgments § 58*, cmt. a, S. 91f; Gray v. Zurich Ins. Co., 65 Cal.2d 263, 279, 419 P.2d 168, 178 (1966); Cowan v. Ins. Co. of N. America, 22 Ill. App.3d 883, 892, 318 N.E.2d 315, 322f. (App. Ct. 1974); 7C *Appleman*, § 4689, S. 216f., §§ 4692ff.; Comment, 114 U. Pa. L. Rev. 734, 745f. (1966).

Der Unterschied zwischen *non-waiver agreement* und *reservation of rights* besteht darin, daß es sich im ersten Fall um eine vertragliche Abrede, im zweiten Fall dagegen um eine einseitige Erklärung handelt. Manche Gerichte halten allerdings für die Wirksamkeit einer solchen Erklärung die Einwilligung des Versicherten für erforderlich und ebnen so den Gegensatz zwischen beiden Vorbehaltsformen ein. Vgl. *Dobbyn*, S. 225.

[300] Siehe Farm Bureau Mut. Auto. Ins. v. Hammer, 177 F.2d 793 (4th Cir. 1949); Stout v. Grain Dealers Mutual Ins. Co., 307 F.2d 521 (4th Cir. 1962); Ferguson v. Birmingham Fire Ins. Co., 254 Ore. 496, 460 P.2d 342 (1969). Vgl. *Keeton/Widiss*, § 7.6, S. 860ff., insbes. 863; *Dobbyn*, S. 227.

[301] Vgl. 18 *Wright/Miller/Kane*, § 4452, S. 444: "If there is an independent duty to defend, . . . a refusal to provide a defense may be penalized *as a matter of substantive law* . . . ." (Hervorhebung vom Verf.)

VII. Kostentragung

Einen erneuten (und in diesem Falle über den Bereich des *U.C.C.* hinausweisenden) Beleg für die Verzahnung der *vouching procedure* mit dem materiellen Recht erbringt die Verteilung der Kostenlast für den Ausgangsprozeß. Hier gilt die Regel, daß der *vouchee* im Falle der Verteidigungsübernahme die ihm dabei entstehenden Kosten selbst zu tragen hat[302]. Verteidigt der *voucher* den Erstprozeß, so kann er dagegen im Regreßwege die Erstattung der von ihm aufgewendeten Verfahrenskosten, insbesondere der Rechtsanwaltsgebühren, vom *vouchee* verlangen, soweit sie ihrer Höhe nach angemessen sind[303]. Diese Auslagen betrachtet man nämlich ohne weiteres als von dem (hier nicht im technischen Sinne zu verstehenden[304]) Ausgleichsanspruch auf *indemnity* mitumfaßten Schadensposten[305]. Wie noch zu sehen sein wird, ist beim *impleader* ein solcher Automatismus nicht anzutreffen[306].

Weitgehend ungeklärt ist, was zu gelten hat, wenn die Ausgangsklage abgeschmettert werden konnte (und also kein Raum für eine Regreßklage ist). Hatte der *vouchee* verteidigt, scheint man ihn jedenfalls auf seinen Kosten sitzen lassen zu wollen. Umgekehrt wird im Bereich des *U.C.C.* von einigen Schrifttumsstimmen — die Gerichtspraxis schweigt — diskutiert, ob sich der verteidigende *voucher* bei für ihn erfolgreichem Verfahrensausgang wegen der von ihm getätigten Ausgaben nicht gleichwohl seinerseits an den *vouchee* halten dürfe — sofern er beweisen kann, daß der Mißerfolg der Klage auf seinen persönlichen Einwendungen (wie Verjährung, Haftungsfreizeichnung etc.) gegen den Erstkläger, nicht aber auf der Fehlerlosigkeit des betreffenden Produktes

---

302 Siehe nur 4 U.L.A. § 2-607 — Form 2, das Muster einer *vouching notice* nach dem *U.C.C.*: "[...] We accordingly request you that you defend the above action *at your expense*." (Hervorhebung vom Verf.)

303 Siehe Frank R. Jelleff, Inc. v. Pollak Bros., Inc.,171 F. Supp. 467, 473 (N.D. Ind. 1957) (Anwaltskosten einschließlich Rechtsmittelinstanz erstattungsfähig); Hessler v. Hillwood Manufacturing Co., 302 F.2d 61, 63 (6th Cir. 1961) (Anwaltskosten); *Restatement (Second) of Judgments § 57*, cmt. a, § 58, cmt. a; *Degnan/Barton*, 51 Cal. L. Rev. 471, 483f. (1963); *Mixon*, 29 Ark. L. Rev. 486, 506ff. (1976); *Bostelman*, 14 Col. J.L. & Soc. Probs. 189, 199f., 204 (1978). In dem von *Bostelman* a.a.O., Fn. 64 und 330, zitierten Fall Stephenson v. Duriron Co., 292 F. Supp. 66 (S.D. Ohio 1968), *aff'd*, 428 F.2d 387 (6th Cir.), *cert. denied*, 400 U.S. 943 (1970) kamen auf diese Weise zur Urteilssumme von $ 700.000 noch einmal $ 100.000 Anwaltskosten hinzu.

304 Ansprüche aus *warranty* sind ebenso erfaßt wie andere Rückgriffsgrundlagen. Vgl. 42 *C.J.S.* Indemnity, § 24: "Where a person is obliged to defend against the act of another, against whom he has *a remedy over*, he may, if such other has notice of the suit and an opportunity to defend, hold him liable not only for the amount of damage . . . but also for all reasonable and necessary costs and expenses incurred in such defense, including attorney's fees." (Hervorhebung vom Verf.) Vgl. auch die allgemein gehaltene Umschreibung im *Restatement (Second) of Judgments § 57*, cmt. a: " An indemnitor is one who is liable for a loss that is initially charged to another, the indemnitee."

305 Zur Pflicht zur Tragung der Kosten des Vorprozesses im Falle der deutschen Streitverkündung vgl. *Bischof*, JurBüro 84, 1461, 1466f.

306 S.u. Zweites Kapitel, VI.

beruhte[307]. Dies ist aber vollends eine Frage des materiellen Rechts, die in dieser Arbeit nicht weiter zu verfolgen ist.

VIII. Abdingbarkeit des *Vouching In*?

Unergiebig ist das amerikanische Recht in der Frage, ob das *vouching in* der Parteidisposition unterliegt, also per Vertrag wirksam ausgeschlossen werden kann[308]. Hierauf gerichtete Versuche sind bisher nicht bekannt geworden, was mutmaßlich mit der geringen Frequentierung des Verfahrens im Zeitalter der *third-party practice* zusammenhängt.

Deren Behandlung ergibt möglicherweise einen ersten Anhaltspunkt für die Lösung des Problems: wie noch zu sehen sein wird, hält man die Möglichkeit, eine Drittklage zu erheben, für nicht disponibel, weil sie auch im öffentlichen Interesse wurzele[309]. Da mit dem *tender of defense* in abstracto die gleichen Ziele — Verfahrenskonzentration, Ressourcenschonung, Konsistenzgewähr — wie mit dem *impleader* verfolgt werden, liegt der Schluß nahe, daß auch ersterer nicht abbedungen werden kann.

Freilich ist diese Folgerung keineswegs frei von Zweifeln. Es muß nämlich berücksichtigt werden, daß das *vouching in* — wie zuvor beschrieben[310] — in neuerer Zeit unter dem Gesichtspunkt der *due process*-Garantie verstärkten Anfeindungen aus dem Schrifttum ausgesetzt war, die sich vor allem an der *extrajurisdictionality* des Verfahrens entzündeten. Obwohl die Gerichte diese Kritik bisher weitgehend ignoriert haben, ist doch nicht auszuschließen, daß sie dem *vouching in* gegebenenfalls einen geringeren "rechtsstaatlichen Wert" einräumen würden als der einhellig akzeptierten *third-party practice*. Dabei könnte sie die Überlegung bestärken, daß im Falle eines *tender of defense* ohnehin ein zweiter Prozeß notwendig bleibt, die genannten Verfahrensziele also im Vergleich zum *impleader* von vornherein nur in beschränkterem Maße erreicht werden können.

Im Bereiche der kaufrechtlichen Mängelgewährleistung kommt hinzu, daß die Vorschriften des *U.C.C.* grundsätzlich abdingbar sind, wie *Section 1-102(3)* des *Code* klarstellt[311]; eine ausdrückliche Öffnungsklausel in der Bestimmung, von der abgewichen werden soll, ist nicht nötig[312]. Zwar ist das Prinzip der Priorität der Individualabsprache entsprechend dem eigentlichen Regelungsbereich des *U.C.C.* auf materiellrechtliche Norminhalte gemünzt. Seine

---

307 Siehe *Degnan/Barton*, 51 Cal. L. Rev. 471, 483f. (1963); *Squillante*, 78 Com. L.J. 444, 445f. (1973).

308 Die folgenden Ausführungen beruhen dementsprechend im wesentlichen auf Gesprächen des Verfassers mit amerikanischen Professoren.

309 S.u. Zweites Kapitel, VII.

310 S.o. IV. D.

311 *§ 1-102(3)* des *U.C.C.* lautet, soweit hier von Bedeutung: "The effect of provisions of this Act may be varied by agreement, except as otherwise provided in this Act . . ."

312 Siehe *§ 102(4) U.C.C.*

Formulierung in *Section 1-102(3)* ist aber umfassend, was ein Gericht dazu veranlassen könnte, es auch auf *Section 2-607(5)(a)* anzuwenden (wozu die im *U.C.C.* besonders augenfällige Verklammerung der *vouching procedure* mit dem materiellen Recht Entscheidendes beitragen könnte).

Weitere Mutmaßungen sind kaum möglich. Nach Ansicht des Verfassers überwiegen die Indizien, die für eine Abdingbarkeit des *vouching in* sprechen.

Zweites Kapitel: *Third-Party Practice*

I. Beschreibung und Zweck des Instituts

Die Drittklage des amerikanischen Rechts, die außer mit *third-party practice* auch mit *impleader* bezeichnet wird, ist wie das *vouching in* ein prozessualer Regreßmechanismus. Auch seine Funktion liegt in der Vermeidung zeit- und geldraubender Verhandlungswiederholungen und dem Bestreben nach einheitlicher Beantwortung wiederkehrender Streitfragen[1]. Im Vergleich zum *tender of defense* geht der *impleader* dabei aber einen Schritt weiter, indem er einem rückgriffsberechtigten Beklagten erlaubt, den ihm angeblich zum Ausgleich verpflichteten Dritten als volle Partei in den anhängigen Prozeß hineinzuziehen und auf diese Weise bereits dort einen vollstreckungsfähigen Titel gegen ihn zu erwirken.

II. Geschichtliche Entwicklung

Die *third-party practice* ist ein verhältnismäßig modernes Prozeßinstitut[2]. Als solches läßt es sich als eine Fortentwicklung des älteren *vouching*-Konzepts begreifen[3]. Die dem *vouching in* innewohnende Notwendigkeit eines zweiten Prozesses wurde nämlich seit Mitte des vergangenen Jahrhunderts zunehmend als schwerfällig und unökonomisch empfunden, und so kam es zur Ausbildung eines Verfahrens, das eine Zusammenfassung von Haupt- und Regreßklage erlaubte.

A. England

Die Vorreiterrolle fiel dabei wiederum England zu, wo das neue Verfahren erstmals nach der Verkündung des *Judicature Act* im Jahre 1873 förmlich eingeführt wurde. Die früheste Diskussion der Thematik findet man in einem Bericht der mit den Vorarbeiten zu diesem Gesetzeswerk betrauten *Judicature Commission* aus dem Jahre 1869. Dort heißt es:

"[We think] that, where the defendant is or claims to be entitled to contribution or indemnity or other relief over against any other person or persons, or where from any other cause it shall appear to the Court fit that a question in the suit should be determined, not only as between the

---

[1] Siehe nur 6 *Wright/Miller/Kane*, § 1442; 3 *Moore*, ¶ 14.02[1].

[2] Zu seiner historischen Entwicklung vgl. *Cohen*, 33 Colum. L. Rev. 1147 (1933); *Bennett*, 19 Minn. L. Rev. 162 (1935); *Millar*, ch. XII, § 3.

[3] Vgl. *Millar*, ch. XII, § 3, S. 159f.

plaintiff and the defendant, but as between the defendant and any other person, the Court should have power to make such order as may be proper for the purpose of having the question so determined."[4]

Die Umsetzung dieser Anregung im *Judicature Act* selbst lautete dann, etwas allgemeiner gehalten, folgendermaßen:

[The court] shall also have power to grant to any defendant . . . all such relief relating to or connected with the original subject of the cause or matter, and in like manner claimed against any other person, whether already a party to the same cause or matter or not, who shall have been duly served with notice in writing of such claim . . .; and every person served with any such notice shall thenceforth be deemed a party to such cause or matter, with the same rights in respect of his defence against such claim, as if he had been duly sued in the ordinary way by such defendant.[5]

Heutige Rechtsgrundlage des englischen *third party proceeding* sind die *Rules of the Supreme Court* aus dem Jahre 1965[6].

B. Vereinigte Staaten

Nur kurze Zeit später als in England fand das neue Institut auch Eingang in die amerikanische Rechtsprechung, und zwar auf dem Felde des in die Kompetenz der Bundesgerichte[7] fallenden Seerechts, des *admiralty law*[8]. Als *leading case* gilt das Urteil *The Hudson*, entschieden im Jahre 1883[9]. Dort hatte der ursprüngliche Kläger, Eigentümer eines Frachtkahns, auf Ersatz des Schadens geklagt, der ihm bei einer Kollision mit dem beklagten Schlepper entstanden war[10]. Dessen Prozeßvertreter beantragte daraufhin bei Gericht die Ladung eines weiteren Schleppers, der für den angefallenen Schaden zumindest mitverantwortlich gewesen sei. Das Gericht entsprach dem Begehren unter Berufung auf die Ineffizienz eines gegenteiligen Vorgehens und unter ausdrücklichem Hinweis auf das englische Vorbild[11]. Es erklärte:

"[R]elief by further process against the other vessel upon the petition of the one sued . . . is at once the most expedient, the most direct, and the most effectual . . . ."[12]

---

[4] Siehe *Judicature Commission*, First Report of the Commissioners 1869, S. 12.

[5] *Supreme Court of Judicature Act (1873), 36 & 37 Vict. ch. 66, § 24(3).* Auf der Grundlage der in diesem Gesetze ausgesprochenen Ermächtigung erging dann im Jahre 1875 die weitere Einzelheiten bestimmende *Order XVI, 38 & 39 Vict. ch. 77, First Schedule.*

Wichtige Revisionen der englischen Bestimmungen erfolgten in den Jahren 1883, 1925 (mit dem Inkrafttreten des *Supreme Court of Judicature (Consolidation) Act*) und 1929 (mit der Einführung einer neuen *Order XVIa*). Vgl. *Cohen*, 33 Colum. L. Rev. 1147, 1169ff. (1933); *Bennett*, 19 Minn. L. Rev. 162, 168ff. (1935); *Millar*, ch. XII, § 3, S. 160ff.

[6] Siehe *Rules of the Supreme Court (1965), Ord. 16, r. 1-11* (S.I. 1965/1776). Vgl. 37 Halsbury's Laws of England, paras. 254ff.

[7] Siehe *U.S. Const. Art. III, § 2.*

[8] Vgl. *Cohen*, 33 Colum. L. Rev. 1147, 1167ff. (1933); *Millar*, ch. XII, § 3, S. 162.

[9] 15 F. 162 (S.D.N.Y. 1883).

[10] Es handelte sich also um eine typische Klage *in rem*.

[11] Siehe 15 F. 162, 174 (S.D.N.Y. 1883).

Noch im selben Jahr wurde das in dieser Entscheidung propagierte Verfahren für den Bereich der *admiralty* kodifiziert, nämlich in *Rule 59* der *Sup. Ct. Rules in Admiralty*[13]. Dabei ist anzumerken, daß *The Hudson* strenggenommen allenfalls einen Grenzfall zwischen bloßer Parteierweiterung auf der Beklagtenseite und eigentlicher Rückgriffsklage bildete[14]. Dies schlug sich auch in der Fassung der ursprünglichen *Rule 59* nieder, die sich auf den ersten Blick nur mit der Einbeziehung eines zusätzlichen, dem Erstkläger direkt verantwortlichen Beklagten befaßte[15]. Spätere Entscheidungen dehnten die in *The Hudson* gewonnenen Prinzipien aber ohne weiteres auf Sachverhalte aus, in denen den hinzugeladenen Dritten keinerlei Verpflichtung gegenüber dem Hauptkläger traf, seine Herbeizitierung also ausschließlich der Regreßverfolgung diente[16]. Im Jahre 1920 wurden aus dieser Entwicklung die Konsequenzen gezogen, als durch eine Neuregelung, *Rule 56*, solche Konstellationen auch ausdrücklich einbezogen wurden[17].

Vor diesem Hintergrund begannen sich zu Beginn des 20. Jahrhunderts auch auf der Ebene der Einzelstaaten verschiedene Formen der Drittklage zu entwickeln[18]. Dies geschah entweder durch die Einführung entsprechender Gesetzesbestimmungen — so beispielsweise[19] in Wisconsin[20], New York[21] und Pennsylvania[22] — oder — wie etwa im Falle von Texas[23] — im Wege richterlicher Rechtsfortbildung.

Im Jahre 1938 schließlich hielt die *third-party practice* Einzug auch in die allgemeine Bundesgesetzgebung. In jenem Jahr traten die *Federal Rules of Civil Procedure* (im folgenden *Fed. R. Civ. P.* abgekürzt), also die Zivilprozeßordnung des Bundes, in Kraft, und mit ihnen die die Drittklage regelnde *Rule 14*[24]. Mit wenigen Änderungen[25] gilt diese Vorschrift noch heute.

---

12 15 F. 162, 176 (S.D.N.Y. 1883).

13 Siehe *Millar*, ch. XII, § 3, S. 162.

14 Vgl. *Cohen*, 33 Colum. L. Rev. 1147, 1167 (1933).

15 Vgl. *Cohen*, 33 Colum. L. Rev. 1147, 1168 (1933).

16 Siehe z.B. The Barnstable, 181 U.S. 464 (1901); The Julia Luckenbach, 200 F. 976 (S.D.N.Y. 1912).

17 Vgl. *Cohen*, 33 Colum. L. Rev. 1147, 1168 (1933).

18 Vgl. *Millar*, ch. XII, § 3, S. 163ff.

19 Weniger erörterte Beispiele sind Louisiana, Iowa und Maine. Vgl. *Cohen*, 33 Colum. L. Rev. 1147, 1152 n.32 (1933); *Bennett*, 19 Minn. L. Rev. 163, 174 n.37 (1935).

20 Siehe *Wis. Laws 1915, ch. 219, § 6, p. 22*. Vgl. *Cohen*, 33 Colum. L. Rev. 1147, 1185 (app.) (1933); *Bennett*, 19 Minn. L. Rev. 163, 183ff. (1935); *Millar*, ch. XII, § 3, S. 163.

21 Siehe *N.Y. Laws 1922, ch. 624, p. 1669f.*, eine Ergänzung des damaligen *N.Y. Civ. Prac. Act, § 193*. Siehe auch *N.Y. Laws 1923, ch. 250, p. 445f.* Vgl. *Cohen*, 33 Colum. L. Rev. 1147, 1152ff. (1933); *Bennett*, 19 Minn. L. Rev. 163, 174ff. (1935); *Millar*, ch. XII, § 3, S. 164.

22 Siehe *Pa. Laws 1929, p. 479*. Vgl. *Cohen*, 33 Colum. L. Rev. 1147, 1185 (app.) (1933); *Bennett*, 19 Minn. L. Rev. 163, 188ff. (1935); *Millar*, ch. XII, § 3, S. 165.

23 Siehe Skipwith v. Hurt, 60 S.W. 423 (Tex. 1901); Lottman v. Cuilla, 288 S.W. 123 (Tex. 1926); Pace v. Shaw, 29 S.W.2d 965 (Tex. Civ. App. 1930). Vgl. *Cohen*, 33 Colum. L. Rev. 1147, 1150f. (1933); *Bennett*, 19 Minn. L. Rev. 163, 166ff. (1935); *Millar*, ch. XII, § 3, S. 163.

24 Für eine zeitgenössische Würdigung vgl. *Corkey*, 28 Geo. L.J. 826 (1940); *Millar*, ch. XII, § 3, S. 167ff. Einen Ausschnitt aus der vorausgehenden parlamentarischen Diskussion bieten

Das Inkrafttreten von *Rule 14* beschleunigte die flächendeckende Einführung von Drittklagevorschriften auch in denjenigen Bundesstaaten, die eine ähnliche Bestimmung zuvor nicht gekannt hatten.

III. Heutige Bedeutung und Rechtsquellen

Heute ist die *third-party practice* ein fest etablierter Bestandteil des US-Prozeßrechts, von dem ein ebenso reger Gebrauch gemacht wird wie von den meisten anderen Mitteln, die diese flexible Rechtsordnung zur Bewältigung von Mehr- und Vielparteiendisputen bereithält[26]. Soweit ersichtlich, existieren inzwischen in sämtlichen US-Jurisdiktionen *impleader*-Bestimmungen[27]. Es würde jedoch den Rahmen dieser Arbeit sprengen, auf alle diese Normen einzeln einzugehen. Stattdessen wird sie sich auf eine Erörterung der für die Praxis der Bundesgerichte maßgeblichen *Fed. R. Civ. P. 14* konzentrieren. Eine solche Beschränkung läßt sich aus mehreren Gründen rechtfertigen. Ihr wichtigster ist, daß *Rule 14* in zahlreichen Fällen als Vorbild für die Gesetzgebung in den Einzelstaaten gedient hat, so daß sie als repräsentatives Modell amerikanischer Drittklagedogmatik gelten kann[28]. Hinzu kommt für den vorliegenden Kontext, daß sich internationale Rechtsstreitigkeiten ohnedies überproportional häufig vor Bundesgerichten abspielen[29]. Drittens schließlich orientiert sich auch die literarische Behandlung der Thematik auch in den USA selbst meist primär am Bundesrecht[30].

---

die Hearings Before the Committee of the Judiciary, S. 103ff. Vgl. auch die Advisory Committee Note zu *Rule 14*, zu finden etwa bei 3 *Moore*, ¶ 14.01[2].

[25] Vgl. 6 *Wright/Miller/Kane*, § 1441, S. 287ff.; 3 *Moore*, ¶ 14.01.

[26] Weitere solcher Mittel sind beispielsweise die liberalen Regeln über *Cross-Claims* (vgl. *Fed. R. Civ. P. 13(g)*), *Joinder of Parties* (vgl. *Fed. R. Civ. P. 19, 20*), *Interpleader* (vgl. *Fed. R. Civ. P.* 22) und *Class Actions* (vgl. *Fed. R. Civ. P. 23*).

[27] Siehe z.B. *N.Y. Civ. Prac. L. & R. 1007* (Consol. 1992); *Cal. Code Civ. Proc. § 428.70* (1991); *La. Code Civ. Proc. Ann. art. 1111* (West 1991); *Conn. Gen. Stat. 52-102a* (1990) sowie die in der nächsten Fußnote zitierten Vorschriften.

[28] Siehe z.B. *Ga. Code Ann. § 9-11-14* (1991); *Kan. Stat. Ann. § 60-214* (1991); *N.C. Gen. Stat. § 1A-1, r. 14* (1991); *Ohio Civ. R. 14* (Baldwin 1991); *Okla. Stat. tit. 12, § 2014* (1990); *S.D. Codified Laws Ann. § 15-6-14* (1991); *Wis. Stat. § 803.05* (1989-90). Vgl. *Oakley/Coon*, 61 Wash. L. Rev. 1367 (1986), nach deren Erhebung im Jahre 1986 in 22 Bundesstaaten Vorschriften mit *Rule 14*-identischem Wortlaut und in weiteren 10 Staaten stark an diese Bestimmung angelehnte Regelungen galten. Vgl. auch *Junker*, ZZP 101 (1988), 241, insbesondere die Statistiken auf S. 291f.

[29] Die Aussicht auf ein Verfahren in einem *federal court* ist für Ausländer oftmals attraktiver als das eines Prozesses vor einem *state court*. Diese Einstellung wird durch Erwartungen geringerer Vereinnahmung durch lokale Interessen, größerer Versiertheit in der Entscheidung internationaler Streitfragen und eventuell auch schwächerer Arbeitsbelastung der Bundesgerichte genährt. Vgl. *Born/Westin*, S. 405f.; *Schack*, US-ZPR, S. 20. — Zur Möglichkeit eines *third-party defendant*, den in einem *state court* begonnenen Rechtsstreit an ein Bundesgericht transferieren zu lassen, s.u. IV. E. 1. b).

[30] Vgl. nur *James/Hazard/Leubsdorf*, § 10.18.

Der erste Absatz der recht umfangreichen *Rule 14*, lautet, soweit im folgenden von Bedeutung:

(a) When Defendant May Bring In Third Party. At any time after commencement of the action, a defending party, as a third-party plaintiff, may cause a summons and complaint to be served upon a person not a party to the action who is or may be liable to the third-party plaintiff for all or part of the plaintiff's claim against the third-party plaintiff. The third-party plaintiff need not obtain leave to make the service if the third-party plaintiff files the third-party complaint not later than 10 days after serving the original answer. Otherwise the third-party plaintiff must obtain leave on motion upon notice to all parties to the action. The person served with the summons and third-party complaint, hereinafter called the third-party defendant, shall make any defenses to the third-party plaintiff's claim as provided in Rule 12 and any counterclaims against the third-party plaintiff and cross-claims against other third-party defendants as provided in Rule 13. The third-party defendant may assert against the plaintiff any defenses which the third-party plaintiff has to the plaintiff's claim. The third-party defendant may also assert any claim against the plaintiff arising out of the transaction or occurrence that is the subject matter of the plaintiff's claim against the third-party plaintiff. The plaintiff may assert any claim against the third-party defendant arising out of the transaction or occurrence that is the subject matter of the plaintiff's claim against the third-party plaintiff, and the third-party defendant thereupon shall assert any defenses as provided in Rule 12 and any counterclaims and cross-claims as provided in Rule 13. Any party may move to strike the third-party claim, or for its severance or separate trial. A third-party defendant may proceed under this rule against any person not a party to the action who is or may be liable to the third-party defendant for all or part of the claim made in the action against the third-party defendant.

Diese Norm bildet also den Ausgangspunkt für die weitere Diskussion.

IV. Zulässigkeitsvoraussetzungen

A. Statthaftigkeit

Wie aus *Rule 14(a)* hervorgeht, ist die Drittklage in allen Fällen statthaft, in denen der Ausgangsbeklagte (oder jede andere beklagte Partei)[31] einen Regreßanspruch gegen eine bislang nicht am Verfahren beteiligte Person[32] geltend macht. Mit der zur Kennzeichnung dieses Dritten gewählte Formulierung "*who is or may be liable to the third-party plaintiff for all or part of the plaintiff's claim*" verbinden sich mehrere Implikationen:

---

31 Die *third-party practice* steht nach dem eindeutige Wortlaut von *Rule 14(a)* nicht nur dem anfangs Beklagten, sondern jeder "*defending party*" offen. Siehe nur Retcal, Inc. v. Insular Lumber Co., Inc., 379 F. Supp. 62 (D. Cal. 1973). Dementsprechend kommt sie namentlich auch dem mit einer Widerklage überzogenen ursprünglichen Kläger zugute, wie *Fed. R. Civ. P. 14(b)* ausdrücklich klarstellt. Siehe z.B. Nat'l Sur. Corp. v. Charles Carter & Co., 539 F.2d 450 (5th Cir. 1976). Vgl. 3 *Moore*, ¶ 14.30; 6 *Wright/Miller/Kane*, §§ 1442, S. 293, 1464.

32 Ansprüche gegen eine bereits anwesende Gegenpartei sind im Wege eines *counterclaim*, solche gegen eine Mitpartei als *cross-claim* geltend zu machen. Vgl. 3 *Moore*, ¶ 14.14, auch zu den dabei teilweise entstehenden Folgeproblemen.

Festzuhalten ist zunächst, daß die Drittklage stets dem Versuch der Haftungsüberwälzung dienen muß[33]; eine Direkthaftung des Drittbeklagten gegenüber dem Hauptkläger ist weder erforderlich[34] noch ausreichend[35]. Das ist deshalb nicht selbstverständlich, weil die ursprüngliche Fassung der *Rule 14(a)* — im Anschluß an die erwähnte Rechtsprechung auf dem Gebiete des Seerechts[36] — in dieser Hinsicht weiter ging[37].

Der zitierten Wendung läßt sich ferner entnehmen, daß die Erhebung der Drittklage keineswegs voraussetzt, daß der Rückgriffsanspruch zu diesem Zeitpunkt dem Tatbestande nach bereits vollständig erfüllt oder gar fällig ist[38]. Ebensowenig ist es nach allgemeiner Auffassung notwendig, daß sich die Haftung des *third-party defendant* automatisch aus der Bejahung des Hauptanspruchs ableiten läßt; es genügt vielmehr, daß der *third-party plaintiff* seine Ersatzberechtigung unter einer als Ergebnis des Ausgangsverfahrens möglich erscheinenden Tatsachenkonstellation glaubhaft machen kann[39].

Was die materiellrechtliche Grundlage des Drittklageanspruchs betrifft, so kann sie ebenso unterschiedlicher Herkunft sein wie im Falle des *vouching in*[40]. In Frage kommen dementsprechend beispielsweise vertragliche oder

---

[33] Siehe z.B. Israel Discount Bank Ltd. v. Entin, No. 88-5674, 1992 U.S. App. LEXIS 644 (11th Cir. 1992); Stewart v. Am. Int'l Oil & Gas Co., 845 F.2d 196, 200 (9th Cir. 1988); Forum Ins. Co. v. Ranger Ins. Co., 711 F. Supp. 909, 915 (N.D. Ill. 1989); Blais Constr. Co. v.Hanover Square Assocs.-I, 733 F. Supp. 149 (N.D.N.Y. 1990); 6 *Wright/Miller/Kane*, § 1446, S. 355f., 377; 3 *Moore*, ¶ 14.07[1].

[34] Siehe nur Schott v. Colonial Banking Co., 111 F. Supp. 13, 23 (W.D. Ark. 1953), wo dem Drittkläger die Klageerhebung trotz eines vorangegangenen Haftungserlasses zugunsten des Drittbeklagten durch den Hauptkläger gestattet wurde; 6 *Wright/Miller/Kane*, § 1447.

[35] Siehe Owen Equip. & Erection Co. v. Kroger, 437 U.S. 365, 368 n.3 (1978); Frazier v. Harley Davidson Motor Co., Inc., 109 F.R.D. 293 (W.D. Pa. 1985); Struss v. Renault U.S.A., Inc., 108 F.R.D. 691 (W.D. Pa. 1985); Harries v. General Motors Corp., 786 F. Supp. 446 (M.D. Pa. 1992).

[36] S.o. B.

[37] Vgl. die Originalfassung von *Rule 14(a)*, abgedruckt z.B. bei 3 *Moore*, ¶ 14.01[1.—1]. Danach konnte drittverklagt auch werden, wer dem ursprünglichen Kläger (mit)verantwortlich war. Diese Möglichkeit wurde 1948 abgeschafft, da der ursprüngliche Kläger nach einhelliger Auffassung nicht zu einer entsprechenden Klageerweiterung gezwungen werden konnte. Vgl. 6 *Wright/Miller/Kane*, §§ 1441, S. 287f., 1446, S. 379f.; 3 *Moore*, ¶ 14.15.

[38] Siehe nur U.S. Surgical Corp. v. John K. Pulsifer & Co., Inc., 119 F.R.D. 18, 20 (D. Md. 1988); 6 *Wright/Miller/Kane*, §§ 1446, S. 373, 1451.

[39] Siehe Stiber v. United States, 60 F.R.D. 668 (E.D. Pa. 1973); Rock Transp. Properties Corp. v. Hartford Fire Ins. Co., 45 F.R.D. 373 (S.D.N.Y. 1968); 6 *Wright/Miller/Kane*, § 1446, S. 373; 3 *Moore*, ¶ 14.10, S. 14-69f.

Die materielle Rechtsstellung des *third-party defendant* wird dadurch nicht beeinträchtigt, da der *third-party plaintiff* ein obsiegendes Urteil normalerweise erst nach einer Befriedigung der gegen ihn ergehenden Entscheidung vollstrecken kann; siehe Rambone v. Critzer, 548 F. Supp. 660, 662f. (W.D. Va. 1982); 3 *Moore*, ¶ 14.08, S. 14-62. Außerdem besteht die Möglichkeit, das über die Drittklage entscheidende Urteil unter den Vorbehalt der vorherigen Erfüllung des Hauptsurteils zu stellen. Vgl. 6 *Wright/Miller/Kane*, § 1451, S. 410.

[40] Vgl. Erstes Kapitel, III. A. Siehe nur Peavey v. U.D. Dep't of Commerce, 752 F. Supp. 1534 (D. Kan. 1990); 3 *Moore*, ¶ 14.10; 6 *Wright/Miller/Kane*, § 1446.

gesetzliche Entschädigungs- und Schadensersatzansprüche (*indemnity*)[41], Ansprüche auf Gesamtschuldnerausgleich (*contribution*)[42], Gewährleistungsansprüche aller Art (*warranty*)[43] sowie jede andere eine Haftungsüberwälzung ermöglichende Anspruchsgrundlage[44].

Anzufügen ist schließlich, daß der *third-party plaintiff*, hat er einmal einen gem. *Rule 14(a)* statthaften Rückgriffsanspruch erhoben, seine Klage gegen den *third-party defendant* beliebig, d.h. ohne Rücksicht auf einen bestehenden Sachzusammenhang, auf weitere Ansprüche erweitern kann. Das Recht dazu wird ihm ausdrücklich durch *Fed. R. Civ. P. 18(a)* eingeräumt[45].

B. Form und Inhalt der Klageerhebung

Hinsichtlich der Form der Drittklageerhebung gelten im wesentlichen dieselben Regeln, die für einen Kläger auch sonst zu beachten sind[46]. Demgemäß hat der *third-party plaintiff* zunächst seine Klageschrift (*complaint*) bei Gericht einzureichen[47] und dann die Zustellung einer von einer weiteren Ausfertigung der Klage begleiteten Ladung (*summons*) an den *third-party defendant* zu veranlassen[48]. Darin muß letzterer ausdrücklich auf die möglichen

---

Es versteht sich von selbst, daß das Institut der Drittklage keine materiellen Rechte schafft, sondern sie voraussetzt. Siehe Kim v. Fujikawa, 871 F.2d 1427 (9th Cir. 1989); McClellan v. Poole, 692 F. Supp. 687 (S.D. Miss. 1988); S. Mortgage Co. v. O'Dom, 699 F. Supp. 1223 (S.D. Miss. 1987); Cook v. Cook, 559 F. Supp. 218 (E.D. Pa. 1983); 3 *Moore*, ¶ 14.03[1].

41 Siehe nur Taggert v. United States, 262 F. Supp. 572 (M.D. Pa. 1967); Am. Dist. Tel. Co. v. Kittleson, 179 F.2d 946 (8th Cir. 1950).

42 Sofern das anwendbare Sachrecht, i.d.R. Einzelstaatenrecht, ein Recht auf *contribution* uneingeschränkt anerkennt. Siehe z.B. Lauer v. United States, 773 F. Supp. 527, 534 (D.P.R. 1991); Patten v. Knutzen, 646 F. Supp. 427, 429 (D. Colo. 1986). Läßt es hingegen *contribution* nur bei gemeinsamer Verurteilung zu — wie es z.B. in New York der Fall ist —, oder folgt es gar dem traditionellen *Common Law*-Grundsatz, nach dem eine *contribution among joint tortfeasors* überhaupt nicht stattfindet, ist eine Drittklage unzulässig. Siehe Kantlehner v. United States, 279 F. Supp. 122 (E.D.N.Y. 1967); 6 *Wright/Miller/Kane*, § 1448; 3 *Moore*, ¶ 14.11. Vgl. auch *Prosser/Keeton*, §§ 50, 51.

43 Siehe nur Gambino v. United Fruit Co., 48 F.R.D. 28 (S.D.N.Y. 1969); Balcoff v. Teagarden, 36 F. Supp. 224 (S.D.N.Y. 1940).

44 Siehe z.B. ICI America, Inc. v. Martin-Marietta Corp., 368 F. Supp. 1148 (D. Del. 1974) (*negligence*); King v. State Farm Mut. Ins. Co., 274 F. Supp. 824 (W.D. Ark. 1967) (*subrogation*).

45 Siehe 3 *Moore*, ¶ 14.07[2]; 6 *Wright/Miller/Kane*, § 1452. Vgl. Schwab v. Erie Lackawanna R.R., 438 F.2d 62, 68 (3d Cir. 1977), wo ausgeführt wird, daß die herrschende Meinung früher der Auffassung gewesen sei, *Rule 18(a)* erlaube dem Drittkläger nur die Verbindung mehrerer *Regreß*ansprüche, sich dies aber mit der unmißverständlichen Umformulierung der Vorschrift im Jahre 1966 geändert habe.

Zu den zuständigkeitsrechtlichen Implikationen dieses Befundes s.u. D. 2.

46 Siehe 6 *Wright/Miller/Kane*, § 1453; 3 *Moore*, ¶ 14.18[2].

47 Siehe *Fed. R. Civ. P. 3, 7(a)*.

48 Siehe *Fed. R. Civ. P. 4*. — Gem. *Fed. R. Civ. P. 5(a)* ist auch dem ursprünglichen Kläger ein Exemplar der Drittklageschrift zuzustellen. Siehe 6 *Wright/Miller/Kane*, § 1453.

Folgen seines Fernbleibens, nämlich den Erlaß eines gegen ihn gerichteten Versäumnisurteils, aufmerksam gemacht werden[49]. Da der Drittbeklagte in der Folge auch Einwendungen gegen den Hauptanspruch vorbringen darf, sollte ihm zugleich eine Kopie der ursprünglichen Klage zugestellt werden[50].

Die Klageschrift selbst muß eine kurze und klare Darstellung des Anspruchs beinhalten, aus der die Berechtigung des Drittklägers hervorgeht, und den Erlaß eines entsprechenden Urteils beantragen[51]. Die Beachtung technischer Details ist dabei nicht erforderlich[52]. Zur Illustration diene folgendes Beispiel[53]:

1. Plaintiff A.B. has filed against defendant C.D. a complaint, a copy of which is hereto attached as "Exhibit A".

2. The TV set which caused the asserted personal injury to plaintiff, as to which a breach of warranty is asserted against defendant in said complaint, was purchased by defendant from E.F. under a contract dated January 2, 1992. In this agreement E.F. warranted the merchantability of this TV set. E.F. is, therefore, answerable over to defendant for a breach, if any, of the warranty asserted by the plaintiff in said case.

Wherefore C.D. demands judgment against third-party defendant E.F. for all sums that may be adjudged against defendant C.D. in favor of plaintiff A.B.

C. Zeitpunkt und Zulassungsbedürftigkeit

Was den möglichen Zeitpunkt der Klageerhebung angeht, so werden seine äußersten Grenzen durch Einleitung und Abschluß des Hauptprozesses abgesteckt[54]. Theoretisch (wenngleich in der Praxis wenig sinnvoll) ist die Einreichung einer Drittklage also auch noch nach Verhandlungsschluß, ja sogar nach Ergehen einer Entscheidung in der Hauptsache möglich[55]. Schwebt ein *appeal*, so soll ein *impleader* für den Fall der Rückverweisung an das Instanzgericht in Frage kommen[56].

Ein Muster eines *third-party summons and complaint* findet sich in Fed. R. Civ. P., Appendix of Forms, Form 22-A.

Zum Zustellungsverfahren s.u. F.

[49] Siehe *Fed. R. Civ. P. 4(b)*. Vgl. Fed. R. Civ. P., Appendix of Forms, Form 22-A.

[50] Siehe Fed. R. Civ. P., Appendix of Forms, Form 22-A; 6 *Wright/Miller/Kane*, § 1453.

[51] Siehe *Fed. R. Civ. P. 8(a)*. Der einzige inhaltliche Unterschied zu einer gewöhnlichen Klageerhebung liegt darin, daß die Zuständigkeit des Gerichts (gemeint ist alleine die sog. *subject matter jurisdiction*) nicht eigens behauptet werden muß. Siehe Fed. R. Civ. P., Appendix of Forms, Form 22-A; 6 *Wright/Miller/Kane*, § 1453; 3 *Moore*, ¶ 14.18[2].

[52] Siehe *Fed. R. Civ. P. 8(e)(1)*.

[53] Gebildet in Anlehnung an Fed. R. Civ. P., Appendix of Forms, Form 22-A, sowie 4 U.L.A. § 2-607 — Form 2.

[54] Siehe 6 *Wright/Miller/Kane*, § 1454. Aber siehe Cox v. E.I. du Pont de Nemours & Co., 269 F. Supp. 176 (D.S.C. 1967), wo der *impleader* ganz ausnahmsweise noch nach der Entscheidung über die Hauptsache zugelassen wurde.

[55] Siehe East Hampton Dewitt Corp. v. State Farm Mut. Auto. Ins. Co., 490 F.2d 1234 (2d Cir. 1973) (implizit).

[56] East Hampton Dewitt Corp. v. State Farm Mut. Auto. Ins. Co., 490 F.2d 1234, 1246 (2d Cir. 1973). Während die Sache beim Rechtsmittelgericht anhängig ist, fehlt dem Untergericht die *jurisdiction* zur Entgegennahme eines Antrags auf Zulassung der Drittklage. Beim *Court of*

Doch trifft *Rule 14(a)* innerhalb dieses weiten Rahmens eine wichtige Differenzierung. Sofern nämlich der *third-party plaintiff* innerhalb von zehn Tagen nach Zugang seiner eigenen ersten Klageerwiderung beim Hauptkläger tätig wird, bedarf er dazu keiner gerichtlichen Genehmigung. Diese Regelung beruht auf der unwiderleglichen Vermutung, daß eine so kurze Zeitspanne das Ausgangsverfahren nicht nachhaltig zu verzögern oder seine Parteien in anderer Weise über Gebühr zu belasten vermag[57]. Ist dieser Zeitraum dagegen verstrichen, muß der Drittkläger zwecks Erhebung der Rückgriffsklage die Erlaubnis des Gerichts einholen[58]. Dieses ist bei der Entscheidung über den ihm vorgelegten Antrag mit einem weiten Ermessensspielraum ausgestattet, den es durch eine Abwägung aller für bzw. gegen eine Zulassung der Klage sprechenden Aspekte auszufüllen hat[59]. Die meisten Gerichte haben hierzu verwandte Kataloge sich inhaltlich teilweise überschneidender Gesichtspunkte entwickelt. Darunter zählen namentlich die Schwere einer zu befürchtenden Beeinträchtigung der übrigen Parteien, in erster Linie des Hauptklägers[60], das

Appeals selbst kann ein entsprechender Antrag nicbt gestellt werden, da er keine neue Tatsacheninstanz bereitstellt. Siehe nur *Friedenthal/Kane/Miller*, § 13.4, S. 599; *Schack*, US-ZPR, S. 62.

[57] Siehe nur 6 *Wright/Miller/Kane*, §§ 1443, 1454.

[58] Ein Muster für eine entsprechende *motion*, die zusammen mit Ausfertigungen der beabsichtigten Klage und Ladung eingereicht werden muß, ist abgedruckt in Fed. R. Civ. P., Appendix of Forms, Form 22-B.

Gem. *Rule 14(a)* sind von dem Antrag alle Parteien des bereits laufenden Verfahrens zu unterrichten, nicht also der potentielle *third-party defendant*; siehe Pantano v. Clark Equip. Co., 139 F.R.D. 40 (S.D.N.Y. 1991).

Eine Ergänzung der Ausgangsklage durch den Hauptkläger führt nicht zu einem Wiederaufleben der Zehntagesfrist, sofern sie nicht drittklagerelevant ist. Siehe 6 *Wright/Miller/Kane*, § 1454.

Fraglich ist, was geschieht, wenn der Ausgangsbeklagte später als zehn Tage nach seiner Klageerwiderung versucht, eine Drittklage ohne gerichtliche Gestattung zu erheben. Nach 3 *Moore*, ¶ 14.18[2], soll dieser Verfahrensverstoß dem in Aussicht genommenen Drittbeklagten *per se* das Recht geben, die Abweisung der Klage zu verlangen. Die im Kommentar zitierte Referenzentscheidung, Railey v. Southern Ry. Co., 31 F.R.D. 519 (E.D.S.C. 1963), ist jedoch für die Stützung dieser Auffassung unergiebig. Im Gegenteil wurde in einer anderen Entscheidung, Hensley v. United States, 45 F.R.D. 352 (D. Mon. 1968), ausdrücklich festgestellt, daß ein *third-party defendant kein* Recht auf Abweisung einer 11 Tage nach Klageerwiderung und ohne Erlaubnis des Gerichts zugestellten Drittklage habe; zustimmend Nelson v. Quimby Island Reclamation Dist. Facilities Corp., 491 F. Supp. 1364 (N.D. Cal. 1980).

[59] Siehe z.B. Casey v. Calmar S.S. Corp., 138 F. Supp. 751 (D. Del. 1956); Kopan v. George Washington Univ., 67 F.R.D. 36 (D.D.C. 1975); Greene Line Mfg. Corp. v. Fibreboard Corp., 130 F.R.D. 397 (N.D. Ind. 1990); 6 *Wright/Miller/Kane*, §§ 1443, 1454; 3 *Moore*, ¶ 14.05[2], 14.18[2].

[60] Siehe z.B. United States v. New Castle County, 111 F.R.D. 628 (D. Del. 1986); Remington Arms Co. v. Liberty Mut. Ins. Co., 748 F. Supp. 1057, 1060 (D. Del. 1990) (*impleader* von mehr als 100 Personen würde zu untragbarer Kostenbelastung führen); Greene Line Mfg. Corp. v. Fibreboard Corp., 130 F.R.D. 397 (N.D. Ind. 1990); First Nat'l Bank v. Duncan Sav. & Loan Ass'n, 957 F.2d 775 (10th Cir. 1992) (*impleader* wenige Tage vor angesetztem Verhandlungstermin in der Hauptsache wegen der drohenden Verfahrensverzögerung für Kläger unzumutbar).

Ausmaß der erhofften Verfahrenskonzentration[61], die Komplexität der zu erörternden Streitfragen[62], die Gefahr einer unverhältnismäßigen Prozeßverzögerung[63], der Zeitpunkt des Antrags[64] und die Erfolgsaussichten der Drittklage[65].

Der Gerichtsbeschluß, der dem Antrag auf Zulassung der Drittklage folgt, ist nicht selbständig mit Rechtsmitteln anfechtbar[66].

Eine Beschwerung des in Aussicht genommenen *third-party defendant* durch eine etwaige, dem fortgeschrittenen Verfahrensstadium entsprechende Präklusion mit Vorbringen in der Hauptsache wird dagegen seltener geprüft, denn — wie noch zu sehen sein wird — der diesbezügliche Ausschluß des Erstbeklagten zieht grundsätzlich *keine* Nachteile für die Rechtsstellung des Drittbeklagten nach sich. Siehe unten V. B. 1. a).

61 Siehe nur John Hopkins Univ. v. Hutton, 40 F.R.D. 338 (D. Md. 1966); Weisman v. Ashplant, 326 F. Supp. 825 (S.D.N.Y. 1971); Gross v. Hanover Ins. Co., 138 F.R.D. 53 (S.D.N.Y. 1991) (Verzögerungen durch zusätzliche *discovery* ausgeglichen durch die Vorteile effizienterer Streitbeilegung).

62 Siehe *In re* Joint Southern and Eastern District Asbestos Litigation, No. TS-90-9999, 1990 U.S. Dist. LEXIS 11482, S. *9 (E.D.N.Y. 1990) (Kompliziertheit der Asbestfälle schließt *third-party practice* i.d.R. aus); Blais Constr. Co. v.Hanover Square Assocs.-I, 733 F. Supp. 149, 157 (N.D.N.Y. 1990).

63 Siehe Austin v. Snapper Power Equip. Corp., No. 90 Civ. 0320(LBS), 1992 U.S. Dist. LEXIS 1404, S. *10 (S.D.N.Y. 1992) (*impleader* abgelehnt, da *discovery* in der Hauptsache nahezu beendet war und *third-party defendant* zusätzliche Zeit für eigene *discovery*-Maßnahmen hätte eingeräumt werden müssen); Nicholas v. Westchester Resco Co. L.P., No. 90 Civ. 2495 (PKL), 1992 U.S. Dist. LEXIS 1012, S. *12 (S.D.N.Y. 1992) (*discovery* im wesentlichen abgeschlossen); Local 144, Hotel, Hospital, Nursing Home v. C.N.H. Management Assocs., Inc., 741 F. Supp. 415, 421 (S.D.N.Y. 1990) (dito). Siehe dagegen Con-Tech Sales Defined Benefit Trust v. Cockerham, 715 F. Supp. 701, 704 (E.D. Pa. 1989) (Antrag stattgegeben, da *discovery* noch in Frühstadium befindlich).

64 Siehe Austin v. Snapper Power Equip. Corp., No. 90 Civ. 0320(LBS), 1992 U.S. Dist. LEXIS 1404, S. *10 (S.D.N.Y. 1992) (Antrag abgewiesen, da seit der Klageerwiderung 20 Monate vergangen waren); Local 144, Hotel, Hospital, Nursing Home v. C.N.H. Management Assocs., Inc., 741 F. Supp. 415, 420 (S.D.N.Y. 1990) (*third-party plaintiff* trifft Last der Entschuldigung für die Verzögerung des Antrags); United States v. New Castle County, 116 F.R.D. 19 (D. Del. 1987) (dito).

Häufig existieren örtliche Gerichtsvorschriften (*court rules*), die eine bestimmte Frist, i.d.R. sechs Monate, für die Stellung des Antrags vorsehen. Siehe Delco Wire & Cable Co. v. Keystone Roofing Co., 80 F.R.D. 428 (E.D. Pa. 1978); Hogan v. Janos Indus. Insulation Corp., 102 F.R.D. 205 (S.D.N.Y. 1984); Lavallo v. Pittsburgh Corning Corp., 99 F.R.D. 627 (E.D. Pa. 1983) (90 Tage); 3 *Moore*, ¶ 14.18[2]; 6 *Wright/Miller/Kane*, § 1454, S. 429f. Nach Ablauf einer solchen Frist eingehende Anträge werden zwar nicht automatisch abgewiesen; doch trifft den *third-party plaintiff* eine verschärfte Darlegungslast, die Verzögerung zu erklären. Siehe Gilpin v. Abraham, 231 F. Supp. 511 (E.D. Pa. 1964); Mountain Pride Farms, Inc. v. Dow Chem. Co., 95 F.R.D. 400 (S.D.N.Y. 1982).

65 Siehe Karon Business Forms, Inc. v. Skandia Ins. Co., Ltd., 80 F.R.D. 501 (D.P.R. 1978); Perez Cruz v. Fernandez Martinez, 551 F. Supp. 794, 799 (D.P.R. 1982); *In re* Joint Southern and Eastern District Asbestos Litigation, No. TS-90-9999, 1990 U.S. Dist. LEXIS 11482, S. *6f. (E.D.N.Y. 1990).

66 Siehe nur Minnesota v. Pickands Mather & Co., 636 F.2d 251 (8th Cir. 1980). Ob eine gerichtliche Entscheidung selbständig mit Rechtsmitteln angreifbar ist, richtet sich auf

D. *Personal Jurisdiction* über den *Third-Party Defendant*

1. *Personal Jurisdiction* im allgemeinen

a) Grundprinzipien

Wie in der Diskussion des *vouching in* bereits angeklungen ist[67], kann ein amerikanisches Gericht Rechtsprechungsgewalt über die *Person* eines Beklagten wirksam prinzipiell nur dann ausüben, wenn es dazu über die notwendige Zuständigkeit, also über *personal jurisdiction* verfügt[68]. Hierbei handelt es sich um den auch für die vorliegende Betrachtung wichtigsten Unterfall der Doktrin der *territorial jurisdiction* (auch "*judicial jurisdiction*" oder "*jurisdiction to adjudicate*" genannt)[69], die nach US-Recht zugleich für die Beurteilung der internationalen Zuständigkeit ausschlaggebend ist[70]. Seine modernen Konturen sollen daher im folgenden kurz umrissen werden[71].

Seit der berühmten Entscheidung des *Supreme Court* in *International Shoe Co. v. Washington*[72] ist klar, daß die *due process clause* der US-Verfassung die Zitierung eines auswärtigen Beklagten vor ein amerikanisches Gericht nur unter der Voraussetzung gestattet, daß "*he have certain minimum contacts with [the forum] such that the maintenance of the suit does not offend 'traditional notions of fair play and substantial justice'*"[73]. Dies ist nicht der Ort für eine

---

Bundesebene in erster Linie nach *28 U.S.C. §§ 1291, 1292*. Appellationstauglich sind danach nur endgültige Entscheidungen (*final decisions, 28 U.S.C. § 1291*) und gewisse Zwischenentscheidungen (*interlocutory decisions, 28 U.S.C. § 1292*). Zu den letzteren gehört die hier in Rede stehende *order* nicht, und prozeßbeendende Wirkung kommt ihr ebensowenig zu. Das gilt nicht nur im Falle einer dem Antrag stattgebenden Entscheidung, sondern auch im Falle einer Ablehnung des Antrags, denn — so wird argumentiert — der Gerichtsbeschluß bedeutet keine Entscheidung in der Sache und beläßt daher dem erfolglosen *third-party plaintiff* die Möglichkeit einer separaten Rückgriffsklage. Siehe 6 *Wright/Miller/Kane*, § 1463; 3 *Moore*, ¶ 14.19.

[67] S.o. Erstes Kapitel, IV. D.

[68] Siehe nur *James/Hazard/Leubsdorf*, §§ 2.4.

[69] Siehe *James/Hazard/Leubsdorf*, §§ 2.3ff. Die anderen Fälle sind die *jurisdiction in rem* und *quasi in rem*. Während die erste dieser beiden Kategorien nur einschlägig ist, wenn unmittelbar über die dingliche Berechtigung an einem Gegenstand gestritten wird, und daher im vorliegenden Zusammenhang kaum je praktische Bedeutung erlangen dürfte, erlaubt die *jurisdiction quasi in rem* u.a. die Unterhaltung von Klagen jeglicher Art in einem Forum, in dem sich Vermögen des Beklagten befindet (wobei freilich als Befriedigungssubstrat ausschließlich dieses Vermögen dient), und ist somit auch für Regreßklagen zu beachten. Auf eine gesonderte Darstellung kann insoweit jedoch verzichtet werden, da seit einer Entscheidung des Supreme Court im Jahre 1977 im wesentlichen geklärt ist, daß auch hier — wie im Falle der *personal jurisdiction* — der Maßstab hinreichender "*minimum contacts*" gilt. Siehe Shaffer v. Heitner, 433 U.S. 186 (1977); Rush v. Savchuk, 444 U.S. 320 (1980). Vgl. *Born/Westin*, S. 90ff.

[70] Vgl. *Born/Westin*, S. 19ff.

[71] Siehe allgemein *Born/Westin*, S. 19ff.; *James/Hazard/Leubsdorf*, §§ 2.4ff.; *Maltz*, 1987 Duke L.J. 669 (1987).

[72] 326 U.S. 310 (1945).

ausführlichere Analyse der diese Worte interpretierenden und ausfüllenden Folgeentscheidungen. Doch hat der *Supreme Court* immer wieder betont, daß die Feststellung der erforderlichen Mimimalkontakte stets voraussetzt, daß der Beklagte diese Kontakte bewußt von sich aus angeknüpft hat und auf einen Rechtsstreit im Forum dementsprechend gefaßt sein mußte[74]. In einer neueren (und nicht leicht verständlichen) Entscheidung[75], in der es interessanterweise um eine gegen ein ausländisches Unternehmen gerichtete Drittklage ging[76], deutete das oberste Bundesgericht zudem an, daß das Bestehen von "*minimum contacts*" zwar notwendige, nicht aber hinreichende Voraussetzung für die Ausübung von *personal jurisdiction* sei; daneben müsse in einem zweiten Schritt immer auch noch die Angemessenheit und Fairness der Zuständigkeitsannahme überprüft werden — Maßstäbe, von denen zuvor allgemein angenommen war, daß sie im "*minimum contacts*"-Test aufgehen.

Im einzelnen lassen sich die Anknüpfungspunkte, die nach amerikanischem Recht das Bestehen von *personal jurisdiction* zu begründen vermögen, in zwei große Kategorien unterteilen[77]. *Common Law*-Wohnsitz (*domicile*), gewöhnlicher Aufenthalt (*residence*) und Staatsangehörigkeit (*citizenship*) eines Individuums, der Ort der Gesellschaftsgründung (*place of incorporation*), des Hauptgeschäftssitzes (*principal place of business*) und ständiger Geschäftsaktivitäten (*continuous and systematic general business contacts*)[78] einer Gesellschaft sind Tatbestände, die — parallel zum "allgemeinen Gerichtsstand" deutschen Rechts — "*general jurisdiction*" verleihen, dem Gericht mithin eine umfassende Entscheidungskompetenz hinsichtlich aller gegen den Beklagten gerichteten Ansprüche einräumen. Gleiches gilt nach wie vor auch in dem vom *Supreme Court* unlängst gegen teilweise scharfe Kritik verteidigten Falle der Klagezustellung an eine auf dem Territorium des Forumstaates angetroffene Person (*transient jurisdiction*)[79].

Demgegenüber verleihen Kontakte zum Forum, die an die in den eben angeführten Fallgruppen sichtbar werdende Erheblichkeitsschwelle nicht

[73] 326 U.S. 310, 319 (1945); der letzte Teil des Satzes ist ein Zitat aus Milliken v. Meyer, 311 U.S. 457, 463 (1940).

[74] Siehe Hanson v. Denckla, 357 U.S. 235 (1958); Kulko v. Superior Court, 436 U.S. 84 (1978); World-Wide Volkswagen v. Woodson, 444 U.S. 286 (1980); Keeton v. Hustler Magazine, Inc., 465 U.S. 770 (1984); Helicopteros Nacionales de Colombia, S.A. v. Hall, 466 U.S. 408 (1984); Burger King Corp. v. Rudzewicz, 471 U.S. 462 (1985); Asahi Metal Indus. Co., Inc. v. Superior Court, 480 U.S. 102 (1987).

[75] Asahi Metal Indus. Co., Inc. v. Superior Court, 480 U.S. 102 (1987).

[76] Im Urteil ist, der Diktion des anwendbaren kalifornischen Prozeßrechts folgend, von einem "*cross-complaint*" die Rede.

[77] Grundlegend *v.Mehren/Trautman*, 79 Harv. L. Rev. 1121, 1136 (1966). Siehe Helicopteros Nacionales de Colombia, S.A. v. Hall, 466 U.S. 408, 414 n.8 (1984); *Born/Westin*, S. 25.

[78] Oft wird diese Kategorie auch mit der Wendung "*doing business*" gekennzeichnet. Diese Wortwahl verschärft aber unnötig die Gefahr einer Verwechslung mit dem nur *specific jurisdiction* begründenden Falle des "*transacting business*". Vgl. *Schack*, US-ZPR, S. 25 mit Fn. 168.

[79] Siehe Burnham v. Superior Court, 495 U.S. 604 (1990).

heranreichen, nur eine Zuständigkeit für die Entscheidung von "*claims arising out of or related to the defendant's contacts with the forum state*"[80], also von solchen Ansprüchen, die sich aus diesen Kontakten ergeben oder mit ihnen im Zusammenhang stehen. In diesem Falle übt das Gericht "*specific jurisdiction*" aus; es fungiert also als "besonderer Gerichtsstand". Geläufige Beispiele für die Begründung von *specific jurisdiction* sind das Begehen einer unerlaubten Handlung (*commission of a tortious act*) und der Abschluß bzw. die Abwicklung eines bestimmten Geschäfts (*transacting business*) im betreffenden Staate. Umstritten ist nach wie vor, ob das bloße Einfließenlassen eines Produktes in den Wirtschaftsverkehr ("*placing a product in the stream of commerce*") ausreicht[81].

Erwähnt sei schließlich noch das Sonderproblem der *personal jurisdiction* über ausländische Gesellschaften. Hier kommt es vor, daß die US-Gerichte ihre Zuständigkeit bezüglich eines Unternehmens, das nach den obigen Maßstäben nicht unmittelbar von der amerikanischen Gerichtsgewalt erreichbar ist, auf die Aktivitäten einer im Forumstaat präsenten Tochtergesellschaft stützt[82]. Das geschieht dann, wenn besagte Tochter nach außen als "*agent*", "*alter ego*" oder "*mere department*" der ausländischen Mutter erscheint[83]. Bei diesem Zuständigkeitsdurchgriff handelt es sich übrigens um einen Ausschnitt aus der genuin gesellschaftsrechtlichen Lehre vom "*piercing of the corporate veil*"[84].

b) Beachtlichkeit von Gerichtsstandsvereinbarungen

Was die Zulässigkeit von Gerichtsstandsklauseln angeht, die eine *Derogation* amerikanischer Zuständigkeit vorsehen, so hat bekanntlicherweise erst eine neuere Entscheidung des *Supreme Court*, *The Bremen v. Zapata Off-Shore Co.*[85], den traditionellen Vorbehalten des Common Law-Rechtskreises gegenüber derartigen — wie sie aufgefaßt wurden — "Ausbootungsversuchen" ("*ouster of jurisdiction*") eine Absage erteilt[86]. Nach diesem Urteil sind

[80] Siehe nur Helicopteros Nacionales de Colombia, S.A. v. Hall, 466 U.S. 408 (1984).

[81] Grundlegend und die Frage bejahend Gray v. Am. Radiator & Standard Sanitary Corp., 22 Ill. 2d 432, 176 N.E.2d 761 (1961). — Im *Asahi*-Fall findet sich zwar der Satz: "The placement of a product into the stream of commerce, without more, is not an act of the defendant purposefully directed toward the forum State (und daher für die Annahme von *minimum contacts* ungenügend, der Verf.)." Siehe 480 U.S. 102, 112 (1987). Er vereinigt aber nur vier der neun Richter hinter sich. Damit ist das Problem weiter virulent.

[82] Siehe *Born/Westin*, S. 104-117; *Nandu/Pansius*, § 1.05[3]; *Vorpeil*, RIW 91, 995. Vgl. *Restatement (Second) of Conflict of Laws § 52*, cmt. b.

[83] Siehe Frummer v. Hilton Hotels Int'l, Inc., 281 N.Y.S.2d 41, 227 N.E.2d 851 (1967); Hargrave v. Fireboard Corp., 710 F.2d 1154 (5th Cir. 1983); Volkswagenwerk AG v. Beech Aircraft Corp., 751 F.2d 117 (2d. Cir. 1984). Der sprachschöpferischen Vielfalt sind kaum Grenzen gesetzt. Entscheidungserheblich sind namentlich die rechtliche, finanzielle, personelle und geschäftspolitische Vernetzung der betroffenen Unternehmen. Vgl. den knappen Überblick bei *Schiessl*, DB 89, 513, 514f.

[84] Vgl. nur *Hamilton*, Kap. 6, S. 253ff.; *Merkt*, Rn. 313ff., 334.

[85] 407 U.S. 1 (1972).

[86] Soweit in der Sache einzelstaaliches Recht zur Anwendung gelangt, ist die

derogierende *forum selection agreements* grundsätzlich beachtenswert; sie werden nur dann nicht honoriert, wenn ihre Durchsetzung "*unreasonable*" wäre (wofür die opponierende Partei klare Nachweise erbringen muß)[87]. Das kann namentlich bei ungleicher Verhandlungsmacht ("*unequal bargaining power*") der Beteiligten der Fall sein[88]; oft spielen auch *forum non conveniens*-Überlegungen eine Rolle[89].

2. *Personal Jurisdiction* in Drittklagefällen

An das Erfordernis der *personal jurisdiction* werden im Falle der Drittklage grundsätzlich *keine* Abstriche gemacht[90]. Folglich müssen die gewöhnlichen

Maßgeblichkeit des *Zapata*-Urteils im Gefolge der berühmten *Erie*-Entscheidung aus dem Jahre 1938 (306 U.S. 64) umstritten. Im Ergebnis wird ihm aber auch in solchen Fällen mehrheitlich gefolgt — und zwar nicht nur von Bundes-, sondern auch von den Gerichten der Einzelstaaten. Siehe *Born/Westin*, S. 184ff., insbes. 185 (unter 4.), 187 (unter 5.).

[87] Siehe 407 U.S. 1, 10 (1972). Vgl. auch *Restatement (Second) of Conflicts of Law § 80*, dessen ursprüngliche, aus dem Jahre 1971 stammende Fassung im Jahre 1986 um die in Klammern gesetzten Worte verkürzt wurde:

The parties' agreement as to the place of the action [cannot oust a state of judicial jurisdiction, but such an agreement] will be given effect unless it is unfair or unreasonable.

[88] Siehe z.B. Couch v. First Guar., 578 F. Supp. 331 (N.D. Tex. 1984); Kolendo v. Jerell. Inc., 489 F. Supp. 983 (S.D. W. Va. 1980). Allerdings wird der Einwand weit öfter erhoben als erhört. Vgl. *Born/Westin*, S. 195.

[89] Siehe z.B. Copperweld Steel Co. v. Demag-Mannesmann-Bohler, 578 F.2d 953 (3d Cir. 1978) (deutsches Forum ungünstig, da Beweisstücke zum großen Teil in den USA belegen und zugrundeliegende Transaktionen in englischer Sprache getätigt wurden(!)). Auch der Einwand der "*serious inconvenience*" dringt jedoch in der Mehrzahl der Fälle nicht durch. Vgl. *Born/Westin*, S. 199.

[90] Siehe z.B. Nat'l Gypsum Co. v. Dalemark Indus., Inc., 779 F. Supp. 147, 148 (D. Kan. 1991) ("A federal court must have personal jurisdiction over the third-party defendant before the third-party claim can be adjudicated."); Pecarsky v. Marina Assocs., 107 F.R.D. 107, 109 (D.N.J. 1985) ("It is, of course, necessary for a federal court to obtain personal jurisdiction over a third-party defendant before it can entertain the third-party complaint."); 6 *Wright/Miller/Kane*, § 1445; 3 *Moore*, ¶¶ 14.25, 14.28[1]; *Schurtman/Walter*, S. 44; *Schack*, US-ZPR, S. 39; *Thümmel*, RIW 88, 359, 362; *AK-ZPO/Koch*, § 328 Rn. 21. Vgl. Rush v. Savchuk, 444 U.S. 320, 332 (1980): "[T]he requirements of *International Shoe* must be met as to each defendant over whom a state court exercises jurisdiction."

Unzutreffend daher die Behauptung von *Schröder*, S. 579, daß das amerikanische Recht in diesem Bereich von einer angelehnten Zuständigkeit ausgehe; *Schröder* verwechselt hier offenbar *personal jurisdiction* und *subject matter jurisdiction* bzw. *venue* (vgl. dazu unten E.). Ebenfalls verkannt wird die amerikanische Rechtslage von *Schütze* in der FS Nagel, S. 392, 399, und auch jüngst wieder in der Urteilsanerkennung, S. 167, wenn er meint, das US-Recht kenne eine "Regreßzuständigkeit ähnlich der bei der Garantieklage in den romanischen Rechten".

Für einen Fall mit deutscher Drittpartei siehe z.B. *In re* Anschuetz & Co. GmbH, 754 F.2d 602 (5th Cir. 1985), *vacated*, 483 U.S. 1002 (1987), *on remand*, 838 F.2d 1362 (1988), der freilich besser für seine international-beweisrechtliche Problematik bekannt geworden ist. Vgl. auch das Urteil Alpha S.A. Agroindustrial Alemano V. ACLI Int'l, Inc., 537 F. Supp. 1070 (S.D.N.Y. 1983), aus dem hervorgeht, daß im zugrundeliegenden Fall eine deutsche Partei mangels *personal jurisdiction* nicht als *third-party defendant* verklagt werden konnte.

Voraussetzungen für die Erlangung von *personal jurisdiction* durch den Forumstaat selbständig in der Person des *third-party defendant* erfüllt sein, wenn gegen ihn eine Drittklage vor einem Gericht dieses Staates unterhalten werden soll. Deren Erfolg kann im üblichen Rahmen auch eine Gerichtsstandsvereinberung entgegenstehen[91]. Eine angelehnte Zuständigkeit wird in derartigen Fällen also nicht in Anspruch genommen[92]. Es gibt allerdings eine singulär gebliebene Entscheidung, die es für zulässig gehalten hat, bei der Feststellung der nötigen Minimalkontakte des *third-party defendant* Beziehungen zu *beiden* Hauptparteien zu berücksichtigen[93] — ein in Anbetracht des obigen Hinweises[94], daß die rechtliche Stellung des Drittbeklagten zum ursprünglichen Kläger für die Zulässigkeit des *impleader* irrelevant ist, unhaltbarer Standpunkt[95].

Eine wirkliche Einschränkung ist aber möglicherweise im Bereich der gem. *Rule 18(a)* jedem Kläger und dabei ausdrücklich auch dem *third-party plaintiff* gestatteten fakultativen objektiven Klageerweiterung zu machen[96]. Zwar besteht grundsätzlich Einigkeit darüber, daß Gründe prozessualer Fairness die selbständige Erfüllung personaljurisdiktioneller Erfordernisse in bezug auf jeden einzelnen nach *Rule 18(a)* verbundenen Anspruch verlangen. Das hat aber einige Gerichte nicht davon abgehalten, in einschlägigen Fällen die Lehren von der "*ancillary*" bzw. "*pendent jurisdiction*", zwei normalerweise nur im Bereich der *subject matter jurisdiction*, also der Kompetenzabgrenzung zwischen Bund und Einzelstaaten, diskutierte Konzepte angelehnter Zuständigkeit[97], heranzuziehen, um zum Ergebnis bestehender *personal jurisdiction* zu gelangen[98]. Als Gründe wurden dabei v.a. Zweckmäßigkeitsgesichtspunkte

[91] Siehe Fantis Foods, Inc. v. Standard Importing Co. Inc., 63 A.D.2d 52, 406 N.Y.S.2d 763 (App. Div. 1978), *rev'd*, 402 N.E.2d 122, 425 N.Y.S.2d 783 (1980). In der unteren Instanz wurde der Derogationseinwand des *third-party defendant* im Ergebnis zwar verworfen. Das geschah aber nicht aus drittklagespezifischen Erwägungen heraus, sondern deshalb, weil das Gericht die entsprechende Klausel als nur vertragliche Streitigkeiten erfassend auslegte, so daß sie gegen den deliktischen Anspruch des *third-party plaintiff* nichts ausrichten könne; außerdem hindere die ungleiche *bargaining power* der Vertragsparteien eine Beachtung der Klausel. Siehe 63 A.D.2d 52, 58f. (krit. zur Argumentation der Mehrheit der *dissent* auf S. 59, 64f.). Die Aufhebung des Urteils durch die höhere Instanz mußte zur Wirksamkeit der Gerichtsstandsvereinbarung keine Stellung mehr nehmen, ging aber ganz offensichtlich von der Gleichbehandlung von *forum selection clauses* in Drittklage- und "Normalfällen" aus.

[92] Siehe die in der vorletzten Fußnote zitierten Quellen, insbesondere auch 6 *Wright/Miller/Kane*, § 1445. Mißverständlich Connecticut Gen. Life Ins. Co. v. SVA, Inc., 743 F. Supp. 107, 109f. (D. Conn. 1990), wo das Gericht Fragen der *jurisdiction* mit solchen der Statthaftigkeit des *impleader* vermengt.

[93] Southern Iowa Mfg. Co. v. Whittaker Corp., 404 F. Supp. 630 (S.D. Iowa 1975).

[94] S.o. IV. A.

[95] So stellt denn auch eine andere *impleader*-Entscheidung ausdrücklich fest: "[T]he contacts between a defendant and the forum are judged *in light of the plaintiff's claim.*" Nat'l Gypsum Co. v. Dalemark Indus., Inc., 779 F. Supp. 147, 149 (D. Kan. 1991) (Hervorhebung vom Verf.).

[96] Vgl. o. IV. A. a.E.

[97] Dazu gleich näher unter E.

[98] Siehe z.B. Robinson v. Penn Cent. Co., 484 F.2d 553 (3d Cir. 1973); Price v. United Mine

sowie eine Entlastung der Gerichte genannt. Allerdings hatte bisher keines dieser Urteile in concreto mit einer Drittklage zu tun (*Rule 18(a)* erfaßt, wie gesagt, noch andere Sachverhalte). Und an der Notwendigkeit nichtangelehnter *personal jurisdiction* hinsichtlich des mit dem *impleader* verfolgten Rückgriffsanspruchs ändert besagte Praxis auch nichts.

Das gilt auch für den verwandten Fall, daß der *ursprüngliche* Kläger im Laufe des Verfahrens einen Anspruch gegen den *third-party defendant* erhebt, was ihm *Rule 14(a)* unter bestimmten Voraussetzungen gestattet[99]. Hier läßt sich ebenfalls die Tendenz ausmachen, auf die Notwendigkeit einer unabhängigen Basis für die Annahme von *personal jurisdiction* mit der Begründung zu verzichten, daß der Drittbeklagte ja ohnehin bereits im Verfahren zugegen sei[100].

3. Gesetzliche Grundlagen

Die verschiedenen *personal jurisdiction* verleihenden Tatbestände sind auf einzelstaatlicher Ebene üblicherweise in den bereits erwähnten *long-arm statutes* umfassend gesetzlich verankert[101]. Im Bereiche des Bundesrechts existieren Regelungen der Materie dagegen nur für vereinzelte Sachgebiete[102], so daß die Bundesgerichte gem. *Fed. R. Civ. P. 4(e)* in der Regel die entsprechenden Vorschriften des Bundesstaates, in dem sie tagen, "ausleihen" und zur Anwendung bringen[103]. Speziell für die Person des *third-party defendant* dehnt *Fed. R. Civ. P. 4(f)* außerdem das für zuständigkeitsbegründende Kontakte relevante Gebiet ohne Rücksicht auf Einzelstaatsgrenzen auf einen Umkreis von 100 Meilen vom Gerichtsort der Hauptklage aus[104].

Workers, 336 F.2d 771 (6th Cir. 1964), *cert. denied*, 380 U.S. 913 (1965); 6A *Wright/Miller/Kane*, § 1588.

99 S.u. V. B. 2.

100 Siehe Jacobs v. Flight Extenders, Inc., 90 F.R.D. 676, 678ff. (E.D. Pa. 1981), wo dem Erstkläger die Unterhaltung einer Klage gegen einen *third-party defendant* erlaubt wurde, gegen den er bereits früher im gleichen Forum einen selbständigen Prozeß geführt hatte, dort aber mangels *personal jurisdiction* über den späteren Drittbeklagten abgewiesen worden war. Siehe auch 3 *Moore*, ¶ 14.28[1], S. 14-140; 6 *Wright/Miller/Kane*, § 1457, S. 445.

101 Siehe z.B. *Cal. Civ. Proc. Code § 410.10* (Deering 1991); *Fla. Stat. § 48.193* (1990); *Ga. Code Ann. § 9-10-91* (1991); *Ill. Rev. Stat. ch. 110, para. 2-209* (1991); *Mich. Comp. Laws §§ 600.705, 600.715* (1991); *N.Y. Civ. Prac. L. & R. 302* (Cons. 1992); *42 Pa. Cons. Stat. § 5322(B)* (1991); *R.I. Gen. Laws § 9-5-33(a)* (1991).

102 Vgl. *Scoles/Hay*, § 8.35; *Born/Westin*, S. 22, 70. Ein Beispiel ist *28 U.S.C. 2361* für den Fall des *federal interpleader*.

103 Siehe z.B. Arrowsmith v. United Press Int'l, 320 F.2d 219, 223 (2d Cir. 1963); Hoffritz For Cutlery, Inc. v. Amajac, Ltd., 763 F.2d 55, 57 (2d Cir. 1985); Connecticut Gen. Life Ins. Co. v. SVA, Inc., 743 F. Supp. 107 (D. Conn. 1990); *Scoles/Hay*, § 8.34; *Born/Westin* a.a.O.; *Nanda/Pansius*, § 1.04[2].

104 Siehe Quinones v. Pennsylvania Gen. Ins. Co., 804 F.2d 1167 (10th Cir. 1986):

"Rule 4(f) was . . . meant to confer jurisdiction as well as to govern service of process. Jurisdiction under the Rule exists *if the defendant had minimum contacts with the area within 100 miles of the forum*, even if it falls outside the forum state . . . . [T]he area in which minimum

4. Anfechtbarkeit

Einwände gegen das Bestehen von *personal jurisdiction* muß der Dritt- wie jeder andere Beklagte gem. *Fed. R. Civ. P. 12(b)(2)* i.V.m. *12(g)* und *(h)(1)* in der Klageerwiderung (*answer*) oder einem ihr gegebenenfalls vorausgehenden Antrag (*pre-answer motion*) erheben; versäumt er das, so wird er zu dieser Frage nicht mehr gehört[105]. Diese strenge Präklusion wird freilich durch die recht weitgehende Möglichkeit von Schriftsatzergänzungen gem. *Fed. R. Civ. P. 15(a)* etwas abgemildert.

E. *Subject Matter Jurisdiction* und *Venue* in Drittklagefällen

1. *Subject Matter Jurisdiction*

a) Grundsatz

Um in einer Rechtssache ein gültiges Urteil fällen zu können, muß ein US-Gericht nicht nur über *territorial jurisdiction*, sondern auch über *subject matter jurisdiction* verfügen[106]. Mit diesem Terminus ist bekanntlich die Kompetenzabgrenzung zwischen *federal* und *state courts* gemeint[107]. Während die allgemeine Zuständigkeit insoweit bei den Einzelstaaten liegt[108], ist den Bundesgerichten von der Verfassung nur ein enumerativ genau festgelegter Kompetenzbereich zugewiesen[109]. Zu diesem gehören als wichtigste Fallgruppen die Einräumung konkurrierender (!) *subject matter jurisdiction* für *federal questions*[110], d.h. für Streitigkeiten, die Bundesrecht betreffen, sowie bei *diversity of citizenship*[111], wenn also die Parteien aus verschiedenen Bundesstaaten stammen. Zur letzteren Kategorie gehört außerdem die

contacts are constitutionally required to establish personal jurisdiction in a federal court is not limited by state lines." (Hervorhebung vom Verf.)

Ebenso Sprow v. Hartford Ins. Co., 594 F.2d 412, 416 (5th Cir. 1979); Jacobs v. Flight Extenders, Inc., 90 F.R.D. 676, 678 (E.D. Pa. 1981); Associates Commercial Corp. v. Lincoln Gen. Ins. Co., 702 F. Supp. 104, 106 (W.D. Pa. 1988); 2 *Moore*, ¶ 4.42[2.-3.]; 4A *Wright/Miller/Kane*, § 1127.

Diese Erweiterung, deren Notwendigkeit allein aus der Tatsache herrührt, daß der US-Bundesgesetzgeber bislang keinen Gebrauch von der ihm unstreitig zustehenden Kompetenz zum Erlaß eines *universalen* landesweit geltenden *personal jurisdiction statute* für die *federal courts* gemacht hat, ist internationalrechtlich unbedenklich, da es einem Staate selbstverständlich freisteht, sein *gesamtes* Territorium zum Anknüpfungspunkt internationaler Zuständigkeit zu machen.

105 Vgl. *Born/Westin*, S. 117f.; *James/Hazard/Leubsdorf*, § 2.12.

106 Siehe nur Verlinden, B.V. v. Cent. Bank of Nigeria, 461 U.S. 480 (1983); Bersch v. Drexel Firestone, Inc., 519 F.2d 974 (2d Cir.), *cert. denied*, 423 U.S. 1018 (1975).

107 Einführend *Schack*, US-ZPR, S. 17ff.

108 Siehe nur Aldinger v. Howard, 427 U.S. 1 (1976).

109 Siehe *U.S. Const. Art. III, § 2.*

110 Siehe *28 U.S.C. § 1331.*

111 Siehe *28 U.S.C. § 1332.* Voraussetzung ist in diesem Falle außerdem, daß ein Streitwert von gegenwärtig $ 50.000 erreicht wird.

Konstellation, daß auf einer Seite des Verfahrens[112] ein Ausländer steht (sog. "*alienage jurisdiction*")[113].

Im Falle der *third-party practice* würde ein rigoroses Festhalten an den Erfordernissen der *subject matter jurisdiction* zu einer empfindlichen Einschränkung der durch *Rule 14* eröffneten Möglichkeit eines Klageverbundes vor den *federal courts* bedeuten: sie müßten sich in Fällen, in denen *third-party plaintiff* und *third-party defendant* demselben Staate angehören, ohne daß ihr Streit seine Grundlage im Bundesrecht hat, für die Entscheidung über den Regreßstreit unzuständig erklären.

Dazu ist es aber niemals gekommen. Denn die Bundesgerichte haben in solchen Situationen seit jeher Gebrauch von der (nicht auf den vorliegenden Zusammenhang beschränkten) Doktrin der "*ancillary jurisdiction*"[114] gemacht, um andernfalls nicht in ihre Sachzuständigkeit fallende Drittklagen hören zu können: war in der Hauptsache *federal subject matter jurisdiction* gegeben, so durfte auch der Regreßstreit vor dem Bundesgericht ausgetragen werden[115].

---

112 Für einen *reinen* Ausländerprozeß existiert keine Bundeskompetenz. Siehe Verlinden, B.V. v. Cent. Bank of Nigeria, 461 U.S. 480, 491f. (1983).

113 Siehe *28 U.S.C. § 1332(a)(2), (3)*. — Zu den haarspalterischen Auswüchsen des Erfordernisses der "*complete diversity*" in Fällen mit Ausländerbeteiligung siehe *Born/Westin*, S. 407ff.

114 Statt des Begriffes "*ancillary jurisdiction*" findet gelegentlich auch der Terminus "*pendent jurisdiction*" Anwendung, der jedoch in der Regel für Fälle (nicht *subjektiver*, sondern) *objektiver* Klagenhäufung reserviert ist. Siehe Aldinger v. Howard, 427 U.S. 1, 6ff. (1976). Vgl. auch *Schack*, US-ZPR, S. 18, 19. Die erstmalige Kodifizierung beider Konzepte in der 1990 erlassenen Vorschrift *28 U.S.C. § 1367* hebt jede Differenzierung auf und verwendet den einheitlichen Begriff "*supplemental jurisdiction*".

115 Aus der Masse der Entscheidungen vgl. z.B. Agrashell, Inc. v. Bernard Sirotta Co., 344 F.2d 583 (2d Cir. 1965); Rogers v. Aetna Cas. & Sur. Co., 601 F.2d 840 (5th Cir. 1979); Field v. Volkswagenwerk AG, 626 F.2d 293 (3d Cir. 1980); McLaughlin v. Biasucci, 688 F. Supp. 965 (S.D.N.Y. 1988); Flynn v. United States, 902 F.2d 1524 (10th Cir. 1990). Siehe auch 6 *Wright/Miller/Kane*, § 1444; 3 *Moore*, ¶ 14.26, beide mit zahlreichen weiteren Nachweisen.

Für die anderen Ansprüche, deren Geltendmachung durch bzw. gegen den *third-party defendant Rule 14(a)* gestattet, gelten die Grundsätze der *ancillary jurisdiction* nicht ohne weiteres. Siehe 6 *Wright/Miller/Kane*, § 1444, S. 321ff.; 3 *Moore*, ¶ 14.26, S. 14-125ff., ¶ 14.27. Für Ansprüche des *ursprünglichen* Klägers gegen den Dritten ist seit einer Entscheidung des *Supreme Court* aus dem Jahre 1978 klar, daß sie eine selbständige Basis für *federal subject matter jurisdiction* erfordern. Siehe Owen Equip. & Erection Co. v. Kroger, 437 U.S. 365 (1978); Flynn v. United States, 902 F.2d 1524 (10th Cir. 1990). Vgl. *28 U.S.C. § 1367(b)*. Umstritten ist dagegen, ob und inwieweit umgekehrt Ansprüche des *third-party defendant* gegen den *original plaintiff* unter die Annexzuständigkeit der Bundesgerichte fallen. Siehe einerseits Mayer Paving & Asphalt Co. v. Gen. Dynamics Corp., 486 F.2d 763 (7th Cir.), *cert. denied*, 414 U.S. 1146 (1973), und Finkle v. Gulf & W. Mfg. Co., 744 F.2d 1015 (3d Cir. 1984) (bejahend); andererseits Nishimatsu Constr. Co. v. Houston Nat'l Bank, 515 F.2d 1200 (5th Cir. 1975) (verneinend). Ebenso uneins sind die Entscheidungen mit Blick auf die Ansprüche des *third-party plaintiff*, die dieser gem. *Fed. R. Civ. P. 18(a)* mit dem *impleader claim* gegen den *third-party defendant* verbinden darf. Siehe zum einen Schwab v. Erie Lackawanna R.R. Co., 438 F.2d 62 (3d Cir. 1971), sowie Brooks v. Hickman, 101 F.R.D. 19 (E.D. Pa. 1984) (*ancillary jurisdiction* gegeben);

Allerdings hatte eine neuere Entscheidung des *Supreme Court, Finley v. United States*[116], zwischenzeitlich einige Zweifel am Fortbestand dieses Konzepts angelehnter Zuständigkeit geweckt. Der Bundesgesetzgeber hat jedoch umgehend reagiert und eine klarstellende Regelung, *28 U.S.C. § 1367*, erlassen, und obwohl die durch das *Finley*-Urteil angerichtete Verwirrung vorerst noch andauert[117], so kann kraft der neuen Vorschrift doch zumindest für *third-party claims* von einem Weiterbestand der Grundsätze der *ancillary jurisdiction* ausgegangen werden[118]. Anerkennungsrechtlich spielt die Frage der *subject matter jurisdiction*, also der *staatsinternen* Zuständigkeitsverteilung, ohnehin keine Rolle[119], es sei denn unter dem *generell* zu beachtenden Gesichtspunkt, daß Anerkennungsfähigkeit Wirksamkeit im Urteilsstaat voraussetzt[120].

b) Die Möglichkeit des *Third-Party Defendant*, eine Verweisung vom *State Court* an den *Federal Court* zu erreichen

An früherer Stelle dieses Kapitels wurde bereits darauf hingewiesen, daß einem Ausländer ein Prozeß vor einem Bundesgericht häufig wünschenswerter erscheint als ein Verfahren vor dem Gericht eines Einzelstaates[121]. Ist er als *third-party defendant* in einen vor einem *state court* schwebenden Rechtsstreit verwickelt worden, so fragt sich, ob sich für ihn in dieser Situation noch die Türen zum *federal court* öffnen lassen. Die Handhabe dazu könnte ihm *28 U.S.C. § 1441* bieten. Diese Vorschrift erlaubt es einem Beklagten unter

---

zum anderen United States *ex rel.* Payne v. United Pac. Ins. Co., 472 F.2d 792 (9th Cir.), *cert. denied*, 411 U.S. 982 (1973) (nein).

[116] 490 U.S. 545 (1989).

[117] Siehe 6 *Wright/Miller/Kane*, § 1444, S. 328f., mit Erg.teil 1992, S. 10f.; 3 *Moore*, ¶ 14.26, S. 14-121, mit Erg.bd. 1991-92, S. 51f.; *James/Hazard/Leubsdorf*, § 2.28.

[118] Siehe *Wright/Miller/Kane*, Erg.teil 1992, S. 10; *Moore*, Erg.teil 1992, S. 52. *28 U.S.C. § 1367*, soweit hier von Interesse, lautet (Hervorhebungen vom Verf.):

(a) Except as provided in subsections (b) and (c) or as expressly provided otherwise by Federal statute, in any action of which the district courts have federal jurisdiction, the district courts shall have supplemental jurisdiction over all other claims that are so related to claims in the action within such original jurisdiction that they form part of the same case or controversy under Article III of the United States Constitution. *Such supplemental jurisdiction shall include claims that involve the joinder or intervention of additional parties.*

(b) In any civil action of which the district courts have original jurisdiction founded solely om section 1332 of this title [d.i. die *diversity*-Bestimmung, der Verf.], the district courts shall not have supplemental jurisdiction under subsection (a) over claims by *plaintiffs* [d.h. nicht *third-party plaintiffs*, der Verf.] against persons made parties under Rule 14 . . . of the Federal Rules of Civil Procedure, . . . when exercising supplemental jurisdiction over such claims would be inconsistent with the jurisdictional requirements of section 1332.

[119] Siehe *Kropholler*, Hdb. IZVR I, Kap. 3, Rn. 4, 15, 101-104; *Martiny*, Hdb. IZVR III/1, Kap. 1, Rn. 631. Vgl. *Scoles/Hay*, § 5.7.

[120] Vgl. *Martiny* a.a.O., Rn. 483-486; *Zöller/Geimer*, § 328 Rn. 91; (speziell zur Nichtigkeitsfolge fehlender *subject matter jurisdiction* nach US-Recht) *Schack*, US-ZPR, S. 66 bei Fn. 455, S. 69 nach Fn. 479.

[121] S.o. Fn. 343.

bestimmten Umständen[122], eine in einem Einzelstaatengericht angestrengte Klage, für welche konkurrierende Bundeszuständigkeit besteht, an das örtlich zuständige Bundesgericht verweisen zu lassen[123]. Ob diese "*removal*"-Befugnis allerdings neben dem ursprünglichen Beklagten auch einem Drittbeklagten für den Fall[124] zusteht, daß der *impleader claim* auch vor einem Bundesgericht hätte erhoben werden können (bei Ausländern: *alienage jurisdiction*!), ist schon immer heillos umstritten gewesen. Während einige Gerichte und Kommentatoren bereits die Erstreckbarkeit des Terminus "*defendant*" im Kopfabsatz von *§ 1441* auf den *third-party defendant* in Abrede stellten[125], kreisten die Diskussionen vorrangig um die zutreffende Auslegung von *28 U.S.C. § 1441(c)*, die in ihrer bis 1990 geltenden Fassung bestimmte:

> Whenever a separate and independent claim or cause of action, which would be removable if sued upon alone, is joined with one or more otherwise non-removable claims or causes of action, the entire case may be removed and the district court may determine all issues therein, or, in its discretion, may remand all matters in which state law predominates.

Diese Vorschrift ließ sich im Sinne eines *removal*-Rechts des Drittbeklagten interpretieren — sofern der *third-party claim* als "*separate and independent*" vom "*main claim*" des Erstklägers bezeichnet werden konnte. Hier prallten die Meinungen der Gerichte diametral aufeinander. Die meisten unter ihnen bestritten die Eigenständigkeit des *third-party claim* unter Hinweis auf seine definitionsimmanente Abhängigkeit vom Ausgang der Hauptklage und die weitgehende Identität des zu behandelnden Streitstoffes[126]. Andere Gerichte bejahten die Einschlägigkeit von *§ 1441(c)*, falls dem Regreßverfahren noch substantielle Fragen zur Klärung verblieben[127]. Uneinigkeit herrschte auch in

---

[122] Eine Einschränkung für *diversity*-Fälle ergibt sich aus *§ 1441(b)*.

[123] Die Verweisung liegt *nicht* im bloßen Ermessen des betreffenden *state court*. Vgl. *28 U.S.C. § 1446(d)*.

[124] In dem (anderen) Fall, daß schon die Hauptklage *selbst* vor einem Bundesgericht hätte eingebracht werden können (welches dann kraft *ancillary jurisdiction* auch über den Drittklageanspruch hätte entscheiden dürfen), wird ein *removal right* des *third-party defendant*, soweit ersichtlich, nicht diskutiert. Es wäre auch sinnlos, denn gegen den Willen des ursprünglichen Beklagten könnte die *main action* nach *§ 1441(a)* ohnehin nicht verwiesen werden: die Vorschrift verlangt die Zustimmung *aller* Beklagten. Siehe nur *In re* Federal Sav. & Loan Ins. Corp., 837 F.2d 432 (11th Cir. 1988).

[125] Siehe White v. Baltic Conveyor Corp., 209 F. Supp. 716 (D.N.J. 1962); Fountain Park Co-op, Inc. v. Bank of America Nat'l Trust & Sav. Ass'n,289 F. Supp. 150 (C.D. Cal. 1968); Continental Resources & Mineral Corp. v. Continental Ins. Co., 546 F. Supp. 850 (S.D.W. Va. 1982); Share v. Sears, Roebuck & Co., 550 F. Supp. 1107 (E.D. Pa. 1982); Morris v. Marshall County Bd. of Educ., 560 F. Supp. 43 (N.D.W. Va. 1983); 1A *Moore*, ¶ 0.167[10]; 14A *Wright/Miller/Kane*, § 3731 S. 502.

[126] Siehe Lewis v. Windsor Door Co., 926 F.2d 729 (8th Cir. 1991); Chase v. N. Am. Sys., Inc., 523 F. Supp. 378 (E.D. Pa. 1981); Luebbe v. Presbyterian Hosp., 526 F. Supp. 1162 (S.D.N.Y. 1981); Elba Tp. v. Steffenhagen, 664 F. Supp. 1238 (E.D. Wis. 1987). Vgl. 14A *Wright/Miller/Kane*, § 3724, S. 357ff.

[127] Siehe Carl Heck Eng'rs., Inc. v. Lafourche Parish Police Jury, 622 F.2d 133 (5th Cir. 1980); *In re* Wilson Indus., Inc., 886 F.2d 93 (5th Cir. 1989) (in concreto verneinend); Coleman v. A&D Machinery Co., 298 F. Supp. 234 (S.D. Cal. 1969) (dito); Peturis v. Fendley, 496 F. Supp.

der Frage, ob ein *removal* durch den Drittbeklagten — wie in *§ 1441(c)* vorgesehen — den gesamten Rechtstsreit transferiere[128] oder auf den *impleader claim* beschränkt bleibe[129].

Doch sind diese Meinungsverschiedenheiten durch eine Neufassung der *§ 1441(c)* im Jahre 1990, jedenfalls für den vorliegenden Zusammenhang, weithin zur Makulatur geworden. Seither findet diese Bestimmung nämlich Anwendung ausdrücklich nur noch auf Fälle der *federal question jurisdiction*, also nicht mehr im Bereich der *alienage jurisdiction*[130]. Da aber etwa Produkthaftungsklagen normalerweise keine Fragen des Bundesrechts aufwerfen, wird die Vorschrift schon aus diesem Grunde in Zukunft für einen ausländischen *third-party defendant* nur selten hilfreich sein können[131].

2. *Venue*

Auch was die (nicht mit der *territorial jurisdiction* zu verwechselnde[132] und für die internationale Zuständigkeit unmaßgebliche) örtliche Zuständigkeit, *venue*, angeht, besteht allgemeine Einigkeit darüber, daß die insoweit üblicherweise zu beachtenden Regeln auf die *third-party practice* der *Rule 14* keine Anwendung finden; andernfalls müßten die mit dem *impleader* verfolgten Ziele vielfach illusorisch bleiben. Dem Schutz des *third-party defendant* ist durch die uneingeschränkte Geltung des *personal jurisdiction*-Erfordernisses hinreichend Genüge getan[133]. Für Ausländer kommt hinzu, daß sie schon nach

---

203 (S.D. Ala. 1980); Marsh Inv. Corp. v. Langford, 494 F. Supp. 344 (E.D. La. 1980), *aff'd*, 652 F.2d 583 (5th Cir. 1981), *cert. denied*, 454 U.S. 1163 (1982); Conn. Sav. Bank v. Savers Fed. Sav. & Loan Ass'n, 670 F. Supp. 1549 (S.D. Fla. 1987) (in concreto verneinend).

128 So u.a. Ted Loakey Real Estate Co. v. Gentry, 336 F. Supp. 741 (N.D. Tex. 1972); Marsh Inv. Corp. v. Langford, 494 F. Supp. 344 (E.D. La. 1980), *aff'd*, 652 F.2d 583 (5th Cir. 1981), *cert. denied*, 454 U.S. 1163 (1982).

129 So z.B. Peturis v. Fendley, 496 F. Supp. 203 (S.D. Ala. 1980).

130 Die Vorschrift beginnt jetzt folgendermaßen: "Whenever a separate and independent claim or cause of action *within the jurisdiction conferred by section 1331 of this title*, is joined with . . ." (Hervorhebung vom Verf.). Vgl. Jefferson Parish Hosp. Dist. # 2 v. Harvey, 788 F. Supp. 282 (E.D. La. 1992).

131 Neben den allgemeinen Bestimmungen in *28 U.S.C. § 1441(a)-(c)* gibt es noch weitere, speziellere *removal statutes*, in deren Rahmen dem *third-party defendant* z.T. größere Befugnisse eingeräumt werden. Doch betreffen diese Vorschriften allesamt Sonderkonstellationen, die im vorliegenden Kontext selten oder gar nicht vorkommen können. Beispiele sind *§ 1441(d)*, wenn der *third-party defendant* ein ausländischer Staat ist — siehe hierzu Nolan v. Boeing Co., 919 F.2d 1058 (5th Cir. 1990) (Drittbeklagter kann in diesem Falle den Gesamtprozeß verweisen lassen) —, oder *§ 1442(a)*, wenn der *third-party defendant* Bundesbeamter oder -behörde ist — siehe Spencer v. New Orleans Levee Bd., 737 F.2d 435 (5th Cir. 1984) (dito).

132 Während anhand der *territorial jurisdiction* die Frage geklärt wird, welches Forum überhaupt zuständig ist, richtet sich nach der *venue* die Entscheidung, *wo innerhalb* des Forumstaates diese Zuständigkeit wahrgenommen werden kann. Siehe nur *Born/Westin*, S. 258; *Schack*, US-ZPR, S. 29.

133 Siehe 6 *Wright/Miller/Kane*, § 1445; 3 *Moore*, ¶ 14.28[2].

der allgemeinen bundesgesetzlichen *venue*-Bestimmung des *28 U.S.C. § 1391* in jedem beliebigen *U.S. District* verklagt werden können[134].

Auch die *venue*-Frage ist für die Anerkennungsproblematik weitestgehend irrelevant[135].

F. Zustellung des *Third-Party Complaint*

Eine letzte im vorliegenden Kontext besonders interessierende Zulässigkeitsvoraussetzung ist *proper service of process*, d.h. die ordnungsgemäße Zustellung der Rückgriffsklage[136]. Die *Federal Rules* enthalten entsprechende Vorschriften in *Rule 4*. In bezug auf ausländische *third-party defendants* sind dabei insbesondere die *Rules 4(e), (f)* und *(i)* beachtenswert: *Rule 4(e)* regelt die gegenüber allen nicht im Bundesstaat des erkennenden Gerichtes anwesenden Beklagten zulässigen Zustellungsmethoden[137]; *Rule 4(f)* sieht in Drittklagefällen erweiterte Möglichkeiten persönlicher Zustellung innerhalb der schon erwähnten 100-Meilen-Zone vor; *Rule 4(i)* schließlich bestimmt zusätzlich zulässige Zustellungsverfahren, falls die Zustellung im Ausland bewirkt werden muß[138].

Die Anwendbarkeit dieses Normenlabyrinths steht allerdings im Verhältnis zwischen den Vereinigten Staaten und der Bundesrepublik Deutschland unter dem Vorbehalt des Haager Zustellungsübereinkommens (HZÜ) von 1965[139]. Diese Konvention enthält detaillierte Vorschriften über das bei Auslandszustellungen zu beachtende Verfahren[140], die für ihren Anwendungsbereich nach inzwischen auch in den USA allgemein herrschender Ansicht entgegenstehendes innerstaatliches Recht derogieren[141]. Im Zustellungsverkehr mit Deutschland

---

[134] Siehe *28 U.S.C. § 1391(d)* und dazu *Born/Westin*, S. 258ff.

[135] Siehe *Kropholler*, Hdb. IZVR I, Kap. 3, Rn. 14; *Schack*, IZVR, Rn. 836; *Zöller/Geimer*, § 328 Rn. 97.

[136] Siehe allgemein *Born/Westin*, S. 119ff.

[137] Dies sind (1.) Zustellung nach Maßgabe eines Bundesgesetzes oder einer darauf beruhenden Gerichtsordnung, (2.) Zustellung nach Maßgabe eines Gesetzes oder einer darauf beruhenden Gerichtsordnung des Staates, in dem das Bundesgericht tagt, (3.) Zustellung nach Maßgabe der übrigen Absätze der *Rule 4*. Vgl. *Born/Westin*, S. 122f.

[138] Dies sind (1.) Zustellung gemäß den Gesetzen des fremden Staates, (2.) Zustellung nach Anweisung einer Behörde des Zweitstaats auf ein Rechtshilfeersuchen hin, (3.) persönliche Zustellung, (4.) Zustellung per Post, (5.) Zustellung nach gerichtlicher Maßgabe.

[139] Haager Übereinkommen über die Zustellung gerichtlicher und außergerichtlicher Schriftstücke im Ausland in Zivil- und Handelssachen vom 15. November 1965, BGBl. 1977 II, S. 1453; für die Bundesrepublik Deutschland in Kraft seit dem 26. 6. 1979, BGBl. 1979 II, S. 779. Der Vertrag ist abgedruckt bei *Bülow/Böckstiegel*, Bd. 1, S. 350.1ff.. Den englischen Text findet man auch in 28 U.S.C.A., Anhang zu Fed. R. Civ. P. 4.

Als einführenden Überblick über die Funktionsweise des HZÜ im Verhältnis zwischen der Bundesrepublik und den USA siehe *Pfeil-Kammerer*, S. 9-170.

[140] Siehe HZÜ Artt. 2-10.

[141] Siehe Volkswagenwerk AG v. Schlunk, 486 U.S. 694, 699, 705 (1988); Gallagher v. Mazda Motor of America, Inc., Civ. Action No. 91-6640, 1992 U.S. Dist. LEXIS 97 (E.D. Pa. 1992); *Born/Westin*, S. 146f., 153; *Lange/Black*, Rn. 31.

bedeutet das, daß eine Zustellung wirksam allein unter Einschaltung der im Haager Übereinkommen vorgesehenen Zentralbehörden vorgenommen werden kann[142]; der Rückgriff auf *Fed. R. Civ. P. 4* scheidet dagegen aus[143]. Dabei ist allerdings zu beachten, daß Regelungsgegenstand des Haager Vertragswerks ausschließlich Auslandszustellungen sind[144]. Dementsprechend erkennen ihm die amerikanischen Gerichte keinen Geltungsvorrang in Fällen zu, in denen nach US-Recht gegenüber dem (Dritt)beklagten die Möglichkeit der *Inlands*-zustellung besteht. Relevant wird dieser Umstand insbesondere in Kombination mit der bereits angesprochenen Tatsache[145], daß *personal jurisdiction* über ein ausländisches Unternehmen unter bestimmten Voraussetzungen durch seine amerikanische Tochtergesellschaft hindurch erlangt werden kann. In derartigen Fällen halten die US-Gerichte nämlich eine "indirekte" oder "Ersatzzustellung" ("*indirect*" bzw. "*substituted service*") gegenüber der ausländischen (Dritt)beklagten durch Zustellung an ihre inländische Tochter für zulässig — und zwar ohne Rücksicht auf das Haager Abkommen[146].

Auch Einwendungen gegen eine ordnungsgemäße Zustellung verliert der *(third-party) defendant*, wenn er sie nicht in der *answer* oder einer ihr

---

Anderes gilt im Bereich des *Haager Beweisübereinkommens*, dessen Vorrang gegenüber nationalem Recht der Supreme Court bekanntlich verneint hat. Siehe Société Nationale Industrielle Aerospatiale v. U.S. District Court, 482 U.S. 522 (1987).

142 Den übrigen von der Konvention vorgesehenen Zustellungsmethoden hat die Bundesrepublik Deutschland widersprochen, so daß sie bei Zustellungen nach Deutschland nicht in Betracht kommen. Siehe § 6 AusfG zum HZÜ (BGBl. 1977 I, S. 3105), abgedruckt bei *Bülow/Böckstiegel*, Bd. 1, S. 354.1ff.; *Pfeil-Kammerer*, S. 111-114, 119-132; *Restatement (Third) of the Foreign Relations Law of the United States § 471*, Rep. Note 4.

143 Das bedeutet indes nicht, daß die US-Gerichte einen nicht vertragskonformen Zustellungsversuch stets mit einer Klageabweisung beantworten würden. Stattdessen wird üblicherweise die vertragswidige Zustellung annulliert und dem Kläger zusätzliche Zeit eingeräumt, damit er seinen Fehler korrigieren kann. Siehe Vorhees v. Fischer & Krecke, 697 F.2d 574 (4th Cir. 1983); Harris v. Browning-Ferries Indus. Chem. Servs., Inc., 100 F.R.D. 775 (D. La. 1984); im letzteren Fall war zunächst eine Postzustellung versucht worden, der zudem die erforderliche deutsche Übersetzung fehlte.

144 Vgl. *Schack*, IZVR, Rn. 612.

145 S.o. IV. D. 1. a).

146 Siehe Volkswagenwerk AG v. Schlunk, 486 U.S. 694: "The Hague Convention does not apply when process is served on a foreign corporation by serving its domestic subsidiary which, under state law, is the foreign corporation's unvoluntary agent for service." Ebenso Melia v. Les Grands Chais de France, 135 F.R.D. 28 (D.R.I. 1991); Zisman v. Sieger, 106 F.R.D. 194 (N.D. Ill. 1985); Lamb v. Volkswagenwerk AG, 104 F.R.D. 95 (S.D. Fla. 1985); Ex parte Volkswagenwerk AG, 443 So. 2d 880 (Ala. 1983). Frühere Entscheidungen gegenteiligen Inhalts, wie z.B. Richardson v. Volkswagen AG, 552 F. Supp. 73 (W.D. Mo. 1982), oder Cipolla v. Picard Porsche Audi Inc., 496 A.2d 130 (R.I. 1985), sind durch das *Schlunk*-Urteil des *Supreme Court* obsolet geworden. Vgl. *Born/Westin*, S. 148-155; *Scoles/Hay*, § 12.7; *Heidenberger/Barde*, RIW 88, 683; *Junker*, JZ 89, 121.

Vgl. auch Fleming v. Yamaha Motor Corp., USA, 774 F. Supp. 992 (W.D. Va. 1991), und May v. Volkswagen of America, Inc., 125 F.R.D. 521 (N.D. Ga. 1989), in denen klargestellt wird, daß eine Durchgriffszustellung nur erfolgen kann, wenn der betreffende Bundesstaat hierfür eine gesetzliche Grundlage bereitgestellt hat.

vorausgehenden *pre-answer motion* geltend macht, *Fed. R. Civ. P. 12(b)(5)* i.V.m. *12(g), (h)(1)*[147].

V. Die verfahrensrechtliche Stellung des *Third-Party Defendant*

A. Gegenüber dem *Third-Party Plaintiff*

1.Allgemein

Die Prozeßstellung des *third-party defendant* gegenüber dem *third-party plaintiff* unterscheidet sich prinzipiell nicht von der eines gewöhnlichen Beklagten. Dem Drittbeklagten stehen die gleichen Handlungsbefugnisse wie jedem anderen Beklagten zu[148]. Ausdrücklich hervorgehoben wird das in Satz 4 von *Rule 14(a)* bezüglich des in *Fed. R. Civ. P. 12* geregelten Rechts zur Klageerwiderung, kraft dessen er Einwendungen und Anträge zu Zulässigkeit und Begründetheit der Drittklage vorbringen kann[149], und der Möglichkeit der Widerklage gegen seinen Kläger gem. *Fed. R. Civ. P. 13*[150]. Im übrigen folgen seine Befugnisse ohne weiteres aus den Bestimmungen, die auch für alle anderen Parteien gelten.

2. Spezifische Antragsbefugnisse

Außer den üblichen Verteidigungsanträgen stehen dem *third-party defendant* (und jeder anderen Prozeßpartei) einige drittklagespezifische *motions* zur Verfügung, die sich in erster Linie gegen Zulässigkeit bzw. Zweckmäßigkeit des *impleader* als solchen richten. Gemeint sind die *motion to strike the third-party claim*, die *motion for severance* und die *motion for a separate trial* nach Satz 8 von *Rule 14(a)*.

Eine *motion to strike* ist das geeignete Mittel, um die *Unstatthaftigkeit* des *third-party complaint* geltend zu machen, nämlich mangels Erhebung eines Regreßanspruchs; desgleichen kann mit ihr die *Zweckmäßigkeit* des Klageanschlusses attackiert werden[151]. Nach einer Reihe von Urteilen darf in

---

[147] Siehe nur Photolab Corp. v. Simplex Specialty Co., 836 F.2d 807, 810 (8th Cir. 1986), wo eine entsprechende Rüge erst 10 Monate nach Klageerhebung erfolgte; Zisman v. Steiger, 106 F.R.D. 194 (N.D. Ill. 1985). Beachte auch oben D. 4.

[148] Siehe nur 6 *Wright/Miller/Kane*, § 1455; 3 *Moore*, ¶ 14.18[2.-2].

[149] Dabei ist zu beachten, daß der *third-party defendant* sich nicht mit Aussicht auf Erfolg auf fehlende *subject matter jurisdiction* (vgl. *Rule 12(b)(1)*) oder *venue* (vgl. *Rule 12(b)(3)*) berufen kann, da insoweit Grundsätze angelehnter Zuständigkeit zur Anwendung kommen. Siehe oben IV. E. Eine Ausnahme besteht aber bezüglich solcher vom *third-party plaintiff* gem. *Fed. R. Civ. P. 18(a)* mit seiner Regreßklage verbundenen weiteren Ansprüche — vgl. oben IV. A. a.E. —, die in keinem Sachverhaltszusammenhang mit dem Rückgriffsanspruch stehen. Siehe 6 *Wright/Miller/Kane*, §§ 1452, 1455; 3 *Moore*, ¶ 14.26.

[150] Aus der Praxis siehe nur Barkeij v. Don Lee, Inc., 34 F. Supp. 874, 876 (S.D. Cal. 1940).

[151] Siehe 6 *Wright/Miller/Kane*, § 1460, S. 458.

dieser *motion* sogar die *Unschlüssigkeit* der Drittklage behauptet werden, womit sie nicht mehr von der demselben Zweck dienenden *motion to dismiss for failure to state a claim* gem. *Rule 12(b)(6)* unterscheidbar ist[152]. Außerdem beschränken einige Gerichte die Zulässigkeit der *motion to strike* auf diejenigen Fälle, in denen die Drittklage — ob zu Recht oder zu Unrecht, spielt keine Rolle — *ohne* die Einholung gerichtlicher Genehmigung initiiert worden war; sofern das Gericht zuvor seine Zustimmung zur Klageerhebung erteilt hatte, ist dagegen nach dieser Auffassung eine *motion to vacate* die richtige Einwendungsform[153]. Zwar legt der Wortlaut von *Rule 14(a)* eine solche Differenzierung nicht gerade nahe, doch ist sie andererseits auch kaum schädlich, da nach einhelliger Meinung das ausschlaggebende Kriterium für die prozessuale Behandlung eines Antrags nicht seine Betitelung, sondern allein die mit ihm verfolgte Absicht ist[154].

Letzteres trifft in verstärktem Maße auch für die beiden restlichen in Satz 8 von *Rule 14(a)* genannten Antragstypen zu, deren terminologische Unterscheidung der Praxis nicht immer geläufig zu sein scheint[155]: eine *motion for severance* zielt auf eine *Prozeß*trennung, während eine *motion for a separate trial* lediglich eine abgetrennte *Verhandlung* von Haupt- und Regreßklage erreichen will[156]. In keinem der beiden Fällen kommt es also — anders als bei der *motion to strike* — zu einer gänzlichen Abweisung der Drittklage.

Die Gesichtspunkte, die das Gericht bei der Entscheidung über all diese *motions* leiten, entsprechen im wesentlichen denen, die auch bei einer Beratung über einen ursprünglichen Antrag auf Zulassung der Drittklage zu beachten sind[157]. Je nach Stoßrichtung der *motion* sind dies namentlich die Statthaftigkeit der Klage, drohende Beeinträchtigungen der Parteien und des Prozeßbetriebs sowie die Komplexität des Streitstoffes[158].

---

152 Siehe 6 *Wright/Miller/Kane,* § 1460, S. 458f.

153 Siehe z.B. Wolfe v. Johnson, 21 F.R.D. 280 (N.D. W. Va. 1958); Triska v. United States, Civ. Action No. 86-5814, 1989 U.S. Dist. LEXIS 333 (E.D. Pa. 1989); 6 *Wright/Miller/Kane,* § 1460, S. 459f.; 3 *Moore,* ¶ 14.18[2.-3], S. 14-108f.

154 Siehe Wolfe v. Johnson, 21 F.R.D. 280 (N.D. W. Va. 1958); Rosalis v. Universal Distribs., Inc., 21 F.R.D. 169 (D. Conn. 1957); 6 *Wright/Miller/Kane,* § 1460, S. 460; 3 *Moore,* ¶ 14.18[2.-3], S. 14-109.

155 Siehe 3A *Moore,* ¶ 21.05[2], S. 21-34f., 21-47.

156 Siehe 3 *Moore,* ¶ 14.18[2.-3], S. 14-110. Vgl. United States v. Kramer, 770 F. Supp. 954 (D.N.J. 1991) (Antrag auf *separate trial*); Manildra Milling Corp. v. Ogilvie Mills, Inc., Civ. Action No. 86-2457-0, 1988 U.S. Dist. LEXIS 9925 (D. Kan. 1988) (dito). Vgl. auch *Fed. R. Civ. P. 21, 42(b).*

157 Siehe nur United States v. Pioneer Lumber Treating Co., 496 F. Supp. 199 (D. Wash. 1980); 6 *Wright/Miller/Kane,* § 1460. Vgl. oben IV. C.

158 Siehe z.B. Wolfe v. Johnson, 21 F.R.D. 280 (N.D. W. Va. 1958) (*third-party defendant* nur dem ursprünglichen Kläger haftbar); United States v. Kramer, 770 F. Supp. 954 (D.N.J. 1991) (Antrag auf *separate trial* stattgegeben, da gemeinsame Verhandlung von Haupt- und Regreßklage mit beinahe 300 (!) *third-party defendants* zu unverhältnismäßigen Belastungen des Prozeßbetriebes führen würde); Manildra Milling Corp. v. Ogilvie Mills, Inc., Civ. Action No. 86-2457-0, 1988 U.S. Dist. LEXIS 9925 (D. Kan. 1988) (Antrag auf *separate trial* abgelehnt, da

Über den zulässigen Zeitpunkt für die Erhebung der gennanten *motions* schweigt sich *Rule 14(a)* aus. Schon um sich nicht den ebenfalls ermessensrelevanten Vorwurf allzu zögerlichen Verhaltens zuzuziehen, sollte der Antragsteller jedoch so schnell wie möglich handeln — und das heißt in der Regel: vor oder mit Einreichen der Klageerwiderung[159].

Gerichtsbeschlüsse, die über einen der aufgezählten Anträge entscheiden, sind in der Regel nicht selbständig mit Rechtsmitteln angreifbar[160].

B. Gegenüber dem ursprünglichen Kläger

1. In bezug auf den gegen den *Third-Party Plaintiff* geltend gemachten Hauptanspruch

Angesichts der mit der *third-party practice* verbundenen Zwecke der Verfahrensstraffung und Entscheidungsharmonisierung kommt der prozeßrechtlichen Stellung des Drittbeklagten gegenüber dem vom ursprünglichen Kläger gegen den *third-party plaintiff* geltend gemachten Anspruch entscheidende Bedeutung zu, denn diese Zwecke werden in erster Linie durch die Bindung des *third-party defendant* an die Ergebnisse des Hauptstreites erreicht[161]. Wie im Falle des *vouching in* ist eine derartige Bindung von der Warte des amerikanischen Verfassungsrechts nur in dem Maße zu rechtfertigen, in dem der *third-party defendant* eine "*full and fair opportunity*" besitzt, sich gegen das Vorbringen des Hauptklägers zur Wehr zu setzen[162]. Seine diesem

Vorteile gemeinsamer Verhandlung eventuelle Beeinträchtigungen des *third-party defendant* durch Überforderung der Jury überwiegen).

159 Siehe 6 *Wright/Miller/Kane*, § 1460. — Zu weiteren förmlichen Erfordernissen vgl. *Fed. R. Civ. P. 7(b)*.

160 Siehe 6 *Wright/Miller/Kane*, § 1463; 3 *Moore*, ¶ 14.19. — Das folgt bei abschlägigen Beschlüssen sowie bei solchen, die einer *motion for severance* bzw. *for separate trial* stattgeben, aus der fehlenden verfahrensbeendenden Wirkung solcher Entscheidungen. Im übrigen ist zu unterscheiden: eine erfolgreiche *motion to vacate* bzw. *to strike* beläßt dem davon betroffenen *third-party plaintiff* normalerweise das Recht zu separater Klageerhebung; auch in diesem Fall mangelt es daher an der für einen *appeal* prinzipiell nötigen *finality*. Vgl. *28 U.S.C. §§ 1291, 1292*. Vgl. auch *Lüke*, S. 75f. Anderes gilt nur, wenn die *motion to strike* die *Schlüssigkeit* der Rückgriffsklage angegriffen hatte: dann ist die Entscheidung wie im Falle einer *motion to dismiss* nach *Rule 12(b)(6)* prinzipiell selbständig anfechtbar — sofern zusätzlich den Erfordernissen von *Fed. R. Civ. P. 54(b)* Genüge getan ist. Vgl. Employers Liab. Assur. Corp. v. Kahn, 251 F.2d 460 (5th Cir. 1958) (Drittklageabweisung auf *motion to dismiss* gem. *Rule 12(b)(6)* mangels ausdrücklicher Anordnung gem. *Rule 54(b)* nicht selbständig *appealable*). Siehe genauer unter VI.

161 Ursprünglich hatte *Rule 14(a)* ausdrücklich bestimmt, daß der *third-party defendant* an die Entscheidung über den Hauptanspruch gebunden sei. Die Tilgung dieses Satzes im Jahre 1946 bezweckte keine inhaltliche Änderung. Siehe 3 *Moore*, ¶ 14.01[1.-1]; Knell v. Feldman, 174 F.2d 662 (D.C. Cir. 1949).

162 Siehe Parklane Hosiery Co., Inc. v. Shore, 439 U.S. 322, 327 n.7 (1979) ("It is a violation of due process for a judgment to be binding on a litigant who was not a party or a privy and therefore has never had an opportunity to be heard."); Blonder-Tongue Lab., Inc. v. Univ. of Ill.

Gebot entspringenden Befugnisse sind Gegenstand der nachstehenden Ausführungen.

a) Recht zur Klageerwiderung

Satz 5 der *Rule 14(a)*bestimmt, daß der Rückgriffsbeklagte sämtliche Einwände gegen Zulässigkeit und Begründetheit der ursprünglichen Klage geltend zu machen berechtigt ist, die auch dem Erstbeklagten zur Verfügung stehen[163]. Er kann diese Einwendungen in seiner *answer* auf die Drittklage, im Wege einer separaten *answer* auf die Hauptklage[164] oder, soweit allgemein zulässig[165], per *pre-answer motion* vorbringen[166]. Ausgenommen sind nur solche Rügen, die als persönliche Einwendungen des *third-party plaintiff* gelten[167], darunter insbesondere mangelnde *personal jurisdiction* über den Erstbeklagten[168], fehlerhafte Zustellung an ihn[169] oder falsche *venue* in der Hauptsache[170].

Ein renommierter Kommentar vertritt außerdem den Standpunkt, daß der *third-party defendant* mit allem Vorbringen ausgeschlossen sei, mit dem auch der *third-party plaintiff* bereits gem. *Fed. R. Civ. P. 12(h)* i.V.m. *12(g)*, also infolge von Zeitversäumnis, präkludiert ist[171]. Als auf den ersten Blick plausible Begründung für diese Beschränkung wird die nicht von der Hand zu weisende Gefahr der Kollusion zwischen *third-party plaintiff* und *third-party defendant* genannt, die drohe, wenn ersterer mit Hilfe des letzteren schon verlorengegangene Einwendungen wiederbeleben könne. Bei näherer Betrachtung ist diese Restriktion indes durchschlagenden Zweifeln ausgesetzt. Zunächst einmal sind sämtliche Rügen, deren möglichen Verlust *Rules 12(h)* i.V.m. *12(g)* vorsehen, *persönlicher* Natur, so daß sie nach dem oben Gesagten vom *third-party defendant* ohnehin nicht erhoben werden könnten. Und daß der Verlust eines *nicht*-persönlichen Einwandes durch den *third-party plaintiff* auch

---

Found., 402 U.S. 313, 329 (1971) ("[T]he requirement of determining whether the party against whom an estoppel is asserted had a full and fair opportunity to litigate is a most significant safeguard."), on remand, 334 F. Supp. 47 (N.D. Ill. 1971); *aff'd*, 465 F.2d 380 (7th Cir. 1972); cert. denied, 409 U.S. 1061 (1972). Vgl. *Restatement (Second) of Judgments § 34*; *Tribe*, §§ 10-7, 10-15. Vgl. auch oben Fn. 142.

163 Siehe nur Tejas Dev. Co. v. McGough Bros., 167 F.2d 268 (5th Cir. 1948); Kennedy v. Pennsylvania R.R., 282 F.2d 705 (3d Cir. 1960); Angel v. Seattle-First Nat'l Bank, 653 F.2d 1293 (9th Cir. 1981); 3 *Moore*, ¶ 14.13.

164 Vgl. Fed. R. Civ. P., Appendix of Forms, Form 22-A.

165 Vgl. *Fed. R. Civ. P. 12(b)*.

166 Siehe 6 *Wright/Miller/Kane*, § 1457, S. 442.

167 Siehe 6 *Wright/Miller/Kane*, § 1457; Falcon Tankers, Inc. v. Litton Sys., Inc., 300 A.2d 231 (Del. Super. Ct. 1972), wo dem *third-party defendant* der Einwand der Schiedsgerichtsklausel verwehrt wurde, da diese Rüge persönlicher Natur sei und der Erstbeklagte auf ihre Erhebung verzichtet hatte.

168 Siehe *Fed. R. Civ. P. 12(b)(2)*.

169 Siehe *Fed. R. Civ. P. 12(b)(4), (5)*.

170 Siehe *Fed. R. Civ. P. 12(b)(3)*; Brandt v. Olson, 179 F. Supp. 363 (N.D. Iowa 1959).

171 Siehe 6 *Wright/Miller/Kane*, § 1457, S. 444.

den *third-party defendant* an seiner Geltendmachung hindern sollte, wäre höchst bedenklich, würde doch eine solche Konzeption den Drittbeklagten just derselben Gelegenheit umfassender eigener Einlassung zum Hauptanspruch berauben, die seine Bindung an das Resultat des Hauptstreites erst rechtfertigt. Zudem wäre er nunmehr *seinerseits* der Gefahr kollusiven Verhaltens der beiden anderen Parteien ausgesetzt[172].

Bemerkenswerterweise finden sich zu dieser Frage keine bundesinstanzlichen Urteile. Das dürfte zum einen daran liegen, daß die Gerichte den Zeitpunkt der Erhebung der Drittklage sowie drohende Benachteiligungen des *third-party defendant* oft schon bei ihrer Entscheidung über die Zulassung der Drittklage berücksichtigen[173]; zum anderen ist das Bundesprozeßrecht bei der Gewährung von Schriftsatzergänzungen recht generös[174]. Immerhin hat das Problem aber schon mehrfach die *New Yorker* Rechtsprechungspraxis beschäftigt, aus der sich bestimmte Anhaltspunkte dafür gewinnen lassen, wie ein Bundesgericht die Frage lösen würde: die New Yorker Urteile kommen zu dem einleuchtenden Ergebnis, daß sich der *third-party defendant* zwar weiterhin auf Einwendungen stützen darf, mit denen der *third-party plaintiff* bereits ausgeschlossen ist; im Erfolgsfalle kommt die betreffende Rüge aber ausschließlich dem Erstgenannten zugute[175]. Eine — in der New Yorker Rechtsprechung ebenfalls vertretene[176] — Alternativlösung wäre, dem *third-party defendant* tatsächlich die Berufung auf dem *third-party plaintiff* abgeschnittene Einwendungen zu versagen, dann aber im gleichen Maße eine Bindung im Regreßstreit zu verneinen. Eine solche Lösung — mit der sich übrigens theoretisch auch die Stellungmahme des vorbezeichneten Bundeskommentars in Einklang bringen ließe — führte allerdings vom erklärten Zweck des *impleader*, nämlich dem der Verfahrensstraffung, wieder ein gutes Stück weg.

b) Recht zu eigenen *Discovery*-Maßnahmen

Ein weiteres wichtiges Recht des Drittbeklagten gegenüber dem Hauptkläger ist die ihm erlaubte selbständige Nutzung des der Beweiserforschung dienenden Instrumentariums der *pretrial discovery*[177]. Mit Blick auf das Recht zur

172 Dementsprechend räumen auch 6 *Wright/Miller/Kane* a.a.O. ein, daß die von ihnen aufgestellte Regel keine "*ironclad rule*" sein sollte, falls Anzeichen für ein vorsätzliches Verstreichenlassen der maßgeblichen Fristen durch den *third-party plaintiff* bestehen.

173 S.o. IV. C.

174 Siehe *Fed. R. Civ. P. 15(a)*; *Schack*, US-ZPR, S. 36, Fn. 243.

175 Siehe Marrone v. John A. Johnson & Sons, Inc., 283 A.D. 1114, 131 N.Y.S.2d 853 (App. Div. 1954) (bezüglich Verjährungseinrede); Lewis v. Borg-Warner Corp., 64 Misc. 2d 454, 315 N.Y.S.2d 56 (Sup. Ct. 1968), *modified*, 37 A.D.2d 609, 325 N.Y.S.2d 314 (App. Div. 1971) (bezüglich Antrag auf Klageabweisung mangels ernsthafter Anspruchsverfolgung). Sehr plastisch formuliert *Siegel*, § 163: "On interposing a defense omitted by [the original defendant], . . . [the third-party defendant] may be let off the hook while [the original defendant] stays on."

176 Vgl. die *dissenting opinion* des Richters Murphy im *Marrone*-Fall.

177 Siehe 3 *Moore*, ¶ 14.13 n.7; Trustees of the Cent. States v. State Farm Mut. Auto. Ins. Co., No. 89 C 0435, 1991 U.S. Dist. LEXIS 13282, S. *7 (N.D. Ill. 1991) (implizit); Guttman v. Sands, No. 88 Civ. 5439 (JSM), 1990 U.S. Dist. LEXIS 17083, S. *12f. (S.D.N.Y. 1990) (ebenfalls).

Durchführung von *written interrogatories to parties*, also schriftlichen Parteivernehmungen, gem *Fed. R. Civ. P. 33* war das freilich nicht immer unumstritten. Bis 1970 beschränkte der Wortlaut von *Rule 33* dieses Recht nämlich auf "*adverse*" *parties*, und dieses Tatbestandsmerkmal war nach Auffassung einiger Gerichte im Verhältnis Hauptkläger — Drittbeklagter nicht erfüllt, solange die beiden keine Ansprüche gegeneinander geltend gemacht hatten[178]. Nicht zuletzt aus diesem Grunde wurde das Wort "*adverse*" in jenem Jahr ersatzlos gestrichen, und seither besteht kein Zweifel mehr darüber, daß auch der *third-party defendant* dem Erstkläger *interrogatories* unterbreiten darf[179].

c) Recht zur Verhandlungsteilnahme

Kommt es zur (möglicherweise abgetrennten) Verhandlung in der Hauptsache, so genießt der Drittbeklagte auch hier die gleichen Verteidigungsrechte wie der ursprüngliche Beklagte. Er darf also Beweis anbieten[180], kann Zeugen des Hauptklägers ins Kreuzverhör nehmen[181] und hat das Recht zum Plädoyer vor der Jury[182], um nur die wichtigsten Beispiele zu nennen.

d) Recht zur Einlegung von Rechtsmitteln

Ob der *third-party defendant* ein Recht zum *appeal* gegen das über die Hauptklage befindende Urteil besitzt, ist unklar[183]. Zwar finden sich Fälle, die dem Drittbeklagten die (zum Schutze seiner Interessen ausreichende) Befugnis einräumen, Fehler in der Hauptsache zur Grundlage seines *appeal* gegen die Entscheidung über die *Regreßklage* zu machen[184], doch besagt das noch nichts für ein Recht, das Urteil *in der Hauptsache selbst* mit Rechtsmitteln

---

[178] Siehe Mozeika v. Kaufman Constr. Co., 25 F.R.D. 233 (E.D. Pa. 1960). Schon damals war die h.M. aber anderer Auffassung. Siehe Carey v. Schuldt, 42 F.R.D. 390 (E.D. La. 1967).

[179] Siehe United States v. Burczyk, 68 F.R.D. 465 (E.D. Wis. 1975); Andrulonis v. United States, 96 F.R.D. 43 (N.D.N.Y. 1982); Purnell v. Nat'l R.R. Passanger Corp., Civ. Action No. 91-1565, 1991 U.S. Dist. LEXIS 15446 (E.D. Pa. 1991).

[180] Siehe 3 *Moore*, ¶ 14.13 n.7.

[181] Siehe nur Glick v. White Motor Co., 458 F.2d 1287 (3d Cir. 1972); Weitart v. Bull & Co., 192 F. Supp. 165 (E.D. Pa. 1961).

[182] Siehe nur Lecklikner v. Transandina Compania Naviera S.A., 390 F.2d 179 (3d Cir. 1968) (dictum).

[183] Die *New Yorker* Gerichte bejahen ein Recht des *third-party defendant* zum *appeal* in der Hauptsache, und zwar in eigenem Namen. Siehe Hecht v. City of New York, 60 N.Y.2d 57, 454 N.E.2d 527, 467 N.Y.S.2d 187 (1983); Frankel v. Berman, 10 A.D.2d 838, 199 N.Y.S.2d 261 (App. Div. 1960); *Siegel*, § 163. Das ist nur folgerichtig angesichts der oben unter a) angesprochenen Tatsache, daß der *third-party defendant* nach in New York herrschender Auffassung auch solche Einwendungen gegen den Hauptanspruch geltend machen darf, mit denen der *third-party plaintiff* bereits präkludiert ist, in welchem Falle sie dann ausschließlich dem Erstgenannten zugute kommen.

[184] Siehe Kicklighter v. Nails by Jannee, 616 F.2d 734, 738 n.1 (5th Cir. 1980); United States v. Lumbermens Mut. Casualty Co., Inc., 917 F.2d 654, 658 n.5 (1st Cir. 1990).

anzugreifen. Soweit es Stimmen gibt, die dem *third-party defendant* ein solches Recht zugestehen[185], stellt sich im Gegenteil die Frage, ob die Zulassung des *appeal* in der Hauptsache diesen dann nicht zum *exklusiven* Ort für die Behauptung von Fehlern in der Entscheidung über die Hauptklage seitens der Drittbeklagten machen sollte.

In der Praxis entschärft sich die Frage dadurch, daß im Regelfall ein *gemeinsames Endurteil* über *main* und *third-party claim* ergeht[186].

e) Die Bindung des *Third-Party Defendant* an die Entscheidung über den Hauptanspruch

Mit der zuvor geschilderten Einräumung umfassender Verteidigungskompetenzen ist die Grundlage für eine Bindung des *third-party defendant* an die Entscheidung über den Hauptanspruch geschaffen. Sie äußert sich darin, daß neben den beiden Ausgangsparteien auch der Drittbeklagte in bezug auf diesen Anspruch der *issue preclusion* unterworfen wird[187].

Liegt aber die Rechtfertigung dieser Bindung in der Gelegenheit zum Bestreiten des erstklägerischen Vorbringens, dann kann der *third-party defendant* durch eine Beilegung der Hauptsache, die ihm die (weitere) Möglichkeit zu solchem Bestreiten nimmt, nicht gebunden werden. Eine derartige Situation tritt z.B. ein, wenn der Ausgangsbeklagte seine Haftung eingesteht[188], insbesondere aber dann, wenn sich die Hauptparteien dazu entschließen, sich zu vergleichen[189]. Sie können dies wirksam tun, ohne auf die Zustimmung des

---

[185] Siehe Kicklighter v. Nails by Jannee, 616 F.2d 734, 742-745 (5th Cir. 1980) (*appeal* durch *third-party defendant*, der ausschließlich auf einen Fehler in der Hauptsache gestützt ist, hat die Wirkung eines *appeal* gegen das Haupturteil im Namen des Erstbeklagten); 3 *Moore*, ¶ 14.19, S. 14-114 (ebenso).

In McLaughlin v. Pernsley, 876 F.2d 308, 313 (3d Cir. 1989) verneinte das Gericht zwar das Recht des *third-party defendant*, im Rechtsmittelwege gegen eine vorläufige Verfügung (*preliminary injunction*, vgl. *28 U.S.C. § 1292(a)(1)*) in der Hauptsache vorzugehen, durch die er nicht beschwert war, deutete aber an, daß bei eigener Beschwer des Drittbeklagten womöglich anders zu entscheiden gewesen wäre.

[186] S.u. VI.

[187] Siehe nur Knell v. Feltman, 174 F.2d 662 (D.C. Cir. 1949); Hartford Accident & Indem. Co. v. Levitt & Sons, 24 F.R.D. 230 (E.D. Pa. 1959); 6 *Wright/Miller/Kane*, § 1457, S. 441; 3 *Moore*, ¶ 14.13.

Strenggenommen müßte man die Bindung des *third-party defendant* als "*Vorwirkung*" der *issue preclusion* bezeichnen, da das Urteil in der Hauptsache meist nicht vor demjenigen im Regreßstreit ergeht — s.u. VI. —, die Anwendbarkeit der Prinzipien der *issue preclusion* aber ein Urteil voraussetzt.

[188] Siehe z.B. Dewald v. Minster Press Co., 494 F.2d 795, 798 (6th Cir. 1974); Schutter Candy Co. v. Stein Bros. Paper Box Co., 371 F.2d 340, 342 (7th Cir. 1966).

[189] Siehe WestAmerica Mortgage Co. v. Tri-County Reports, Inc., 670 F. Supp. 819 (N.D. Ill. 1987) (dictum); *In re* Clements, 881 F.2d 145, 150 n.7 (5th Cir. 1989) (dictum); 3 *Moore*, ¶ 14.13. Vgl. aber F & D Property Co. v. Alkire, 385 F.2d 97 (10th Cir. 1967), wo der *third-party defendant* an eine Tatsachenstipulation durch die Hauptparteien gebunden wude, nachdem er die

third-party defendant angewiesen zu sein. Letzterer kann den Vergleich also nicht verhindern. Hier zeigt sich ein charakteristischer Unterschied zum *vouching in*: während dem *vouchee* mit der Kontrolle über den Hauptprozeß auch die Rechtsmacht über Abschluß oder Nichtabschluß eines Vergleiches überlassen wird, tritt der *third-party defendant* lediglich unterstützend *neben* den ursprünglichen Beklagten, ohne ihn in seiner prozessualen Handlungsfreiheit einzuschränken.

Bezeichnend ist denn auch der (Aus)weg, den der Drittkläger beschreiten muß, um den Vergleich mit Wirkung auch gegen den Drittbeklagten auszustatten: er kann diesen nämlich vor die Alternative stellen, sich entweder dem Vergleich anzuschließen oder auf eigene Gefahr selbst die gesamte weitere Verteidigung gegen den Anspruch des Erstklägers zu übernehmen[190]. Lehnt der *third-party defendant* diesen "*pre-settlement tender of defense*" ab, so entfaltet der Vergleich ihm gegenüber die gleichen Wirkungen wie im Falle eines originären *tender of defense*; der *third-party plaintiff* hat also nur noch seine mögliche Ersatzpflicht gegenüber dem Hauptkläger zu beweisen.

2. Im übrigen

Die prozessualen Beziehungen zwischen ursprünglichem Kläger und *third-party defendant* beschränken sich nicht notwendigerweise auf die Beteiligung des letzteren am Streit über den Hauptanspruch. Vielmehr zählt *Rule 14(a)* in den Sätzen 6 und 7 zusätzliche Ansprüche auf, die beide Parteien anläßlich des *impleader* gegeneinander geltend zu machen befugt sind. Da sie nicht im Mittelpunkt der vorliegenden Arbeit stehen, sei auf sie nur kurz hingewiesen[191]:

Gekennzeichnet sind diese Ansprüche vor allem durch die von beiden Seiten zu beachtende Einschränkung, daß ihre Zulässigkeit einen rechtlichen oder tatsächlichen Nexus mit dem Hauptanspruch des Erstklägers gegen den -beklagten voraussetzt[192]. Damit soll eine umfassende Bereinigung aller mit der

---

ihm zuvor per Gerichtsbeschluß ausdrücklich anheimgestellte Gelegenheit versäumt hatte, dagegen Einwendungen zu erheben.

[190] Siehe z.B. Tankrederiet Gefion A/S v. Hyman-Michaels Co., 406 F.2d 1039, 1043f. (6th Cir. 1969); Whisenant v. Brewster-Bartle Offshore Co., 446 F.2d 394, 402f. (5th Cir. 1971); Parfait v. Jahncke, 484 F.2d 296, 305 (5th Cir. 1973); Atlantic Richfield Co. v. Interstate Oil Transp. Co., 784 F.2d 106, 110ff. (2d Cir. 1986).

[191] Für eine ausführlichere Diskussion siehe 6 *Wright/Miller/Kane*, § 1458f.; 3 *Moore*, ¶¶ 14.16, 14.27. Zu den im vorliegenden Kontext nicht weiter interessierenden Fragen der *subject matter jurisdiction* in bezug auf diese Ansprüche siehe 6 *Wright/Miller/Kane*, § 1444, S. 330-340; 3 *Moore*, ¶ 14.27[1], [2].

Vgl. auch oben IV. D. 2. a.E.

[192] Anders als im Falle des eigentlichen *impleader*-Anspruchs, dessen Geltendmachung dem *third-party defendant* gem *Rule 18(a)* das Tor zur Erhebung weiterer, inhaltlich unabhängiger Ansprüche öffnet, wird die Zulässigkeit einer solchen Klagenhäufung im vorliegenden Kontext nicht diskutiert. Das gilt trotz einiger in dieser Hinsicht irreführender Behauptungen von *Greenbaum*, 74 Minn. L. Rev. 507, 514-515, 525-526, 531-532 (1990); die von ihm zitierten Belegstellen betreffen sämtlich den o.g. Fall der *impleader*-Erweiterung.

Hauptsache zusammenhängenden Rechtsverhältnisse ermöglicht werden; das mit *Rule 14* verfolgte Ziel der Verfahrenseffizienz wird hier also noch um eine Stufe weiter getrieben.

VI. Die Entscheidung über die Drittklage und ihre Anfechtbarkeit

Das Urteil über den *third-party claim* weist keine inhaltlichen Besonderheiten im Vergleich zu anderen Entscheidungen auf. Es entfaltet die gleichen Rechtskraftwirkungen, wie sie auch sonst eintreten, führt also zu *claim*[193] bzw. *issue preclusion*[194] im Verhältnis zwischen *third-party plaintiff* und *third-party defendant*. Außerdem dient es selbstverständlich als Vollstreckungsgrundlage.

Was die Kostenlast angeht, so bleibt es im Falle der Drittklage grundsätzlich bei der sog. "*American Rule*"[195], wonach jede Partei die ihr entstandenen Kosten des Rechtsstreites selbst zu tragen hat. Lediglich bestimmte Gerichtskosten kann der obsiegende Teil gem *Fed. R. Civ. P. 54(d)* auf den Gegner abwälzen[196]. Bei deren Festlegung wird dem Gericht angesichts der ungewöhnlichen Dreiparteienkonstellation ein gegenüber dem Normalfall gesteigertes Aufteilungsermessen zugestanden[197]. Es besteht aber — von wenigen Ausnahmen abgesehen[198] — kein prozessualer Anspruch auf die Erstattung von Anwaltshonoraren[199]. Diese Maxime findet im Falle eines Erfolges des *third-party plaintiff* Anwendung nicht nur auf die der Rechtsverfolgung gegen den *third-party defendant* dienenden, sondern bemerkenswerterweise auch auf die zum Zwecke der Verteidigung gegen den ursprünglichen Kläger gemachten Aufwendungen des Drittklägers[200]. Im

---

193 Siehe dazu allgemein *Restatement (Second) of Judgments §§ 17-26*; *James/Hazard/Leubsdorf*, §§ 11.1-11.15.

194 Siehe dazu allgemein *Restatement (Second) of Judgmenzs §§ 27-29*; *James/Hazard/Leubsdorf*, §§ 11.16-11.30.

195 Siehe Alyeska Pipeline Serv. Co. v. Wilderness Soc'y, 421 U.S. 240 (1975); *Schack*, US-ZPR, S. 8ff.

196 Siehe 3 *Moore*, ¶ 14.19. Dazu gehören u.a. *clerk fees*, die Kosten für den *court reporter*, Gebühren für Zeugen, Sachverständige und Dolmetscher und die *docket fees* der Anwälte. Siehe *28 U.S.C. § 1920*. Vgl. *Schack*, US-ZPR, S. 7.

197 Siehe 3 *Moore*, ¶ 14.19. In dem bei *Moore* angeführten Referenzfall Tejas Dev. Co. v. McGough Bros., 167 F.2d 268 (5th Cir. 1948), wurden die Kosten allerdings eher konventionell verteilt: der mit seiner Klage scheiternde Hauptkläger hatte die erstattungsfähigen Gerichtskosten in der Hauptsache, der logischerweise ebenfalls erfolglose Drittkläger diejenigen des Regreßstreits zu tragen.

198 Diese werden vor allem in Fällen bösgläubigen oder schikanösen Verhaltens des Gegners gemacht. Siehe nur Gianna Enterprises v. Miss World (Jersey) Ltd., 551 F. Supp. 1348 (S.D.N.Y. 1982).

199 Siehe *Bostelman*, 14 Col. J.L. & Soc. Probs. 189, 204 (1978); *Koch*, ZVglRWiss 85 (1986), 11, 37.

200 Siehe Slusarski v. U.S. Lines Co., 224 F. Supp. 495 (E.D. Pa. 1963): "Disbursements and

letzteren Falle kann sich eine Erstattungsfähigkeit der Anwaltskosten aber möglicherweise aus der einschlägigen *materiellrechtlichen* Anspruchsgrundlage ergeben, sofern diese eine Subsumtion jener Kosten als Schadensposten zuläßt[201].

Für die Einlegung von Rechtsmitteln ist zu beachten, daß gem. *Fed. R. Civ. P. 54(b)* im Regelfall ein *gemeinsames Endurteil* für Haupt- und Regreßklage ergehen soll. Von der in dieser Vorschrift vorgesehenen Kompetenz des Gerichtes, bei einer Mehrheit von Klagen unter geeigneten Umständen den Erlaß rechtsmittelfähiger Teil(end)urteile anzuordnen[202], wird nur ausnahmsweise Gebrauch gemacht. Das bedeutet zwar nicht, daß mit der Entscheidung über den einen Verfahrensteil stets so lange gewartet werden müßte, bis auch der andere entscheidungsreif ist; eine solche Vorschrift wäre zumal in Fällen abgetrennter Verhandlung wenig sinnvoll. Die in *Rule 54(b)* aufgestellte Regel bewirkt aber, daß die Richter bis zum Erlaß des förmlichen Gesamturteils über beide Klagen frei sind, eine zuvor ergangene Teilentscheidung abzuändern, ohne dabei an die sonst geltenden Prinzipien über die Aufhebung von Urteilen gebunden zu sein[203]. Auch die Einlegung von Rechtsmitteln wird in diesen Fällen erst mit dem Ergehen des Endurteils zulässig[204]. Einleuchtend ist diese Regelung vor allem in dem praktisch im Mittelpunkt stehenden Fall, daß der *third-party plaintiff* mit seiner Drittklage schon vor der Entscheidung in der Hauptsache abgewiesen wird: denn sein *appeal* würde sich mit einer Abweisung der Hauptklage ohnehin erledigen[205].

---

attorney's fees incurred by [third-party plaintiff] in defending against [original plaintiff's] personal injury action in which recovery over was made by [third-party plaintiff] against [third-party defendant] were not taxable "costs" for which [third-party plaintiff] could file an amended bill of costs after judgment."

[201] So ausdrücklich Slusarski v. U.S. Lines Co., 224 F. Supp. 495, 496 (E.D. Pa. 1963). Diese Tatsache bleibt bei *Bostelman* und *Koch*, jeweils a.a.O., unerwähnt.

[202] Vgl. 3 *Moore*, ¶ 14.19. Eine entsprechende Anordnung setzt die ausdrückliche Feststellung seitens des Gerichtes voraus, daß ein Bedürfnis für den Erlaß eines solchen Teil(end)urteils besteht, in der Sprache der *Rule 54(b)* also "*no just reason for delay*" besteht. Zu den für eine solche Feststellung maßgeblichen Kriterien siehe 10 *Wright/Miller/Kane*, § 2659.

[203] Vgl. Shawe v. Wendy Wilson, Inc., 25 F.R.D. 1, 5 (S.D.N.Y. 1960).

[204] Siehe Shawe v. Wendy Wilson, Inc., 25 F.R.D. 1 (S.D.N.Y. 1960); Woodby v. Chesapeake & Ohio Ry. Co., 345 F.2d 668 (6th Cir. 1965); Allegheny Airlines v. LeMay, 448 F.2d 1341 (7th Cir.), *cert. denied*, 404 U.S. 1001 (1971); United States v. Olavarrieta, 812 F.2d 640 (11th Cir.), *cert. denied*, 484 U.S. 851 (1987); 3 *Moore*, ¶ 14.19. Eine Ausnahme bildet — wie auch in anderen Zusammenhängen — die ausdrückliche Zulassung des *appeal* gegen eine Zwischenentscheidung gem. *28 U.S.C. § 1292(b)*. Siehe Shawe v. Wendy Wilson, Inc., 25 F.R.D. 1, 4ff. (S.D.N.Y. 1960).

[205] Siehe z.B. Austracan, (U.S.A.) Inc. v. M/V Lemoncore, 500 F.2d 237 (5th Cir. 1974); Courembis v. Independence Ave. Drug Fair, Inc., 316 F.2d 658 (D.C. Cir. 1963). Vgl. auch Panichella v. Pennsylvania RR. Co., 252 F.2d 452 (3d Cir. 1958) (*appeal* trotz (!) ausdrücklicher Anordnung eines Teilurteils gem. *Rule 54(b)* verworfen, da er im Falle der Abweisung der Hauptklage obsolet würde).

VII. Abdingbarkeit der *Third-Party Practice*?

Die amerikanische Gerichtspraxis wurde schon bald nach Einführung der *Rule 14* mit der Frage konfrontiert, ob die Möglichkeit der Drittklage vertraglich ausgeschlossen werden könne. Anlaß dazu waren die in Versicherungspolicen recht häufig anzutreffenden "*no action*"- bzw. "*no impleader*"-Klauseln, mit deren Hilfe die sie verwendenden Versicherer sicherzustellen versuchten, erst dann in einen Prozeß hineingezogen werden zu können, wenn die Haftung des Versicherungsnehmers bereits gerichtlich feststand[206]. Der Bedarf für derartige Klauseln wurde mit dem schon bekannten Hinweis begründet, der Versicherer müsse sich gegen die für ihn schädliche Aufdeckung des Bestehens von Versicherungsschutz im Hauptprozeß schützen können[207].

Diesem Argument hat die Rechtsprechung eine eindeutige Absage erteilt: da das Institut der *third-party practice* nicht nur den Privatinteressen der Parteien, sondern auch Zielen der *public policy*, namentlich der Verfahrensstraffung, diene, sei eine Unterwerfung unter die Dispositionsbefugnis der Parteien nicht hinnehmbar[208]. Ein vertraglicher Drittklageauschluß hat also keine Aussicht auf Beachtung.

---

[206] Siehe 6 *Wright/Miller/Kane*, § 1449, S. 395ff.; 3 *Moore*, ¶ 14.12, S. 14-79.

[207] Siehe nur Schevlin v. Johnson, 122 F. Supp. 87 (D. Conn. 1953), *aff'd sub nom.* Schevling v. McCann, 213 F.2d 959 (2d Cir. 1954); Rosalis v. Universal Distributors, Inc., 21 F.R.D. 169 (D. Conn. 1957).

[208] Siehe Jordan v. Stephens, 7 F.R.D. 140 (D. Mo. 1945) ("Rule 14 was promulgated not only for trhe purpose of serving litigants but as a wise exposition of public policy."); Purcell v. United States, 242 F. Supp. 789 (D. Minn. 1965); Colton v. Swain, 527 F.2d 298 (7th Cir. 1976). Weitere Nachweise bei 6 *Wright/Miller/Kane*, § 1449 n.10.

Drittes Kapitel: Abschließender Vergleich von *Vouching In* und *Third-Party Practice*

Wie die beiden vorangehenden Abschnitte gezeigt haben, stellt das amerikanische Recht mit den Verfahren des *vouching in* und der *third-party practice* einem Beklagten zwei funktional sehr ähnliche prozessuale Mittel zur Verfügung, den Regreß gegen einen Dritten zu suchen. Das wirft die abschließend zu behandelnde Frage nach dem Verhältnis der beiden Institute zueinander und ihren jeweiligen — nicht notwendigerweise auf rein rechtlicher Ebene angesiedelten — Vor- und Nachteilen auf.

I. Verhältnis beider Institute zueinander

Zunächst einmal ist festzustellen, daß bis heute im Grundsatz Einigkeit darüber herrscht, daß die allgemeine Einführung und Verbreitung von *impleader*-Vorschriften an der fortdauernden Verfügbarkeit der Alternative *vouching in* nichts geändert hat[1]. Zwar werden in der Diskussion immer wieder die konzeptionellen Vorzüge der Drittklage gegenüber ihrem Vorläufer hervorgehoben, doch wird meist im gleichen Atemzuge ebenso unmißverständlich betont, daß dieser Befund die prinzipielle Weitergeltung der *vouching*-Doktrin nicht in Frage stellt[2].

---

[1] Siehe aus der Rspr. z.B. Hardee v. Allied Steel Buildings, Inc., 356 S.E.2d 682, 182 Ga. App. 587 (Ct. App. 1987); Uniroyal, Inc. v. Chambers Gasket & Mfg. Co., 177 Ind. App. 508, 521, 380 N.E.2d 571, 580 (Ct. App. 1978) ("Impleader does not preclude the use of voucher."); Litton Sys., Inc. v. Shaw's Sales & Serv., Ltd., 119 Ariz. 10, 579 P.2d 48 (Ct. App. 1978) ("[T]hird-party practice has not supplanted the 'vouching in' theory."); Dixon v. Fiat-Roosevelt Motors, Inc., 8 Wash. App. 689, 509 P.2d 86 (Ct. App. 1973) ("The vouching-in device is in addition to . . . the third-party practice."); Humble Oil & Ref. Co. v. Philadelphia Ship Maintenance Co., 444 F.2d 727, 735 n. 14 (3d Cir. 1971) ("Though largely supplanted by modern third-party practice, vouching-in remains marginally viable under the federal rules."); Clarke v. Fidelty & Casualty Co., 55 Misc. 2d 327, 335, 285 N.Y.S.2d 503, 510 (Sup. Ct. 1967) ("[S]tatutory impleader does not supersede, but is additional and supplemental to, the process of vouching in."); State *ex rel.* Bldg. Comm'n v. Wood, 53 Del. 527, 173 A.2d 327, 332 (1961) ("[Third-party practice] was intended to supplement the old procedure [d.i. *vouching in*, der Verf.] and not to supplant it."). Aus dem Schrifttum siehe beispielsweise 3 *Moore*, ¶ 14.02[2]; *James/Hazard/Leubsdorf*, § 10.18 n.4; *Bostelman*, 14 Col. J.L. & Soc. Probs. 189 (1978). Vgl. auch *Restatement (Second) of Judgments § 57*, cmt. c, S. 82.

[2] Selbst die vergleichsweise kritischste Stellungnahme zum Wert des *vouching*-Verfahrens, die Entscheidung Hartford Acci. & Indem. Co. v. First Nat'l Bank & Trust Co., 281 N.Y. 162, 169, 22 N.E.2d 324, 327 (1939), geht nur soweit, sich gegen eine *Ausdehnung* der Doktrin auf einen erweiterten Personenkreis auszusprechen: "[W]e think there is no compelling

Allerdings mehren sich in jüngerer Zeit die Stimmen, die an die Stelle einer kumulativen Disponibilität ein subsidiäres Verhältnis beider Verfahren treten lassen wollen[3]. Nach dieser Ansicht soll ein Rückgriff auf den *tender of defense* nur dann zulässig sein, wenn der Weg der effizienteren *third-party practice*, in der Regel infolge von Zuständigkeitshindernissen, nicht gangbar ist. Bemerkenswerterweise machen die Vertreter dieser Auffassung damit gerade jenes Merkmal zur Voraussetzung jedweder Anwendbarkeit des *vouching*-Verfahrens, das sich andererseits teilweise heftiger Kritik ausgesetzt sieht, seine *extrajurisdictionality* nämlich[4]. Sollte sich selbige Kritik eines Tages durchsetzen, so müßte diese Entwicklung im Zusammenspiel mit dem Subsidiaritätsgedanken das *vouching in* zwangsläufig obsolet werden lassen.

Außerdem fällt auf, daß die große Mehrzahl der neueren Entscheidungsveröffentlichungen im Ergebnis zu einer *Verneinung* der Präklusion des *vouchee* gelangt. Ob hierfür letztlich doch ein unterschwelliges Unbehagen an einem als überholt und dogmatisch unbefriedigend empfundenen Institut (mit)verantwortlich ist, entzieht sich aber einer genaueren Bewertung.

Die vorstehenden Beobachtungen gelten allerdings nur eingeschränkt für diejenigen Bereiche, in denen das *vouching in* eine gesetzliche Verankerung erfahren hat, also insbesondere im Falle des *U.C.C. § 2-607(5)(a)*. Die positivrechtliche Festschreibung sorgt hier offenbar für eine deutliche Zügelung restringierender Tendenzen, so daß zumindest insoweit auch auf längere Sicht von einem vorbehaltlosen Nebeneinander beider Konzepte ausgegangen werden darf.

II. Jeweilige Vor- und Nachteile beider Institute

A. Vorzüge der *Third-Party Practice*

Zur Erreichung der gemeinsamen Ziele von *vouching in* und *third-party practice*, d.h. Verfahrensökonomie und Vermeidung widersprüchlicher Entscheidungen im Rahmen mehrschichtiger Haftungsverhältnisse, ist zweifelsohne die Drittklage das prozeßrechtlich wirkungsvollere Mittel: die durch sie erwartete Effizienzsteigerung stellte ja einst gerade die Haupttriebfeder der Einführung dieses Verfahrens dar. Hinter der durch den *impleader*

---

reason why a procedure so perplexing and inexact should now have operation outside its presently existing limits."

[3] Siehe Universal Am. Barge Corp. v. J-Chem, Inc., 946 F.2d 1131, 1138 (5th Cir. 1991) ("Vouching is reserved primarily for cases in which the vouchee cannot be impleaded because the vouchee is not subject to personal jurisdiction."); SCAC Transp. (USA) v. S.S. Danaos, 845 F.2d 1157, 1162 (2d Cir. 1988) ("Common-law vouching is a superfluous procedure where impleader is available."); 18 *Wright/Miller/Kane*, § 4452, S. 445-446 ("Strong arguments can be made that preclusion by voucher should be unavailable whenever impleader is possible. . . Vouching need be preserved only for cases in which lack of personal jurisdiction or other limitations make impleader unavailable.").

[4] Vgl. oben Erstes Kapitel, IV. D.

geschaffenen Möglichkeit simultaner Aburteilung von Haupt- und Regreßklage mit dem Ergebnis eines Vollstreckungstitels gegen den Dritten bleibt die durch die Bindungswirkung des *tender of defense* bewirkte Verfahrensentlastung spürbar zurück. Dieses Defizit wird noch dadurch verschärft, daß in dem im Falle des *vouching* weiterhin nötig bleibenden zweiten Verfahren nicht selten lebhafte Dispute darüber ausbrechen, was genau im Erstprozeß eigentlich entschieden worden ist, mußte und durfte[5].

Außerdem verliert mit einer Verfahrensbeteiligung des Regreßpflichtigen als Vollpartei das intrikate Problem angemessener Vertretung seiner Drittinteressen an Bedeutung, das sich im Falle des *vouching in* als erheblich präklusionseinschränkend erweist[6]. Umgekehrt ist der *third-party plaintiff* nicht wie der *voucher* gezwungen, die volle Kontrolle über seine Verteidigung abzugeben[7]. Denn wenn auch der *vouchee* bei der Ausübung dieser Kontrolle theoretisch zur Wahrung der Interessen des *voucher* verpflichtet ist, so ist doch gerade in komplizierten Fällen genug Raum für subtile, kaum nachprüfbare Verletzungen dieser Pflicht.

Zu bedenken ist auch, daß zwar eine Klageerhebung, wie sie im Falle des *impleader* erfolgt, zu einer Unterbrechung der (im amerikanischen Recht bekanntlich traditionell prozeßrechtlich qualifizierten[8]) Verjährung (*statute of limitations*) des Rückgriffsanspruches gegen den Dritten führt[9]. Die Übersendung der informellen *vouching notice* vermag dagegen offenbar keine derartige Wirkung hervorzubringen[10]. Die Bedeutung dieses Unterschiedes wird freilich dadurch abgeschwächt, daß jener Anspruch häufig erst mit der Verurteilung des Erstbeklagten zur Entstehung gelangt[11].

Schließlich mag die *third-party practice* unter geeigneten Voraussetzungen, insbesondere jurisdiktioneller Art, auch den Vorzug bieten, eine über die Entscheidung von Haupt- und Regreßanspruch hinausgehende, umfassende Streitbeilegung zwischen den beteiligten Parteien zu ermöglichen; dies gilt

[5] Vgl. 18 *Wright/Miller/Kane*, § 4452, S. 445.

[6] Vgl. die Diskussion der *conflict of interests*-Problematik im Ersten Kapitel, VI. A. 6.

[7] Vgl. nur Shawe v. Wendy Wilson, Inc., 25 F.R.D. 1 (S.D.N.Y. 1960).

[8] Siehe nur 51 *Am. Jur.2d* Limitation of Actions §§ 21f.

[9] Als Beispielsfall für einen *third-party complaint* siehe St. Paul Fire & Marine Ins. Co. v. U.S. Lines Co., 258 F.2d 374 (2d Cir. 1958). Vgl. allgemein 51 *Am. Jur.2d* Limitations of Actions §§ 200ff. Der Zeitpunkt, in dem die Verjährungshemmung beginnt, schwankt von Jurisdiktion zu Jurisdiktion. Bisweilen fällt er mit der Klagezustellung zusammen, häufiger mit der Einreichung der Klagschrift bei Gericht — so auch im Bundesprozeßrecht. Siehe Davis v. Krauss, 478 F. Supp. 823 (E.D.N.Y. 1979).

[10] Die amerikanische Rechtsprechung behandelt die Frage nicht. Siehe aber OLG Hamburg, IPRspr 73 Nr. 27; *Koch*, ZVglRWiss 85 (1986), 11, 34. Von einer anderen Annahme scheint allerdings *Flynn*, 36 Conn. B.J. 288, 293 (1962), auszugehen, der die Problematik aber nicht vertieft, ja womöglich nicht einmal erkannt hat.

[11] Siehe Chicago, Rock Island & Pac. Ry. v. United States, 220 F.2d 939 (7th Cir. 1955); City of Kingsport v. SCM Corp., 429 F. Supp. 96, 99 (E.D. Tenn. 1976); Tri-Ex Enterprises, Inc. v. Morgan Guar. Trust Co., 586 F. Supp. 930, 933 (S.D.N.Y. 1984); 3 *Moore*, ¶ 14.09. Vgl. *Koch*, ZVglRWiss 85 (1986), 11, 34.

zumindest dann, wenn die entsprechende Vorschrift ähnlich weit wie *Fed. R. Civ. P. 14(a)* gefaßt ist[12]. Allerdings ist die mit einer solchen Möglichkeit einhergehende Gefahr einer kontraproduktiven Überfrachtung des Verfahrens nicht von der Hand zu weisen.

B. Vorzüge des *Vouching In*

"What has prevented third party practice from totally replacing the vouching in system is that third party practice creates jurisdictional problems."[13]

Der in der Praxis wertvollste Vorteil des *vouching* gegenüber der Drittklage ist also, wie schon mehrfach herausgestellt, ohne Frage seine Befreiung von den Erfordernissen der *personal jurisdiction*[14]. Zumindest außerhalb des *U.C.C.* wird oft überhaupt nur deswegen auf den *tender of defense* zurückgegriffen, weil ein *impleader* mangels *personal jurisdiction* nicht möglich war. Wie erwähnt, gibt es Stimmen, die diese "Lückenbüßerkonstellation" zum alleinigen Anwendungsfall des *vouching in* machen wollen.

Auch dann, wenn die Unterhaltung eines *third-party claim* vom Gericht aus Ermessenserwägungen heraus abgelehnt worden ist, bleibt der *tender of defense* eine gangbare Alternative[15].

Im übrigen liegen die angeprangerten Vorzüge des *vouching*-Verfahrens eher auf prozeßtaktischem denn -rechtlichem Gebiet[16]:

So wurde bereits erwähnt, daß sowohl Regreßgläubiger als auch -pflichtiger ein Interesse daran haben können, daß die Existenz des letzteren der Gegenpartei und dem Gericht, vor allem aber der Jury verborgen bleibt[17]. Das gilt in besonderem Maße für Versicherungsfälle, in denen sowohl der Versicherte als auch der im Rückgriff haftende Versicherer häufig eine Beeinflussung der Geschworenen durch das Wissen um einen potenten Hintermann des Beklagten befürchten. Als *third-party defendant* wäre dem Versicherer aber die Verschleierung seiner Identität nicht möglich; auch kann er die Drittklage nicht vertraglich ausschließen[18]. Allerdings relativiert sich die Bedeutung dieses Unterschiedes in dem Maße, in dem die Juries heutzutage ohne weiteres vom Bestehen von Versicherungsschutz ausgehen (dürfen).

Als weiterer nicht unerheblich zugunsten des *tender of defense* zu Buche schlagender Faktor wird geltend gemacht, daß der *voucher* im Erfolgsfalle die

---

[12] Vgl. 18 *Wright/Miller/Kane*, § 4452, S. 445.

[13] *Squillante*, 78 Com. L.J. 444, 444 (1973).

[14] Vgl. die Diskussion im Ersten Kapitel, IV. D., sowie die dort in Fn. 156 genannten Fälle.

[15] Vgl. 18 *Wright/Miller/Kane*, § 4452, S. 446 n.12.

[16] Siehe nur *Bostelman*, 14 Col. J.L. & Soc. Probs. 189, 204-205 (1978). Vgl. Moyses v. Spartan Asphalt Paving Co., 383 Mich. 314, 332, 174 N.W.2d 797, 805 (1970) ("Tactical considerations will govern the choice of whether to vouch in or to implead the third party in a particular case.").

[17] S.o. Erstes Kapitel, V. A. 1.

[18] S.o. Zweites Kapitel, VII.

Kosten seiner Verteidigung gegen die Hauptklage (einschließlich etwaiger Anwaltshonorare) als Schadensposten auf den *vouchee* abwälzen kann[19]. Gerade wenn langwierige (und damit kostspielige) Auseinandersetzungen zu erwarten sind, könne dieser Tatsache gesteigerte Bedeutung zuwachsen. Dem ist jedoch nur eingeschränkt zuzustimmen: zwar verhindert die *American Rule* im Drittklageprozeß eine Überwälzung von Anwaltskosten. Soweit sich diese aber auf die Verteidigung gegen den Urkläger (und nicht auf die Rechtsverfolgung gegen den Drittbeklagten) beziehen, bleibt die materiellrechtliche Herleitung eines entsprechenden Anspruchs möglich[20].

Schließlich kann für die Bevorzugung des *vouching* auch die Erwägung sprechen, daß sich der Regreßgläubiger auf diese Weise die Möglichkeit offenhält, das Forum für die spätere Rückgriffsklage selbst zu bestimmen und sich so womöglich den Vorteil eines für ihn günstigeren materiellen Rechts im Verhältnis zum Regreßschuldner zu verschaffen[21].

Resümierend läßt sich daher sagen, daß zwar aus prozeßrechtlicher Perspektive die *third-party practice* eindeutige Vorteile gegenüber dem *vouching in* aufweist; diese Stärken werden aber durch die *extrajurisdictionality* und einige verfahrensstrategische Vorzüge des *vouching* wenigstens teilweise wieder ausgeglichen. Daher dürfte dem *vouching* auch in Zukunft ein gewisser Platz in der amerikanischen Verfahrenspraxis verbleiben.

---

[19] S. o. Erstes Kapitel, VII.

[20] S.o. Zweites Kapitel, VI.

[21] Siehe *Bostelman*, 14 Col. J.L. & Soc. Probs. 189, 205 (1978).

Zweiter Teil: Die Anerkennung in Deutschland

Erstes Kapitel: Die Anerkennung der Bindungswirkungen des *Vouching In*

Nachdem im ersten Teil dieser Untersuchung die Funktionsweise des *vouching*-Verfahrens beschrieben worden ist, geht es nun darum, zu prüfen, ob und unter welchen Voraussetzungen die ihm eigenen Präklusionsfolgen auch in einem Folgeprozeß in der Bundesrepublik Beachtung finden können. Zwar hat sich diese Frage in der deutschen Gerichtspraxis offenbar bisher nicht gestellt, doch sei die Prognose gewagt, daß ihr Auftreten nur eine Frage der Zeit ist. Zu einem *tender of defense* unter deutschen Parteien vor einem US-Gericht ist es jedenfalls schon gekommen[1].

I. Die grundsätzliche Anerkennungsfähigkeit der Bindungswirkungen des *Vouching In*

Wenn in der internationalprozeßrechtlichen Diskussion danach gefragt wird, ob ein ausländisches Urteil anzuerkennen bzw. nicht anzuerkennen sei, so liegt darin strenggenommen eine verkürzende Umschreibung des Problems. Gegenstand der Anerkennung ist nämlich nicht die fremde Entscheidung *per se*, sondern die verschiedenen Urteilswirkungen, die sie hervorzubringen vermag[2]. Zu diesen nach deutschem Recht im Grundsatz anerkennungsfähigen Entscheidungsfolgen zählt nach heute unbestrittener Ansicht auch die sogenannte Streitverkündungswirkung[3], also die prozessuale Bindungswirkung (dazu unter 2.) eines den §§ 72ff. ZPO vergleichbaren ausländischen Verfahrens (dazu unter 1.).

[1] Vgl. die Sachverhaltsschilderung in Volkswagenwerk, A.G. v. Klippan, GmbH, 611 P.2d 498 (Alaska 1980), aus der hervorgeht, daß die VW AG als Beklagte des Vorprozesses ihrem Zulieferer Klippan dort erfolglos die Übernahme der Verteidigung angetragen hatte. Zur Prüfung einer daraus etwa resultierenden Präklusion Klippans kam das Gericht allerdings nicht mehr, da es sich kraft einer Gerichtsstandsvereinbarung zwischen den Parteien, in der die ausschließliche Zuständigkeit deutscher Gerichte stipuliert worden war, an einer Sachentscheidung gehindert sah und die Klage der VW AG abwies. Über einen Folgeprozeß in Deutschland ist nichts bekannt.

[2] Vgl. nur *Schack*, IZVR, Rn. 776; *Martiny*, Hdb. IZVR III/1, Kap. 1, Rn. 361; *Koch*, ZVglRWiss 85 (1986), 11, 56f.

[3] Grundlegend *Wilhelmi*, NiemeyersZ 48 (1933/34), 105, 131ff. Siehe i.ü. *Geimer/Schütze*, § 228; *Martiny*, Hdb. IZVR III/1, Kap. 1, Rn. 398ff.; *Schack*, IZVR, Rn. 785, 923; *Linke*, Rn. 364ff; *Nagel*, Rn. 644; *Zöller/Geimer*, § 328 Rn. 52ff.; *B/L/Hartmann*, § 74 Rn. 3; *MüKo-ZPO/Schilken*, § 74 Rn. 10. —Anders noch RGZ 55, 236, 240.

A. Funktionaler und instrumentaler Vergleich zwischen *Vouching In* und Streitverkündung

Was zunächst die erforderliche Vergleichbarkeit des fremdrechtlichen Institutes mit der Streitverkündung betrifft, so setzt diese Äquivalenz notwendigerweise eine grundlegende Parallelität in Funktion und Mitteln voraus, durch die sich beide Verfahren von anderen Formen der Drittbeteiligung abgrenzen lassen.

Bei Anwendung dieses Maßstabes besteht kein Zweifel daran, daß die aus einem *tender of defense* resultierenden Urteilsfolgen in Deutschland als prinzipiell anerkennungstauglich einzustufen sind. So gelten als Hauptzwecke der (deutschen) Streitverkündung nicht nur die im amerikanischen Recht weniger betonte Möglichkeit der Verfahrensbeeinflussung und -hilfe durch den Dritten, sondern — ganz wie beim *vouching in* — auch die Förderung der Prozeßökonomie und die Vermeidung widersprüchlicher Urteile[4]. Zu dieser ausgeprägten funktionalen Übereinstimmung beider Verfahren gesellt sich die Gleichartigkeit der Mittel, mit der die gemeinsamen Ziele verfolgt werden: hier wie dort erfolgt eine Bindung des Dritten an die im auf seine Benachrichtigung folgenden Urteil getroffenen regreßrelevanten Feststellungen; dabei tritt diese Wirkung nach beiden Rechtsordnungen ohne Rücksicht auf einen Verfahrenseintritt des Streitverkündungsempfängers ein.

Die funktionale und instrumentale Kongruenz von Streitverkündung und *vouching* wird auch nicht etwa dadurch in Frage gestellt, daß das deutsche Institut einen *breiteren* prozessualen Anwendungsbereich als sein amerikanisches Gegenstück einnimmt, nämlich zum einen nicht nur einem Beklagten und zum anderen auch einer selbst Ausgleichsansprüche befürchtenden Partei offensteht[5]. Denn abgesehen davon, daß auch im deutschen Recht der Regreß des Beklagten den praktisch wichtigsten Beispielsfall der Litisdenunziation ausmacht, ändert jene Tatsache nichts an der im vorliegenden (Anerkennungs)zusammenhang allein maßgeblichen Feststellung, daß jedenfalls *umgekehrt* die prozessuale Verfügbarkeit des *vouching in* nicht über die der Streitverkündung hinausgeht.

B. Prozeßrechtliche Qualifikation der *Vouching*-Wirkungen

Zur Qualifikation einer Entscheidungswirkung als prozessual oder materiellrechtlich ist unbestrittenerweise das deutsche Recht als die *lex fori* des Anerkennungsstaates berufen[6]. Die Frage ist im vorliegenden Zusammenhang

---

[4] Siehe RGZ 77, 360, 365; BGHZ 8, 72, 81f.; BGH NJW 69, 1480, 1481; BGH NJW 87, 2874, 2875 (st. Rspr.); *MüKo-ZPO/Schilken*, § 72 Rn. 1, § 66 Rn. 1; *Zöller/Vollkommer*, § 72 Rn. 1; *Rosenberg/Schwab*, § 48 I; *Wieser*, ZZP 79 (1966), 246, 256ff.; *Kittner*, JuS 85, 703, 705; *AK-ZPO/Koch*, vor § 64 Rn. 1. Vgl. auch *Lüke*, S. 363ff. Teilweise abweichend *Häsemeyer*, ZZP 84 (1971), 179, 181ff.; *Eibner*, JurBüro 88, 149, 150ff.

[5] Siehe § 72 Abs. 1 ZPO. — Vgl. auch o. Fn. 3.

[6] Siehe *Martiny*, Hdb. IZVR III/1, Kap. 1, Rn. 373 m.w.N.; *Geimer*, IZPR, Rn. 2200; *Geimer/Schütze* I/2, § 229; *MüKo-ZPO/Gottwald*, § 328 Rn. 123; *Zöller/Geimer*, § 328 Rn. 25; *St/J/Schumann*, § 328 Rn. 5; bezüglich der Rechtskraft auch *Schack*, IZVR, Rn. 926ff.

deswegen nicht unwichtig, weil es — wie an anderer Stelle ausgeführt[7] — in der Kommentarliteratur zum *U.C.C.* Stimmen gibt, die die Bindungswirkung zumindest des kaufrechtlichen *vouching in* als Ausfluß der Gewährleistungspflicht des Verkäufers begreifen[8]. Ohnehin stellt diese Auffassung aber schon in den USA selbst nur eine sachgebietsbeschränkte Mindermeinung dar[9]. Hinzu kommt, daß auch sie keineswegs ohne weiteres etwa zu einer Maßgeblichkeit der *lex causae* für die Bestimmung der *vouching*-Folgen gelangt[10], wie sie für eine materiellrechtliche Qualifikation typisch (und internationalrechtlich problematisch[11]) wäre.

Als Zwischenergebnis bleibt daher festzuhalten, daß die durch einen *tender of defense* herbeigeführten Urteils- als prozessuale Streitverkündungswirkungen zu qualifizieren und als solche grundsätzlich anerkennungsfähig sind[12].

C. Geschichtlicher Exkurs: "*Vouching to Warranty*" in Deutschland

Für die Beurteilung der prinzipiellen Anerkennungsfähigkeit des *vouching* nicht von unmittelbarer Bedeutung, aber doch aufschlußreich für die Gesamteinschätzung seines Verhältnisses zur Streitverkündung, ist ein Blick auf die historischen Vorläufer des deutschen Instituts, der den entsprechenden Abriß zum englischen Recht[13] an dieser Stelle ergänzen soll[14].

Auch das ältere (d.h. in der Epoche vor der Rezeption geltende) deutsche Recht kannte nämlich ein dem "*vouching to warranty*" vergleichbares Verfahren, was angesichts der engen germanischen Stammesverwandtschaft nicht allzu erstaunlich anmutet. Dieses seinem englischen Pendant schon rein sprachlich sehr nahestehende Institut war der sogenannte "*Zug auf den Geweren*" (auch "*Dritthandverfahren*" genannt[15]), mittels dessen sich eine auf

---

[7] Siehe Erster Teil, Erstes Kapitel, III. C. 2. Vgl. auch Erster Teil, Erstes Kapitel, IV. D., bei Fn. 168f; Erster Teil, Erstes Kapitel, VI. A. 4. a), Fn. 226.

[8] Siehe nochmals *Degnan/Barton*, 51 Cal. L. Rev. 471, 481 (1963); *Squillante/Fonseca*, § 22-10, S. 290.

Auch in der deutschen Literatur begegnet übrigens bisweilen eine materiellrechliche Deutung der Streitverkündung. Vgl. die Diskussion bei *Lüke*, S. 364ff.

[9] Siehe Erster Teil, Erstes Kapitel, III. B. 2.

[10] *Degnan/Barton*, 51 Cal. L. Rev. 471, 481 (1963), sprechen sich ausdrücklich *gegen* eine *lex causae*-Lösung aus. Vgl. schon Erster Teil, Erstes Kapitel, III. B. 2. Siehe auch Lowrance Buick Co. v. Mullinax, 87 S.E.2d 412 (Ga. Ct. App. 1955), wo das Gericht in einer Entscheidung zum *U.C.C.* feststellte, daß sich die Bestimmung der Wirkungen eines *vouching letter* primär nach dem Recht des Staates zu richten hätten, in dem der Rückgriffsprozeß stattfindet.

[11] Wegen der dann auftauchenden diffizilen Angleichungsfragen bei Normenmangel bzw. -häufung. Vgl. *Schack*, IZVR, Rn. 926ff. (zur entsprechenden Problematik im Bereiche der Rechtskraft).

[12] Siehe *Koch*, ZVglRW 85 (1986), 11, 56ff.; *AK-ZPO/Koch*, § 328 Rn. 19. Die Vermutung *Bernsteins*, FS Ferid, S. 75, 91 trifft also nicht zu.

[13] S.o. Erster Teil, Erstes Kapitel, II.

[14] Vgl. zum folgenden allgemein *Schäfer*, S. 37ff., 51ff., 59ff., 92ff., 136ff.

[15] Siehe *Siegel*, S. 252ff.

Herausgabe verklagte Partei die Unterstützung ihres gewährsrechtlichen Vormannes zu sichern versuchen konnte[16]. Ablauf und Ergebnisse eines solchen Vorgehens entsprachen dabei bis in Einzelheiten den Regeln, denen wir schon im englischen Recht begegnet sind[17]: erschien der Gewere nicht oder konnte er nicht erfolgreich Gewähr leisten, so hatte der Beklagte die im Streite befindliche Sache herauszugeben (und womöglich Strafe zu zahlen; auch im deutschen Recht waren Zivil- und Strafrecht zu dieser Zeit noch nicht deutlich voneinander geschieden[18]), konnte aber im gleichen Zug von seinem Garanten Ersatz verlangen. Nahm der Gewere dagegen die Aufforderung seines Nachmannes an (wozu ihn wie in England das Lehensrecht verpflichtete), dann trat er dabei in der Regel an die Stelle des Ausgangsbeklagten und führte den Prozeß selbständig zu Ende[19].

Auch im Falle des deutschen Rechts ist die weitere geschichtliche Entwicklung über diese frühgermanische Form erzwungener Intervention hinweggegangen; dies allerdings unter anderen Vorzeichen als in Großbritannien, nämlich in erster Linie als Folge des seit dem 12. Jahrhundert neu erwachenden Interesses am römischen Recht. Letzteres verfügte mit der Figur der "*litis denuntiatio*" über Ansätze einer Doktrin[20], die — von der aufkommenden Rechtswissenschaft dankbar aufgegriffen und im gemeinen Recht systematisch weiterentwickelt — für die dogmatische Ausbildung der neuzeitlichen Gestalt der Streitverkündung weit einflußreicher wurde als die germanische Praxis des Frühmittelalters[21]. Gewisse Anklänge an letztere erblickt man — zumindest was die verfahrensrechtliche Stellung des herbeizitierten Dritten angeht — immerhin noch in den §§ 76f. ZPO, also den Vorschriften über die Urheberbenenung[22].

Direkte Argumente für oder gegen eine Anerkennung des *vouching* lassen sich — wie gesagt — aus dieser historischen Fußnote ohne Zweifel nicht gewinnen; zu disparat verlief in beiden Fällen die geschichtliche Entwicklung in der langen Zeit nach der Derogierung des einenden frühgermanischen Gewährschaftsrechts. Andererseits liegt aber im Hinweis darauf, daß sich das moderne amerikanische und deutsche Recht zumindest teilweise auf gemeinsame

[16] Siehe *Schäfer*, S. 51ff.; *Planck*, S. 402ff.

[17] *Schäfer* a.a.O.; *Planck*, 546ff.

[18] Siehe *Planck*, S. 403.

[19] Siehe *Planck*, S. 541.

[20] Im klassischen römischen Recht stellte die "*litis denuntiatio*" lediglich *eine* unter den vielgestaltigen Erscheinungsformen prozessual erheblicher Verkündigungsakte dar. Auch fehlte der Vokabel zu jener Zeit noch die begriffliche Trennschärfe, die dem späteren *terminus technicus* des gemeinen Rechts zukommt. Vgl. *Schäfer*, S. 37ff.

[21] Siehe *Schäfer*, S. 59ff., 146f. Vgl. aus dem späteren gemeinrechtlichen Schrifttum *Gönner*, S. 353ff.; *Wetzell*, S. 52ff.; *Endemann*, S. 273ff.

[22] Siehe *Schäfer*, S. 147. — Allerdings war auch dem römischen Recht die verfahrensrechtliche Alternative der völligen Substitution des Streitverkünders durch den Streitverkündungsempfänger im Prozeß geläufig. Siehe Schäfer, S. 45. Die Bezeichnung "*laudatio auctoris*" indes wurde wiederum erst vom gemeinen Recht für solche Fälle reserviert; in klassischer Zeit war dieser Begriff synonym mit demjenigen der "*litis denuntiatio*" gebraucht worden. Siehe *Schäfer*, S. 37.

Wurzeln zurückführen lassen, eine Bestätigung für die Erkenntnis, daß es die deutsche Rechtsordnung im *vouching in* nicht mit einem gar so fremden Institut zu tun hat.

II. Reichweite und Grenzen der Anerkennung

Im vorigen Abschnitt wurde festgestellt, daß es sich bei den *vouching*-Wirkungen um ihrer Qualität nach anerkennungsfähige Urteilswirkungen handelt. Über den quantitativen Umfang einer solchen Anerkennung ist damit freilich noch nichts gesagt. Dies soll im folgenden geschehen, wobei die Diskussion aus Gründen der Übersichtlichkeit zunächst die Sonderproblematik der Anerkennung *vouching*-spezifischer Bindungswirkungen aus Vergleich ausspart, um sie anschließend (unter III.) separat zu erörtern.

A. Gleichstellung oder Wirkungserstreckung?

Es sind im wesentlichen zwei verschiedene Methoden denkbar, mit deren Hilfe sich die inländische Reichweite der verschiedenen Wirkungen eines Auslandsurteils bestimmen läßt; beide finden in Deutschland ihre Anhänger[23].

Nach der Doktrin von der *Gleichstellung* ausländischer Entscheidungen ist an das Fremdjudikat der Maßstab des deutschen Rechts anzulegen; Ausmaß und Grenzen der Urteilsfolgen richten sich also nach den Wirkungen, die die Bundesrepublik als Anerkennungsstaat an eine entsprechende Inlandsentscheidung knüpfen würde[24]. Es kommt zu einer angleichenden "Nostrifizierung"[25] des Auslandsurteils.

Demgegenüber befürwortet die herrschende Lehre von der *Wirkungserstreckung* die grundsätzliche Maßgeblichkeit der Rechtsordnung des Urteilsstaates für die Wirkungen, die die Entscheidung hierzulande entfalten soll[26]. In aller Regel wird dieser Standpunkt mit dem Vorbehalt versehen, daß er nicht zu einer Anerkennung von Wirkungen führen könne, die dem deutschen Recht "wesensfremd" bzw. "ihrer Art nach unbekannt" seien[27]. Nach anderer,

---

[23] Vgl. zum folgenden *Martiny*, Hdb. IZVR, Kap. 1, Rn. 362ff.; *Schack*, IZVR, Rn. 791ff.; *Geimer*, IZPR, Rn. 2191ff.; *MüKo-ZPO/Gottwald*, § 328 Rn. 3ff.

[24] Siehe die Darstellung bei *Martiny* a.a.O., Rn. 365ff. Vertreten wird diese Lehre z.B. von *Nagel*, Rn. 743, *Matscher*, FS Schima, S. 265, 277, und wohl auch *AK-ZPO/Koch*, § 328 Rn. 14. Abschwächend jüngstens aber *Matscher*, ZZP 103 (1990), 294, 306ff.

Der BGH scheint dieser Lehre ebenfalls nahezustehen, soweit man solches seinen eher lapidaren Bemerkungen überhaupt entnehmen kann; siehe z.B. BGH NJW 83, 1976, 1977: "Mit der Anerkennug . . . wird der ausländische Titel dem inländischen Titel gleichgestellt und in die hiesige Rechtsordnung übernommen."

[25] Vgl. *Habscheid*, FamRZ 70, 558, 559.

[26] Siehe *Martiny* a.a.O., Rn. 364; *ders.*, 35 Am. J. Comp. L. 721, 728 (1987); *Geimer*, IZPR, Rn. 2191f.; *Linke*, Rn. 333; *Gottwald*, ZZP 103 (1990), 257, 261ff.; *St/J/Schumann*, § 328 Rn. 3ff.

[27] So *Martiny*, Hdb. IZVR, Kap. 1, Rn. 369; *Geimer*, IZPR, Rn. 2195ff.; *Zöller/Geimer*, §

engerer Auffassung soll die Wirkungserstreckung nur bis an die Grenze der Wirkungen einer vergleichbaren deutschen Entscheidung reichen[28]; diese vermittelnde Variante wird z.T. als "Kumulationstheorie" bezeichnet[29]. Außer Streit steht, daß jedenfalls die Schranke des ordre public gewahrt bleiben muß[30].

Auf die vorliegende Untersuchung übertragen, stellt sich damit die Frage, ob amerikanisches *vouching*- oder deutsches Streitverkündungsrecht Umfang und Grenzen der den *vouchee* treffenden Bindungswirkungen festlegen. Zwar kommt dieser Frage als Prinzipienfrage logischer Vorrang vor einer Feststellung der zwischen beiden Rechtsordnungen tatsächlich bestehenden Diskrepanzen zu. Sie isoliert, d.h. vor einer genaueren Analyse dieser Unterschiede zu erörtern, bedeutete aber nicht nur einen Verzicht auf Anschaulichkeit, sondern ließe vorerst auch die Erheblichkeit der Entscheidung für den hier zur Debatte stehenden Fall im Dunkeln. Aus diesem Grunde soll jene Grundsatzfrage erst nach einer eingehenderen Diskussion der in concreto auftretenden Differenzen zwischen amerikanischem und deutschem Recht beantwortet werden.

B. Gegenüberstellung von Streitverkündungs- und *Vouching*-Wirkungen

1. Der grundsätzliche Umfang der Bindung

a) Das deutsche Recht

Die Wirkung der Streitverkündung deutschen Rechts bestimmt sich nach § 68 ZPO, auf den § 74 für die beantwortete ebenso wie für die unbeantwortet gebliebene Litisdenunziation verweist[31].

Den Inhalt des den Streitverkündungsempfänger erfassenden Präklusionseffekts umschreibt der erste Halbsatz von § 68 ZPO dahingehend, daß der Betreffende in einem späteren Verfahren gegen den Streitverkünder mit dem Vorbringen ausgeschlossen ist, das Ausgangsverfahren sei unrichtig entschieden worden; die sogenannte "*exceptio male iudicati processus*"[32] wird ihm also verwehrt. In Regreßfällen ist er damit an die im Erstprozeß vorgenommene Beurteilung der Haftpflicht seines Vormannes gebunden. Diese Bindung erstreckt sich (anders als im Falle der Rechtskraft) auch auf die tatsächlichen und rechtlichen Grundlagen der Entscheidung, also die sie tragenden Feststellungen[33]. Nicht erfaßt sind andererseits unmaßgebliche Hilfserwägungen,

---

328 Rn. 18ff.; *Bernstein*, FS Ferid, S. 75, 89f.; *Gottwald*, ZZP 103 (1990), 257, 262; *St/J/Schumann*, § 328 Rn. 3b.

[28] So z.B. *Schack*, IZVR, Rn. 796; *Nagel*, Rn. 638; *Müller*, ZZP 79 (1966), 199, 207, 245.

[29] Vgl. *Schack* a.a.O.; *MüKo-ZPO/Gottwald*, § 328 Rn. 4.

[30] Siehe nur *Kropholler*, IPR, § 60 IV 2; *MüKo-ZPO/Gottwald*, § 328 Rn. 4.

[31] Siehe zum folgenden allgemein *MüKo-ZPO/Schilken*, § 68 Rn. 14ff.; *Zöller/Vollkommer*, § 68 Rn. 8ff.; *B/L/Hartmann*, § 68 Rn. 1ff.

[32] Vgl. *Wieser*, ZZP 79 (1966), 246, 283; *Häsemeyer*, ZZP 84 (1971), 179, 192.

[33] Siehe BGHZ 8, 72, 80; BGHZ 16, 217, 228f.; BGHZ 85, 252, 255 = NJW 83,

obiter dicta und dergleichen, kurz: nicht entscheidungserhebliche Äußerungen[34], desgleichen nicht fehlende Feststellungen[35], die eigentlich hätten getroffen werden müssen.

b) Vergleich zum amerikanischen Recht

Vergleicht man diese Grundsätze mit den zuvor zum *vouching in* gewonnenen Ergebnissen, so muß man die vollständige Deckungsgleichheit des Grundumfangs der durch beide Verfahren ausgelösten Präklusionswirkung konstatieren. Auch im Falle des *tender of defense* kommt es grundsätzlich zu einer Bindung an präjudizielle Rechts- und Tatsachenfeststellungen (siehe Erster Teil, Erstes Kapitel, VI. A. 1.), und diese Bindung setzt ebenfalls voraus, daß über die betreffende Frage erstens auch tatsächlich entschieden wurde (siehe Erster Teil, Erstes Kapitel, VI. A. 2.) und diese Entscheidung zweitens auch für das Ergebnis des Rechtsstreits wesentlich war (siehe Erster Teil, Erstes Kapitel, VI. A. 3.).

2. Einschränkungen

Wie im amerikanischen ist auch im deutschen Recht die Präklusion des benachrichtigten Dritten keine absolute. § 68 Hs. 2 ZPO läßt sich entnehmen, daß der Streitverkündete die Bindung an das Ersturteil unter Umständen, in denen er auf die Entscheidungsfindung im Vorverfahren keinen Einfluß (mehr) nehmen konnte, abzuwenden vermag. Zu diesen Umständen gehören gem § 68 Hs. 2, 1. Alt. ZPO die Unabänderlichkeit der Lage des Rechtsstreits im Zeitpunkte seines möglichen Eintritts (dazu unten a)), gem. § 68 Hs. 2, 2. Alt. ZPO der (hypothetische) Widerspruch zur Prozeßführung der Hauptpartei (dazu unten b)) und schließlich gem. § 68 Hs. 2, 3. Alt. ZPO die Unkenntnis von Verteidigungsmitteln[36], die die Hauptpartei wenigstens grob fahrlässig geltend zu machen versäumt hat (dazu unten c)). Hinzukommen muß allerdings in jeder dieser Fallgruppen die Feststellung der Mangelhaftigkeit der Prozeßführung durch den Litisdenunzianten; das macht den Einwand des Betroffenen zur "*exceptio male gesti processus*"[37] (dazu unten d)).

---

820 (st.Rspr.); *Rosenberg/Schwab*, § 47 IV. 6.b); *MüKo-ZPO/Schilken*, § 68 Rn. 15; *Zöller/Vollkommer*, § 68 Rn. 9; *Eibner*, JurBüro 88, 281, 283ff.; *Ruß*, S. 312.

[34] Siehe nur *Schneider*, MDR 61, 3; *MüKo-ZPO/Schilken*, § 68 Rn. 15; *Zöller/Vollkommer*, § 68 Rn. 9f.; *Bischof*, JurBüro 84, 1141, 1143.

[35] Siehe nur BGHZ 85, 252, 256 = NJW 83, 820; *MüKo-ZPO/Schilken*, § 68 Rn. 15; *Zöller/Vollkommer*, § 68 Rn. 10.

[36] Die von § 68 ZPO grundsätzlich ebenfalls erfaßten *Angriffs*mittel sind in den Fällen, um die es im vorliegenden Vergleich ausschließlich geht, also solche des Beklagtenrückgriffs, ohne Belang.

[37] Vgl. *Wieser*, ZZP 79 (1966), 246, 283; *Häsemeyer*, ZZP 84 (1971), 179, 192.

a) Die Bindungsgrenze des § 68 Hs. 2, 1. Alt. ZPO

aa) Das deutsche Recht

Eine Bindung des Streitverkündungsempfängers entfällt zunächst einmal insoweit, als er im Moment seines möglichen Beitritts[38] infolge Zeitablaufs[39] oder vorheriger bindender Prozeßhandlungen der Hauptpartei Verteidigungsmittel, also namentlich Behauptungen, Bestreiten, Einwendungen und -reden, Beweisanträge und -einreden[40], nicht mehr wirksam zur Geltung bringen konnte.

bb) Vergleich zum amerikanischen Recht

Auch das amerikanische Recht läßt eine aus Zeitgründen resultierende Verkürzung der Rechte des benachrichtigten Dritten nicht zu. Erreicht wird der diesbezügliche Schutz des Betroffenen in erster Linie dadurch, daß schon die Wirksamkeit des *tender of defense* davon abhängt, daß er zu einem Zeitpunkt erfolgt ist, in dem dem *vouchee* das Gesamtinstrumentarium verfahrensrechtlicher Handlungsbefugnisse noch uneingeschränkt zur Verfügung stand[41]. Wenn sich dabei auch keine starren Fristen herausgebildet haben[42], so ist doch kein einziger Fall bekannt, in dem der *vouchee* mit Vorbringen präkludiert worden wäre, das ihm im Vorprozeß angesichts des von ihm angetroffenen Verfahrensstadiums nicht mehr offengestanden hatte[43]. In diesem Zusammenhang ist auch zu berücksichtigen, daß das amerikanische Prozeßrecht — wie bereits wiederholt erwähnt — häufig in recht großzügiger Weise Nachbesserungen und Ergänzungen von Schriftsätzen erlaubt[44].

---

[38] Auch im Falle des *erfolgten* Beitritts des Litisdenunziaten ist maßgebliches Beurteilungskriterium der Zeitpunkt des *möglichen* Beitritts, wie sich bereits dem eindeutigen Wortlaut des § 74 III ZPO entnehmen läßt. Relevant kann diese Tatsache dann werden, wenn der Beitritt verspätet erfolgt. Siehe *MüKo-ZPO/Schilken*, § 74 Rn. 7; *B/L/Hartmann*, § 74 Rn. 4.

[39] Vgl. insbesondere § 296 ZPO.

[40] Siehe nur *MüKo-ZPO/Schilken*, § 67 Rn. 5. Vgl. auch § 282 I ZPO.

[41] Siehe oben Erster Teil, Erstes Kapitel, IV. C.

[42] Siehe oben Erster Teil, Erstes Kapitel, IV. C. Vgl. aber den ehrwürdigen Präzedenzfall Davis v. Wilbourne, 19 S.C.L. 11, 12f., 1 Hill 27, 28f. (1833), wo es bezeichnenderweise heißt: "I believe no rule has heretofore been established as to the time when notice . . . should be given . . . . [N]otice at any time before the expiration of the rule to plead, would seem to be in time. The object is to enable the warrantor to come in and defend his title. He ought, therefore, to have a reasonable time to prepare for it, and the time which the law allows to a defendant, furnishes, perhaps, the safest rule."

[43] Besonders aufschlußreich ist in dieser Hinsicht der "*landmark case*" Oceanic Steam Navigation Co. v. Compania Transatlantica Española, 114 N.Y. 663, 39 N.E. 360 (1895); dort finden sich folgende Feststellungen: "The defendant, when the notice was served, made no objection that the time allowed was not sufficient. . . . Nor was there any attempt made upon the trial of this action to show that the defendant was prejudiced by any omission to give longer notice, *or that it had been prevented from making any defense that it could or would have made under any circumstances.*" (Hervorhebung vom Verf.)

b) Die Bindungsgrenze des § 68 Hs. 2, 2. Alt. ZPO

aa) Das deutsche Recht

Auch wenn der Streitverkündete deswegen keinen Einfluß auf die Entwicklung des Vorprozesses hatte (bzw. hätte) nehmen können, weil er daran durch widersprechendes Verhalten der Willensvorrang genießenden Hauptpartei gehindert war (bzw. worden wäre), entgeht er der Bindungswirkung des Ersturteils. Dies ist die Konsequenz der begrenzten Prozeßbefugnisse des Litisdenunziaten im Ausgangsverfahren, die sich inhaltlich auf die Unterstützung der Hauptpartei, sachlich auf unterhalb der Schwelle der Streitdisposition liegende Akte beschränken[45]. So kommt es, daß ein Geständnis[46] den Dritten in der Regel[47] ebensowenig präkludiert wie ein Anerkenntnis[48] seines Vormannes oder ein Vergleich[49] unter den Hauptparteien des Erstprozesses. Etwas anderes gilt aber in bezug auf ein Versäumnisurteil, denn ein solches hätte der Streitverkündete ohne weiteres abwenden können[50] — sofern nicht etwa bereits eine nach § 68 Hs. 2, 1. Alt. zu beurteilende Situation eingetreten war.

---

44 Siehe z.B. *Fed. R. Civ. P. 15(a), (b).* Vgl. bereits oben Erster Teil, Zweites Kapitel, V. B. 1. a).

45 Siehe nur *Rosenberg/Schwab*, § 47 IV. 2, 3; *MüKo-ZPO/Schilken*, § 67 Rn. 10ff., § 68 Rn. 21; *Zöller/Vollkommer*, § 67 Rn. 2ff., § 68 Rn. 12

46 Siehe *Wieser*, ZZP 79 (1966), 246, 265f.; *Zöller/Vollkommer*, § 68 Rn. 12; *MüKo-ZPO/Schilken*, § 68 Rn. 21 i.V.m. § 67 Rn. 11.

47 Anders nach freilich nicht unumstrittener Auffassung nur dann, wenn der Streitverkündungsempfänger das Geständnis gem. § 290 ZPO erfolgreich hätte widerrufen können; vgl. OLG Hamm, NJW 55, 873, 874; OLG München, NJW 56, 1927; BGH NJW 76, 292, 293f.; *Zöller/Vollkommer*, § 68 Rn. 12; *MüKo-ZPO/Schilken*, § 67 Rn. 11. A.A. z.B. *Wieser*, ZZP 79 (1966), 246, 266; *Rosenberg/Schwab*, § 47 IV. 3.c).

48 Siehe nur LG Hamburg, MDR 57, 679; *Wieser*, ZZP 79 (1966), 246, 282.

49 Siehe BGH DB 67, 814; *B/L/Hartmann*, § 68 Rn. 10; *Zöller/Vollkommer*, § 68 Rn. 12 i.V.m. § 67 Rn. 9; *Wieser*, ZZP 79 (1966), 246, 282 (mit etwas anderer Begründung).

Etwas anderes soll nach BGH NJW 69, 1480, 1481 dann gelten, wenn es zu einer vergleichsweisen Rücknahme der Berufung durch die Hauptpartei gekommen ist, und zwar selbst dann, wenn der Streitverkündete an dem Vergleich nicht beteiligt war. Als Begründung führt der BGH an, daß das Vorverfahren in einem solchen Falle nicht durch Vergleich, sondern durch (infolge der Rechtsmittelrücknahme rechtskräftig gewordenes) Urteil abgeschlossen worden sei. Vgl. auch Bischof, JurBüro 84, 1141, 1147. Letzteres trifft zwar zu, verfehlt aber die Frage der Präklusion des Litisdenunziaten: diesem wurde durch den Vergleich die Gelegenheit der Weiterführung des Prozesses in der Rechtsmittelinstanz genommen; eine Bindung an die Vorentscheidung ist daher gem § 68 Hs. 2, 2. Alt. zu verneinen. In BGH NJW 88, 712, 713 werden denn auch offene Zweifel an der Richtigkeit der zitierten Entscheidung geäußert und ihre Geltung zumindest für Fälle des erfolgten Beitritts des Dritten verneint.

50 Siehe *B/L/Hartmann*, § 67 Rn. 7; *MüKo-ZPO/Schilken*, § 67 Rn. 6; *Zöller/Vollkommer*, § 67 Rn. 3; *Rosenberg/Schwab*, § 47 IV. 2; *Jauernig*, § 83 IV; *Kittner*, JuS 86, 131, 133. Vgl. auch RGZ 102, 301, 303.

bb) Vergleich zum amerikanischen Recht

Im amerikanischen Recht stellt sich das Problem antagonistischen Verhaltens der Hauptpartei deshalb in dieser Form nicht, weil es der *vouchee* allein ist, der im Falle einer Annahme des *tender of defense* anstelle des *voucher* die volle Dispositionsbefugnis über den anhängigen Prozeß innehat. Will er den Prozeß voll durchfechten, so bleibt es ihm unbenommen, dies zu tun; der *voucher* kann ihn daran grundsätzlich nicht hindern. Aus dieser im Vergleich zum deutschen Recht auf faktische Parteiqualität erweiterten Verfahrensstellung erwächst zunächst einmal *theoretisch* die Legitimation zu einer korrespondierenden Ausdehnung der den nicht ins Verfahren eintretenden Dritten treffenden Bindungswirkungen, z.B. auf Fälle des Geständnisses, des Anerkenntnisses oder des Vergleichs.

(1) Die Konsequenzen des Erfordernisses streitigen Verhandelns

Wie jedoch die Untersuchung der *vouching*-Wirkungen erbracht hat, geht das amerikanische Recht in derartigen Fällen im praktischen Ergebnis nicht weiter als das deutsche. Dies ist zum einen die Folge des allen historischen und konzeptionellen Unsicherheiten zum Trotz heute nahezu einheitlich befolgten Bindungserfordernisses der *actual litigation* allen zur Präklusion anstehenden Streitstoffes[51]. Die Anwendung dieses Kriteriums führt deswegen zu sich mit der Einschränkung des § 68 Hs. 2, 2. Alt. ZPO weitgehend überschneidenden Resultaten, weil sich das dort genannte widersprechende Verhalten der Hauptpartei oft in Prozeßhandlungen niederschlägt, die eine weitere *streitige Verhandlung* des gegen sie geltend gemachten Anspruches abschneiden; dies unterstreicht ein Blick auf die unter aa) aufgezählten Beispiele. Wie gesehen, wird auf die Voraussetzung streitigen Verhandelns allenfalls in bezug auf "*existence and extent*" der Haftpflicht des *voucher* verzichtet[52], und selbst in dieser beschränkten Hinsicht ist die einzige modernere Quelle, die solches explizit ausspricht, das *Restatement*.

(2) Die Konsequenzen der *Conflict of Interests*-Lehre

Als ebenso wichtig kommt in diesem Kontext hinzu, daß in Fällen, in denen die freilich auch dem *vouchee* auferlegte Bindung an die Interessen des *voucher* dem Erstgenannten die Aufstellung von den *vouchee* ent-, aber den *voucher* belastenden Verteidigungsbehauptungen verboten hätte, die Lehre vom *conflict of interests* eingreift und eine Präklusion des Dritten im Umfang der festgestellten Interessenkollision ausschließt[53]. Auch besagte Doktrin trägt somit zu einer Angleichung der präklusionsbeschränkenden Sachverhalte in beiden Rechtsordnungen bei. Da die amerikanische Lehre auf einer vorgelagert-

---

[51] Siehe oben Erster Teil, Erstes Kapitel, VI. A. 4.

[52] Siehe oben Erster Teil, Erstes Kapitel, VI. A. 4., insbesondere b).

[53] Siehe oben Erster Teil, Erstes Kapitel, VI. A. 6.

abstrakteren Ebene ansetzt als der Einwand des § 68 Hs. 2, 2. Alt. ZPO, dürfte sie häufig sogar zu einer weitergehenden Bindungsfreistellung führen[54].

In einer Beziehung stößt dieser ungefähre Gleichlauf allerdings auf eine harte Grenze: so wurde in den Betrachtungen zum amerikanischen Recht festgestellt, daß sich der Empfänger eines *tender of defense* offenbar nicht mehr auf einen Interessenkonflikt soll berufen können, wenn er sich einmal zur Verteidigung des Ausgangsbeklagten entschlossen und das erste Verfahren an seiner Stelle bestritten hat[55]; Ausnahmen werden nur in Fällen einer vertraglichen *Pflicht* zur Verteidigungsübernahme diskutiert[56]. Dieses Konzept zwingt den *vouchee* gegebenenfalls zu Spekulationen über Bestehen und Ausmaß eines etwaigen Interessenkonfliktes, bevor er sich entscheidet, ob er der Aufforderung des *voucher* Folge leisten soll oder nicht. Geht seine Einschätzung fehl, droht ihm folglich der Verlust persönlicher Einwendungen ohne vorherige Anhörung. Auf diese Tatsache wird noch zurückzukommen sein[57].

c) Die Bindungsgrenze des § 68 Hs. 2, 3. Alt. ZPO

aa) Das deutsche Recht

Eine in der Praxis seltene[58] — einschlägige Entscheidungen sind nicht ersichtlich —, wenn auch theoretisch denkbare Möglichkeit, die Bindungswirkung einer Streitverkündung zu überwinden, liegt in dem Nachweis, daß die Hauptpartei Verteidigungsmittel, die dem Dritten unbekannt waren, wenigstens grob fahrlässig nicht geltend gemacht hat.

bb) Vergleich zum amerikanischen Recht

Auf die amerikanischen Verhältnisse transponiert, stellt sich die Frage, was geschieht, wenn der *voucher* den zu seiner Verteidigung herbeigeeilten *vouchee* grob fahrlässig oder absichtlich nicht vollständig über dem letzteren unbekannte Einwendungen gegen den Hauptanspruch informiert bzw. (im Falle seiner Eigenverteidigung) solche Einwendungen nicht selbst erhoben hat.

Die Frage erfährt im *vouching*-Recht keine eigene Behandlung und ist dementsprechend wenig geklärt. Sie würde wahrscheinlich unter den

---

[54] Auch in Deutschland wird übrigens in jüngerer Zeit vermehrt eine Begrenzung der Streithilfewirkung unter dem Gesichtspunkt der Interessenkollision zwischen Litisdenunziant und -denunziat diskutiert. Vgl. *Häsemeyer*, ZZP 84 (1971), 179, 192, 194f.; ders., JR 88, 69 passim; *Lüke*, S. 383ff. Neuerdings geschieht dies sogar unter ausdrücklicher Bezugnahme auf das amerikanische Recht. Siehe *Lüke*, S. 385. Unklar ist die Stellung des BGH. Vgl. einerseits BGH NJW 82, 281, wo der Aspekt des Interessenkonflikts aufgegriffen und eine korrespondierende Präklusionseinschränkung schon aus § 67 (!) ZPO hergeleitet wird; andererseits BGHZ 100, 257 = BGH JR 88, 67, wo der Lehre eine deutliche Absage erteilt wird .

[55] Siehe oben Erster Teil, Erstes Kapitel, VI. A. 6.

[56] Siehe oben Erster Teil, Erstes Kapitel, VI. B.

[57] S.u. C.

[58] Vgl. *Zöller/Vollkommer*, § 68 Rn. 12 a.E.; *Thomas/Putzo*, § 68 Anm. 4.b).

übergreifenden Gesichtspunkten unsorgfältiger Verteidigung oder gar von *fraud and collusion* beantwortet werden[59]. Dabei ist aber zu bemerken, daß nach dem *Restatement* eine nachlässige Prozeßführung noch nicht ohne weiteres aus dem Versäumnis, alle verfügbaren Einwendungen zu erheben, geschlossen werden kann[60]. Mit dieser Feststellung steht man indes bereits am Übergang zum folgenden Vergleichspunkt.

d) Das Zusatzerfordernis des Nachweises mangelhafter Prozeßführung in § 68 Hs. 2 ZPO

aa) Das deutsche Recht

Der Streitverkündungsempfänger deutschen Rechts kann sich einer Bindung durch das Vorurteil nur dann entziehen, wenn er über das Vorliegen eines der drei von § 68 Hs. 2 ZPO erfaßten Tatbestände hinaus nachweisen kann, daß der Litisdenunziat den Ausgangsprozeß mangelhaft geführt hat[61]. Damit ihm dieser Nachweis gelingt, muß er plausibel machen können, daß die Verteidigungsmittel, an deren Einsatz er gehindert war, geeignet waren, eine andere Entscheidung im Vorprozeß herbeizuführen[62]; die Erbringung eines hypothetischen Kausalitätsnachweises wird dagegen überwiegend nicht gefordert[63]. Dennoch dürfte an dieser Schwelle ein erhebliche Zahl von Versuchen, die Streitverkündungswirkung zu durchbrechen, scheitern. Man hat allerdings den Eindruck, daß zumindest die Rechtsprechung dem Umstand, daß es sich vorliegend um ein *kumulativ* zu prüfendes Tatbestandsmerkmal handelt, nicht immer hinreichend Beachtung schenkt; in Entscheidungen wird seine Erörterung jedenfalls häufig unterschlagen.

bb) Vergleich zum amerikanischen Recht

Auch dem amerikanischen Recht ist der Einwand nachlässiger Verteidigung geläufig. Ähnlich wie im Falle der Streitverkündung ist ihm freilich praktisch selten Erfolg beschieden, es sei denn, der *vouchee* könnte dem *voucher* regelrechte Arglist nachweisen[64]. Auch teilt das US-Recht nicht den starren Standard, nach dem sich die Mangelhaftigkeit der Prozeßführung durch den Streitverkünder bemessen soll; bevorzugt wird dort, wie typischerweise, eine tatsachenabhängige Einzelfallanalyse[65]. Für den hier angestellten Vergleich bedeutsamer ist aber die Tatsache, daß der Nachweis einer unsorgfältigen Handhabung der Verteidigung durch den *vouchee* — anders als im deutschen

---

[59] Vgl. oben Erster Teil, Erstes Kapitel, VI. A. 7.

[60] Siehe *Restatement (Second) of Judgments § 42*, cmt. f, auf den *§ 57*, cmt. b, ausdrücklich verweist.

[61] Ein Beispiel bietet LG Berlin, JR 54, 384 (Vergleich im Vorprozeß nicht bindend).

[62] Siehe *MüKo-ZPO/Schilken*, § 68 Rn. 19; *AK-ZPO/Koch*, § 68 Rn. 6; *Rosenberg/Schwab*, § 47 IV. 6.d) a.E.; *Thomas/Putzo*, § 68 Anm. 4.c).

[63] Anders aber *B/L/Hartmann*, § 68 Rn. 8.

[64] Vgl. nochmals oben Erster Teil, Erstes Kapitel, VI. A. 7.

[65] Siehe *Restatement (Second) of Judgments § 42*, cmt. f.

Recht — nicht *notwendige* Zusatzvoraussetzung für eine Abwendung der Drittbindung ist. Tendenziell führt die in der ZPO getroffene Regelung daher zu einer stärkeren Präklusionswirkung, als sie das amerikanische Recht vorsieht.

3. Ergebnis

Der obige Vergleich dürfte deutlich gemacht haben, daß die Präklusionswirkungen des *vouching in* im Ergebnis weitgehend mit denen der Streitverkündung übereinstimmen. Das trifft nicht nur auf die "Primärebene" des grundsätzlichen Umfangs der Bindung zu, sondern — bei teilweise divergierender dogmatischer Begründung — gleichfalls auf die "Sekundärebene", also die Grenzen und Durchbrechungen dieser Bindung.

Unterschiede greifbarer Art liegen zwar angesichts der im amerikanischen Recht selbständigeren und machtvolleren Verfahrensstellung des benachrichtigten Dritten nahe, die ihm eine umfassendere Einflußnahme auf den Vorprozeß ermöglicht und dementsprechend eine prinzipielle Ausdehnung der objektiven Reichweite der ihn treffenden Bindung zu rechtfertigen vermöchte. Im Ergebnis hält sich diese Ausdehnung infolge verschiedener anderer Restriktionen des amerikanischen Rechts aber in engsten Grenzen. Eine bemerkenswerte Ausnahme bildet lediglich die amerikanische Auffassung, der *vouchee*, der den Erstprozeß verteidigt habe, könne sich — sofern ihn nicht eine entsprechende materiellrechtliche Pflicht zur Verteidigungsübernahme gezwungen habe — später nicht mehr auf einen Interessenkonflikt berufen.

Im übrigen sind umgekehrt durchaus Fälle vorstellbar, in denen das *deutsche* Recht über das amerikanische hinausgeht. Während nämlich dort das Postulat streitiger Vorverhandlung unter anderem dazu führt, daß Versäumnisurteile, zumindest was die ihnen zugrundeliegenden Tatsachenfeststellungen bzw. ihre rechtliche Würdigung angeht, den *vouchee* nicht binden können[66], kann eine derartige Wirkung nach den Maßstäben der ZPO ohne weiteres eintreten — vorausgesetzt, daß die Streitverkündung so rechtzeitig erfolgte, daß kein Fall des § 68 Hs. 2, 1. Alt. ZPO vorliegt. Hingewiesen wurde auch bereits auf die Erschwerung der Präklusionsdurchbrechung, die das deutsche Recht in Form des von ihm in jedem Falle geforderten Nachweises mangelhafter Prozeßführung parat hält[67]: dieses Hindernis läßt es z.B. denkbar erscheinen, daß der im Vorprozeß durch ein Geständnis der Hauptpartei an weiterem Bestreiten gehinderte Litisdenunziat die in jenem Prozeß getroffenen Feststellungen gleichwohl gegen sich gelten lassen muß, da auch seine Verteidigungseinlassungen nicht zu einem anderen Ergebnis hätten führen können. Im amerikanischen Recht schließt dagegen schon der aus der *admission* resultierende Mangel an *actual litigation* eine Präklusion des *vouchee* aus — zumindest, sofern sie mehr als die nackte Feststellung von "*existence and extent*" der *voucher*-Ersatzpflicht erfassen soll.

[66] Siehe oben Erster Teil, Erstes Kapitel, VI. A. 4.

[67] S.o. 2. d).

Doch können diese Diskrepanzen im Detail den überwiegenden Gesamteindruck nicht erschüttern: in ihren Grundzügen weist die Reichweite von *vouching*- und Streitverkündungswirkung eine Übereinstimmung auf, deren Ausmaß auf den ersten Blick frappierend anmutet. Auf den zweiten Blick ist diese Parallelität dann andererseits so erstaunlich auch wieder nicht — wenn man sich nämlich vergegenwärtigt, daß beide Rechtsordnungen einen verfassungsrechtlich institutionalisierten Anspruch auf rechtliches Gehör kennen, dessen jeweilige Vorgaben die Präklusion des unfreiwilligen Drittintervenienten in ähnliche Bahnen lenken konnten[68].

C. Rückkehr zur Ausgangsfrage

Vor dem Hintergrund des obigen Vergleichs ist es jetzt möglich, zur Ausgangsfrage — Gleichstellung oder Wirkungserstreckung? — zurückzukehren und sie einer Beantwortung für die vorliegende Untersuchung zuzuführen.

Dabei ist vorausschickend sogleich festzustellen, daß die verschiedenen Theorieansätze angesichts der zuvor aufgedeckten weitgehenden Kongruenz von Streitverkündungs- und *vouching*-Wirkungen nur zu marginal unterschiedlichen Resultaten kommen werden.

Das gilt insbesondere für das Verhältnis von Kumulations- und uneingeschränkter[69] Wirkungserstreckungslehre. Beide dürften nur insoweit zu differierenden Bewertungen gelangen, als es um die (allerdings nur vom *Restatement* vorgesehene, praktisch dagegen nicht etablierte) "Tenorbindung" des *vouchee* an Bestehen und Ausmaß der Haftpflicht des *voucher* in Fällen nichtstreitiger Verfahren geht. Denn einer solchen Bindung stünde im deutschen Recht, wie gesehen[70], vielfach (*nicht* jedoch im besonders wichtigen Fall des Versäumnisurteils[71]) § 68 Hs. 2, 2. Alt. ZPO entgegen — was aus Sicht der Kumulationstheorie einer Anerkennungssperre gleichkommt.

Größere Diskrepanzen ergäben sich freilich, wenn man einer streng durchgeführten Gleichstellungsdoktrin folgen wollte. Dies deshalb, weil die obige Untersuchung auch erbracht hat, daß das amerikanische Recht *seinerseits* teilweise hinter dem deutschen zurückbleibt[72]. Ob die Verfechter des Gleichstellungsgedankens in diesen Fällen — wie es in der Konsequenz ihres

[68] Dazu, daß die Interventionswirkung des § 68 an Art. 103 I GG gemessen werden muß, siehe nur *Zöller/Vollkommer*, § 68 Rn. 11; *MüKo-ZPO/Schilken*, § 66 Rn. 1 mit Fn. 3, § 68 Rn. 19; *Wieser*, ZZP 79 (1966), 246, 262ff.; *M/D/Schmidt-Assmann*, Art. 103 Rn. 34. Zur Relevanz der *due process clause* der US-Verfassung für die Präklusion des *vouchee* vgl. die in Fn. 142 zitierten Nachweise.

[69] "Uneingeschränkt" insofern, als — anders als nach Ansicht der Kumulationslehre — nicht die Wirkungsgrenzen eines *entsprechenden* deutschen Judikats zu beachten sind. Nicht angetastet werden sollen mit dieser Charakteriesierung dagegen die Grenzen der "völligen Wesensfremdheit" und des ordre public.

[70] S.o. B. 2. b) bb) (1).

[71] Wie erinnerlich, kann ein Versäumnisurteil grundsätzlich auch den deutschen Streitverkündeten binden. Siehe oben B. 2. b) aa).

[72] S.o. B. 3.

Ansatzes läge[73] — tatsächlich so weit gehen würden, dem ausländischen Urteil in der Bundesrepublik ein "Mehr" an Wirkungskraft zuzugestehen als im Ursprungsland, ist zwar unsicher: möglicherweise würden sie sich stattdessen auf den Standpunkt zurückziehen, über das Recht des Urteilsstaates dürfe bei der Bestimmung der Wirkungen der ausländischen Entscheidung nicht hinausgegangen werden[74]. Damit würde indessen der Anspruch echter Homologisierung kompromittiert; die Gleichstellungs- mutierte zur Kumulationstheorie. Außerdem wäre zugleich ein prominentes für die Gleichstellungslehre ins Feld geführte Argument entwertet, nämlich daß nur diese Doktrin den Richter umfangreicher Nachforschungen über das ausländische Recht enthebe und daher praktikabler sei[75].

Gegen eine *ohne* derartige Zugeständnisse operierende Gleichstellungslehre sprechen freilich ebenfalls durchgreifende Gründe.

Hilfreich ist dabei zunächst ein kurzer Blick auf die Gründe und Interessen, die eine Anerkennung ausländischer Urteile überhaupt motivieren[76]. Bei im einzelnen unterschiedlicher Akzentuierung besteht in diesem Punkte doch grundsätzlich weitgehende Einigkeit darüber, daß es im wesentlichen folgende, sich teilweise überschneidende Gesichtspunkte sind, die zu einer Anerkennung drängen: das Interesse der Parteien, Mühe und Kosten wiederholter Prozeßführung zu vermeiden oder jedenfalls zu wissen, woran sie sind[77]; die Respektierung der prinzipiellen Gleichberechtigung aller Staaten und damit der Gleichwertigkeit ihrer Rechsordnungen[78]; die Erleichterung des internationalen Wirtschaftsverkehrs[79]; die Förderung des äußeren Entscheidungseinklangs[80]; und schließlich: die Entlastung der inländischen Gerichte[81]. Während nun die meisten der genannten Aspekte lediglich die Notwendigkeit einer Anerkennung als solche nahelegen, scheint es dem Verfasser, als ob andere durchaus auch die in der vorliegenden Frage zu treffende Entscheidung in eine bestimmte Richtung zu lenken vermögen.

So entspricht es wohl weniger dem Leitbild prinzipieller Äquivalenz aller Rechtsordnungen, wenn man der Diskriminierung fremder Judikativkompetenzen im Wege einer "Germanisierung" der Urteilswirkungen begegnen will[82]. Damit soll selbstverständlich nicht einer Hinnahme von Urteilsfolgen das Wort geredet werden, die der inländischen Rechtsordnung fundamental zuwiderlaufen; zu ihrer

---

[73] Vgl. *Schack*, IZVR, Rn. 794; *Martiny*, Hdb. IZVR III/1, Kap. 1, Rn. 367f.

[74] So offenbar *Nagel* in der 2. Auflage seines Handbuches, Rn. 638, die allerdings in dieser Hinsicht von terminologischer und konzeptioneller Unklarheit gekennzeichnet ist.

[75] Gegen diese Argumentation auch *Martiny*, Hdb. IZVR III/1, Kap. 1, Rn. 368; *Gottwald*, ZZP 103 (1990), 257, 263.

[76] Siehe zum folgenden ausführlich *Martiny*, Hdb. IZVR III/1, Kap. 1, Rn. 75ff.

[77] Siehe *Schack*, IZVR, Rn. 787; *Martiny* a.a.O., Rn. 77.

[78] Siehe *Schack*, IZVR, Rn. 35, 790.

[79] Siehe *Martiny* a.a.O., Rn. 87, 101ff.; *Schütze*, DIZPR, S. 129; *Linke*, Rn. 338.

[80] Siehe *Martiny* a.a.O., Rn. 87, 104ff.; *Schack*, IZVR, Rn. 789.

[81] Siehe *Zöller/Geimer*, § 328 Rn. 4; *Schack*, IZVR, Rn. 788.

[82] Vgl. *Martiny*, Hdb. IZVR III/1, Kap. 1, Rn. 368.

Abwehr reicht aber der ordre public-Vorbehalt aus. In diesem Zusammenhang sei auch darauf hingewiesen, daß beispielsweise im Rahmen des EuGVÜ[83] ebenfalls weithin als unbestritten gilt, daß unbekannte Entscheidungswirkungen bis zur Schwelle des ordre public akzeptiert werden müssen[84]. Umso weniger kann es überzeugen, wenn von Vertretern der Gleichstellungstheorie moniert wird, mehr als eine Gleichbehandlung mit deutschen Urteilen könne vom Ausland billigerweise nicht erwartet werden[85].

Auch ist allein die Wirkungserstreckungs-, nicht aber die Gleichstellungslehre imstande, zu einer Verbesserung des internationalen Entscheidungseinklangs beizutragen[86].

Hinzu kommt der ganz entscheidende Einwand, daß nicht einzusehen ist, wieso man bei der Bestimmung der Reichweite von Urteilswirkungen ausländischer Verfahren von den abweichenden prozessualen Rahmenbedingungen absehen soll, die das fremde Recht den Litiganten zur Verfügung stellt und aus denen Urteilswirkungen resultieren, die — wie im Falle des *vouching in* — auf dieses Verfahrensregime abgestimmt und von den Beteiligten daher auch kalkulierbar waren[87]. Eine isolierte Betrachtungsweise, wie sie die Gleichstellungsdoktrin notgedrungen darstellt, vermag diesem funktionalen Nexus nicht ausreichend Rechnung zu tragen.

Die Wirkungserstreckungstheorie stellt deshalb die gegenüber dem Prokrustesbett der Gegenauffassung überzeugendere Lösungsalternative dar: fremdländische Urteilswirkungen sind nach Maßgabe des Rechtes des Urteilsstaates anzuerkennen[88].

Dabei sollten diese Wirkungen auch nicht durch den Wirkungsumfang einer *entsprechenden* deutschen Entscheidung begrenzt werden[89], denn auf ein solches Kumulationsmodell (das man ja auch als partielle Gleichstellungstheorie

---

83 Brüsseler EWG-Übereinkommen über die gerichtliche Zuständigkeit und die Vollstreckung gerichtlicher Entscheidungen in Zivil- und Handelssachen vom 27. 9. 1968, BGBl. 1972 II, S. 774.

84 Siehe *Zöller/Geimer*, § 328 Rn. 21; *Linke*, Rn. 334; *Geimer/Schütze*, Bd. I/1, § 128. Vgl. EuGH RIW 88, 820 = IPRax 89, 159 m. krit. Anm. *Schack*, IPRax 89, 139.

85 Siehe — aus Sicht der insofern gleichzustellenden Kumulationstheorie — *Schack*, IPRax 89, 139, 142 (für den Bereich des EuGVÜ). In dieselbe Richtung deuten die Ausführungen von *Matscher*, ZZP 103 (1990), 294, 307.

86 Siehe *Martiny* a.a.O., Rn. 107, 367; *Gottwald*, ZZP 103 (1990), 257, 263.

87 So auch *Martiny*, Hdb. IZVR III/1, Kap. 1, Rn. 367; *Kropholler*, IPR, § 60 IV 2.

88 So auch *Martiny* a.a.O., Rn. 364; *ders.*, 35 Am. J. Comp. L. 721, 728 (1987); *Geimer*, IZPR, Rn. 2191f.; *Linke*, Rn. 333; *Schütze*, DIZPR, S. 133; *Gottwald*, ZZP 103 (1990), 257, 261ff.; *St/J/Schumann*, § 328 Rn. 3ff.; *Zöller/Geimer*, § 328 Rn. 18ff.; *MüKo-ZPO/Gottwald*, § 328 Rn. 123; *Chrocziel/Westin*, ZVglRWiss 87 (1988), 145, 146f.; *Kegel*, § 22 V 1.a). Undeutlich *Geimer/Schütze*, Bd. I/2, § 184, wo auf S. 1388 zunächst die Wirkungserstreckung propagiert, dann aber auf S. 1391 von Gleichstellung geredet wird.

89 So zutreffend *MüKo-ZPO/Gottwald*, § 328 Rn. 123; ders., ZZP 103 (1990), 257, 262; *St/J/Schumann*, § 328 Rn. 3b; *Kropholler*, IPR, § 60 IV 2.; (begrenzt auf die Rechtskraft) Riezler, S. 520. Anders aber *Schack*, IZVR, Rn. 796; *Müller*, ZZP 79 (1966), 199, 207; *Nagel*, Rn. 638; *Rosenberg/Schwab*, § 158 I 1; OLG Frankfurt/M., IPRax 86, 297.

bezeichnen kann) treffen die meisten der soeben gegen die Gleichstellungslehre angeführten Gründe in gleicher Weise zu.

Das allgemein anerkannte Regulativ, die ausländische Urteilsfolge als solche dürfe dem deutschen Recht nicht völlig "wesenfremd" bzw. "ihrer Art nach unbekannt" sein[90], wird im vorliegenden Kontext vorerst noch nicht virulent[91]: der Vergleich von *vouching-* und Streitverkündungswirkung hat hinlänglich dokumentiert, daß die Urteilsbindung, die das amerikanische Recht an die Benachrichtigung eines regreßbedrohten Dritten knüpft, dem deutschen Recht selbst in vielen Einzelheiten keineswegs fremd ist.

Umso weniger kann der Vorbehalt des deutschen ordre public im vorliegenden Falle eine Wirkungserstreckung verhindern[92] — mit einer Einschränkung allerdings, die sich für die (in dieser Hinsicht besonders sensible[93]) Problematik der Drittpräklusion aus der Verbürgung rechtlichen Gehörs durch Art. 103 I GG[94] ergibt:

Die Analyse des *vouching*-Verfahrens hat gezeigt, daß das amerikanische Recht — nicht zuletzt unter dem Eindruck eigener konstitutioneller Erfordernisse — dem zur Verteidigung aufgeforderten Dritten den Schutz seiner Anhörungsinteressen in einem Maße garantiert, das als dem Standard des Art. 103 I GG[95] genügend angesehen werden muß. Dies läßt sich allerdings nicht behaupten, soweit es dem *verfahrenseintretenden vouchee* nach US-Auffassung verwehrt sein soll, sich in einem späteren Rückgriffsverfahren auf einen Interessenkonflikt zu berufen, der ihm im Vorprozeß die Wahrnehmung seiner persönlichen Interessen unmöglich gemacht habe. Diese Konsequenz ist aus der Perspektive des deutschen Verfasungsrechts nicht hinnehmbar. Wie bereits angedeutet, setzt sie nämlich den benachrichtigten Dritten, der sich zwecks Verschaffung rechtlichen Gehörs in das Erstverfahren einschaltet, der Gefahr aus, später an Feststellungen gebunden zu sein, die er nicht vollkommen frei zu beeinflussen imstande gewesen war. Die Alternative des völligen Fernbleibens vom Ausgangsprozeß beschwert den Dritten mit der Last der Prognose darüber, ob das Gericht des Regreßstreites später die Existenz einer Interessenkollision bejahen wird oder nicht. Eine Gelegenheit zur Anhörung ist dem Dritten auf diese Weise nicht in jedem Falle garantiert. Dieser Umstand widerspricht aber der Forderung des Art. 103 I GG, jeder Verfahrensbeteiligte — worunter unstreitig auch der Litisdenunziat zu zählen ist[96] — müsse sich wenigstens

---

90 S.o. unter A.

91 Anders bei der Untersuchung der Anerkennungsfähigkeit von *vouching*-Wirkungen aus Vergleich. S.u. III. B.

92 Die Prüfung einer abstrakten fremdländischen Urteilswirkung auf ihre Vereinbarkeit mit dem ordre public ist von derjenigen der ordre public-Mäßigkeit eines konkreten Urteils zu unterscheiden und wird daher bereits an dieser Stelle (und nicht erst im Rahmen der Diskussion des § 328 I Nr. 4 ZPO) vorgenommen.

93 Vgl. nur *Gottwald*, ZZP 103 (1990), 257, 262.

94 Zu Art. 103 I GG als Teil des verfahrensrechtlichen ordre public allgemein siehe *Martiny*, Hdb. IZVR III/1, Kap. 1, Rn. 1036ff.

95 Zu diesem siehe ausführlich *M/D/Schmidt-Assmann*, Art. 103 Rn. 66ff.

einmal in allen für ihn wesentlichen Punkten zur Sache äußern können[97]. Die Anerkennung einer derart weitreichenden Präklusionswirkung verbietet sich daher aus Gründen des deutschen prozessualen ordre public.

D. Zusammenfassung

Als Ergebnis ist festzustellen, daß die Präklusionswirkungen, die eine amerikanische Entscheidung gegenüber einer dritten Partei entfaltet, welche zuvor vom Beklagten mittels *vouching in* zum Verfahrenseintritt aufgefordert worden war, in der Bundesrepublik nach Maßgabe der Wirkungserstreckungslehre in vollem Umfang anerkennungsfähig sind. Eine Ausnahme macht nur der Fall des *vouchee*, der die Verteidigung des Vorprozesses übernommen hatte und dort infolge der ihm auferlegten Bindung an die Interessen des *voucher* an der Wahrnehmung damit kollidierender Eigeninteressen gehindert war; soweit das amerikanische Recht dem Betroffenen in dieser Situation die spätere Berufung auf einen Interessenkonflikt versagt, ist diese Konsequenz in Deutschland als gegen den Anspruch auf rechtliches Gehör i.S.d. Art. 103 GG und damit als gegen den ordre public verstoßend zurückzuweisen.

III. Anerkennung von *Vouching*-Wirkungen aus Vergleich?

Bisher ist in der Anerkennungsdiskussion stillschweigend davon ausgegangen worden, daß das amerikanische Ausgangsverfahren durch "gewöhnliches" Urteil entschieden worden war. Wie im ersten Teil dieser Arbeit dargelegt wurde[98], vermögen nach in den USA verbreiteter Rechtsprechung aber auch Vergleiche dem *vouchee* gegenüber eine beschränkte Bindungswirkung zu entfalten: der regreßsuchende Ausgangsbeklagte soll dieser Auffassung zufolge nämlich nach einem *tender of defense* nur mehr seine potentielle Haftbarkeit gegenüber dem ursprünglichen Kläger nachweisen müssen, um sich den Rückgriff gegen den *vouchee* offenzuhalten. Da der Weg der Streitbeilegung durch *settlement* in den USA recht häufig beschritten wird[99], muß der Frage nachgegangen werden, wie es in diesem Falle um eine Anerkennung der *vouching*-spezifischen Bindungswirkungen in Deutschland bestellt ist.

A. Die Anerkennungsfähigkeit ausländischer, insbesondere amerikanischer Vergleiche im allgemeinen

Eine erste Anerkennungshürde liegt darin, daß schon zweifelhaft ist, ob Vergleiche überhaupt zum Kreise der in Deutschland anerkennungstauglichen

---

[96] Siehe die in Fn. 611 genannten Quellen.

[97] Siehe nur BVerfGE 36, 92, 97; 64, 135, 143ff. (st. Rspr.); *M/D/Schmidt-Assmann*, Art. 103 Rn. 66, 129, 131; *Jarass/Pieroth*, Art. 103 Rn. 4.

[98] Siehe oben Erster Teil, Erstes Kapitel, VI. A. 5.

[99] Vgl. *Fed. R. Civ. P. 16(a)(5), (c)(7)*, die das Gericht dazu anhalten, bereits in der *pretrial*-Phase eines Verfahrens auf einen möglichen Vergleich hinzuwirken.

Prozeßbeendigungsformen zählen. Häufig wird diese Frage ebenso kurz wie pauschal mit dem Hinweis verneint, der Anerkennung zugänglich seien, wie aus § 328 ZPO hervorgehe, nur ausländische *Urteile*[100]. Daß diese Auffassung immerhin für solche Vergleiche zutrifft, die keine urteilsförmige Umsetzung erfahren haben, ergibt sich nicht nur aus dem Wortlaut des § 328 ZPO, sondern mittelbar auch aus § 795 ZPO, der nähere Bestimmungen zur Vollstreckung (nicht nur, aber auch) von Prozeßvergleichen trifft, ohne dabei auf die für die Vollstreckbarkeit ausländischer Entscheidungen maßgeblichen §§ 722, 723 ZPO zu verweisen; das läßt den Schluß zu, daß eine Anerkennung ausländischer Vergleiche nicht beabsichtigt war[101]. In dieses Bild paßt auch, daß in internationalen Verträgen die Vollstreckung aus ausländischen Vergleichen sehr oft separat geregelt ist[102].

Mit diesen Feststellungen ist die Problematik aber keineswegs ausgeschöpft. Was nämlich soll gelten, wenn der ausländische Vergleich in Urteilsform gekleidet ist? Das ist eine nach Inlandsrecht zu beanwortende[103] Qualifikationsfrage. Die wenigen Kommentatoren, die sich mit ihr eingehender befassen, wollen teilweise darauf abstellen, ob in dem Akt des Urteilserlasses noch eine eigenständige Entscheidungsfällung des Richters zu sehen ist, die maßgebliche Rechtsordnung also Raum für eine Be*urteil*ung der unterbreiteten Parteivereinbarungen läßt; bejahendenfalls könne von einem Urteil i.S.d. § 328 ZPO gesprochen werden, sonst aber nicht[104]. Hiergegen ist aber einzuwenden, daß beispielsweise auch bei Erlaß eines Anerkenntnisurteils (wenigstens nach deutschem Recht) keine Begründetheits-, ja nicht einmal eine Schlüssigkeitsprüfung durch das Gericht erfolgt[105]; dennoch sind vergleichbare Urteile ausländischer Gerichte unstrittig anerkennungsfähig[106]. Für eine Anerkennung genügen muß daher, daß die fremde Vergleichsentscheidung die äußerlichen Eigenschaften eines vollwertigen Urteils teilt, also insbesondere rechtskraft- und vollstreckungsfähig ist[107]: mit der Verleihung eines solchen Status macht das

[100] Siehe z.B. *Linke*, Rn. 376; *Nagel*, Rn. 658; *B/L/Hartmann*, § 328 Rn. 9; *Thomas/Putzo*, § 328 Anm. 1.a). A.A. *Riezler*, S. 530, nach dem es ausschließlich auf die Vollstreckungsfähigkeit des Vergleichs nach ausländischem Recht ankommen soll. Gegen eine Anerkennung, aber für eine Vollstreckbarkeit ausländischer Prozeßvergleiche *Zöller/Geimer*, § 722 Rn. 8; *Geimer*, IZPR, Rn. 2226. Zweifelnd, jedenfalls aber für eine Anerkennung de lege ferenda *Martiny*, Hdb. IZVR III/1, Kap. 1, Rn. 543f., 552.

[101] Siehe *Schack*, IZVR, Rn. 816; *Gottwald*, ZZP 103 (1990), 257, 268.

[102] Vgl. z.B. Art. 51 EuGVÜ.

[103] Siehe nur *Martiny*, Hdb. IZVR III/1, Kap. 1, Rn. 463 m.w.N. Die von einer Mindermeinung vertretenen Lehre von der Doppelqualifikation (Nachweise bei *Martiny* a.a.O.) käme im vorliegenden Falle, in dem ja gerade davon ausgegangen wird, daß auch nach ausländischem Recht ein Urteil vorliegt, zum gleichen Ergebnis.

[104] So z.B. *Martiny*, Hdb. IZVR III/1, Kap. 1, Rn. 470.

[105] Siehe nur *Zöller/Vollkommer*, § 307 Rn. 4; *Thomas/Putzo*, § 307 Anm. 4 a. Die anerkannte Rechtsfolge muß nicht einmal mit dem materiellen Recht übereinstimmen. *Thomas/Putzo* a.a.O., Anm. 2 e.

[106] Siehe nur *Geimer*, IZPR, Rn. 2219.

[107] Siehe *Martiny* a.a.O.; *Geimer*, IZPR, Rn. 2225; wohl auch *MüKo-ZPO/Gottwald*, § 328 Rn. 49 a.E.

fremde Recht augenfällig, daß es das Vergleichsurteil als mit staatlicher Autorität ausgestatteten Hoheitsakt verstanden wissen will (und zwar gleichviel, ob das betreffende Gericht dabei noch eine selbständige Entscheidung getroffen hat oder nicht). Daß letzteres auch auf einen *nicht* in Urteilsform gegossenen, sondern lediglich gerichtlich beurkundeten Prozeßvergleich zutreffen mag, wie das Beispiel des § 794 I Nr. 1 ZPO zeigt, steht auf einem anderen Blatt: diese Tatsache vermag jedenfalls *allein* nichts gegen die klare Wortlautgrenze des § 328 ZPO auszurichten[108].

Aus dem Gesagten ergibt sich, daß die Anerkennungsfähigkeit eines amerikanischen Vergleichs jedenfalls prinzipiell in den Fällen zu bejahen ist, in denen er Aufnahme in ein *consent judgment* gefunden hat. Ein solches Urteil ist nach US-Recht rechtskraftfähig[109] und bildet eine vollwirksame Vollstreckungsgrundlage[110]; damit erfüllt es die entscheidende Voraussetzung für eine Qualifizierung als Urteil i.S.d. § 328 ZPO[111]. Für eine solche Anerkennung spricht übrigens auch, daß — worauf bereits von anderer Seite hingewiesen worden ist[112] — ein Vergleichsurteil in den USA sehr häufig erst nach ausgiebiger Erörterung und Auslotung des Streitstandes zwischen den Parteien geschlossen wird[113], ihm also in der Regel eine gegenüber dem deutschen Recht gesteigerte Richtigkeitsgewähr innewohnt.

Beantragen die Parteien dagegen auf der Grundlage des von ihnen geschlossenen Vergleichs einvernehmlich die Abweisung der Klage, so kann das voraufgegangene *settlement* keine Wirkung in Deutschland entfalten. In Fällen

108 Man kann aus diesen Friktionen allenfalls die Schlußfolgerung ziehen, daß sich das deutsche autonome Recht zu einer allgemeinen Anerkennung von Auslandsvergleichen durchringen sollte.

109 Das gilt jedenfalls für den Teilaspekt der *claim preclusion*, also des Verbotes nochmaliger Klageerhebung in derselben Sache. Siehe nur Note, 72 Harv. L. Rev. 1314, 1320 (1959). Anderes gilt, wie an anderer Stelle bereits angesprochen, für den Bereich der *issue preclusion*. Siehe *James/Hazard/Leubsdorf*, § 11.18; *Restatement (Second) of Judgments § 27*, cmt. e (S. 257); 18 *Wright/Miller/Kane*, § 4443; 1B *Moore*, ¶ 0.444[3].

110 Siehe Note, 72 Harv. L. Rev. 1314, 1316 (1959); *Lynch u.a.*, §§ 11:27, 12:26; *Resnik*, 1987 U. Chi. Legal F. 43, 47; *Mengler*, 29 B.C. L. Rev. 291, 292 (1988); 47 *Am. Jur.2d* Judgments § 1088.

111 Ein die Richtigkeit oder Angemessenheit des Vergleichs bestätigende Billigungsakt kann demgegenüber im Erlaß eines *consent judgment* in aller Regel nicht erblickt werden. Für gewöhnlich zeichnet der betreffende Richter die ihm von den Parteien unterbreitete Vereinbarung nämlich ohne weiteres ab. Vgl. Note, 72 Harv. L. Rev. 1314, 1316 (1959); *Resnik*, 1987 U. Chi. Legal F. 43, 47f. Ausnahmen bestehen nur in gesetzlich geregelten Sonderfällen, z.B. in *class actions*, wo für einen wirksamen Vergleich gem. *Fed. R. Civ. P. 23(e)* die Zustimmung (*approval*) des Gerichts erforderlich ist. Vgl. *Resnik*, a.a.O; *Mengler*, 29 B.C. L. Rev. 291, 291 (1988).

112 Von *Koch*, ZVglRWiss 85 (1986), 11, 52.

113 So heißt es beispielsweise in einem neueren Urteil des *Supreme Court*: "Consent decrees are entered into by parties to a case *after a careful negotiation has produced agreement on their precise terms*." (Hevorhebung vom Verf.) Local Number 93 v. City of Cleveland, 478 U.S. 501, 522 (1986). Das Zitat stammt ursprünglich aus der Entscheidung United States v. Armour & Co., 402 U.S. 673, 681f. (1971).

eines solchen *dismissal* kommt es nämlich überhaupt nicht zu einer Implementierung des Vergleichs in ein gerichtliches Urteil. Das Gericht stellt lediglich fest, daß die Klage kraft Parteivereinbarung abgewiesen wird[114]. Von einer vollstreckungsfähigen Entscheidung kann also keine Rede sein. Der zugrundeliegende Vergleich mag zwar materiellrechtliche Bedeutung haben; es fehlt aber am qualitativen Sprung auf die Ebene prozeßrechtlicher Formalisierung.

B. Die Anerkennung der Vergleichswirkungen des *Vouching In*

Die Bejahung der grundsätzlichen Anerkennungsfähigkeit eines amerikanischen *consent judgment* präjudiziert noch nicht die Antwort auf die Frage, welche Wirkungen von einem solchen Vergleichsurteil in Deutschland im einzelnen ausgehen können, insbesondere: ob es zu einer Erstreckung der einen *vouchee* in solchen Fällen treffenden Bindungsfolgen kommen kann.

1. Die zweifelhafte Rechtsnatur der Bindung durch Vergleich

Erhebliche Zweifel an der Möglichkeit einer solchen Wirkungserstreckung weckt zunächst einmal die früher gemachte Beobachtung, daß es allem Anschein nach aus amerikanischer Sicht für eine Bindung des Dritten gerade *nicht* entscheidend darauf ankommt, welche prozeßtechnische Umsetzung der von den Urparteien geschlossene Vergleich im Ausgangsverfahren erfahren hatte[115]. Das hieße aber, daß Legitimationsgrund der Bindung nicht die Autorität des im ersten Prozesse ergangenen Urteils, sondern der erzielte Vergleich *selbst* wäre; anders könnte eine Bindungswirkung zumindest im Falle einer formell abweisenden Entscheidung — *dismissal* — kaum erklärt werden. Mit anderen Worten: die durch Vergleich ausgelöste Bindung wäre von vornherein nicht als prozessuale *Urteils*wirkung, sondern als materiellrechtliche *Vergleichs*wirkung aufzufassen[116]. Das bedeutete aber auch, daß die Akzeptierung dieser Wirkung überhaupt keine Frage der Urteilsanerkennung, sondern des anwendbaren Sachrechts wäre. Doch ist das amerikanische Recht in diesem Punkte insgesamt zu unklar, als daß man auf ihn allein eine Entscheidung in der Ausgangsfrage gründen könnte[117].

---

114 Siehe *Resnik*, 1987 U. Chi. Legal F. 43, 46.
Handelt es sich um einen sog. "*dismissal without prejudice*", der nicht als Sachentscheidung fungiert und dem Kläger eine neuerliche Klageerhebung offenläßt, dann liegt eine der Klagerücknahme (§ 269 ZPO) vergleichbare Situation vor; erfolgt ein "*dismissal with prejudice*", dann gilt die Abweisung, ähnlich wie beim Klageverzicht nach § 306 ZPO, als mit Rechtskraft ausgestattetes Sachurteil. Vgl *Fed. R. Civ. P. 41(a)(1)*. Vgl. auch *Haydock*, § 6.17, S. 184; 47 *Am. Jur.2d* Judgments, §§ 1095f.

115 S.o. Erster Teil, Erstes Kapitel, VI. A. 5.

116 Zweifelnd auch *Koch*, ZVglRWiss 85 (1986), 11, 24.

117 Vgl. *Koch* a.a.O.

2. Die Unbekanntheit einer Bindung durch Vergleich im deutschen Recht

Gegen eine Anerkennung von Vergleichswirkungen des *vouching* könnte auch der Umstand sprechen, daß nach deutschem Recht der Streitverkündungsempfänger durch einen Vergleich zwischen den Hauptparteien grundsätzlich nicht präkludiert zu werden vermag[118]. Denn diese Abweichung gibt Anlaß zu der Frage, ob eine Bindung durch Vergleichsurteil nicht eine dem deutschen Recht artfremde Entscheidungswirkung darstellt, deren Anerkennung folglich selbst nach der Wirkungserstreckungslehre abzulehnen ist[119]. Eine Erörterung dieses Einwandes hat mit der Schwierigkeit zu kämpfen, daß sich der Maßstab der "völligen Fremdheit" trotz allgemeiner Akzeptanz mehr durch seine Vagheit denn durch seine scharfe Konturierung auszeichnet[120]. Als exemplarisch kann in dieser Hinsicht das Problem divergierender Rechtskraftwirkungen gelten, anhand dessen die praktische Bedeutung des Kriteriums zumeist diskutiert wird. Bezeichnenderweise sind schon hier die Ergebnisse nicht einheitlich: während die Mehrzahl der Autoren zu dem Schluß gelangt, eine Bindung an präjudizielle Rechts- und Tatsachenfeststellungen sei dem deutschen Recht ihrer Art nach unbekannt und daher nicht anerkennungsfähig[121], vertreten andere Stimmen unter Heranziehung desselben Maßstabs einen gegenteiligen Standpunkt[122]. Dieses Beispiel allein läßt erkennen, wie unsicher der Rekurs auf eine wie auch immer geartete "Wesensfremdheit" ist[123].

Bemüht man sich gleichwohl, dieses Kriterium für den vorliegenden Zusammenhang fruchtbar zu machen, so könnte man argumentieren, daß es auch im Falle der *Vergleichswirkung* des *vouching in* um die Bindung eines im Vorprozeß zum Verfahrensbeitritt aufgeforderten Dritten geht, eine Wirkung, die das deutsche Recht in abstracto ebenfalls kennt, also zumindest nicht aus grundsätzlichen Überlegungen heraus ablehnt. Des weiteren wurde bereits ausgeführt, daß es für die Erstreckung einer ausländischen Urteilswirkung nicht darauf ankommen kann, ob eine *entsprechende* deutsche Entscheidung gleiche Wirkungen entfalten könnte: eine solche Einschränkung liefe auf den Standpunkt der partiellen Gleichstellungslehre hinaus und ist aus denselben Erwägungen abzulehnen, die auch sonst gegen diese Doktrin sprechen[124]. Es kann daher prinzipiell weder schädlich sein, daß das deutsche Recht kein Vergleichsurteil kennt — sonst wäre ein *consent judgment* schon als

---

118 S.o. II. B. 2. b) aa).

119 Vgl. oben II. A.

120 Insoweit ist der Kritik *Schacks*, IZVR, Rn. 792, beizupflichten.

121 So *Martiny*, Hdb. IZVR, Kap. 1, Rn. 369; *Geimer*, IZPR, Rn. 2195ff.; *Zöller/Geimer*, § 328 Rn. 18ff.

122 Siehe *Gottwald*, ZZP 103 (1990), 257, 262; (beschränkt auf vorgreifliche Rechtsfragen) *St/J/Schumann*, § 328 Rn. 3b.

123 Ein weiteres Beispiel findet sich bei *Martiny*, Hdb. IZVR III/1, Kap. 1, Rn. 370 a.E.: wenn selbst die dem deutschen Recht nun wahrlich nicht bekannte Trennung von Tisch und Bett anerkennungstauglich sein soll, wo kann dann noch die Grenze gezogen werden?

124 S.o. II. C.

prinzipiell anerkennungsuntauglich einzustufen —, noch, daß ein Vergleich den Litisdenunziaten nicht zu binden vermag.

Der entscheidende Beurteilungsmaßstab muß aber letztlich sein, *aus welchem Grunde* der Streitverkündungsempfänger deutschen Rechts durch einen Vergleich nicht gebunden zu werden vermag:

Er liegt offensichtlich zum einen darin, daß es dem Litisdenunziaten aufgrund der konzeptionellen Beschränkungen seiner Verfahrensstellung nicht möglich ist, einen Vergleich zwischen den Hauptparteien zu verhindern. Entschließen sich diese zum Abschluß eines Vergleichs, wird dem Streitverkündeten jegliche weitere Einflußnahme auf den anhängigen Prozeß unmöglich gemacht. Anders liegen die Verhältnisse im amerikanischen Recht. Der zur Verteidigungsübernahme aufgeforderte *vouchee* tritt im Falle seines Verfahrenseintritts de facto an die Stelle des *voucher* und erlangt damit volle Dispositionsfreiheit über den Streitgegenstand. Eigenes Vorbringen zur Sache kann ihm nicht durch einen Vergleichsabschluß zwischen *voucher* und Kläger abgeschnitten werden. Dementsprechend spricht aus dieser Perspektive auch nichts dagegen, ihm dann, wenn er dem Ausgangsverfahren fernbleibt, die Bindung an einen von den dortigen Parteien geschlossenen Vergleich zuzumuten: er hätte eine solche Prozeßentwicklung ja durch eigene Übernahme der Verteidigung verhindern können[125].

Dennoch reicht diese Überlegung für eine Erstreckung der amerikanischen Vergleichswirkungen auf das Inland nicht aus. Denn die Machtlosigkeit des deutschen Streitverkündungsempfängers ist nicht die alleinige ratio für die Ablehnung einer prozessualen Drittbindung durch Vergleich:

Sie folgt nämlich ebenso aus dem der Streitverkündung innewohnenden Zweck, den Erstbeklagten und Regreßkläger vor einer widersprüchlichen Beurteilung seines Haftenmüssens zu bewahren[126]. Prämisse dieser Zielsetzung ist die Unterworfenheit des Erstbeklagten unter die autoritative Entscheidungsgewalt des Staates, welcher er aus eigener Kraft nicht begegnen kann. Im Falle eines Vergleichs fällt diese Prämisse aber aus: hier führt die Hauptpartei die Streitschlichtung in eigener Verantwortung herbei; sie ist also nicht mit der Situation konfrontiert, einen Richterspruch *nolens volens* hinnehmen zu müssen — und daher auch nicht schutzbedürftig[127].

Wenn das amerikanische Recht hier bei im Prinzip vergleichbarem funktionalem Gehalt des *tender of defense* zu anderen Ergebnissen gelangt, so ist dafür ohne Zweifel nicht zuletzt das starke rechtspolitische Anliegen einer

[125] Damit ist zugleich ein weiterer Einwand gegen eine Anerkennung der Vergleichswirkungen eines *tender of defense* entkräftet, nämlich der, dem *vouchee* werde in einem solchen Falle rechtliches Gehör verweigert, eine Anerkennung vertrage sich deswegen nicht mit dem deutschen ordre public. Dieser Vorwurf trifft nicht zu, da sich der *vouchee* im Falle seines Prozeßeintritts umfassend und ohne Einschränkung durch allfällige Vorrang genießende Verfahrenshandlungen des *voucher* hätte äußern können.

[126] Siehe *Schwanecke*, S. 99.

[127] Vgl. *Schwanecke* a.a.O.

Förderung von Vergleichen verantwortlich — welches das deutsche Recht in diesem Maße nicht teilt[128].

Der Verfasser gelangt daher zu dem Schluß, daß eine Erstreckung der dem *vouchee* aus einem *consent judgment* drohenden Bindungswirkungen abzulehnen ist. Die Verneinung von Streitverkündungswirkungen aus Vergleich im deutschen Recht hat (auch) Gründe, die das funktionale Basisverständnis des Institutes berühren. Eine Anerkennung amerikanischer Vergleichsdrittwirkungen wäre vor diesem Hintergrund systemfremd — ganz abgesehen von den grundsätzlichen Zweifeln an der Rechtsnatur jener Wirkungen.

IV. Anerkennungsvoraussetzungen und -hindernisse gem. § 328 ZPO

Von der Untersuchung, welche Wirkungen eine Auslandsentscheidung hierzulande zu entfalten vermag, zu trennen ist die Frage danach, unter welchen Voraussetzungen dies geschehen kann. Ihre Beantwortung richtet sich im autonomen deutschen Recht nach § 328 ZPO, der mangels einschlägiger vorrangiger staatsvertraglicher Regelungen mit den Vereinigten Staaten[129] auch im vorliegenden Falle maßgeblich ist.

A. Der Meinungsstand

Daß auch die Anerkennung der prozessualen Wirkungen einer fremdländischer Streitverkündung an der Vorschrift des § 328 I ZPO zu messen ist, ist im Grundsatz unbestritten. Hier endet die Einigkeit dann aber auch bereits. Zu Recht ist bemerkt worden, man bewege sich in der vorliegenden Frage in einem "äußerst sumpfige[n], kaum durch festgefügte Meinungen durchzogene[n] Gelände"[130]:

Namentlich Geimer vertritt die Ansicht, für eine Anerkennung genüge es "wohl" (!), wenn internationale Zuständigkeit (§ 328 I Nr. 1) und Vereinbarkeit mit dem ordre public (§ 328 I Nr. 4) festgestellt werden könnten[131]. Nach Koch soll immerhin auf das Erfordernis der Gegenseitigkeit (§ 328 I Nr. 5) verzichtet werden können[132]. Demgegenüber steht die herrschende Meinung auf dem Standpunkt, daß auch die Anerkennung der Streitverkündungswirkung eines

---

128 Vgl. statt aller *Jauernig*, § 48 VIII.

129 Siehe nur *MüKo-ZPO/Gottwald*, § 328 Rn. 119. Der deutsch-amerikanische Freundschafts-, Handels- und Schiffahrtsvertrag vom 29. 10. 1954, BGBl 1956 II, S. 487, abgedr. bei *Bülow/Bockstiegel*, Bd. 1, S. 525.1, enthält keine Regelung de Materie.

130 So anschaulich *Taupitz*, ZZP 102 (1989), 288, 311.

131 Siehe *Zöller/Geimer*, § 328 Rn. 52; *Geimer*, IZPR, Rn. 2213.

132 *Koch*, ZVglRWiss 85 (1986), 11, 57f. (weniger deutlich aber *AK-ZPO/Koch*, § 328 Rn. 19). Wie *Koch* auch *Wilhelmi*, NiemeyersZ 48 (1933/34), 105, 132f.; *Schröder*, S. 573. — Nicht restlos klar ist, ob *Koch* lediglich vom Erfordernis gegenseitiger Anerkennung der *Streitverkündungswirkung* dispensieren will oder ob ihm in solchen Fällen ein völliger Verzicht auf die Gegenseitigkeitsprüfung vorschwebt.

ausländischen Urteils die Erfüllung des vollständigen Katalogs des § 328 I ZPO voraussetzt[133]. Freilich läßt selbst dieses auf den ersten Blick eindeutige Postulat noch breiten Raum für interpretationsbedürftige Ambivalenzen und Unschärfen. In der Diskussion wird nämlich der exakte Gegenstand der Prüfung nicht immer deutlich genug herausgeschält[134]. Während beispielsweise Milleker ausdrücklich betont, daß die Anerkennung der Interventionswirkung eine *zweistufige* Untersuchung erfordere, und zwar erstens der "Grundanerkennungsfähigkeit" der ausländischen Entscheidung im allgemeinen und zweitens der Erfüllung der "streitverkündungsorientiert" abgewandelten Voraussetzungen des § 328 I ZPO im besonderen[135], scheint Martiny die fällige Prüfung von vornherein *ausschließlich* an den sinngemäß modifizierten Bedingungen des § 328 I ZPO vornehmen zu wollen[136]. Ganz dezidiert in letzterem Sinne äußert sich auch Taupitz[137]. Andere Stimmen wiederum stellen offenbar im Grundsatz auf die "originäre" Anerkennungsfähigkeit des Urteils ab, um sie dann aber zum Schutze des Litisdenunziaten durch Teilanalogien zu einzelnen Punkten des § 328 I ZPO zu ergänzen[138]. Wie noch zu sehen sein wird, können solche Formulierungsunterschiede sachliche Folgen zeitigen, die bislang wohl nicht immer hinreichend bedacht worden sind.

---

133 Siehe *Milleker*, ZZP 80 (1967), 288, 301ff., 306; *Martiny*, Hdb. IZVR III/1, Kap. 1, Rn. 400; *Schack*, IZVR, Rn. 923; *Schütze*, DIZPR, S. 135; *MüKo-ZPO/Gottwald*, § 328 Rn. 137. Linke, Rn. 335, sowie *St/J/Schumann*, § 328 Rn. 18, Fn. 23, lassen die Streitfrage unbeantwortet.

134 Vgl. *Taupitz*, ZZP 102 (1989), 288, 311 Fn. 117.

135 *Milleker*, ZZP 80 (1967), 288, 306.

136 A.a.O. Zwar schreibt *Martiny* bei Rn. 399, Voraussetzung der Streitverkündungswirkung sei, "daß das ausländische Urteil selbst anerkennungsfähig ist", doch legt der Diskussionszusammenhang, insbesondere mit der zuvor von ihm erörterten Streithilfewirkung bei Rn. 397, nahe, daß auch diese Wendung bereits "streitverkündungsgeprägt" zu verstehen ist.

Auch *Wilhelmi*, NiemeyersZ 48 (1933/34), 105, 134, will zumindest für die Prüfung der "beteiligtenbezogenen" Voraussetzungen des § 328 I ZPO, wozu nach heutiger Fassung der Norm aus seiner Sicht noch Zuständigkeit und Zustellung zählen würden, von vornherein allein an die Person des Steitverkündeten anknüpfen, der hierfür an die Stelle des Beklagten trete.

137 In ZZP 102 (1989), 288, 311: "In der Diskussion um den Rückgriff auf § 328 ZPO . . . wird allerdings häufig nicht genügend beachtet, daß die entsprechende Heranziehung dieser Norm jeweils nur bezogen auf die »Interventionswirkung« des ausländischen Urteils, nicht aber im Hinblick auf dessen sonstige Wirkungen (z.B. bezogen auf den Hauptprozeß) zu prüfen ist." Zwar befaßt sich der Beitrag *Taupitz'* nicht mit den prozessualen, sondern den materiellrechtlichen Wirkungen einer ausländischen Streitverkündung. Doch tut dieser Umstand der Verwertbarkeit seiner Äußerungen für den vorliegenden Kontext keinen Abbruch, da er jene Wirkungen ihrerseits vom Eintritt der Interventionswirkung abhängig macht — und unter dieser Prämisse geradewegs zur hiesigen Problematik gelangt, auf welche sich dementsprechend auch das obige Zitat bezieht.

138 So *Schack*, IZVR, Rn. 923. Unklar *MüKo-ZPO/Gottwald*, § 328 Rn. 137.

B. Diskussion

1. Internationale Zuständigkeit, § 328 I Nr. 1 ZPO

a) Grundsatz

Eine ausländische Entscheidung wird in der Bundesrepublik nicht anerkannt, wenn dem Urteilsstaat nach deutschem Recht die internationale Zuständigkeit für die Unterhaltung des Rechtsstreits fehlte. Maßstab sind die auf den Urteilsstaat projezierten Vorschriften der ZPO über die örtliche Zuständigkeit, also die §§ 12ff. ZPO, die auch für die Bestimmung der internationalen Zuständigkeit herangezogen werden[139].

Daß ein ausländisches Judikat einen Streitverkündungsempfänger hierzulande nur binden soll, wenn auf ihn ein selbständiger Zuständigkeitsgrund nach jenen allgemeinen Regeln entfallen war, wird heute nur noch von einer Mindermeinung vertreten[140]. Die klar überwiegende Auffassung folgert aus der Tatsache, daß sich der Litisdenunziat auch nach deutschem Recht eine Prozeßführung am Orte des Ausgangsverfahrens gefallen lassen muß, daß Entsprechendes nach dem Spiegelbildprinzip gleichermaßen für die Inanspruchnahme fremder Rechtsprechungsgewalt zu gelten habe. Erforderlich, aber auch ausreichend dafür, daß das Auslandsurteil hierzulande Streitverkündungswirkung entfalten könne, sei daher die (aus Sicht des deutschen Rechts zu beurteilende) internationale Zuständigkeit des Entscheidungsstaates in der Hauptsache[141].

Dem Gedankengang der herrschenden Meinung lassen sich überzeugende Argumente schwerlich entgegensetzen. Eine gesonderte Zuständigkeit ausländischer Gerichte für die Herbeiführung einer prozessualen Bindungswirkung dort zu fordern, wo deutsche Richter von diesem Erfordernis gerade freigestellt sind, kann, macht man mit dem Spiegelbildprinzip ernst, nicht anders als inkonsequent genannt werden. Eine mögliche Erklärung für diese Widersprüchlichkeit mag sein, daß den Vertretern der Mindermeinung in erster Linie echte Rückgriffsklagen vor Augen stehen, wenn sie die Existenz einer

---

139 Siehe nur *Schütze*, DIZPR, S. 43; *Schack*, IZVR, Rn. 236; *Linke*, Rn. 115.

140 Einziger aktueller Exponent dieser Meinung ist *v. Hoffmann*, IPRax 82, 217, 221, der allerdings in erster Linie den umgekehrten Fall, also die deutsche Steitverkündung ins Ausland, im Auge hat. Geteilt wird besagte Auffassung auch von *Wilhelmi*, NiemeyersZ 48 (1933/34), 105, 134f., dessen Beitrag freilich inzwischen bereits mehr als ein halbes Jahrhundert zurückliegt und daher nur noch bedingte Aussagekraft besitzen dürfte. Vollends überholt ist die bereits erwähnte Entscheidung RGZ 55, 236, die von der *völligen* Unbeachtlichkeit einer Streitverkündung aus dem Ausland ausging und dabei in einem obiter dictum auf S. 240 auch die fehlende Zuständigkeit des (in jenem Falle) österreichischen Gerichtes gegenüber dem Mannheimer Litisdenunziaten monierte. Unentschieden *Martiny*, Hdb. IZVR III/1, Kap. 1, Rn. 702.

141 Siehe *Milleker*, ZZP 80 (1967), 288, 298f., 306; *Schack*, IZVR, Rn. 923; *Linke*, Rn. 365; *Koch*, ZVglRWiss 85 (1986), 11, 57; *AK-ZPO/Koch*, § 328 Rn. 19; *Taupitz*, ZZP 102 (1989), 288, 313f.

eigenständigen Zuständigkeitsbasis gegenüber dem Dritten als Anerkennungsbedingung fordern[142] — eine angesichts der weiten Verbreitung derartiger Drittklageformen im Ausland[143] naheliegende Hypothese. In solchen Fällen ist es freilich diskutabel, einen Gerichtsstand kraft Sachzusammenhangs mangels Entsprechung im deutschen Recht abzulehnen[144]. Solange es sich aber bei dem fremden Institut — wie im Falle des amerikanischen *tender of defense* — seiner gesamten dogmatischen Ausgestaltung nach ganz eindeutig um ein Gegenstück zur Streitverkündung deutschen Rechts handelt, gehen solche Überlegungen fehl.

Verzerrend wirkt auch das Argument, der bestehende Sachzusammenhang dürfe die fehlende internationale Zuständigkeit nicht "ersetzen"[145]. Das soll und tut er auch nicht; vielmehr schafft dieser Zusammenhang als regelrechter Anknüpfungspunkt gerade ihre Legitimationsgrundlage[146].

Für eine Anerkennung der Präklusionswirkungen des *vouching in* genügt es daher grundsätzlich, wenn das amerikanische Gericht internationale Zuständigkeit i.S.d. § 328 I Nr. 1 ZPO für die Entscheidung in der Hauptsache besaß. Insoweit fällt daher die Prüfung der "prinzipiellen" Anerkennungsfähigkeit des amerikanischen Urteils mit derjenigen der Anerkennung seiner Interventionswirkung notwendigerweise zusammen.

An dieser Stelle eine Bemerkung zur Terminologie: man sollte im Zusammenhang mit der Zuständigkeitsprüfung gegenüber dem Streitverkündeten besser von einer "angelehnten" oder "Annexzuständigkeit" als von einem "Verzicht auf die Zuständigkeitsprüfung" reden, denn der letztgenannte Begriff könnte leicht die völlige Gegenstandslosigkeit des Zuständigkeitserfordernisses in bezug auf den Litisdenunziaten suggerieren — zu Unrecht, wie sogleich klar werden wird.

b) Derogation des amerikanischen Forums

Fraglich ist, welchen Einfluß Gerichtsstandsvereinbarungen, in denen die Zuständigkeit amerikanischer Gerichte für zwischen *voucher* und *vouchee* entstehende Rechtsstreitigkeiten einvernehmlich ausgeschlossen wurde, auf die Prüfung des Zuständigkeitserfordernisses des § 328 I Nr. 1 ZPO haben. Kann durch eine solche Derogationsabsprache auch die US-Streitverkündung gegenüber dem *vouchee* wirksam abbedungen werden mit der Folge, daß eine Bindungswirkung im deutschen Regeßverfahren mangels internationaler Zuständigkeit ausbleibt?

---

[142] So stützt etwa *Martiny* seine Zweifel an der Zulässigkeit eines Zuständigkeitsverzichts gegenüber dem Litisdenunziaten darauf, daß das deutsche Prozeßrecht "keinen generellen Gerichtsstand für *Interventionsklagen*" (Hervorhebung vom Verf.) kenne.

[143] Vgl. die Aufzählung bei *Martiny*, Hdb. IZVR III/1, Kap. 1, Rn. 401 unter Fn. 1208.

[144] Siehe dazu unten Zweites Kapitel, II. A. 1.

[145] Siehe *v. Hoffmann*, IPRax 82, 217, 221, der sich mit diesem Argument allerdings primär gegen die Zulässigkeit einer *deutschen* Streitverkündung gegen einen *Ausländer* richtet, in dessen Person kein unabhängiger Zuständigkeitsgrund erfüllt ist.

[146] Vgl. in diesem Sinne auch *Taupitz*, ZZP 102 (1989), 288, 314 Fn. 132.

Zulässigkeit und Wirkungen einer Gerichtsstandsvereinbarung richten sich nach der deutschen lex fori; darüber besteht ungeachtet der Meinungsverschiedenheiten über die zutreffende Qualifikation der Vereinbarung Einigkeit[147]. Da die deutsche internationale Zuständigkeitsordnung modifiziert werden soll, ergibt sich die Richtigkeit dieses Standpunktes nach Ansicht des Verfassers bereits aus dem eingangs angesprochenen Grundsatz, daß für die Beurteilung der internationalen Zuständigkeit eines Gerichts nach deutschem Recht die §§ 12ff. ZPO maßgeblich sind.

Folglich ist auch die Frage, ob eine Gerichtsstandvereinbarung zulässigerweise die Wirkung haben kann, eine Streitverkündung am forum derogatum auszuschließen, nach deutschem Recht zu beurteilen[148]. Die Antwort hängt davon ab, ob die Vornahme der Streitverkündung der Parteidisposition unterliegt oder nicht. Das aber ist zu bejahen[149]: zwar verfolgt die Streitverkündung — wie ausgeführt[150] — die auch öffentlichen Interessen dienenden Ziele der Prozeßökonomie und Urteilskohärenz[151]. Doch wenn es schon in das Belieben des potentiellen Litisdenunzianten gestellt ist, ob er dem Dritten überhaupt den Streit verkünden will, dann muß es ihm auch möglich sein, vertragliche Absprachen darüber zu treffen, ob bzw. (weniger weitreichend) wo er solches tun darf[152]. Hinzu kommt die Überlegung, daß nicht einzusehen ist, wieso der Litisdenunziat, wenn er sich schon grundsätzlich auf eine Prozeßführung am Orte der Hauptsache einlassen muß, sich dagegen nicht wenigstens in gleichem Maße wie ein mit einer "ausgewachsenen" Regreßklage überzogener Dritter schützen können sollte.

Eine andere Frage ist die, ob in jeder Zuständigkeitsabsprache eo ipso auch eine Regelung des Streitverkündungsgerichtsstandes erblickt werden kann[153].

---

147 Siehe *Martiny*, Hdb. IZVR III/1, Kap. 1, Rn. 706; *Zöller/Geimer*, IZPR Rn. 25; *Geimer*, IZPR, Rn. 1675; *Schack*, IZVR, Rn. 432; *Linke*, Rn. 185; BGH IPRax 90, 41, 42. — Umstritten ist, ob die Zuständigkeitsvereinbarung prozeßrechtlich oder materiellrechtlich zu qualifizieren ist. Vgl. *Martiny* a.a.O., Rn. 711 m.w.N. Für das wirksame *Zustandekommen* einer Gerichtsstandsvereinbarung wird jedenfalls — zumal in der Praxis — mehrheitlich auf die lex causae abgestellt. Siehe BGHZ 49, 384, 386; 59, 23, 27, st.Rspr.; *Schack*, IZVR, Rn. 444.

148 Das *amerikanische* Recht ist in dieser Frage unergiebig. Denkbar erscheint dem Verfasser, daß die Gerichte die diesbezügliche Relevanz einer Zuständigkeitsvereinbarung mit dem Argument verneinen würden, die *extrajurisdictionality* des *vouching in* entziehe das Verfahren von vornherein einer Diskussion in zuständigkeitsrechtlichen Kategorien. Im Bereiche des *U.C.C.* ist darüberhinaus angesichts des mehrfach erwähnten *materiellrechtlichen* Umfeldes, in dem das Verfahren hier geregelt ist, nicht ausgeschlossen, daß eine die Anwendung dieses Gesetzes ausschließende *Rechtswahl*klausel den aussichtsreicheren Weg zu einem Aussschluß des *vouching in* darstellt.

149 Siehe *Geimer*, ZZP 85 (1972), 196, 205f. gegen *Milleker*, ZZP 84 (1971), 91, 98ff.; *ders.*, IZPR, Rn. 2214 a.E.; *Geimer/Schütze*, Bd. I/2, S. 1507, Fn. 49 a.E.; *AK-ZPO/Koch*, § 328 Rn. 19.

150 S.o. I. A.

151 Auf diesen Aspekt stützt *Milleker* seine Bedenken gegen die vertragliche Abdingbarkeit der Streitverkündung.

152 So mit Recht *Geimer*, ZZP 85 (1972), 196, 205. Vgl. auch *Eibner*, S. 31f.; *Schwanecke*, S. 118ff. (die Disponibilität der Streitverkündungs*wirkung* bejahend).

Das wird man wohl zu verneinen haben, da die Parteien an eine derartige Möglichkeit häufig nicht gedacht haben dürften und man auch nicht ohne weiteres eine entsprechende Willensrichtung unterstellen kann[154]. Erforderlich ist also eine eindeutige sprachliche Einbeziehung der Streitverkündung in die Vereinbarung.

Übernimmt der *vouchee* in einem solchen Falle die Verteidigung des *voucher*, ohne den Derogationseinwand zu erheben, so sollte darin übrigens nicht unbesehen eine rügelose Einlassung i.S.d. § 39 ZPO gesehen werden[155]. Wie ausgeführt[156], sind die Gerichte des Ausgangsverfahrens nämlich in aller Regel gar nicht bereit, Einwände des *vouchee* zur Zulässigkeit des *tender of defense* zuzulassen.

2. Ordnungsgemäße Zustellung bei Nichteinlassung, § 328 I Nr. 2 ZPO

Als beklagtenähnlich Verfahrensbeteiligtem muß auch dem Streitverkündeten der Schutz rechtlichen Gehörs zuteil werden, wie ihn § 328 I Nr. 2 ZPO, bezogen auf die Inkenntnissetzung vom Verfahren, zum Gegenstand hat[157]. Zwar wendet Geimer neuerdings ein, daß § 328 I Nr. 2 ZPO ausschließlich auf den Beklagten anwendbar, der Anspruch des Litisdenunziaten auf Gehör dagegen nach § 328 I Nr. 4 ZPO durchzusetzen sei[158]. Doch abgesehen davon, daß diese äußerlich abweichende Einordnung schwerlich zu einer inhaltlich differierenden Behandlung desselben Sachproblems führen kann, ist nicht einzusehen, wieso in der Frage der Gewährung rechtlichen Eingangsgehörs im Analogiewege nicht auch für die Person des Streitverkündungsempfängers eine Vorschrift herangezogen werden soll, die in ihrer hier einschlägigen Zielrichtung einen viel konkreteren Gehalt als der Auffangtatbestand des ordre public aufweist[159].

Sinngemäß abgewandelt, hindert § 328 I Nr. 2 ZPO eine Anerkennung der *vouching*-Wirkung in der Bundesrepublik dann, wenn dem nichtbeigetretenen *vouchee* der *tender of defense* nicht ordnungsgemäß oder so spät übermittelt wurde, daß er zu einer sorgfältigen Prozeßvorbereitung nicht mehr in der Lage war.

---

[153] Die Frage, welches Recht für die Auslegung heranzuziehen ist, wird von der Praxis stillschweigend im Sinne der deutschen lex fori beantwortet. Siehe BGH IPRax 90, 41, 42. Im Ergebnis zustimmend *Schack*, IZVR, Rn. 456 m.w.N.

[154] Insofern ist *Milleker*, ZZP 84 (1971), 91, 100, zuzustimmen.

[155] Vgl. *Zöller/Geimer*, § 328 Rn. 54.

[156] S.o. Erster Teil, Erstes Kapitel, V. C.

[157] Siehe *Schack*, IZVR, Rn. 923; *Koch*, ZVglRWiss 85 (1986), 11, 57; *Milleker*, ZZP 80 (1967), 288, 305. Ebenso schon *Kallmann*, S. 295, mit Bezug auf das deutsch-schweizerische Vollstreckungsabkommen von 1929.

[158] Siehe *Zöller/Geimer*, § 328 Rn. 145a.

[159] In diesem Sinne ist wohl auch *Taupitz*, ZZP 102 (1989), 288, 312f., zu verstehen, wenn er die Gewährung rechtlichen Gehörs gegenüber dem Litisdenunziaten als Frage einer analogen Anwendung des § 328 I Nr. 2 ZPO erörtert, dabei aber gleichzeitig darauf hinweist, daß ein entsprechender Schutz des Dritten schon aus Gründen des § 328 I Nr. 4 ZPO geboten sei.

a) "Zustellung" in den USA

Wann eine Zustellung als ordnungsgemäß gelten kann, bestimmt sich in Abwesenheit vorrangiger staatsvertraglicher Regelungen nach dem Recht des Urteilsstaates[160]. Überträgt man diesen Grundsatz auf die *vouching notice*, dann erfüllt sie diese Voraussetzung wenigstens im amerikanischen Inland dann, wenn sie den *vouchee* rechtzeitig und vollständig über das schwebende Verfahren, seine Involvierung und die Konsequenzen unterrichtet, die sein Ausbleiben zur Folge haben kann; im praktisch besonders wichtigen Anwendungsbereich des *U.C.C.* ist darüberhinaus die Einhaltung der Schriftform erforderlich. Eine förmliche Zustellung muß nicht erfolgen.

b) Zustellung in Deutschland

Bei Übersendung des *tender of defense* ins deutsche Ausland stellt sich demgegenüber die Frage, ob die Analogie zu § 328 I Nr. 2 ZPO so weit geht, daß der *voucher* in diesem Falle die Übermittlungswege des Haager Zustellungsübereinkommens beschreiten muß. Dabei sind von vornherein zwei Teilfragen auseinanderzuhalten, nämlich erstens: ist die amerikanische Seite bei der Übersendung einer *vouching notice* ins Ausland etwa bereits *völkerrechtlich* zur Befolgung des vom HZÜ zur Verfügung gestellten Zustellungsmechanismus verpflichtet? Und zweitens: ist die Zustellung nach dem HZÜ nach *internem* deutschen Recht Anerkennungsvoraussetzung eines *tender of defense*?

aa) Staatsvertraglich obligatorische Zustellung nach dem HZÜ?

Zum ersten Teil der Frage: Nach ihrem Titel erstreckt sich die Konvention auf die "*Zustellung gerichtlicher und außergerichtlicher Schriftstücke*". Dabei kommt vorliegend von vornherein nur eine Subsumtion unter die erstgenannte Alternative in Betracht. Kennzeichen der "außergerichtlichen Schriftstücke" soll nämlich sein, daß sie nicht in direktem Zusammenhang mit einem bereits anhängigen Verfahren stehen[161]. Diese Eigenschaft wohnt der durch einen schwebenden Prozeß veranlaßten *vouching notice* jedoch nicht inne[162].

---

[160] Siehe *Schack*, IZVR, Rn. 846; *Linke*, Rn. 409; *Zöller/Geimer*, § 328 Rn. 134; OLG Koblenz IPRax 88, 97, 98.

[161] Das geht zwar nicht aus dem Vertragstext selbst, dafür aber umso eindeutiger aus den begleitenden Sekundärmaterialien zum HZÜ hervor. Siehe *Bülow/Böckstiegel*, Bd. 1, S. 351.2b, Fn. 2a; Practical Handbook, S. 43; *Ristau*, S. 127f.

[162] Überhaupt wird man in den amerikanischen Kommentierungen des HZÜ vergeblich nach einem inländischen Beispiel für ein "*extrajudicial document*" suchen; das Konzept gilt dort nämlich als unbekannt. Siehe *Ristau*, S. 127; *Pfeil-Kammerer*, S. 44. — Als Beispiel aus dem deutschen Recht wird die vollstreckbare Ausfertigung einer gem. § 794 I Nr. 5 ZPO errichteten notariellen Urkunde genannt. Siehe *Bülow/Böckstiegel*, Bd. 1, S. 101.2 Fn. 8 (diese Anmerkung bezieht sich strenggenommen auf den Vorläufer des HZÜ, dem Haager Abkommen über den Zivilprozeß vom 1. 3. 1954 [BGBl. 1958 II, S. 576], das aber allgemein für die Auslegung des auf ihm aufbauenden HZÜ herangezogen wird).

Ob die Übermittlung des *tender of defense* an den *vouchee* als "Zustellung eines gerichtlichen Schriftstückes" (in der authentischen englischen Fassung: "*service of a judicial document*") unter das HZÜ fällt, ist ebenfalls problematisch. Zweifel ergeben sich zum einen mit Blick auf die Qualität der *vouching notice* als "*judicial document*". Der Begriff wird im HZÜ nirgends definiert und ist auch in den Vorarbeiten zum Abkommen nicht Gegenstand von Diskussionen gewesen[163]. Kommentatoren begnügen sich in aller Regel mit einem Verweis auf die Vorgängerkonventionen des HZÜ von 1905[164] bzw. 1954[165]. Auch in ihnen findet sich aber keine offizielle Definition. Herangezogen wird daher in Deutschland meist die Begriffsbestimmung durch Bülow/Böckstiegel, wonach gerichtliche Schriftstücke solche sind, "die aus einem bereits eingeleiteten gerichtlichen Verfahren herrühren oder für die Einleitung eines solchen Verfahrens bestimmt sind"[166]. Unter diese breite Wendung läßt sich — in welcher Alternative, sei vorerst dahingestellt — prima facie auch eine *vouching notice* subsumieren.

Indessen geht das Abkommen offensichtlich zusätzlich davon aus, daß nur gerichtlich oder zumindest behördlich zuzustellende Dokumente in seinen Geltungsbereich fallen[167]. Das ergibt nicht zuletzt ein Blick auf Art. 3 I HZÜ, wonach allein die "zuständigen Behörden" oder "Justizbeamten" zur Stellung eines entsprechenden Rechtshilfeersuchens berechtigt sind. Diese Einschränkung ist nach hiesigem Dafürhalten aber unschädlich. Denn an sie werden gerade im Verhältnis zu den USA schon in einem der Musterfälle eines "gerichtlichen Schriftstückes", der Klagezustellung, Abstriche gemacht, was auf die im angloamerikanischen Recht übliche Zustellung von *complaint* und *summons* im Parteibetrieb[168] zurückzuführen ist. Hier hat sich eine funktionale Betrachtungsweise durchgesetzt, die dazu führt, daß auch US-Anwälten eine entsprechende Antragsbefugnis eingeräumt wird[169]. Diese Kompetenz ließe sich ohne weiteres auf den Fall der *vouching notice* ausdehnen.

Dennoch kann das HZÜ keine Verpflichtung zur übereinkommenskonformen Zustellung eines *tender of defense* schaffen. Denn nach amerikanischem Recht bedarf es ja — wie gesehen — in einem solchen Falle gerade *keiner* Zustellung im technischen Sinne ("*service*"); stattdessen reicht eine einfache Nachricht ("*notice*") aus. Tatsächlich deutet nichts darauf hin, daß die amerikanische Seite die *notice* als im Sinne des Übereinkommens zustellungsbedürftiges Dokument einstuft[170]. Wie Koch berichtet, ist es zumindest bis 1985 nicht vorgekommen,

---

163 Siehe BT-Drucksache 7/4892, S. 42; *Hollmann*, RIW 82, 784, 788.

164 RGBl. 1909, S. 409.

165 BGBl. 1958 II, S. 577; abgedruckt bei *Bülow/Böckstiegel*, Bd. 1, S. 101.1ff.

166 *Bülow/Böckstiegel*, Bd. 1, S. 101.2 Fn. 7.

167 Vgl. *Koch*, ZVglRWiss 85 (1986), 11, 49.

168 Vgl. nur *Fed. R. Civ. P. 4(a), (c)(2)(A).*

169 Siehe *Koch*, IPRax 85, 245, 246; *Pfeil-Kammerer*, S. 92ff.; *Pfennig*, S.71f. Vgl. auch BT-Drucksache 7/4892, S. 43, zu Art. 3 HZÜ, wonach zwar Privatpersonen nicht antragsberechtigt sind, davon jedoch eine Ausnahme gemacht wird für englische *solicitors*, die für die Klagezustellung zu sorgen haben.

daß die Zustellung eines *vouching letter* nach dem HZÜ versucht worden wäre[171] (wobei freilich unklar ist, wie viele solcher *letters überhaupt* den Weg über den Atlantik gemacht haben). Eine Umfrage des Verfassers bei den zuständigen Landesjustizbehörden hat ergeben, daß sich an dieser Tatsache auch bis zum Jahresende 1992 nichts geändert haben dürfte[172]. Daß aber für die vorgreifliche Entscheidung darüber, ob ein bestimmtes Dokument überhaupt zustellungsbedürftig ist oder nicht, allein die lex fori des Ausgangsstaates zuständig ist, wird in den Kommentierungen zur Konvention allgemein anerkannt[173] und ergibt sich auch aus dem begrenzten Ziel des Abkommens: es geht nicht so weit, den Vertragsstaaten einen einheitlichen Kreis zuzustellender Schriftstücke vorzuschreiben[174]. Daraus muß man den Schluß ziehen, daß die *vouching notice* aus *staatsvertraglicher* Perspektive *nicht* als zustellungsbedürftiges Schriftstück i.S.d. HZÜ anzusehen ist[175]. Hat ihr Empfänger also damit zu rechnen, daß auch der Regreßprozeß gegen ihn in den USA stattfinden wird, so tut er gut daran, die Mitteilung nicht einfach deshalb zu ignorieren, weil sie ihm nicht förmlich zugestellt worden ist[176].

---

[170] In den amerikanischen Kommentierungen zur Auslegung der Begriffe "*judicial*" bzw. "*extrajudicial document*" taucht das Beispiel der *vouching notice* nicht auf. Siehe *Ristau*, § 4-9; U.S. Dep't of Justice, Instructions for Serving Foreign Judicial Documents in the U.S. and Processing Requests for Serving American Judicial Documents Abroad, 16 I.L.M. 1331, 1335 (1977). Vgl. auch *Restatement (Third) of the Foreign Relations Law of the United States § 471*, Rep. Note 3.

Die bisher veröffentlichte US-Entscheidungsliteratur ist in dieser Frage unergiebig.

[171] Vgl. *Koch*, ZVglRWiss 85 (1986), 11, 50.

[172] Die Umfrage wurde Ende Dezember 1992 durchgeführt. Gefragt wurde nach dem Vorkommen von Zustellungsversuchen unter dem HZÜ in den Jahren 1985-1992, die eine *vouching notice* bzw. einen *tender of defense* zum Gegenstand hatten. Aus den Antwortschreiben der elf um Auskunft ersuchten Landesjustizbehörden in den alten Bundesländern (Baden-Württemberg, Bayern, Berlin, Bremen, Hamburg, Hessen, Niedersachsen, Nordrhein-Westfalen, Rheinland-Pfalz, Saarland, Schleswig-Holstein) geht hervor, daß derartige Zustellungsversuche im besagten Zeitraum nicht bekannt geworden sind. Teilweise war das bezeichnete amerikanische Verfahren den zuständigen Stellen auch gar kein Begriff.

[173] Vgl. *Ristau*, Vol. 1, § 4-9 ("'Judicial' documents embrace all documents issued in the course of a civil or commercial litigation *which under the law of the forum state must be served on the opposite party or other persons concerned*." [Hervorhebung vom Verf.]); Denkschrift der BReg zum HZÜ, BT-Drucksache 7/4892, S. 42, Erläuterung zu Art. 1 HZÜ ("Anwendbar ist das Übereinkommen dann, wenn *nach dem Recht des ersuchenden Staates* ein gerichtliches oder außergerichtliches Schriftstück *zum Zwecke der Zustellung* in das Ausland zu übermitteln ist" [Hervorhebungen vom Verf.]).

[174] Dieses Resultat entspricht auch dem Meinungsstand in der Parallelproblematik, wann eine Inlands-, wann eine Auslandszustellung vorliegt. Vgl. dazu *Schack*, IZVR, Rn. 612, sowie unten Fn. 820.

[175] So auch *Koch*, ZVglRWiss 85 (1986), 11, 49f.

[176] Vgl. *Koch*, ZVglRWiss 85 (1986), 11, 50.

bb) Anerkennungsrechtlich obligatorische Zustellung nach dem HZÜ?

Das obige Resultat zeichnet aber seinerseits noch nicht ohne weiteres — und damit gelangt man zum zweiten Teil der Ausgangsfrage — den Maßstab der *Anerkennungsprüfung* in der Bundesrepublik vor[177]. Dieser hat sich allein am Ziel der effektiven Gewährleistung rechtlichen Gehörs zu orientieren, wie es in § 328 I Nr. 2 ZPO zum Ausdruck kommt. Dementsprechend spricht auch nichts dagegen, als Anerkennungsvoraussetzung auf der rechtshilfeförmigen Zustellung eines nach dem internen Recht des Urteilsstaates bloß mitteilungsbedürftigen Dokuments zu beharren, bei einer Adressierung nach Deutschland also auf einer Inanspruchnahme des HZÜ zu bestehen. Im vorliegenden Falle existieren beachtliche Gründe für ein solches Insistieren:

Zwar stellt die Benachrichtigung des Litisdenunziaten *formell* kein (zustellungs- und damit rechtshilfebedürftiges) "verfahrenseinleitendes Schriftstück" i.S.d. § 328 I Nr. 2 ZPO dar[178]. Doch hat sie für ihn *subjektiv* eine fast gleichwertige Bedeutung: durch sie wird er erstmals aufgefordert, sich an einem laufenden Prozeß zu beteiligen, der als präjudizierendes Vorspiel für eine spätere Regreßklage auf seine eigene Rechtsposition rückwirkt. Gerade diese funktionale Nähe zwischen Klageerhebung und Streitverkündung ist ja überhaupt erst Ausgangspunkt und Rechtfertigung für eine analoge Heranziehung des § 328 I Nr. 2 ZPO zugunsten des Litisdenunziaten. Dann aber ist es nur konsequent, dieser prozeßrechtlichen Verwandtschaft auch dadurch Rechnung zu tragen, daß man auch dem *vouchee* gegenüber am Zustellungserfordernis festhält.

Diese Forderung erweist sich als umso berechtigter, wenn man berücksichtigt, daß § 328 I Nr. 2 ZPO nicht nur Aufklärungs-, sondern auch Appellfunktion hat[179]. Eine formlose, womöglich fremdsprachige Mitteilung einer amerikanischen Privatperson oder ihres Anwalts wird in vielen Fällen kaum geeignet sein, dem deutschen Empfänger — hinter dem sich nicht immer ein auf dem internationalen Parkett erfahrener "Multi" verbergen muß — die weitreichende rechtliche Bedeutung dieses Aktes klarzumachen[180]. Anders bei einer Zustellung nach dem HZÜ: dieses sieht eine obligatorische Übersetzung des Dokuments ins Deutsche vor[181]; durch die erkennbare Einschaltung deutscher Justizorgane wird dem Betroffenen der Ernst der Lage eindringlich vor Augen geführt[182].

---

[177] Siehe *Koch* a.a.O.

[178] Insofern ist *Koch* a.a.O., S. 57, zuzustimmen.

[179] *Stürner*, JZ 92, 325, 330, spricht von der "Warnfunktion" der Vorschrift.

[180] Anders bei einer Übermittlung der *vouching notice* im amerikanischen Inland: hier kann von dem Adressaten verlangt weden, daß er sich mit dem Recht des Landes, in dem er sich aufhält, vertraut macht.

[181] Siehe Art. 5 III HZÜ.

[182] Was das *deutsche* Recht betrifft, so schreibt § 73 S. 2 ZPO ausdrücklich eine Zustellung an den Streitverkündeten vor. Diese erfolgt von Amts wegen, § 270 I ZPO. Unklar ist, ob die Zustellung förmlich zu geschehen hat. Die Praxis läßt eine formlose Benachrichtigung gem. § 270 II 1 ZPO, also ohne Beglaubigung und Beurkundung, genügen. Siehe OLG Köln NJW 81, 2263,

Eine Wirkungserstreckung der *vouching*-Bindung setzt daher, sofern die *notice* aus den Vereinigten Staaten nach Deutschland zu übermitteln gewesen

---

2264; ebenso *St/J/Leipold*, § 73 Rn. 3. Anders aber *Rosenberg/Schwab*, § 73 II 2.; *Schellhammer*, Rn. 74; vgl. auch *Schack*, IZVR, Rn. 584. Angesichts der Tatsache, daß die ZPO (förmliche) Zustellung und (formlose) Mitteilung offenbar als terminologisches Gegensatzpaar begreift — was übrigens gerade auch in § 73 S. 2 ZPO nachdrücklich bestätigt wird, wenn dort *Zustellung* an den Litisdenunziaten, im selben Atemzug aber, begrifflich abgesetzt, bloße *Mitteilung* an den Gegner des Streitverkünders gefordert wird —, vermag der Autor der erstgenannten Ansicht nicht zu folgen: *tertium non datur*.

Für eine Litisdenunziation ins Ausland bedeutet das in § 73 S. 2 ZPO aufgestellte Zustellungserfordernis jedenfalls richtigerweise die Anwendbarkeit des HZÜ. Die Frage ist, soweit ersichtlich, bisher nicht erörtert worden. In der bereits genannten Entscheidung OLG Köln NJW 81, 2263, die eine Streitverkündung in die USA zum Gegenstand hatte, erachtete das Gericht — zu einem Zeitpunkt, da das HZÜ für die Bundesrepublik bereits in Kraft getreten war — eine Zustellung der Streitverkündungsschrift durch Aufgabe zur Post gem. *§ 175* ZPO für möglich; das HZÜ wurde mit keinem Wort erwähnt. Das ist insofern konsequent, als — wie § 175 I 3 ZPO zeigt — im Falle des § 175 ZPO eine (nicht nach dem HZÜ zu beurteilende) *Inlands*zustellung erfolgt. Doch kann die Zustellung der Streitverkündungsschrift an einen bisher noch nicht am Verfahren beteiligten Dritten kaum als "*spätere Zustellung*" i.S.d. § 175 I 2 ZPO eingestuft werden: schon aus dem Wortlaut der Vorschrift geht hervor, daß hiermit nur Zustellungen an eine Partei gemeint sind, die zuvor die Benennung eines Zustellungsbevollmächtigten versäumt hatte. Vgl. BGHZ 58, 177, 179. Allenfalls ließe sich die unterbliebene Heranziehung des HZÜ damit begründen, daß es auf eine Streitverkündung als bloßen Zwischenantrag von vornherein nicht anwendbar sei. Dagegen ist aber einzuwenden, daß zwar umstritten ist, inwieweit jedweder Zwischenantrag einer Partei dem Anwendungsbereich des HZÜ unterfällt — vgl. nur *Hollmann*, RIW 82, 784, 788f. für den Bereich der *discovery*—; doch läßt sich die Streitverkündung in ihrer *verfahrenserweiternden Funktion* mit derartigen Anträgen qualitativ nicht vergleichen.

Eine interessante Folgefrage ist, ob die Zustellung der Streitverkündungsschrift aus deutscher Sicht wirksam erfolgt ist, wenn sie den US-Adressaten per Brief erreicht hat. Die Vereinigten Staaten haben nämlich — anders als die Bundesrepublik — gegen Art. 10(a) HZÜ keinen Widerspruch eingelegt, so daß die US-Gerichte grundsätzlich auch eine Zustellung durch "*postal channels*" akzeptieren. Siehe Ackermann v. Levine, 788 F.2d 830 (2d Cir. 1986) (Zustellung unter Einschaltung des deutschen Generalkonsulats in New York per *registered mail*, d.h. Einschreiben). Insoweit ist die Postzustellung "nach außen" also völkerrechtlich unbedenklich. Siehe *Zöller/Geimer*, § 199 Rn. 4; *Geimer*, IZPR, Rn. 418; *Schack*, IZVR, Rn. 608. Gleichwohl widerspricht diese Zustellungsform aber internem deutschen Prozeßrecht, wie § 199 ZPO zeigt. In der Denkschrift zum HZÜ hat die Bundesregierung dementsprechend den Standpunkt vertreten, daß weiterhin der Weg über § 199 gegangen werden müsse. Siehe BT-Drucksache 7/4892, S. 46. Wenn aber nach amerikanischem Souveränitätsverständnis eine Postzustellung aus dem Ausland unbedenklich ist, sollte man sie auch aus innerstaatlicher Sicht ausreichen lassen. So wohl auch *Schack*, IZVR, Rn. 608; (unter der Voraussetzung, daß der Vorsitzende des Prozeßgerichts die Zustellung veranlaßt) *Pfeil-Kammerer*, S. 121f.; unklar *Zöller/Geimer*, § 199 Rn. 4. In jedem Falle sollte eine Heilung gem. § 187 ZPO möglich sein. Die Anwendbarkeit dieser Norm auf fehlerhafte Auslandszustellungen ist zwar im Anschluß an BGHZ 58, 177 nicht unumstritten — Nachweise hierfür bei *Schack*, IZVR, Rn. 617f.; *MüKo-ZPO/v.Feldmann*, § 187 Fn. 40 —, gemessen an der in jener Entscheidung gegebenen (angreifbaren) Begründung, eine im Ausland ansässige Partei könne nur nach dem an ihrem Aufenthaltsorte geltenden Recht in einen deutschen Prozeß hineingezogen werden, vorliegend aber offensichtlich unbedenklich, da das US-Recht eine Postzustellung ja gerade zuläßt.

war, voraus, daß bei diesem Vorgang die Regeln des HZÜ beachtet worden sind[183].

Für die deutsche Seite bedeutet das übrigens zwangsläufig, das Zustellungsgesuch eines *voucher* unter dem HZÜ zuzulassen und durch Zustellung an den *vouchee* zu erledigen.

Hervorzuheben bleibt noch, daß man die Übernahme der Verteidigung durch den *vouchee* ohne Rücksicht auf ihre zuständigkeitsrechtlichen Implikationen als Einlassung i.S.d. § 328 I Nr. 2 ZPO bewerten muß. Denn mit dem Eintritt ins laufende Verfahren gibt der Betreffende zu erkennen, daß er sich daran beteiligen möchte. Dem Schutzzweck der Bestimmung ist damit Genüge getan[184].

Was schließlich die "Grundanerkennungsfähigkeit" des US-Urteils in solchen Fällen betrifft, so scheidet § 328 I Nr. 2 ZPO situationsbedingt als Hindernis aus, da der nunmehr als Kläger auftretende Beklagte des amerikanischen Erstprozesses, der *voucher*, sich hüten wird, die Anerkennungsfähigkeit eines Urteils zu hintertreiben, dessen Interventionswirkung er sich im deutschen Regreßverfahren gerade zunutze machen will; ein solcher Verhalten wäre nicht nur widersprüchlich, sondern evidentermaßen sinnlos.

3. Unvereinbarkeitskontrolle, § 328 I Nr. 3 ZPO

In den Diskussionsbeiträgen zur Anerkennung ausländischer Streitverkündung regelmäßig völlig übergangen wird die Vorschrift des § 328 I Nr. 3 ZPO[185]. Das mag auch daran liegen, daß entsprechende Urteilskollisionen bei genauerer Betrachung gar nicht so einfach auszumachen sind:

Auf den ersten Blick einschlägig erscheint zwar der Fall, daß ein deutsches oder früheres drittstaatliches Urteil über den Regreß zwischen den beiden jetzigen Litiganten bereits zugunsten des späteren *vouchee* entschieden hatte; in Betracht kommt insbesondere, daß der US-Litisdenunziat bereits vor Austragung des amerikanischen Verfahrens ein negatives Feststellungsurteil gegen den nunmehrigen Kläger erstritten hatte. Doch scheitert in einer solchen Situation nicht erst die Berufung auf die Bindungswirkung des amerikanischen *tender of defense*, sondern schon die Klageerhebung in Deutschland *überhaupt*: die Klage ist nämlich wegen der Rechtskraft des aus Prioritätsgründen anzuerkennenden drittstaatlichen Urteils als *unzulässig* abzuweisen. Zur Frage der Präklusion des

---

183 A.A. *Koch*, ZVglRWiss 85 (1986), 11, 57; unklar *Milleker*, ZZP 80 (1967), 288, 306f. (unklar deshalb, weil *Millekers* Beitrag sich noch auf § 328 I Nr.2 ZPO a.F. bezieht und zu einem Zeitpunkt erschienen ist, zu dem das HZÜ für die Bundesrepublik noch nicht in Kraft war; *Milleker* hält eine Zustellung im Wege der Rechtshilfe, dabei aber in der Form der lex fori des entscheidenden Gerichtes für richtig; unter der Geltung des HZÜ ist diese Kombination aber — wenigstens was Zustellungen in die Bundesrepublik betrifft — nicht mehr möglich, da der Weg über die Zentralbehörden nach Art. 5 I (a) HZÜ stets in eine Zustellung in Inlandsform mündet.)

184 Siehe *Martiny*, IZVR Bd. III/1, Kap. 1, Rn. 852f.; *Schütze*, DIZPR, S. 141; *Schack*, IZVR, Rn. 843.

185 Eine Andeutung findet sich bei *Taupitz*, ZZP 102 (1989), 288, 311.

amerikanischen Litisdenunziaten (im Rahmen der *Begründetheitsprüfung*) gelangt man dann also gar nicht mehr.

Mit ein wenig mehr Phantasie läßt sich immerhin die Konstellation ersinnen, daß der Kläger des amerikanischen Verfahrens zuvor in einem dritten Forum gegen den US-Beklagten/*voucher* vorgegangen, dort aber in der Sache abgewiesen worden war. Wenn jenes drittstaatliche Urteil in der Bundesrepublik anerkennungsfähig ist, dann läge ein Fall inhaltlichen Widerspruchs zur stattgebenden amerikanischen Entscheidung vor, welcher die Anerkennung einer aus der letzteren resultierenden Streitverkündungswirkung in der Bundesrepublik ausschließen müßte — möchte man meinen. Diese Schlußfolgerung ist indes vorschnell. Sofern nämlich das Urteil des Drittstaates — wie in der Regel — nur zwischen den Parteien des dort ausgefochtenen Verfahrens Rechtskraft wirkte, hätte es noch *keine* Entscheidung getroffen, auf die sich der spätere *vouchee* in einem Prozeß gegen den späteren *voucher* erfolgreich berufen könnte. Daß die Bestimmung des Ausmaßes der Widersprüchlichkeit zweier Urteile auch eine Beachtung subjektiver Rechtskraftgrenzen miteinschließt, bedeutet nicht mehr als eine Beachtung der Relativität des Instituts der Rechtskraft[186]. Einer Anerkennung der Streitverkündungswirkung der amerikanischen Entscheidung steht daher nach Ansicht des Verfassers nichts im Wege.

Mit diesem Ergebnis verbindet sich zugleich auch die Erkenntnis, daß jedenfalls in bezug auf das Anerkennungshindernis des § 328 I Nr. 3 ZPO unterschiedliche Resultate möglich sind, je nachdem, ob das den Gegenstand der Anerkennungsprüfung bildende Urteil gegen den zuvor Beklagten vollstreckt werden soll oder ob sich dieser vielmehr selbst die Interventionswirkung der Entscheidung gegen einen Dritten zunutze machen will: im ersten Fall verhindert § 328 I Nr. 3 ZPO eine Anerkennung wegen des entgegenstehenden prioritären Dritturteils, im zweiten Falle dagegen mangels Rechtskrafterstreckung jenes Urteils auf den Litisdenunziaten nicht. Die (zumindest faktische) Symmetrie von "Grundanerkennungsfähigkeit" und Anerkennungsfähigkeit der Streitverkündungswirkung findet hier also eine sachlich bedingte Grenze.

Als einziger streitverkündungsbezogener Anwendungsfall des § 328 I Nr. 3 ZPO verbleibt damit die Situation, daß die lex fori des zuerst ausgetragenen drittstaatlichen Prozesses eine Rechtskraft- oder Interventionswirkung zugunsten des späteren amerikanischen *vouchee* vorsieht; unter dieser Hypothese liegt tatsächlich eine die Beachtung der Interventionswirkung des US-Urteils aussschließende Entscheidungskollision vor.

---

[186] Dafür auch ausdrücklich *Zöller/Geimer*, § 328 Rn. 149; *B/L/Hartmann*, § 328 Rn. 29. Vgl. auch *Martiny*, Hdb. IZVR III/1, Kap. 1, Rn. 1139 (im Rahmen der Unvereinbarkeitsdiskussion): "Den Umfang der Rechtskraft des ausländischen Urteils bestimmt das Recht des Entscheidungsstaates." — Zur Relativität der Rechtskraft aus rechtsvergleichender Perspektive vgl. *Habscheid*, FS Fragistas, S. 529, 548ff.

4. ordre public-Vorbehalt, § 328 I Nr. 4 ZPO

Die Anerkennung ausländischer Urteilswirkungen scheitert gem. § 328 I Nr. 4 ZPO auch dann, wenn sie zu einem Ergebnis führt, das in evidenter Weise tragenden Prinzipien der deutschen Rechtsordnung zuwiderläuft. Unter solchen Umständen kann auch von einem amerikanischen *vouching in* keine Bindungswirkung im Inland ausgehen[187].

Dabei wird es in aller Regel keinen Unterschied machen, ob die Prüfung des § 328 I Nr. 4 "streitverkündungsorientiert" geschieht oder nicht. Dennoch ist auch hier die erstere Vorgehensweise sachgerechter, da sie den Blick für notwendige Differenzierungen schärft. Erläutert sei dies anhand einer Problematik, die in den vergangenen Jahren wie keine andere für Diskussionsstoff in der Frage der ordre public-Mäßigkeit gerade US-amerikanischer Judikate gesorgt hat: das Vorliegen eines Urteils, das dem erfolgreichen Kläger neben *compensatory damages* auch *punitive* oder *exemplary damages*, also eine Art Strafschadensersatz zugesprochen hatte[188]. Wegen Verstoßes gegen wesentliche Prinzipien des deutschen Haftungsrechts, namentlich den Grundsatz der Verhältnismäßigkeit, werden solche Urteile in Deutschland als entweder überhaupt nicht[189] oder bloß teilweise[190] (nämlich

---

[187] Vgl. *Martiny*, Hdb. IZVR III/1, Kap. 1, Rn. 400; *Geimer*, IZPR, Rn. 2213; *Milleker*, ZZP 80 (1967), 288, 308; *Taupitz*, ZZP 102 (1989), 288, 311.

[188] Zum Institut der *punitive damages* allgemein vgl. *Prosser/Keeton*, S. 9ff.; *Harper/James/Gray*, Vol. IV, S. 528ff.

Anzumerken ist allerdings, daß es in Fällen, in denen *punitive damages* zugesprochen werden, oft deswegen nicht zu einem erfolgreichen *tender of defense* kommen wird, weil ihre Verhängung regelmäßig einen gesteigerten Verschuldensgrad — gängige Umschreibungen sind "*wanton or wilful conduct*" oder "*recklessness*" — voraussetzt. Siehe *Prosser/Keeton*, S. 9f.; *Harper/James/Gray*, S. 530. Ein Regreß dürfte daher häufig aus materiellrechtlichen Gründen scheitern. Jedoch ist das nicht notwendigerweise so: bisweilen reicht auch schon "*gross negligence*" zur Verurteilung zu Strafschadensersatz aus. Zudem wird verbreitet die Möglichkeit bejaht, sich gegen *punitive damages* versichern zu lassen — womit ein Rückgriff virulent wird. Siehe *Prosser/Keeton*, S. 13; *Harper/James/Gray*, Vol. IV, S. 529 Fn. 14.

[189] Siehe z.B. LG Berlin, RIW 89, 988, 990 m. krit. Anm. *Zekoll*, RIW 90, 302. Allerdings geht aus jenem Urteil nicht zweifelsfrei hervor, ob es sich bei dem vom deutschen Gericht als exzessiv empfundenen Schadensersatzbetrag tatsächlich um *Straf*schadensersatz gehandelt hatte; ferner stützt das Gericht seine Anerkennungsablehnung auch noch auf weitere Gründe, darunter die fehlende schriftliche Begründung der US-Entscheidung sowie die Art der in ihr festgelegten Zinsberechnung. Vgl. auch *Schütze*, FS Nagel, S. 392, 399, der eine Anerkennung allerdings vorrangig bereits an der mangelnden Qualifizierung von *punitive damages*-Urteilen als Zivilentscheidungen scheitern lassen will (a.a.O., S. 397). Dagegen aber jüngstens ausdrücklich der BGH in seinem Urteil vom 4. 6. 1992, NJW 92, 3096, 3102 = WM 92, 1451, 1461, und zuvor bereits OLG München, RIW 89, 483; *Stiefel/Stürner*, VersR 87, 829, 837; *Hay*, DAJV-Newsletter 3/92, S. 35.

[190] Siehe *Stiefel/Stürner*, VersR 87, 829, 842f.; *Schack*, IZVR, Rn. 869; *Zöller/Geimer*, § 328 Rn. 169; wohl auch *Martiny*, Hdb. IZVR III/1, Kap. 1, Rn. 507 (vgl. aber Rn. 1046, die auf *volle* Anerkennungsfähigkeit hindeutet). Aus der Rechtsprechung siehe OLG Düsseldorf, RIW 91, 594.

begrenzt auf die Höhe des dem Schadensausgleich dienenden Betrages) anerkennungsfähig erachtet[191]. Keine dieser beiden Auffassungen sollte aber richtigerweise die Anerkennungsfähigkeit der Wirkungen eines im amerikanischen Prozeß etwa ausgesprochenen *tender of defense* berühren können. Für die Meinung, die eine teilweise Anerkennung von *punitive damages*-Urteilen befürwortet, folgt diese Forderung schon daraus, daß die Anerkennungsverweigerung in einem solchen Falle lediglich einen *quantitativen* Teil des Urteilsspruches, nicht seine *qualitative* Basis, erfaßt; nicht angezweifelt wird also die prinzipielle Integrität der Rechtsfindung durch das amerikanische Gericht. Ist dies aber so, dann steht einer vollen Anerkennung von Drittbindungswirkungen aus jenem Urteil nichts im Wege[192]. Eine *Teilanerkennung*, wie sie von der h.M. für die Vollstreckbarkeit von *punitive damages*-Entscheidungen vertreten wird, stellt selbstverständlich keine auf die Behandlung der *vouching*-Wirkungen übertragbare Lösungsmöglichkeit dar, denn Präklusion ist unteilbar.

Aber selbst diejenigen, die die vollständige Nichtanerkennung von *punitive damages*-Sprüchen für geboten halten, haben diese Ansicht bisher bezeichnenderweise stets unter der unausgesprochenen Prämisse vertreten, daß es um die *Vollstreckung* des amerikanischen Urteils, also die Eintreibung des Strafschadensersatzes in Deutschland, gehe. Die Anerkennung einer dem Urteil entspringenden Drittbindungswirkung allein führt aber jedenfalls noch nicht zu einem "*Ergebnis* (!), das mit wesentlichen Grundsätzen des deutschen Rechts offensichtlich unvereinbar ist".

Als Fazit ist daher zu fordern, daß die ordre public-Kontrolle nur dann in einer Ablehnung der Wirkungserstreckung eines *tender of defense* resultieren sollte, wenn der Verstoß gegen die in § 328 I Nr. 4 ZPO genannten Prinzipien streitverkündungserheblich war. Das dürfte bei Irregularitäten im Prozeßablauf selbst, also im Bereiche des *verfahrensrechtlichen* ordre public, unproblematisch zu bejahen sein, da solche Mängel ja per definitionem auf die gerichtliche Entscheidungsfindung durchschlagen. Ist dagegen — wie im

---

191 Der *BGH* vertritt in seinem mit Spannung erwarteten Urteil zur Vollstreckungsfähigkeit von *punitive damages*-Urteilen den Standpunkt, daß einer amerikanische Entscheidung bezüglich des *Gesamtbetrages* des als *punitive damages* ausgewiesenen Schadenspostens wegen Verstoßes gegen den deutschen ordre public die Anerkennung versagt werden müsse. Dies gelte jedenfalls dann, wenn das Urteilsgericht — wie in der Regel — keine nachvollziehbaren Hinweise darauf gegeben habe, daß es mit der Verhängung der *punitive damages* andere als Straf- und Abschreckungszwecke verfolgt habe. Eine entsprechende "wohlwollende Umdeklarierung" von Seiten des deutschen Anerkennungsgerichts sei wegen des Verbotes der révision au fond, § 723 I ZPO, unzulässig. Unberührt bleibt nach Meinung des BGH aber die Vollstreckungsfähigkeit der US-Entscheidung im übrigen, d.h. soweit *kompensierender* Schadensersatz zugesprochen wurde. Siehe BGH NJW 92, 3096, 3102ff. = WM 92, 1451, 1460ff.

192 In diese Richtung weisen auch die Ausführungen von *Stiefel/Stürner*, VersR 87, 839, 842 unter 6.a), wo die Autoren der Frage nachgehen, ob man — falls man eine volle Abweisung der Vollstreckungsklage aus dem US-Urteil befürwortet — nicht wenigstens die Rechtskraft der amerikanischen Entscheidung anerkennen sollte.

Beispiel der *punitive damages*[193] — ausschließlich der *materiellrechtliche* ordre public betroffen, so mag seine Verletzung zwar die Vollstreckung des Auslandsurteils in Deutschland hindern; sie darf aber nicht automatisch zu einer Nichtanerkennung der Interventionswirkung führen. Deren Erstreckung auf das deutsche Inland führt nämlich in solchen Fällen in der Regel nicht zu dem von § 328 I Nr. 4 ZPO verlangten ordre public-widrigen Ergebnis.

5. Verbürgung der Gegenseitigkeit, § 328 I Nr. 5 ZPO

a) Die Reichweite des Gegenseitigkeitserfordernisses im Falle der Streitverkündung

Innerhalb der Rechtslehre umstritten ist die Frage, wie weit das Gegenseitigkeitserfordernis des § 328 I Nr. 5 ZPO im Bereiche der Streitverkündungswirkung reicht.

Weitgehende Einigkeit besteht wohl darüber, daß die Entscheidung "als solche" den Anforderungen des § 328 I Nr. 5 ZPO genügen muß[194]. Unterschiedliche Standpunkte finden sich aber in der Frage, ob die Bedingung der Reziprozität dahingehend zu verstehen ist, daß die Wirkungen ausländischer Streitverkündung in Deutschland nur dann anzuerkennen sind, wenn der Urteilsstaat seinerseits zur Anerkennung deutscher Litisdenunziationsfolgen bereit wäre.

Gegen diese Interpretation des § 328 I Nr. 5 ZPO hat sich früh Wilhelmi gewandt[195]. Zur Begründung führt er aus, daß es erstens oft nicht feststellbar sei, ob andere Staaten zu einem entsprechenden Schritt bereit wären, und daß sich zweitens dem Gegenseitigkeitserfordernis nicht entnehmen lasse, daß gerade eine bestimmte Wirkung eines deutschen Urteils im Ausland anerkannt werden müsse. Auch Koch hält in bezug auf die Streitverkündungswirkung einen Verzicht auf die Erfüllung der Voraussetzung des § 328 I Nr. 5 ZPO für geboten, denn es sei dem Gesetzgeber bei dessen Formulierung ursprünglich in erster Linie um die außen- und rechtspolitische Zielsetzung gegangen, die *Vollstreckungsaussichten* deutscher Urteile im Ausland zu verbessern; an eine Einbeziehung bloßer Drittwirkungen sei nicht gedacht gewesen[196].

Die Gegenansicht wird namentlich von Martiny vertreten[197]. Er stützt sie in erster Linie auf die Vergleichbarkeit der Streitverkündungs- mit der Rechtskraftwirkung, die unbestritten dem Reziprozitätserfordernis unterliegt. Auch sei es notwendig, das zwischen den Hauptparteien ergangene Urteil und die Interventionswirkung gegenüber dem Dritten gleichzubehandeln.

---

[193] So ausdrücklich der BGH in NJW 92, 3096, 3103.

[194] Siehe aber Fn. 675.

[195] In NiemeyersZ 48 (1933/34), 105, 132f.

[196] Siehe *Koch*, ZVglRWiss 85 (1986), 11, 57f. Auch *Schröder*, S. 573, plädiert, soweit es um die Anerkennung der Streitverkündungswirkung geht, für einen Verzicht auf die Prüfung des § 328 I Nr. 5 ZPO, jedoch ohne seinen Standpunk näher zu begründen.

[197] In Hdb. IZVR III/1, Kap. 1, Rn. 400, 397. Zustimmend *Taupitz*, ZZP 102 (1989), 288, 315.

Zu diesem Meinungsstreit ist folgendes zu sagen:

Der teleologischen Argumentation Kochs, die für die Einführung des § 328 I Nr. 5 ZPO bestimmenden Motive sprächen gegen eine Anwendung der Vorschrift auf die Streitverkündungswirkung, ist eine gewisse Überzeugungskraft nicht abzusprechen; zweifelsohne hatte der historische Gesetzgeber bei der Aufstellung des Gegenseitigkeitserfordernisses in erster Linie die erhofften Auswirkungen für die Vollstreckbarkeit deutscher Urteile im Ausland im Auge[198]. Gleichwohl kann auch die Unterstellung der Streitverkündungswirkung unter die Gegenseitigkeitsprüfung dem Versuch dienen, einen entsprechenden Anerkennungsdruck im Ausland zu erzeugen. Man mag ein solches Unterfangen de lege ferenda für rechtspolitisch verfehlt halten; dieser Vorwurf muß dann aber der Vorschrift des § 328 I Nr. 5 ZPO in toto gelten[199].

Wilhelmis Einwand, das Gegenseitigkeitserfordernis verlange nicht die Anerkennung bestimmter Drittwirkungen durch den Urteilsstaat, bewegt sich gefährlich nahe am Rande einer petitio principii. Was seine andere Erwägung angeht, so ist nichts dagegen einzuwenden, einen Normbefehl in Zweifelsfällen nach seiner praktischen Umsetzbarkeit auszulegen. Indes bereitet die Feststellung, ob und inwieweit die Gegenseitigkeit mit einem ausländischen Urteilsstaat verbürgt ist, bisweilen selbst in den zentralen Fragen von Rechtskraft und Vollstreckbarkeit erhebliche Probleme[200]; das Bestehen solcher Schwierigkeiten allein kann also kein Grund für die Außerkraftsetzung des § 328 I Nr. 5 ZPO sein.

Damit ist aber bereits angedeutet, welcher Ansicht der Verfasser im Grundsatz zuneigt. Vermögen nämlich die Einwände Wilhelmis und Kochs aus hiesiger Sicht keine durchgreifenden Argumente gegen die Anwendbarkeit des § 328 I Nr. 5 ZPO zu begründen, so wiegt angesichts solcher Zweifel der Hinweis Martinys auf die Ähnlichkeit von Interventions- und Rechtskraftwirkung um so schwerer. In der Tat sind beide eng verwandt; fremde Rechte machen teilweise gar keinen dogmatischen Unterschied zwischen beiden. Es erscheint daher geboten, das Postulat der Reziprozität auch insoweit zur Geltung zu bringen, als es die Anerkennung ausländischer Streitverkündungswirkungen unter den Vorbehalt einer entsprechenden Bereitschaft des Urteilsstaates stellt.

Demgegenüber kommt es nach hiesiger Auffassung entgegen dem Schrifttum *nicht* darauf an, ob auch bezüglich anderer Urteilswirkungen Gegenseitigkeit besteht. Dieser Standpunkt entspricht der auch im Zusammenhang mit der Prüfung der anderen Bestimmungen des § 328 I ZPO sichtbar gewordenen Angemessenheit einer *wirkungsspezifischen* Auslegung der Vorschrift. Wieso eine sektorielle Gegenseitigkeitsprüfung zwar in bezug auf bestimmte

---

198 Vgl. zur Genese des § 328 I Nr. 5 ZPO *Martiny*, Hdb. IZVR III/1, Rn. 1184ff.

199 Die weit überwiegende Auffassung im Schrifttum hält die ersatzlose Streichung des § 328 I Nr. 5 für geboten. Siehe nur *Martiny* a.a.O., Rn. 1294ff.; *Schack*, IZVR, Rn. 877; *MüKo-ZPO/Gottwald*, § 328 Rn. 92.

200 Siehe nur *Schack*, IZVR, Rn. 876; *Martiny*, Hdb. IZVR III/1, Kap. 1, Rn. 1303; *MüKo-ZPO/Gottwald*, § 328 Rn. 96

Urteilsgattungen[201] oder -inhalte[202], nicht aber -wirkungen in Betracht kommen soll, ist nicht einzusehen. Wer meint, die Anerkennung fremder Interventionswirkungen setze voraus, daß die ausländische Entscheidung auch in bezug auf Rechtskraft und Vollstreckbarkeit, also in der Frage der Anerkennungsfähigkeit des Urteils "als solchem", den Anforderungen des § 328 I Nr. 5 ZPO genügt, der müßte im umgekehrten Falle konsequenterweise zu einer Verweigerung der Anerkennung letztgenannter Wirkungen bereits dann gelangen, wenn der Urteilsstaat lediglich die Streitverkündungswirkungen deutscher Urteile ignoriert: auch in einem derartigen Falle bestünde ja keine volle Reziprozitätsharmonie hinsichtlich sämtlicher Urteilswirkungen. In einem benachbarten Problembereich wird übrigens von verschiedenen Autoren eine entsprechende Lösung ansatzweise gebilligt: Urteilen aus Staaten, die deutschen Entscheidungen keine Vollstreckbarkeit, aber Rechtskraftwirkung zugestehen, sollen nach dieser Ansicht in der Bundesrepublik immerhin Rechtskraft wirken können[203].

b) Die Rechtslage im Verhältnis zu den Vereinigten Staaten

aa) Die Anerkennungsfähigkeit deutscher Streitverkündungswirkungen überhaupt

Ob ein amerikanisches Gericht die Bindungswirkung einer deutschen Streitverkündung anerkennen würde, ist eine Frage, auf die eine Antwort nicht leicht fällt.

Dazu ist voraussschickend zu bemerken, daß bereits die umfassendere Problematik der Reichweite einer Anerkennung von Präklusionsfolgen ausländischer Urteile nicht allzu ausgiebig erörtert wird[204]. Erst recht wird dabei nicht zwischen Rechtskraft- und Interventionswirkung differenziert, was jedoch angesichts der Tatsache, daß die durch das *vouching in* herbeigeführte Bindungswirkung heute weithin als mit einigen Eigenheiten ausgestatteter Sonderfall der *issue preclusion* angesehen wird, nicht weiter verwundern kann.

Die Auswertung der wenigen einschlägigen Quellen ergibt folgendes Bild[205]:

Was zunächst den *objektiven* Umfang der Bindung durch eine ausländische Entscheidung angeht, so scheinen die US-Gerichte allgemein bereit zu sein, dem Fremdjudikat im amerikanischen Inland dieselben Wirkungen zuzugestehen, die sie im Urteilsstaat haben würde; das gilt zumindest so lange, als diese

---

[201] Dies entspricht herrschender Meinung. Siehe nur *Zöller/Geimer*, § 328 Rn. 178; *Schütze*, DIZPR, S. 145; *Schack*, IZVR, Rn. 875.

[202] Siehe BGHZ 42, 194, 196; 50, 100, 103.

[203] Vgl. *Milleker*, NJW 71, 303 (in erster Linie für klagabweisende Urteile); *Schack*, IZVR, Rn. 875 (beschränkt auf klagabweisende Urteile). A.A. aber die wohl h.M.; vgl. *Zöller/Geimer*, § 328 Rn. 178; *Schütze*, DIZPR, S. 145; *MüKo-ZPO/Gottwald*, § 328 Rn. 95.

[204] Vgl. *Martiny*, Hdb. IZVR III/1, Kap. 1, Rn. 359.

[205] Eine einzelstaatenspezifische Betrachtung, wie sie im Verhältnis zu den Vereingten Staaten im Bereiche des Gegenseitigkeitsmerkmals eigentlich vorzuenhmen wäre — vgl. nur *MüKo-ZPO/Gottwald*, § 328 Rn. 119 —, ist angesichts der mageren Quellenlage illusorisch.

Wirkungen nicht über diejenigen amerikanischer Urteile hinausgehen[206]. Letzteres ist aber nur selten der Fall: angesichts des Umstandes, daß die Länder des kontinentaleuropäischen Rechtskreises häufig deutlich engeren Rechtskraftkonzepten als das Common Law folgen, stellt sich den amerikanischen Richtern für gewöhnlich vielmehr die umgekehrte Frage, ob sie dem Auslandsurteil einen breiteren Präklusionseffekt einräumen sollen, als er im Ursprungsland vorgesehen ist[207]. Die Antwort darauf ist umstritten[208], aber im vorliegenden Zusammenhang auch ohne Belang, da die Streitverkündungswirkung deutscher Provenienz dem sachlichen Umfange nach im wesentlichen der Doktrin der *issue preclusion* entspricht.

In *subjektiver* Hinsicht begegnet man im *Restatement (Second) of Conflict of Laws* der Feststellung, daß

> "[i]t is uncertain . . . whether an American court will always give . . . effect to the foreign rules of privity in determining what persons, other than the parties, are bound t; the judgment . . . . Normally, an American court would apply the foreign rules as to these matters if the rules are substantially the same as the rules of the American court."[209]

Wie sich durch mehrfache Verweisung innerhalb des *Restatement* mittelbar ergibt, wird die zuletzt genannte Bedingung unter anderem auch gegenüber Personen als erfüllt angesehen, die dem *vouchee* des US-Rechts gleichstehen[210]. Das ist ein nachdrücklicher Anhaltspumkt für eine positive

---

[206] Siehe Bata v. Bata, 163 A.2d 493, 507 (Del. 1960) ("We see no reason in principle why the rule of collateral estoppel should not in a proper case be applied to a foreign judgment." [Anm. des Verf.: Wie aus dem Kontext der Entscheidung hervorgeht, soll der Vorbehalt "*in a proper case*" keinen Ermessensspielraum andeuten, sondern Einschränkungen in Fällen ermöglichen, in denen dem Recht des Urteilsstaates ein engeres Rechtskraftkonzept als dem amerikanischen zugrundeliegt.]), *cert. denied*, 366 U.S. 964 (1961); *Casad*, 70 Iowa L. Rev. 53, 70ff. (1984); *Bishop/Burnette*, 16 Int'l Law. 425, 440ff. (1982); *v. Mehren/Trautman*, 81 Harv. L. Rev. 1601, 1671ff. (1968). Vgl. *Restatement (Second) of Conflict of Laws § 98*, cmt. f.

[207] Siehe nur *v. Mehren/Trautman*, 81 Harv. L. Rev. 1601, 1673, 1677ff. (1968).

[208] Verneinend z.B. Bata v. Bata, 163 A.2d 493, 504 (Del. 1960) ("[A] foreign judgment is to be given only such binding effect as would be accorded it by courts of the jurisdiction rendering the judgment."), *cert. denied*, 366 U.S. 964 (1961); Watts v. Swiss Bank Corp., 27 N.Y.2d 270, 265 N.E.2d 739, 742 (1970) ("[T]he law of the rendering jurisdiction, insofar as it limits the effect of its own judgments, would also limit elsewhere the preclusive effect of the judgment and the definition of the parties bound."); bejahend u.a. Carl Zeiss Stiftung v. VEB Carl Zeiss Jena, 293 F. Supp. 892, 908 (S.D.N.Y. 1968), *modified*, 433 F.2d 686 (2d Cir. 1970), *cert. denied*, 403 U.S. 905 (1971). Vgl. *Casad*, 70 Iowa L. Rev. 53, 56f. (1984); *Restatement (Third) of the Foreign Relations Law of the United States § 481*, cmt. c.

[209] *Restatement (Second) of Conflict of Laws § 98*, cmt. f (Hervorhebung vom Verf.).

[210] *§ 98*, cmt. f des *Restatement (Second) of Conflict of Laws* verweist auf *§ 94*, cmt. d desselben Werkes; dort geht es unter anderem um die Urteilsbindung kraft Prozeßkontrolle (wie im Falle des beitretenden *vouchee*); im darauffolgenden *§ 94*, cmt. e wird unter anderem auf *§ 107* des *ersten Restatement of Judgments* verwiesen, die als Vorläufer der heutigen *§ 57* des *Restatement (Second) of Judgments* die Bindung des benachrichtigten Regreßschuldners regelte.

Vgl. auch *Weinschenk*, S. 107, dessen Analyse des amerikanischen Rechts der *res judicata* ihn zu der Feststellung veranlaßt: "Das in den U.S.A. anerkennungsfähige Urteil hat diejenigen Auswirkungen, die das deutsche Recht ihm verleiht. Dies sind: . . . — Die Streitverkündungs-

Anerkennungsprognose in Fällen, in denen der deutsche Litisdenunziat dem Ausgangsbeklagten im Rückgriff verpflichtet ist[211].

Bestärkt wird diese Einschätzung durch ein obiter dictum in der Entscheidung *SCAC Transport (USA) v. S.S. Danaos*[212], der — soweit ersichtlich — einzigen konkreteren Andeutung aus der Rechtsprechung dahingehend, daß US-Gerichte einem ausländischen "*vouching in*" Wirkung im amerikanischen Inland zuzugestehen bereit wären. Es heißt dort:

> " . . . Big Lift [der Beklagte, Anm. des Verf.] might have vouched Universal into the Senegalese action — assuming of course that adequate representation and adequate procedural opportunities were present — even though Senegalese courts might have no personal jurisdiction over Universal."[213]

Bei aller gebotenen Vorsicht läßt sich also immerhin feststellen, daß die verfügbaren amerikanischen Quellen eine Anerkennung deutscher Streitverkündungswirkungen in den USA als durchaus wahrscheinlich erscheinen lassen. Es sind keine Stimmen ersichtlich, die sich auch nur im entferntesten gegen eine solche Anerkennung wenden würden; stattdessen lassen sich aber gerade der in der vorliegenden Frage ergiebigsten (und zudem auf vergleichsweise höchster Autoritätsstufe stehenden) Stellungnahme, der des *Restatement*, deutliche Hinweise dafür entnehmen, daß zumindest eine deutsche "Regreß"-

---

wirkung." Und auf S. 108 folgt der Passus, daß sich "die Rechtskraft der deutschen Urteils in der Regel auf folgende juristische und natürliche Personen [erstreckt]: . . . bedingt haftpflichtige Dritte usw., grob analog den deutschen 'Streitverkündeten'." Allerdings schränkt Weinschenk letztere Aussage postwendend wieder ein, "weil sich diese deutschen Streitkategorien nur ungefähr und mit Bedenken mit etwa analogen amerikanischen Kategorien vergleichen lassen und die prozessualen Ausmaße andere Folgen haben [sic!]." Derartigen Bedenken ist jedoch im Falle des Verfahrenspaares Streitverkündung/*vouching in* die Basis entzogen, wie die vorliegende Arbeit erbracht hat.

211 In dieselbe Richtung weist die Darstellung bei *Bishop/Burnette*, 16 Int'l Law. 425, 441f. (1982). Inkongruenzen zwischen deutschem und amerikanischem Recht können aber als Folge des weiteren Anwendungsbereiches des deutschen Institutes auftreten: wie erwähnt, steht es auch dem Kläger zur Verfügung; außerdem erfaßt es Fälle, in denen eine Hauptpartei die eigene Inanspruchnahme durch den Litisdenunziaten befürchtet. Zur Bewältigung solcher Konstellationen bedient sich das amerikanische Recht anderer prozessualer Mechanismen als das deutsche. Zu nennen sind insbesondere die Vorschriften über den *joinder of parties* (siehe z.B. *Fed. R. Civ. P. 20(a)*), die es einem Kläger unter anderem erlauben, gleichzeitig gegen zwei ihm alternativ verpflichtete Beklagte vorzugehen, sowie die *interpleader*-Bestimmungen (siehe z.B. *Fed. R. Civ. P. 22*), die dem Schutz des Initiators vor doppelter Inanspruchnahme dienen und damit dem Prätendentenstreit deutschen Rechts nahestehen. Es ist aber an dieser Stelle nicht erforderlich, Mutmaßungen darüber anzustellen, ob diese Mechanismen den im *vouching in* keine Entsprechung findenden Varianten der deutschen Streitverkündung im Ergebnis so ähnlich sind, daß auch für letztere eine Anerkennung vorausgesagt werden kann. Vorliegend geht es allein um die Anerkennungsfähigkeit der Wirkungen eines *tender of defense*. An dessen prozessualen Anwendungsbereich hat sich daher auch die Prüfung der Gegenseitigkeitsverbürgung zu orientieren; es wäre nicht gerechtfertigt, sie auf Fallkonstellationen auszudehnen, die das anzuerkennende ausländische, hier: amerikanische, Institut überhaupt nicht umfaßt.

212 845 F.2d 1157 (2d Cir. 1988).

213 A.a.O., S. 1163.

Streitverkündung mit Anerkennung in den USA rechnen darf[214]. Freilich ist die Bestimmung der Wirkungen ausländischer Urteile nach in den USA überwiegender Ansicht Sache der Einzelstaaten[215]; insoweit setzt die magere Quellenlage einer genaueren Analyse Grenzen. Darin unterscheidet sich indes die hiesige Problematik nicht vom benachbarten Bereich der Rechtskraft: auch dort schließt man ja z.B. aus den vorhandenen Rechtsprechungsäußerungen auf die Haltung der Gerichte anderer Staaten, aus denen bislang keine einschlägigen Dikta vorliegen.

Das verbleibende Defizit definitiver Klarheit muß nicht zu Lasten der Anerkennung der *vouching*-Wirkungen in der Bundesrepublik gehen. Zwar ist einzuräumen, daß die vorstehende Untersuchung in der hier zur Debatte stehenden Frage keine Letztgewißheit hat erbringen können, sondern nur Anlaß zu der *begründeten Annahme* gibt, daß amerikanische Gerichte die Wirkungen einer deutschen Streitverkündung beachten würden. Damit bleibt sie aber nicht notwendigerweise hinter den im Rahmen des § 328 I Nr. 5 ZPO üblicherweise geltenden Standards zurück:

Normalerweise setzt die Bejahung der Gegenseitigkeit *ausreichende Gewißheit* darüber voraus, daß eine deutsche Entscheidung im Urteilsstaat künftig anerkannt wird. Doch sind an diesen (vagen) Maßstab — ungeachtet des Gebrauchs der Vokabel "Verbürgung" — keine zu strengen Anforderungen zu stellen[216]. Nicht erforderlich ist beispielsweise, daß sich im Urteilsstaat bereits eine positive Anerkennungspraxis entwickelt hat[217]. Und namentlich im Verhältnis zu den Vereinigten Staaten läßt sich die Ansicht vertreten, daß für die Gegenseitigkeitsprüfung "außerhalb statutarischer Regelung regelmäßig davon ausgegangen werden [kann], daß die Gerichte die im *Restatement 2nd Conflict of Law* und *Restatement 3rd Foreign Relations* manifestierten Grundsätze anwenden"[218]. Überträgt man diesen Maßstab auf die vorliegende Frage, dann darf die Reziprozität bejaht werden. Dadurch ist auch für das Ziel des § 328 I Nr. 5 ZPO nichts verloren: sollte sich in Zukunft herausstellen, daß bestimmte US-Jurisdiktionen von den Vorgaben namentlich der beiden einschlägigen *Restatements* abweichen und einer deutschen Litisdenunziation die Anerkennung verweigern, dann müßte dies im Verhältnis zur Bundesrepublik zu

---

214 So prinzipiell auch *Weinschenk*, S. 107, 108f. Vgl. aber Fn. 770.

215 Vgl. *Casad*, 70 Iowa L. Rev. 53, 77ff. (1984) m.w.N.; *Born/Westin*, S. 588ff.; *Scoles/Hay*, § 24.4 a.E.; *Restatement (Third) of the Foreign Relations Law of the United States § 481*, cmt. a.

216 Siehe BGHZ 42, 194, 197; *Martiny*, Hdb. IZVR III/1, Kap. 1, Rn. 1264. Vgl. auch OLG Hamm, IPRax 86, 234: "Für die Verbürgung der Gegenseitigkeit (hier: Rumänien) genügt es, daß festgestellt werden kann, daß der Erststaat die Anerkennung grundsätzlich zuläßt und die dortige gerichtliche Praxis einer Anerkennung jedenfalls nicht entgegensteht."

217 Siehe BGHZ 49, 50, 52; *Martiny* a.a.O., Rn. 1273.

218 So *Schütze*, Urteilsanerkennung, S. 171. Vgl. auch *Blumenwitz*, S. 54, wonach sich in nur 2% aller Fälle Gerichte mit den im Restatement formulierten Regeln nicht einverstanden erklärt haben. — Auch *Weinschenk*, S. 107ff., entwickelt seine Feststellung, ein deutsches Urteil könne in den USA Streitverkündungswirkung entfalten, aus den allgemeinen Grundsätzen der *res judicata*-Lehre, wie sie im *Restatement* ihren Niederschlag gefunden haben.

einer Verneinung der Gegenseitigkeit führen. Hier zeigt sich auch deutlich der Unterschied der hier vertretenen Ansicht zu denjenigen Kochs und Wilhelmis.

Nochmals betont sei am Ende, daß nach hiesiger Auffassung die Bejahung von Gegenseitigkeit in bezug auf die *Streitverkündungswirkung* nicht notwendig das Bestehen von Gegenseitigkeit bezüglich *Rechtskraft* bzw. *Vollstreckbarkeit* voraussetzt. Allerdings bedeutet das Fehlen von Reziprozität in diesen Bereichen unter anderem, daß der betroffene Bundesstaat sich wenigstens insoweit *nicht* an die in den *Restatements* statuierten Anerkennungsgrundsätze[219] gehalten hat — diese Grundsätze gelten nämlich inhaltlich als für ein bejahendes Gegenseitigkeitsurteil ausreichend[220] — und dies folglich möglicherweise auch ansonsten nicht tun wird. *Insofern* zerstört daher die Verneinung der "Grundanerkennungsfähigkeit" auch die positive Anerkennungsprognose für die Streitverkündungswirkung, die sich ja gerade auf die Bestimmungen des *Restatement* gründet. Im Verhältnis zu den USA ist dieser Umstand allerdings zur Zeit nur mit Blick auf einen einzigen Bundesstaat — Mississippi — von Belang[221].

bb) Die Respektierung deutscher internationaler Annexzuständigkeit für die Streitverkündung

Voraussetzung einer positiven Beantwortung der Gegenseitigkeitsfrage ist auch, daß der Urteilsstaat die Anerkennung deutscher Urteile nicht an *unverhältnismäßig schwierigere Bedingungen* knüpft als das deutsche Recht im Umkehrfalle[222]. Nach insbesondere in der Rechtsprechung vertretener[223], in der Literatur allerdings häufig kritisierter[224] Auffassung gehören zu diesen Rahmenbedingungen auch die die internationale Anerkennungszuständigkeit normierenden Regeln des Urteilsstaates. Reziprozität kann nach dieser Meinung nicht festgestellt werden, wenn der Urteilsstaat an die Anerkennung der deutschen Entscheidungen erheblich höhere zuständigkeitsrechtliche Anforderungen stellt als vice versa das bundesrepublikanische Recht.

Auf die Streitverkündung bezogen, ist dieser Standard deshalb problematisch, weil nach deutschem Recht das Vorliegen internationaler Annexzuständigkeit für die Anerkennung einer Litisdenuntiation im Ausland genügt[225]. Sollte das US-Recht strengere Maßstäbe anlegen, also die Bindung einer Person, der in Deutschland der Streit verkündet worden ist, unter den Vorbehalt selbständiger Zuständigkeitsunterworfenheit des Betroffenen stellen, dann müßte man von der Warte der Rechtsprechung aus zu einer Verneinung der Reziprozität gelangen.

---

219 Vgl. *Restatement (Second) of Conflict of Laws § 98*; *Restatement (Third) of the Foreign Relations Law of the United States §§ 481ff.* Einen knappen Überblick über diese Prinzipien gibt *Schütze*, Urteilsanerkennung, S. 26ff.

220 Vgl. *Schütze*, Urteilsanerkennung, S. 34ff. passim.

221 Siehe unten Zweites Kapitel, II. E., Fn. 837.

222 Siehe nur BGHZ 42, 194, 197; 50, 100, 103, st.Rspr.; *Schack*, IZVR, Rn. 875.

223 Siehe zuletzt LG Heilbronn RIW 91, 343, 344.

224 Siehe nur *Martiny*, Hdb. IZVR III/1, Kap. 1, Rn. 1242 m.w.N.

225 S.o. 1.a.

Es gibt jedoch keine Anhaltspunkte dafür, daß amerikanische Gerichte einen ausländischen "*tender of defense*" zuständigkeitsbezogen anders behandeln würden als ein binnenstaatliches *vouching in* — dessen hervorstechendstes Merkmal gerade seine *extrajurisdictionality* darstellt. Im Gegenteil deutet die oben unter aa) bereits zitierte Passage der Entscheidung *SCAC Transport (USA) v. S.S. Danaos*[226] an, daß das Vorliegen von *personal jurisdiction* im Verhältnis zum Dritten *nicht* zu den Voraussetzungen einer Wirkungserstreckung eines ausländischen "*vouching in*" auf das US-amerikanische Inland zählt (". . . even though Senegalese courts might have *no personal jurisdiction* over Universal.")[227].

C. Ergebnis

Die Anerkennung der Bindungswirkungen ausländischer Streitverkündung, hier: des amerikanischen *vouching in*, erfordert die volle Erfüllung des Kataloges des § 328 ZPO. Dabei ist die Beurteilung im Wege einer "Perspektivenadaption" von vornherein ausschließlich an der anzuerkennenden (Interventions)wirkung auszurichten. Ein undifferenziertes Beharren auf der Notwendigkeit der "Grundanerkennungsfähigkeit" des Fremdjudikats bedeutet nichts anderes als eine (verfehlte) Fixierung auf die — begreiflicherweise im Vordergrund der Diskussion stehenden — *Einzel*wirkungen der Rechtskraft und Vollstreckbarkeit. Ein solches Junktim ist aber abzulehnen, ignoriert es doch den eingangs[228] angesprochenen, generell akzeptierten Grundsatz, daß Anerkennungsgegenstand eben *nicht* das ausländische Urteil "als solches", sondern seine einzelnen Wirkungen sind[229]. Folglich ist es nur konsequent, wenn die Anerkennungsfähigkeit einer Entscheidung je nach interessierender Wirkung schwanken kann. Besonders deutlich ist dies im vorliegenden Falle am Beispiel des § 328 I Nr. 3 ZPO geworden, der schon aus Gründen der Relativität der Rechtskraft zu unterschiedlichen Ergebnissen führen muß, je nachdem, ob das ausländische Urteil vollstreckt werden oder Drittbindungswirkung enfalten soll. Aber auch in den Fragen der ordre public-Vereinbarkeit (§ 328 I Nr. 4) und

[226] Siehe nochmals 845 F.2d 1157, 1163 (2d Cir. 1988).

[227] Zu einem anderen Ergebnis — daß nämlich amerikanische Gerichte die Präklusionswirkung einer deutschen Streitverkündung nur dann beachten würden, wenn das deutsche Forum *personal jurisdiction* i.S.d. US-Rechts über den Litisdenunziaten innehatte — gelangt *Weinschenk*, S. 84ff. Dabei geht er indes von der irrigen Prämisse aus, daß das amerikanische Recht neben der *third-party practice* über kein der Streitverkündung noch ähnlicheres, ihr insbesondere auch in seiner zuständigkeitsrechtlichen Behandlung nahestehendes Institut verfüge: "[M]an wird vergeblich nach einer dem § 72 ZPO verfahrensmäßig vergleichbaren, amerikanischen Regelung suchen." A.a.O., S. 86.

[228] S.o. I., vor A.

[229] Vgl. auch *Koch*, ZVglRWiss 85 (1986), 11, 56f.: "[Bei der Anerkennung der durch das *vouching* ausgelösten Bindungswirkungen] handelt es sich nicht um die Anerkennung des ausländischen Ersturteils schlechthin. Vielmehr geht es um spezifische *Wirkungen* des ausländischen Urteils, die dieses auch dann hierzulande entfalten soll, wenn das Erstverfahren selbst keinen Inlandsbezug hat. Solche Urteilswirkungen sind also *isoliert* für das Regreßverhältnis auf ihre Anerkennung zu überprüfen." (erste Hervorhebung im Original)

Gegenseitigkeitsgewähr (§ 328 I Nr. 5 ZPO) ist es sachgerechter, allein auf die Streitverkündungswirkung abzustellen. Dagegen ergeben sich im Bereiche der § 328 I Nr. 1 und 2 ZPO de facto keine Diskrepanzen zu den Befürwortern eines "zweistufigen" Prüfungsaufbaus: die Zuständigkeit in der Hauptsache ist ja gerade Bedingung für die Anerkennung der Streitverkündungswirkung, und im Falle des § 328 I Nr. 2 schließt die Interessenlage auf Seiten des Ausgangsbeklagten seine eigene Berufung auf die Vorschrift aus (was die Fragwürdigkeit des Verlangens nach "Grundanerkennungsfähigkeit" übrigens nur noch verstärkt).

Zweites Kapitel: Die Anerkennung von *Third-Party Judgments*

I. Vorbemerkung

Die Anerkennung der Präklusionswirkungen eines *tender of defense* in Deutschland enthebt den *voucher* nicht der Notwendigkeit, gegen den *vouchee* einen zweiten Prozeß in der Bundesrepublik anzustrengen, wenn er auf inländisches Vermögen des letzteren zugreifen will. Schneller könnte der Regreßgläubiger an dieses Ziel gelangen, wenn er darauf bauen dürfte, daß amerikanische *impleader*-Entscheidungen hierzulande anerkannt und vollstreckt werden; er müßte dann nur noch den Erlaß eines Exequaturutteils gem. §§ 722, 723 ZPO beantragen[1].

Der folgende Abschnitt befaßt sich mit den besonderen Problemen, vor die die Eigenarten der *third-party practice* das deutsche Anerkennungsrecht stellt. Sie liegen ausschließlich im Bereiche der Prüfung der Voraussetzungen des § 328 ZPO, nicht dagegen auf dem Felde der Rechtskraftwirkung. Dort tauchen dieselben Probleme auf — Reichweite der Wirkungserstreckung? — wie bei "normalen" US-Entscheidungen. Auf diesen Fragenkreis wird daher im weiteren nicht näher eingegangen[2].

II. Die Prüfung der Anerkennungsvoraussetzungen und -hindernisse gem. § 328 ZPO

A. Internationale Zuständigkeit, § 328 I Nr. 1 ZPO

1. Einräumung internationaler Anerkennungszuständigkeit kraft Sachzusammenhangs für Drittklagen?

Jede Rechtsordnung macht die Inanspruchnahme judikativer Zuständigkeit für einen vor seine Gerichte gebrachten Streit von bestimmten Anknüpfungspunkten abhängig, etwa der Nationalität der beteiligten Parteien, der Belegenheit einer Sache oder dem Bezug eines Schuldverhältnisses zum Forum. Dabei kann

[1] Im Verhältnis zu den USA existiert keine Grundlage für ein vereinfachtes Beschlußverfahren, wie es Staatsverträge — vgl. z.B. Art. 31ff. EuGVÜ — heute regelmäßig vorsehen. Siehe nur *Schütze*, Urteilsanerkennung, S. 161; *Chrocziel/Westin*, ZVglRWiss 87 (1988), 145, 146f.; *Bernstein*, FS Ferid, S. 75, 77f.

[2] Zum Diskussionsstand vgl. *Martiny*, Hdb. IZVR III/1, Kap. 1, Rn. 362ff., insbes. 369; *Schack*, IZVR, Rn. 791ff., insbes. 795; *Gottwald*, ZZP 103 (1990), 257, 259ff., insbes. 262. Siehe auch oben Zweites Kapitel, II. A., C.

es geschehen, daß bei jeweils separater Anknüpfung für sachlich zusammengehörende Teile eines umfassenderen Streitkomplexes kein gemeinsamer Gerichtsstand begründet werden kann. Viele Staaten begegnen diesem Dilemma, indem sie für derartige Konstellationen Zuständigkeiten kraft Sachzusammenhangs vorsehen, um so eine einheitliche Entscheidung zusammenhängender Fragen zu ermöglichen[3]. Auch das deutsche Recht kennt solche Fälle[4]. Das gilt allerdings begreiflicherweise nicht für den vorliegenden Kontext der echten Drittklage, die dem deutschen Zivilprozeß ja unbekannt ist[5].

Es fragt sich gleichwohl, ob man im Rahmen der Prüfung des § 328 I Nr. 1 ZPO die Ausübung internationaler Annexzuständigkeit für die Anerkennung genügen lassen kann, soweit es sich bei der ausländischen Entscheidung — wie im Falle der amerikanischen *third-party practice* — um ein Dritturteil handelt. Wäre dies zu bejahen, so genügte es für die hiesige Verbindlichkeit des betreffenden Judikates, wenn das Gericht des Urteilsstaates aus Sicht der ZPO internationale Zuständigkeit in der Hauptsache besaß.

Eine entsprechende Ansicht ist in der Vergangenheit von verschiedener Seite tatsächlich vertreten worden. Anlaß war ein Urteil des Bundesgerichtshofs aus dem Jahre 1969, in welchem er über die Vollstreckbarkeit eines *französischen* Garantieurteils zu befinden hatte[6]. Das zugrundeliegende Verfahren, die sog. "*assignation en garantie*"[7], entspricht in Ausgestaltung und Zweck im wesentlichen der amerikanischen *third-party practice*; es handelt sich also um eine echte Drittklage[8]. In Frankreich können solche Klagen beim Gericht der Hauptsache erhoben werden; dieses ist zuständig kraft Sachzusammenhangs[9].

---

[3] Beispiele nennt *Schack*, IZVR, Rn. 341.

[4] Siehe z.B. §§ 25, 26, 33 I, 34 ZPO.

[5] Anzumerken ist, daß die Rechtsprechung im Bereich des § 33 ZPO eine sog. *parteierweiternde Widerklage* für zulässig hält, für die dann kein selbständiger Gerichtsstand nötig sein soll, wenn die Parteierweiterung als sachdienlich erscheint. Siehe BGH NJW 66, 1028; BGH NJW 87, 3139. Doch ist die Übertragbarkeit dieser ausdehnenden Auslegung des § 33 ZPO auf die Ebene der internationalen Zuständigkeit vom BGH selbst mit einem Vorbehalt versehen worden. Siehe BGH NJW 81, 2642. Vor allem aber ist umstritten, ob mit der parteierweiternden Widerklage auch dann operiert werden kann, wenn der Beklagte *ausschließlich* gegen den bisher am Prozeß nicht beteiligten Dritten vorgehen will. Dies wird mehrheitlich verneint: notwendig sei stets, daß Urkläger und Dritter als Streitgenossen zusammen verklagt würden. Siehe BGHZ 40, 185; BGH NJW 75, 1228. Vgl. zum Meinungsstand *Zöller/Vollkommer*, § 33 Rn. 18ff.; *MüKo-ZPO/Patzina*, § 33 Rn. 27ff.

[6] BGH NJW 70, 387 = MDR 70, 135 = IPRspr 68-69, Nr. 229.

[7] Vgl. *Art. 331ff.* des *Nouveau Code de Procédure Civile* (im folgenden: *n.c.p.c.*), in Kraft getreten am 1. 1. 1976. Gebräuchlich ist auch die Bezeichnung des Instituts als "*demande incidente de garantie*". Siehe *Milleker*, ZZP 84 (1971), 91.

[8] Siehe *Milleker*, ZZP 84 (1971), 91, 95, sowie ausführlich *Schober*, S. 94ff. Ein knapper Überblick findet sich auch bei *Eibner*, S. 19f.

[9] *Art. 333 n.c.p.c.* bestimmt:

Le tiers mis en cause est tenu de procéder devant la juridiction saisie de la demande originaire, sans qu'il puisse décliner la compétence territoriale de cette juridiction, même en invoquant une clause attributive de compétence.

Vgl. auch *Schober*, S. 145ff.

Der BGH entschied nun, daß die Anerkennung unter anderem[10] daran scheitern müsse, daß dem französischen Gericht die indirekte Zuständigkeit gem. §§ 328 I Nr. 1 i.V.m. 12ff ZPO zur Entscheidung der Rückgriffsklage gefehlt habe[11]. Eine angelehnte Zuständigkeit zur Aburteilung von Drittklagen wurde dem ausländischen Spruchkörper nicht konzediert. Nach dem BGH bleibt es vielmehr bei dem Erfordernis selbständiger Erfüllung des § 328 I Nr. 1 ZPO in bezug auf den Regreßbeklagten. Dieser Rechtsprechung sind die Untergerichte gefolgt[12]. Im Verhältnis zu Frankreich hat sich das Problem freilich inzwischen erledigt: das EuGVÜ[13] sieht in Art. 6 Nr. 2 ausdrücklich vor, daß Regreßklagen beim Gericht des Hauptprozesses erhoben werden können[14]. Zwar verpflichtet diese Vorschrift die Bundesrepublik Deutschland nicht zur Einführung der Drittklage oder eines entsprechenden Annexgerichtsstandes[15], wohl aber gem. Art. V (2) des Protokolls zum EuGVÜ dazu, Entscheidungen aus anderen Vertragssataaten anzuerkennen, die auf einer Inanspruchnahme der Zuständigkeit gem. Art. 6 Nr. 2 EuGVÜ beruhen[16].

Im Rechtsverkehr mit den USA, wo eine dem EuGVÜ vergleichbare Regelung fehlt, ist die hier untersuchte Frage aber weiterhin virulent.

Gegen den Standpunkt des BGH hat sich insbesondere Geimer gewandt[17]. Ausgangspunkt seiner Kritik ist die seiner Meinung nach zu konstatierende Vergleichbarkeit von Garantieklage (oder, auf das amerikanische Recht gewandt:

---

[10] Hinzu kam, daß die Parteien des Regreßstreits in einer Gerichtssatndsvereinbarung die ausschließliche Zuständigkeit deutscher Gerichte vereinbart hatten. Siehe BGH NJW 70, 387, 388.

[11] BGH a.a.O. unter 3. der Entscheidungsgründe.

[12] Vgl. OLG Karlsruhe, NJW 74, 1059 = IPRspr 73, Nr. 155.

[13] Im Verhältnis zu Frankreich in Kraft getreten am 1. 2. 1973.

[14] Die deutsche Fassung, die gem. Art. 68 EuGVÜ zu den authentischen Versionen des Abkommens zählt, spricht von einer "Klage auf Gewährleistung" oder einer "Interventionsklage". Das entspricht den im ebenfalls verbindlichen französischen Wortlaut gebrauchten Termini "*demande en garantie*" bzw. "*demande en intervention*". Der Jenard-Bericht zum EuGVÜ (abgedruckt bei *Bülow/Böckstiegel*, Bd. 1, S. 601.1ff.) erläutert diese Begriffe wie folgt: eine *Interventionsklage* diene entweder dem Schutze der Interessen des Intervenienten oder einer der Parteien des Rechtsstreits oder sie ziele auf den Erlaß einer Verurteilung oder auf die Zuerkennung eines Gewährleistungsanspruches ab (*Bülow/Böckstiegel* a.a.O., S. 601.41). Ein bloßer begrifflicher Unterfall sei die *Garantieklage*, die aber zur Klarstellung separat aufgeführt werde als Klage, die der Beklagte in dem Rechtsstreit gegen einen Dritten zum Zwecke der eigenen Schadloshaltung wegen der Folgen dieses Rechtsstreies erhebt (a.a.O., S. 601.39).

In der englischen Fassung, die seit dem Beitrittsübereinkommen mit Großbritannien vom 9. 10. 1978 gleichfalls Verbindlichkeit beanspruchen kann (vgl. Art. 37 des Abkommens, abgedruckt bei *Bülow/Böckstiegel*, Bd. 1, S. 600.94 Fn. 7), ist übrigens die Rede von einer "*action on a warranty or guarantee*" bzw. "*any other third-party proceedings*".

[15] Siehe Art. V (1) des Protokolls zum EuGVÜ (BGBl. 1972 II, S. 808); *Schack*, IZVR, Rn. 365.

[16] Siehe *Schack* a.a.O. Vgl. OLG Hamburg, RIW 75, 499 = IPRspr 74 Nr. 176 b).

[17] Siehe bereits *Geimers* Urteilsanmerkung in der NJW 70, 387, sowie später *ders.*, ZZP 85 (1972), 196; *Zöller/Geimer*, § 328 Rn. 53; *Geimer/Schütze*, Bd. I/2, S. 1506f. Fn. 49. Der Meinung *Geimers* angeschlossen hat sich *Schober*, S. 187, 188.

third-party practice) und Streitverkündung. Da aber der Streitverkündete sein Recht vor dem Gericht nehmen müsse, vor dem die Hauptsache anhängig sei, habe Entsprechendes auch für die Beurteilung der internationalen Zuständigkeit im Falle einer Drittklage zu gelten. Ausreichend für die Anerkennung sei daher, wenn das ausländische Gericht in der Hauptsache zuständig gewesen sei.

Geimers Ansicht ist abzulehnen[18]. Sie nivelliert zu Unrecht den Unterschied zwischen den Folgen eines Streitverkündung und denen einer regelrechten Klageerhebung gegenüber dem betroffenen Dritten:

Im ersteren Falle wird er nur an bestimmte Feststellungen des Erstgerichts gebunden, deren Umfang von vornherein auf den Streitgegenstand des Ausgangsverfahrens, also das Rechtsverhältnis zwischen Urkläger und -beklagtem beschränkt ist. Wird der Dritte dagegen verklagt, so trifft das Gericht notwendigerweise auch Feststellungen zu Streitfragen im Regreßverhältnis — also z.B. zum wirksamen Bestehen und Ausmaß der Haftung des Dritten —, denen erhebliche Bedeutung zukommen kann. Auf die Erörterung solcher Fragen vor einem eigens hierfür zuständigen Gericht braucht der Litisdenunziat deutschen Rechts nicht verzichten[19]. Hinzu kommt, daß eine Drittklage mit einem Urteil gegen den Regreßschuldner endet, aus dem die unmittelbare Vollstreckung gegen ihn betrieben werden kann; im anderen Falle bleibt dagegen ein selbständiges Erkenntnisverfahren gegen ihn vonnöten. Das bedeutet einen qualitativen Unterschied[20], der nicht einfach verwischt werden kann.

Die Vergleichbarkeit von Streitverkündung und Drittklage relativiert sich ferner in dem Maße, in dem ausländische Rechtsordnungen, die die Figur der Drittklage kennen, gleichwohl zusätzlich ein dem deutschen Institut *noch ähnlicheres* Verfahren anzubieten haben. Das trifft auf Frankreich mit der Möglichkeit der "*déclaration de jugement commun*", wie Milleker gezeigt hat[21], ebenso zu wie im vorliegenden Falle auf das *vouching in* des US-Rechts. Speziell bemerkenswert — wenngleich für die deutsche Sichtweise nicht maßgeblich — ist dabei im vorliegenden Kontext, daß das amerikanische Recht *selbst* zwar im Falle des *vouching in*, nicht aber dem des *impleader* auf das Erfordernis der *personal jurisdiction* gegenüber dem *third-party defendant* verzichtet[22].

Geimers Argument schließlich, seine Lösung lasse sich durch einen Blick auf das internationale Vertragsrecht, insbesondere auf den erwähnten Art. V (2) des

[18] So auch die h.M. Siehe neben den aus der Rechtsprechung zitierten Stellungnahmen *Martiny*, Hdb. IZVR III/1, Kap. 1, Rn. 703-705; *Schack*, IZVR, Rn. 924; *Milleker*, ZZP 84 (1971), 91 passim; *Koch*, ZVglRWiss 85 (1986), 11, 53f.; *AK-ZPO/Koch*, § 328 Rn. 20; *Bernstein*, FS Ferid, S. 75, 88.

[19] So zutreffend OLG Karlsruhe, NJW 74, 1059, 1060. Siehe auch *Bernstein*, FS Ferid, S. 75, 88; *Koch*, ZVglRWiss 85 (1986), 11, 54.

[20] Siehe *Milleker*, ZZP 84 (1971), 91, 94.

[21] A.a.O., 95ff.

[22] S.o. Erster Teil, Zweites Kapitel, IV. D. 2. — Freilich sind, wie schon angedeutet, die Voraussetzungen, unter denen ein Gericht *personal jurisdiction* über den *third-party defendant* erlangen kann, oft weitaus großzügiger als etwa im deutschen Recht. Dazu noch sogleich unter 2.

Protokolls zum EuGVÜ, erhärten[23], schlägt ebenfalls nicht durch: man könnte nämlich ebensogut entgegengesetzt argumentieren und sagen, die Tatsache, daß die der Bundesrepublik in jener Bestimmung auferlegte Anerkennungspflicht bezüglich am Gerichtsstand der Hauptsache ergangener Rückklageurteile erst ausdrückliche Aufnahme in eine völkervertragliche Vereinbarung finden mußte, zeige, daß solches also offenbar *nicht* den Normalfall darstellt[24].

Die in der Abschnittsüberschrift gestellte Frage ist daher zu verneinen. Die Anerkennung ausländischer Drittklageentscheidungen setzt nach dem hier maßgeblichen autonomem deutschen Recht voraus, daß sich das erkennende Gericht auch insoweit auf einen Zuständigkeitsgrund entsprechend §§ 12ff. ZPO stützen konnte.

Irrelevant muß demgegenüber sein, ob das Gericht nach deutschem Recht auch in der *Hauptsache* Entscheidungszuständigkeit beanspruchen konnte: eine Verneinung dieser Frage würde ja nicht seine Kompetenz berühren, im Verhältnis zum Drittbeklagten *alle* für den Rückgriff wesentlichen Streitpunkte verbindlich beurteilen zu dürfen.

Klarstellend hinzugefügt sei, daß das Postulat unabhängiger Zuständigkeitsbegründung selbstverständlich erst recht für alle übrigen Ansprüche gelten muß, die der *third-party plaintiff* gegebenenfalls mit seiner Regreßklage gegen den *third-party defendant* verbunden hat[25]. Auch für etwaige Ansprüche des Ausgangsklägers, die dieser gegen den Drittbeklagten erhebt[26], muß eine selbständige Zuständigkeitsbasis vorhanden sein.

2. Mögliche Grundlagen internationaler Zuständigkeit für *Third-Party Complaints*

Unter welchen Gesichtspunkten nun kommt eine Zuständigkeit amerikanischer Gerichte für *impleader*-Klagen in Betracht?

Die möglichen Anknüpfungspunkte sind so spärlich nicht. Zu nennen ist einmal der Gerichtsstand des Erfüllungsortes entsprechend § 29 ZPO[27]. Er begründet internationale Zuständigkeit dort, wo eine bestimmte vertragliche Verpflichtung (z.B. die eines deutschen Zulieferers in die USA) zu erfüllen war[28]. Gem. § 29 II ZPO ist unter Kaufleuten auch eine Bestimmung dieses Ortes durch Vereinbarung möglich.

Eine weitere Zuständigkeitsbasis kann sich — im Falle deliktisch zu qualifizierender Rückgriffsansprüche — aus § 32 ZPO ergeben, wenn die USA der

[23] Siehe ZZP 85 (1972), 196, 204f.

[24] So ausdrücklich *Taupitz*, ZZP 102 (1989), 302f.

[25] Vgl. *Fed. R. Civ. P. 18(a)*; s.o. Erster Teil, Zweites Kapitel, IV. A., D. 2.

[26] Vgl. *Fed. R. Civ. P. 14(a)*, Satz 7; s.o. Erster Teil, Zweites Kapitel, V. B. 2.

[27] Siehe nur *Bernstein*, FS Ferid, S. 75, 91ff.; *Stiefel/Stürner*, VersR 87, 829 (implizit).

[28] Streitig ist, nach welchem Recht — lex causae oder lex fori? — der Erfüllungsort zu bestimmen ist. Dieser Frage kann hier nicht weiter nachgegangen werden. Vgl. zum Meinungsstand *Kropholler*, Hdb. IZVR I, Kap. 3, Rn. 351ff.; *Schack*, IZVR, Rn. 269ff.

Staat sind, in welchem die Rechtsgutsverletzung eingetreten ist[29]. Zu denken ist beispielsweise an Produkthaftungsklagen gegen deutsche Hersteller durch zunächst selbst in Anspruch genommene amerikanische Einzelhändler oder Konsumenten[30].

Infolge der zunehmenden internationalen Verflechtung der Wirtschaft ebenfalls beachtlich ist die Bestimmung des § 21 ZPO[31], welcher Klagen am Orte der (ausländischen) Niederlassung eines Gewerbebetriebes zuläßt, sofern sie einen Bezug zu dieser Niederlassung aufweisen[32].

Schließlich kommt auch einem ausländischen Gericht die bisweilen als exorbitant gebrandmarkte[33] Vorschrift des § 23 ZPO zugute. Sie räumt internationale Zuständigkeit dort ein, wo sich Vermögen des Beklagten befindet. Dabei kam es nach bislang h.M. prinzipiell weder auf den Wert des Vermögens[34] noch einen über die Vermögensbelegenheit hinausreichenden Bezug des geltend gemachten Anspruches zum Inland[35] an. In letzterem Punkte hat sich der BGH allerdings neuestens einer in der Literatur verbreiteten Gegenmeinung[36] angeschlossen und fordert nunmehr für die Inanspruchnahme des § 23 ZPO einen besonderen Inlandsbezug des Rechtsstreits[37], dessen Konturen er freilich völlig offen läßt[38]. Vorbehaltlich der durch dieses Urteil zumindest vorläufig[39] heraufbeschworenen Unsicherheiten bleibt es aber bei der

29 Begehungsort i.S.d. § 32 ZPO ist sowohl der Handlungs- als auch der Erfolgsort. Dagegen ist der Schadensort grundsätzlich ohne Belang. Siehe nur *Zöller/Vollkommer*, § 32 Rn. 16; *Schütze*, DIZPR, S. 64.

30 Vgl. nur *Schütze*, DIZPR, S. 64. Ein Beispiel bildet der Fall *In re* Anschuetz & Co. GmbH, 754 F.2d 602 (5th Cir. 1985), *vacated*, 483 U.S. 1002 (1987), *on remand*, 838 F.2d 1362 (1988), wo der deutsche *third-party defendant* als Hersteller einer angeblich defekten Ruderanlage in Anspruch genommen wurde. Vgl. auch die Entscheidung LG Berlin RIW 89, 988, nach der Ansprüche aus *warranty* wegen ihres nicht auf vertragliche Beziehungen beschränkten Anwendungsbereiches im deliktischen Gerichtsstand analog § 32 ZPO geltend gemacht werden können.

31 Siehe BGH NJW 87, 3081. Vgl. auch *Bernstein*, FS Ferid, S. 75, 91.

32 Zu diesem Merkmal vgl. *MüKo-ZPO/Patzina*, § 21 Rn. 12; *Zöller/Vollkommer*, § 21 Rn. 11. — Unerheblich ist der rechtliche Status der Niederlassung. Siehe *Schack*, IZVR, Rn. 318.

33 Siehe z.B. *Zöller/Vollkommer*, § 23 Rn. 1. Aus amerikanischer Sicht vgl. *v. Mehren/Trautman*, 79 Harv. L. Rev. 1121, 1141 (1966), die von einem "*absurd excess*" reden.

34 Siehe bereits RGZ 4, 408, 409; aus neuerer Zeit BGH WM 80, 410; OLG Düsseldorf NJW 91, 3103; *MüKo-ZPO/Patzina*, § 23 Rn. 15; *B/L/Hartmann*, § 23 Rn. 8; *Zöller/Vollkommer*, § 23 Rn. 7; *Schütze*, DIZPR, S. 63. Krit. *Kropholler*, Hdb. IZVR I, Kap. 3, Rn. 335, 342; *Linke*, S. 57; *Schack*, IZVR, Rn. 328.

In seiner Entscheidung vom 2. 7. 1991 hat der BGH die Frage aber ausdrücklich offengelassen. Siehe BGH JZ 92, 51, 52.

35 Siehe nur *B/L/Hartmann*, § 23 Rn. 9.

36 Siehe insbesondere *St/J/Schumann*, § 23 Rn. 31c ff.; *Zöller/Vollkommer*, § 23 Rn. 1 m.w.N.; *Schröder*, S. 375.

37 BGHZ 115, 90 = JZ 92, 51 m. abl. Anm. *Schack* = NJW 91, 3092 m. abl. Anm. *Geimer* NJW 91, 3072 = RIW 92, 57 (nur Ls.) mit abl. Anm. *Fischer* = IPRax 92, 160 m. zust. Anm. *Schlosser* IPRax 92, 140 = WM 91, 1692. — Auch die Vorinstanz hatte bereits im Sinne des BGH entschieden: siehe OLG Stuttgart RIW 90, 829.

38 Siehe unter B. III. 3. der Urteilsgründe.

grundsätzlichen Eignung des § 23 ZPO, internationale Entscheidungszuständigkeit in den USA zu begründen, falls der Beklagte dort über Vermögen verfügt.

Spätestens[40] der Vermögensgerichtsstand dürfte übrigens zum Stolperstein für deutsche Mütter amerikanischer Tochterunternehmen avancieren, die von US-Gerichten per Jurisdiktionsdurchgriff behelligt werden. Denn die Beteiligung an der Tochter stellt selbstverständlich einen Vermögenswert dar — der am (amerikanischen) Sitz der Tochtergesellschaft belegen ist[41]. Dabei dürfte auch die jüngste Einschränkung des BGH in der Regel kein Hindernis darstellen: es ist bereits von anderer Seite darauf hingewiesen worden[42], daß das Postulat des Inlandsbezuges im amerikanischen Recht mit dem "*minimum contacts test*" eine dort seit langem zu beachtende Entsprechung aufweist.

Aus dem Gesagten ergibt sich, daß ein *third-party judgment* — wenigstens aus zuständigkeitsrechtlichem Blickwinkel — in der Mehrzahl von Fällen mit einer Anerkennung in der Bundesrepublik rechnen kann[43]. Das soll aber nicht darüber hinwegtäuschen, daß sich zwischen der starren Anknüpfungstechnik der §§ 12ff. ZPO und den (gelinde gesagt) äußerst flexiblen Zuständigkeitsstandards des amerikanischen Rechts im Einzelfall Diskrepanzen auftun können, die eine Anerkennung des US-Urteils gegen den Dritten an § 328 I Nr. 1 ZPO scheitern lassen müssen[44]. Diese Situation wird insbesondere dann eintreten, wenn das amerikanische Gericht seine Zuständigkeit auf geschäftliche Beziehungen des Drittbeklagten zum Forum ("*doing business*", "*transacting business*", "*placing a product in the stream of commerce*")[45] stützt, die nach deutschem

---

39 Wegen § 132 II, IV GVG.

40 Falls nicht in Produkthaftungsfällen bereits § 32 ZPO eingreift. Vgl. *Schiessl*, DB 89, 513, 516. Man muß sich in diesem Zusammenhang hüten, Fragen der internationalen Zuständigkeit mit solchen der Passivlegitimation zu vermengen: die Tatsache, daß das deutsche Recht einem materiellrechtlichen Haftungsdurchgriff auf die Muttergesellschaft kritisch gegenübersteht, ändert nichts daran, daß sie am Orte der unerlaubten Handlung i.S.d. § 32 ZPO verklagt werden kann. Anerkennungsrechtliches Regulativ für den Haftungsdurchgriff ist vielmehr § 328 I Nr. 4 ZPO. Vgl. MüKo-BGB/Ebenroth, nach Art. 10 EGBGB Rn. 340ff.

41 Siehe *Vorpeil*, RIW 91, 995, 1001; *MüKo-BGB/Ebenroth*, nach Art. 10 EGBGB Rn. 340; *v. Bar*, Rn. 278; *Kropholler*, Hdb. IZVR I, Kap. 3, Rn. 325; *Staudinger/Großfeld*, IntGesR Rn. 262 (§ 23 ZPO analog). Vgl. auch OLG Frankfurt (M.), MDR 58, 108 (GmbH-Anteil sowohl am Sitz der Gesellschaft als auch am [Wohn]sitz der Gesellschafter belegen); zustimmend *Zöller/Vollkommer*, § 23 Rn. 11; *MüKo-ZPO/Patzina*, § 23 Rn. 18; implizit auch BGH NJW 87, 3081, 3082.

42 Von *Schack* in seiner Urteilsschelte in der JZ 92, 54, 55.

43 Vgl. *Koch*, ZVglRWiss 85 (1986), 11, 54, der zu dem Schluß gelangt, "daß es trotz unterschiedlicher deutscher und amerikanischer Zuständigkeitskonzepte im Ergebnis nicht viele Fälle geben dürfte, in denen amerikanische Gerichte ihre Zuständigkeit bejahten, dies aus deutscher Sicht jedoch zu verneinen war."

44 Zu pauschal daher *Chrocziel/Westin*, ZVglRWiss 87 (1988), 145, 148, wo die Autoren behaupten, § 328 I Nr. 1 ZPO stelle "in der Praxis . . . regelmäßig kein Problem dar . . . da die Voraussetzungen der deutschen Zuständigkeitsvorschriften weitergefaßt sind als die der in den USA anwendbaren Vorschriften."

45 Vgl. Erster Teil, Zweites Kapitel, IV. D. 1. a).

Recht für eine analoge Anwendbarkeit des § 29 ZPO nicht ausreichen, und auch sonst keine Zuständigkeitsbasis nach deutschem IZPR eingreift[46].

Scheitert in solchen Fällen die Anerkennung, dann wird die Frage akut, ob dem amerikanischen Urteil eine abgeschwächte Wirkung zugesprochen werden kann: nämlich in Gestalt einer Bindung des Dritten an bestimmte Rechts- und Tatsachenfeststellungen des Gerichts, wie sie auch im Falle eines erfolgreichen *tender of defense* eingetreten und in der Bundesrepublik anerkannt worden wären — ohne daß dazu gegenüber dem Dritten eine selbständige Zuständigkeitsgrundlage nötig gewesen wäre. Darauf wird am Ende dieser Arbeit einzugehen sein.

B. Ordnungsgemäße Zustellung bei Nichteinlassung, § 328 I Nr. 2 ZPO

Die Prüfung des § 328 I Nr. 2 ZPO hat keine drittklagespezifischen Besonderheiten zu berücksichtigen[47]. Form und Verfahren der Klagezustellung an den *third-party defendant* weichen nirgends in anerkennungsrelevanter Weise vom prozeßrechtlichen Normalfall, also der Zustellung an den Erstbeklagten, ab[48].

---

[46] Vgl. *Stiefel/Stürner*, VersR 87, 829. — Andererseits wiederum begründet nach *US-Recht* der Erfüllungsort als solcher noch keine Zuständigkeit. Vgl. *Schack*, US-ZPR, S. 26.

[47] An dieser Stelle mag von Interesse sein, daß nach einer von *Koch* im Jahre 1985 durchgeführten Umfrage im Zeitraum von 1979-84 *third-party complaints* immerhin durchschnittlich 15% aller eingehenden Zustellungsanträge ausmachten. Siehe *Koch*, IPRax 85, 245, 247. Eine gleichlautende Umfrage des Verfassers der vorliegenden Untersuchung Ende Dezember 1992, die sich auf die Jahre 1985-1992 bezog, wurde leider nur von einer der elf angeschriebenen Landesjustizbehörden, nämlich Baden-Württemberg, etwas eingehender beantwortet. Nach Schätzungen des dortigen Justizministeriums liegt der Anteil der *third-party complaints* an den pro Jahr etwa 140 aus den USA eingehenden Zustellungsanträgen bei ca. 25-30%.

[48] Wegen ihrer Bedeutung kurz angeschnitten sei die Frage nach den anerkennungsrechtlichen Folgen eines Zustellungsdurchgriffs im Verhältnis von amerikanischem Tochter- und deutschem Mutterunternehmen, die sich selbstverständlich auch in Drittklagesituationen stellen kann. Die Zustellung wäre in solchen Fällen als nicht ordnungsgemäß i.S.d. § 328 I Nr. 2 ZPO anzusehen, wenn sie — entgegen der amerikanischen Verfahrensweise — als Auslandszustellung nach den Regeln des HZÜ hätte vorgenommen werden müssen. Diesen Standpunkt hat die Bundesregierung im *Schlunk*-Fall ebenso beharrlich wie erfolglos vertreten. Siehe Volkswagen AG v. Schlunk, No. 86-1052, Brief for the Federal Republic of Germany as Amicus Curiae und dazu *Heidenberger/Barde*, RIW 88, 683; (krit.) *Junker*, JZ 89, 121. Grundsätzlich fällt jedoch dem internen Recht des zustellenden Staates die Entscheidung darüber zu, ob eine Inlands- oder eine Auslandszustellung vorliegt; das HZÜ hat auch insoweit nicht den Anspruch, Einheitsrecht zu schaffen. Siehe Conférence de la Haye de droit international privé, Actes et documents de la Dixième Session, Tome III, S. 366f.; Schack, IZVR, Rn. 612. In diesem Sinne auch eindeutig die deutsche Denkschrift zum HZÜ, BT-Drucksache 7/4892, S. 40. Eine Grenze muß allerdings dort erreicht sein, wo ein Vertagsstaat den Kreis der Inlandszustellungstatbestände derart übermäßig ausweitet, daß ihm ein völkerrechtlicher Vertragsverstoß, gesetzgeberisches Handeln "in fraudem legis internationalis" vorgeworfen werden kann. Siehe *Schlosser*, FS Stiefel, S. 683 passim; *Stürner*, JZ 92, 325, 328. Wann dieses Verdikt gerechtfertigt ist, ist freilich schwer in pauschale Formeln zu kleiden. Es dürfte vor allem rein fiktive und dabei nicht als ultima ratio gedachte Formen der Inlandszustellung treffen,

C. Unvereinbarkeitskontrolle, § 328 I Nr. 3 ZPO

Selbstverständlich steht auch die Anerkennung von Drittklageurteilen unter dem Vorbehalt, daß dem keine andere anzuerkennende Entscheidung entgegensteht. Dabei werfen *third-party judgments* jedoch keine speziellen Fragen auf.

D. ordre public-Vorbehalt, § 328 I Nr. 4 ZPO

Der einzige *impleader*-spezifische Einwand, der sich im Rahmen des § 328 I Nr. 4 ZPO denken läßt, ist derjenige, daß die Drittklage dem deutschen Recht fremd sei. Mehr noch, die Väter der deutschen Zivilprozeßordnung von 1877 haben sich bewußt gegen ihre Aufnahme in das Gesetz entschieden[49]. Dabei

zumindest soweit es sich um die für die Gewährung rechtlichen Gehörs fundamentalen verfahrenseinleitenden Schriftstücke handelt. Vgl. demgegenüber § 203 II ZPO und dazu *Schack*, IZVR, Rn. 596. Derartige Zustellungsformen sollen nämlich vom Haager Abkommen zurückgedrängt werden, wie ein Blick auf die Behandlung der romanischen "*remise au parquet*", siehe z.B. *n.c.p.c. Art. 684 I*, zeigt. Siehe Artt. 15, 16 HZÜ. Vgl. BT-Drucksache 7/4892, S. 39f., 47f.; *Stürner*, FS Nagel, S. 446, 449f.; *Schack*, IZVR, Rn. 610ff.; *Linke*, Rn. 237f. Im Falle des Zustellungsdurchgriffs auf ein deutsches Unternehmen über die von ihm in den USA gegründete und beherrschte Tochter geht die Erweiterung der passiven Zustellungszuständigkeit aber jedenfalls deutlich über eine bloße Fiktion hinaus. Dabei ist nochmals daran zu erinnern, daß die US-Gerichte den Durchgriff nicht routinemäßig oder wahllos bejahen, sondern sehr wohl nach dem Maß der Verflechtung der betroffenen Gesellschaften zu differenzieren verstehen. Vergleicht man diese Konstellation mit bestimmten Formen geschäftlicher Zwangsrepräsentanz, wie sie weltweit dekretiert werden, so erscheint der Durchgriff womöglich sogar als adressatennähere Methode. Eine Umgehung des HZÜ wird man in ihr folglich regelmäßig nicht sehen können. Siehe *Stürner*, JZ 92, 325, 328. Ist das so, dann kann man dieses Ergebnis auch kaum überzeugend durch "Nachkarten" mit dem ordre public wieder revidieren. Namentlich erscheint es dem Verfasser verfehlt, auf eine Mißachtung der rechtlichen Separierung zweier juristischer Personen abzustellen, denn dies ist nur eine *mögliche* Technik der Erweiterung der passiven Zustellungszuständigkeit, die sich z.B. mit der Qualifizierung der Tochter als (rechtlich selbständige) *Vertreterin* bei der Zustellung leicht variieren läßt.

[49] Der vom *Bundesrat* eingesetzten Kommission lag in ihrer dritten Sitzung am 11. 9. 1871 folgende Vorschrift zur Abstimmung vor:

"Mit der Streitverkündung, welche in erster Instanz erfolgt, kann die Klage auf Gewährleistung oder Schadloshaltung gegen den Dritten verbunden werden (Rückklage). — Für die Rückklage ist das Gericht zuständig, bei welchem die Hauptklage anhängig ist. Die Rückklage findet bei demselben nicht statt, wenn für dieselbe die Zuständigkeit des Gerichts, bei welchem die Hauptklage anhängig ist, durch Vereinbarung nicht begründet werden kann. — Über die Hauptklage und die Rückklage wird gemeinsam verhandelt und entschieden. Wenn die Erledigung der Hauptsache durch die gemeinsame Verhandlung und Entscheidung erheblich verzögert wurde [sic!], so ist auf Antrag die getrennte Verhandlung und Entscheidung anzuordnen. — Der mit der Rückklage in Anspruch Genommene kann den Rechtsstreit an Stelle des Rückklägers mit dessen Zustimmung ganz übernehmen, und ihr Hauptgegner kann dann ein ihm günstiges Urteil gegen den Rückverklagten, sowie gegen den Rückkläger solidarisch zur Zwangsvollstreckung bringen. — Der Rückbeklagte ist zu einer weiteren Rückklage mit gleichen Wirkungen berechtigt."

Der Antrag wurde gegen die Stimme des Antragstellers Wilmowski abgelehnt. Siehe *Schubert*, Halbbd. 1, S. 270.

wurde das ihnen vor Augen stehende historische Vorbild der französischen Garantieklage immerhin ausdrücklich als eine "*den deutschen Rechtsanschauungen widerstreitende . . . Institution*" abqualifiziert[50]. Daß man aus dieser Ablehnung Argumente dafür gewinnen kann, daß die Anerkennung von *third-party judgments* gegen den ordre public in seinem heutigen Bestand verstößt, ist freilich aus mehreren Gründen zu verneinen. Ihr erster ist die Überzeugungsschwäche der Argumente, die die Schöpfer der ZPO für ihren Standpunkt ins Felde führen konnten.

1. Die Motive für eine Verwerfung der Drittklage durch die Verfasser der ZPO und ihre Bewertung

Wie aus den Materialien zu den Reichsjustizgesetzen hervorgeht, war es eine ganze Palette von Überlegungen, aus denen heraus sich nach offizieller Lesart eine Einführung der Drittklage in die Civilprozeßordnung verbot. An vorderster Stelle wurden die folgenden genannt[51]:

Zum einen sei das Institut dem deutschen Recht fremd.

Zweitens sei dem Regreßbeklagten nicht zuzumuten, sein Recht in dem Gerichtsstand der Hauptsache suchen zu müssen.

Ferner widerspreche die Möglichkeit, eine Rückgriffsklage zu erheben, bevor in der Hauptsache entschieden, der Regreßanspruch also rechtlich voll begründet worden sei, dem materiellen Recht.

Zudem stelle sich der Garantieprozeß häufig als unnötig heraus, wenn nämlich die Ausgangsklage abgewiesen werde oder der Regreßpflichtige ohne weiteres zur Ausgleichsleistung bereit sei.

Schließlich resultiere die parallele Führung zweier Prozesse oft in einer "Verwirrung und Verweitläufigung" des Verfahrens.

Einer kritischen Betrachtung halten diese Argumente nicht stand:

Im weiteren Verlauf der Gesetzesgenese kam es dann später noch einmal zu einem ähnlichen Antrag, und zwar in der siebten Sitzung der *Reichstags*kommission am 28. 4. 1875. Diesmal war es der Abgeordnete Reichensperger, der die nachstehende Bestimmung zur Debatte stellte:

"Mit der Streitverkündung (§ 68) kann auch die Beiladung des zur Gewährleistung Verpflichteten zur Verurtheilung wegen des Schadenersatzes verbunden werden.

Diese Beiladung kann zurückgewiesen werden, wenn der Beigeladene glaubhaft macht, daß die Hauptklage nur zu dem Grunde angestellt worden ist, ihn seinem ordentlichen Richter zu entziehen."

Auch diesem Vorschlag erging es nicht besser als seinem Vorgänger; er wurde verworfen. Siehe *Hahn*, S. 545f.

[50] Siehe *Hahn*, S. 184. Demnach muß *Koch*, ZVglRWiss 85 (1986), 11, 56, widersprochen werden, wenn er meint, der ordre public-Einwand sei schon deshalb ausgeschlossen, weil die Verfasser der ZPO die Drittklage immerhin diskutiert und "lediglich aus Zweckmäßigkeitsgründen verworfen" hätten. Letzteres war, wie die zitierte Stelle zeigt, nicht der einzige Ablehnungsgrund.

[51] Siehe zum folgenden *Hahn*, S. 183f.

Zunächst einmal ist es schlicht unzutreffend, daß dem deutschen Recht die Drittklage bis dato fremd gewesen sei. Wie die Materialien selbst einräumen[52], sahen zur damaligen Zeit nicht nur die (freilich unter französischem Rechtseinfluß entstandenen und daher im vorliegenden Kontext nur bedingt aussagekräftigen) Gesetze der deutschen Rheinprovinzen, sondern auch die Prozeßordnung Bayerns[53] die Möglichkeit der Garantieklage vor. Gänzlich verschwiegen wird ferner, daß ehedem auch im Verfahren vor dem Reichskammergericht die Regreßklage mit dem Hauptstreit verbunden werden konnte[54].

Die Ablehnung der Annexzuständigkeit des Gerichtes der Hauptsache verliert an Überzeugungskraft, wenn man an Vorschriften wie die §§ 25, 28, 33[55], 64[56], 75ff. ZPO denkt[57]. Zudem ist ja auch der Litisdenunziat zumindest teilweise gezwungen, vor dem Gericht der Hauptsache zu erscheinen. In bezug auf das amerikanische Recht kommt schließlich hinzu, daß die Anerkennungsprüfung — wie gesehen[58] — gar nicht auf eine selbständige Basis internationaler Zuständigkeit i.S.d. § 328 I Nr. 1 ZPO für den *impleader claim* verzichtet.

Die nächsten beiden Argumente, materiellrechtliche Verfrühtheit und drohende Überflüssigkeit der Beanspruchung des Dritten, ließen sich in gleicher Weise gegen das Institut der Streitverkündung anführen, ohne daß dem Gesetzgeber hier ähnliche Bedenken gekommen wären[59].

Einer drohenden Verkomplizierung des Prozeßstoffes schließlich, wie sie im Begründungsentwurf angeprangert wird, läßt sich durch flexible Abtrennungsbefugnisse des Gerichts wirksam begegnen[60]. Ein Beispiel für eine entsprechende Handhabung des Problems bietet gerade das US-Recht.

Die Argumente, die von den Urhebern der ZPO gegen eine Einfügung der Drittklage in das Gesetz bemüht wurden, wirken also wenig überzeugend, zumal sie teilweise auf widersprüchlichen oder gar unzutreffenden Prämissen beruhen. Die Vermutung liegt nahe, daß die politischen Animositäten jener Zeit gegenüber Frankreich eine unselige Rolle bei der Ablehnung des (romanisch geprägten) Institutes gespielt haben dürften[61]. Umso weniger kann das Fehlen der Drittklage im deutschen Recht als Ansatzpunkt für eine Anerkennungs-

---

[52] *Hahn*, S. 183.

[53] In den damaligen Artt. 69-72 bayr. CPO.

[54] Siehe *Gönner*, S. 363.

[55] Zur parteierweiterenden Widerklage, die allerdings den Verfassern der ZPO noch kein Begriff war, s.o. Fn. 777.

[56] Vgl. *Hahn*, S. 175: "Außerdem ist es in Abänderung der allgemeinen Kompetenzvorschriften aus Rücksicht auf den materiellen Zusammenhang der Sachen gestattet, die Klage [des Hauptintervenienten, der Verf.] bei dem Gerichte der Hauptsache zu erheben."

[57] Siehe *Schober*, S. 213.

[58] S.o. A. 1.

[59] Vgl. *Hahn*, S. 179ff.

[60] Auch diese Einsicht war den Verfassern der ZPO nach eigenem Bekunden nicht fremd, wie ihr Hinweis auf die Rechtslage in Bayern zeigt. Siehe *Hahn*, S. 183.

[61] Vgl. auch *Schober*, S. 212.

verweigerung ausländischer Drittjudikate wegen Unvereinbarkeit mit dem ordre public herhalten.

2. Die Rechtslage im Rahmen des EuGVÜ

Selbst unter der Hypothese, daß eine Übernahme des Instituts der Drittklage ins deutsche Recht dem inländischen ordre public widerspräche, könnte aus diesem Umstand noch nicht ohne weiteres die Nichtanerkennungsfähigkeit ausländischer Dritturteile abgeleitet werden. Denn unbestrittenerweise sind an die Verletzung des ordre public im Anerkennungsstadium besonders strenge Anforderungen zu stellen; der bloße Widerspruch zum internen Bestand des ordre public reicht nicht aus[62]. Daß jene Anforderungen im vorliegenden Falle unter keinen Umständen erfüllt sind, demonstriert nicht zuletzt ein Blick auf das EuGVÜ. Im Rahmen dieses Abkommens besteht für die Bundesrepublik bekanntermaßen schon seit geraumer Zeit die Verpflichtung, in anderen Staaten ergangene Garantieurteile anzuerkennen[63]. Diese Tatsache spätestens ist ein schlagender Beweis für die ordre public-bezogene Unbedenklichkeit der Anerkennung amerikanischer *third-party judgments*[64].

E. Verbürgung der Gegenseitigkeit, § 328 I Nr. 5 ZPO

Das Gegenseitigkeitserfordernis bietet keine Besonderheiten — abgesehen davon vielleicht, daß die Fragestellung hier selbstverständlich nicht lauten kann, ob der betreffende Bundesstaat ein deutsches *Drittklage*urteil anerkennt.

Was Zahlungsurteile angeht, so gilt die Gegenseitigkeit heute mit nahezu allen US-Jurisdiktionen als verbürgt[65]. Insbesondere gilt dies für die wachsende Zahl derjenigen Staaten, die den sogenannten *Uniform Foreign Money-Judgments Recognition Act* (*U.F.M.J.R.A.*) verabschiedet haben[66].

---

[62] Siehe BGHZ 48, 327, 331; BGH NJW 86, 3027, 3028; *Martiny*, Hdb. IZVR III/1, Kap. 1, Rn. 1014; *Linke*, Rn. 420f.; *Schack*, IZVR, Rn. 867; *Schütze*, DIZPR, S. 143.

[63] Siehe Art. V (2) des Protokolls zum EuGVÜ (BGBl 1972 II, S. 808).

[64] Anders als im Falle der angelehnten Zuständigkeit — s.o. A. 1. — läßt sich in der Frage des ordre public sehr wohl mit dem EuGVÜ argumentieren, denn wenn auch die aus diesem Vertragswerk entspringenden Pflichten — entgegen *Geimer* a.a.O. — keine Rückschlüsse auf das autonome deutsche internationale Zuständigkeitsrecht zulassen, so kann man doch nicht annehmen, daß die Bundesrepublik mit der Ratifizierung des Übereinkommens sehenden Auges dem deutschen ordre public zuwiderlaufende Verpflichtungen einzugehen gedachte.

[65] Nach dem aktuellsten Werk, *Schütze*, Urteilsanerkennung, S. 34ff., ist die einzige Ausnahme Mississippi. Dort genießen ausländische Urteile nur den Rang eines Beweismittels, das eine erneute Sachprüfung nicht ausschließt. *Schütze* a.a.O., S. 89. Vgl. auch *MüKo-ZPO/Gottwald*, § 328 Rn. 119

[66] Das sind bislang Alaska, Colorado, Connecticut, Georgia, Idaho, Illinois, Iowa, Kalifornien, Maryland, Massachusetts, Michigan, Minnesota, Missouri, New York, Ohio, Oklahoma, Oregon, Texas, Virginia und Washington. Siehe 13 U.L.A. 38 (Pocket Part 1991). — Der *U.F.M.J.R.A.* ist abgedruckt u.a. bei *Schütze*, Urteilsanerkennung, S. 175ff. Vgl. allgemein die Untersuchung von *Weinschenk*.

III. Ergebnis

US-amerikanische Dritturteile sind in Deutschland anerkennungsfähig und vollstreckbar. Im Rahmen der Prüfung des § 328 ZPO ist zu beachten, daß das amerikanische Gericht i.S.d. § 328 I Nr. 1 ZPO zuständig nur dann war, wenn es sich auf eine selbständige Zuständigkeitsbasis nach §§ 12ff. ZPO gegenüber dem *third-party defendant* stützen konnte. Der deutsche ordre public, § 328 I Nr. 4 ZPO, kann nicht gegen eine Anerkennung der Drittklage als solcher mobilisiert werden. Was die übrigen Voraussetzungen des § 328 ZPO betrifft, ergeben sich bei der Prüfung keine Abweichungen zu allgemein geltenden Grundsätzen.

Drittes Kapitel: Abgeschwächte Anerkennung anerkennungsrechtlich "defekter" *Third-Party Judgments*?

I. Problemstellung

Das vorige Kapitel hat gezeigt, daß und unter welchen näheren Voraussetzungen eine amerikanische *impleader*-Entscheidung in Deutschland anerkannt und vollstreckt werden kann. Erfüllt ein Urteil jene Voraussetzungen nicht vollständig, so endet damit normalerweise die Anerkennungsdiskussion.

Im Falle eines Dritturteils ist das anders. Der Grund hierfür liegt in dem Umstand, daß man in jeder Drittklage als "rechtliches minus" eine Streitverkündung mitenthalten sehen könnte, diese aber — im Ausland vorgenommen — inhaltlich modifizierte und dabei teilweise niedrigere Anerkennungshürden als jene zu überwinden hat, um in der Bundesrepublik Wirkung entfalten zu können. An diese Sachlage anknüpfend, ist in der rechtswissenschaftlichen Literatur die Frage aufgeworfen worden, ob in geeigneten Fällen aus einer mangels Vereinbarkeit mit § 328 ZPO nicht exequaturfähigen Drittklageentscheidung eine dank des veränderten Prüfungsmaßstabes anerkennungsfähige Streitverkündungswirkung "herausgefiltert" werden kann[1]. Über wenige knapp gehaltene Stellungnahmen ist diese Diskussion allerdings noch nicht hinausgekommen.

II. Für eine abgeschwächte Anerkennung in Betracht kommende Fallgruppen

A. Mangelnde internationale Zuständigkeit, § 328 I Nr. 1 ZPO

Eine "Residuumanerkennung"[2] wird bislang ausschließlich in dem praktisch in der Tat am ehesten vorstellbaren Fall erörtert, daß ein US-Dritturteil auf einer Inanspruchnahme internationaler Zuständigkeit basiert, die das deutsche Recht nicht akzeptiert. Die Vollanerkennung scheitert in einer solchen Situation an § 328 I Nr. 1 ZPO. Hätte der amerikanische Erstbeklagte dem Dritten dagegen per *vouching in* den Streit verkündet, statt ihn mit einer Rückgriffs-

[1] Soweit erkennbar, ist die Problematik erstmals erörtert worden von *Milleker*, ZZP 84 (1971), 91, 97ff., und zwar wiederum im Anschluß an die bereits erwähnte Entscheidung BGH NJW 70, 387 zur Anerkennungsfähigkeit eines französischen Garantieurteils. Spätere Diskussionsbeiträge finden sich bei *Martiny*, Hdb. IZVR III/1, Kap. 1, Rn. 704f.; *Mezger*, IPRax 84, 331, 334 Fn. 21; *Taupitz*, ZZP 102 (1989), 288, 303ff.; *Schack*, IZVR, Rn. 925 sowie — speziell zum US-amerikanischen Recht — bei *Bernstein*, FS Ferid, S. 75, 89ff.; *Koch*, ZVglRWiss 85 (1986), 11, 58; *AK-ZPO/Koch*, § 328 Rn. 21.

[2] Dieser Begriff geht auf *Koch*, ZVglRWiss 85 (1986), 11, 58, zurück.

klage zu überziehen, so wäre die daraus resultierende Präklusion schon dann auf das hiesige Inland zu erstrecken gewesen, wenn das US-Gericht aus deutscher Sicht für die Entscheidung der *Hauptsache* zuständig gewesen war (dieses Erfordernis bleibt zu prüfen!). Die deutsche Rechtsordnung räumt dem amerikanischen Forum in solchen Fällen also immerhin die Kompetenz ein, haftungsrelevante Fragen in gewissem Umfange mit Verbindlichkeit auch für den Dritten zu entscheiden. Dann aber liegt es nicht fern, den entsprechenden Feststellungen bindende Wirkung dem Dritten gegenüber auch dann zuzugestehen, wenn sie im Rahmen eines *impleader*-Verfahrens getroffen wurden: der Zuständigkeitsmangel dürfe sich nicht auswirken, weil und soweit er unerheblich gewesen ist.

B. Fehlerhafte Zustellung, § 328 I Nr. 2 ZPO

Es besteht indes kein Grund, bei der Bestimmung des § 328 I Nr. 1 ZPO haltzumachen. So eröffnet sich eine zweite Kategorie von *third-party*-Urteilen, die für eine abgeschwächte Anerkennung in Frage kommen, wenn man — wie Koch[3], aber entgegen der hier vertretenen Ansicht[4] — die Anerkennung der Wirkungen eines *tender of defense* bei einer Übersendung nach Deutschland nicht von einer Zustellung nach den Regeln des HZÜ abhängig macht, sondern eine formlose Benachrichtigung des Dritten genügen läßt. Denn unter dieser Prämisse kommt es nicht nur im Bereiche des § 328 I Nr. 1, sondern auch in dem des § 328 I Nr. 2 ZPO zu einem Gefälle zwischen der anerkennungsrechtlichen Behandlung von Dritturteilen einerseits und Streitverkündungen andererseits. Wiewohl von Koch selbst nicht diskutiert, drängt sich als Konsequenz seines Standpunktes die Folgefrage auf, ob nicht ein unter Nichtbeachtung des HZÜ brieflich übermittelter *third-party complaint* hierzulande immerhin die Wirkungen eines regulären *vouching in* entfalten können sollte. Da das HZÜ in seinem Geltungsbereich auch nach *amerikanischem* Recht Exklusivität beanspruchen kann, werden derartige Fälle in der Praxis allerdings nur selten vorkommen. Ausgeschlossen sind sie jedenfalls nicht, denn die Ordnungsgemäßheit der Klagezustellung wird vom US-Gericht nur auf Rüge des Beklagten hin überprüft[5].

C. ordre public-Widrigkeit, § 328 I Nr. 4 ZPO

Aus hiesiger Sicht wäre eine reduzierte Anerkennung auch in bestimmten Fällen denkbar, in denen einer vollen Anerkennung des Regreßurteils die Bestimmung des § 328 I Nr. 4 ZPO entgegensteht. Wie erinnerlich, kommt es für die Frage, ob eine ausländische Entscheidung Interventionswirkung im Inland entfalten kann, nach in der vorliegenden Arbeit vertretenen Auffassung allein darauf an, ob gerade die Anerkennung *dieser Urteilswirkung* zu einem mit dem deutschen ordre public offensichtlich unvereinbaren Resultat führen würde;

[3] Siehe nochmals ZVglRWiss 85 (1986), 11, 57.

[4] S.o. Zweiter Teil, Erstes Kapitel, IV. B. 2.

[5] Vgl. *Fed. R. Civ. P. 12(b)(5).*

ob dagegen beispielsweise auch die Vollstreckbarkeit des betreffenden Urteils unter dem Gesichtspunkt des § 328 I Nr. 4 ZPO unbedenklich erscheint, ist nicht zu prüfen[6]. Demgemäß könnte man — in Abwandlung[7] eines an anderer Stelle gebildeten Beispiels[8] — in Fällen, in denen der *third-party defendant* zu Strafschadensersatz verurteilt worden ist, überlegen, ob die US-Entscheidung nicht wenigstens hinsichtlich der von ihr getroffenen Feststellungen rechtlicher und tatsächlicher Art in der Hauptsache, also zur Haftung des *third-party plaintiff* gegenüber dem Urkläger[9], eine Streitverkündungswirkung zulasten des Dritten hervorzubringen vermöchte.

D. Fehlende Verbürgung der Gegenseitigkeit, § 328 I Nr. 5 ZPO

Gleichfalls als Folge des in dieser Untersuchung aufgestellten Postulats der streitverkündungsspezifischen Auslegung des § 328 ZPO wäre schließlich zumindest theoretisch in Erwägung zu ziehen, Dritturteilen aus Ländern, die zwar deutsche Entscheidungen nicht vollstrecken, ihnen aber Interventionswirkung zubilligen, die abgeschwächten Wirkungen einer Litisdenunziation beizumessen. Im Rechtsverkehr mit den Vereinigten Staaten spielt diese Kategorie aber jedenfalls zur Zeit keine Rolle, denn wie gesehen[10] wird die Reziprozität hinsichtlich der "Fundamentalwirkungen" Rechtskraft und Vollstreckbarkeit im Bereich der Zahlungsurteile momentan ohnehin nur gegenüber Mississippi verneint, so daß die notwendige Voraussetzung für ein Akutwerden der Fallgruppe, mangelnde "Grundgegenseitigkeit", schon von vornherein nur im Verhältnis zu diesem Staate erfüllt ist. Gerade gegenüber Mississippi fehlt es aber *auch* an der Verbürgung der Gegenseitigkeit der *Streitverkündungsanerkennung*, wie zuvor näher begründet worden ist[11]. Dementsprechend sind die Prämissen für eine Residuumanerkennung nicht erfüllt.

---

[6] S.o. Zweiter Teil, Erstes Kapitel, IV. B. 4., C.

[7] Diese Konstellation ist sorgfältig zu unterscheiden von der früher diskutierten, daß ein Urteil im Hauptprozeß, in dessen Verlauf dem Dritten per *vouching notice* der Streit verkündet worden war, den *voucher*(!) zur Zahlung von *punitive damages* verpflichtet und daher insoweit in der Bundesrepublik nicht vollstreckungsfähig ist — was nach Ansicht des Verfassers die Anerkennung einer von der Entscheidung ausgehenden Interventionswirkung nicht hindert. *Jetzt* geht es dagegen um den Fall, daß der Dritte als *third-party defendant selbst* zur Zahlung von Strafschadensersatz verurteilt worden ist.

[8] A.a.O.

[9] Zu dieser gegenständlichen Begrenzung der Präklusion auf den *Ausgangsstreit* s.u. III. A.

[10] S.o. Zweiter Teil, Erstes Kapitel, IV. B. 5. b); Zweites Kapitel, II. E., Fn. 839.

[11] S.o. Zweiter Teil, Erstes Kapitel, IV. B. 5. b).

III. Allfälliger Gegenstand und objektiver Umfang einer abgeschwächten Anerkennung

A. Beschränkung auf die die Entscheidung des Ausgangsstreits betreffenden Feststellungen

Soll einem *third-party judgment* im Wege einer reduzierten Anerkennung Streitverkündungswirkung beigelegt werden, dann kann tauglicher Gegenstand der Präklusion von vornherein nur solches Vorbringen sein, mit dem auch ein *Litisdenunziat* ausgeschlossen wäre, mit dem also Feststellungen attackiert werden sollen, die konstituierende Elemente der Haftung des *third-party plaintiff* darstellen, sich aber nicht allein auf das Rückgriffsverhältnis beziehen. An und für sich eine Selbstverständlichkeit, ist diese Einschränkung gleichwohl in Erinnerung zu behalten, weil es im Anschluß an einen *impleader* ja zu einem Urteil gegen den *third-party defendant* kommt, in dem Feststellungen zu *beiden* Fragenkomplexen getroffen werden dürfen und müssen — anders als im Falle des *vouching in*, wo zulässiger Verfahrensgegenstand überhaupt nur die Primärhaftung des *voucher* ist (und sich unstatthafte entscheidungsinhaltliche "Übergriffe" auf Fragen des Regresses demgemäß von vornherein in Grenzen halten). Um so genauer wäre bei einer abgeschwächten Anerkennung auf eine sorgfältige Abgrenzung präklusionsunterworfener von weiterhin bestreitbaren Feststellungen zu achten.

B. Beschränkung auf Feststellungen, die auf streitiger Grundlage getroffen worden sind

Eine zweite Schranke, die für eine etwaige reduzierte Anerkennung zu gelten hat, entspringt dem Umstand, daß dem Drittbeklagten keine Urteilswirkungen entgegengehalten werden dürfen, mit denen er nach amerikanischem Recht nicht zu rechnen brauchte[12]. Sowohl von der Wirkungserstreckungs- als auch der Kumulationstheorie verfochten, entspricht dieser Satz ganz herrschender Ansicht und bedarf an dieser Stelle keiner näheren Erläuterung mehr. Bedeutung für die hier erörterte Problematik kommt ihm deswegen zu, weil der Dritte durch eine auf einen *tender of defense* hin ergehende Entscheidung unter gewissen Umständen eine (allerdings nur marginal) weiterreichende Präklusion zu gewärtigen hat als im Rahmen eines *third-party proceeding*:

Im letzteren Falle wird der Dritte, wie früher ausgeführt, unstrittig allein nach den Regeln der *issue preclusion* — zu denen vor allem das Erfordernis streitigen Verhandelns zählt — an Feststellungen gebunden, die das Verhältnis der Hauptparteien betreffen[13]. Folglich bleibt beispielsweise ein Geständnis des Erstbeklagten dem *third-party defendant* gegenüber ohne Wirkung[14]. Wie gesehen, ist die Lage im Falle des *vouching in* nicht ganz so eindeutig[15].

---

[12] Siehe *Schack*, IZVR, Rn. 925.

[13] S.o. Erster Teil, Zweites Kapitel, V. B. 1. e) mit Fn. 501.

[14] Vgl. die in Fn. 502 zitierten Entscheidungen.

Zwar behandelt die feststellbare Entscheidungspraxis die durch die *vouching notice* ausgelösten Bindungswirkungen einhellig entweder als echten Unterfall der *issue preclusion* oder jedenfalls nach ihr analogen Grundsätzen. Doch läßt wenigstens das *Restatement* Raum für Bindungswirkungen, die — entwicklungsgeschichtlich erklärbar — über diese Grundsätze hinausgehen: soweit "*existence and extent*" der *voucher*-Haftung betroffen sind, wird vorheriges streitiges Ausprozessieren, *actual litigation*, nicht verlangt.

Als Lösung bietet sich an, einem amerikanischen Dritturteil reduzierte Interventionswirkung von vornherein nur unter der Voraussetzung zuzubilligen, daß den Feststellungen zur rechtlichen Verantwortlichkeit des Regreßgläubigers im US-Prozeß eine streitige Verhandlung vorausgegegangen war, also die Bindungsgrenzen des *vouching in auf alle Fälle* um diejenigen der *issue preclusion* zu verstärken. Mittels dieser Kumulation wäre definitiv sichergestellt, daß der als *third-party defendant* in den Urprozeß hineingezogene Dritte nicht mit Präklusionsfolgen belastet wird, die die Entscheidung des Hauptstreits im Rahmen eines *impleader*-Verfahrens nicht hervorbringen könnte.

Allerdings könnte man einer solchen Lösung entgegenhalten, sie komme einer Denaturierung der Interventionswirkung gleich, indem sie für diese eigentlich nicht geltende Bindungsgrenzen einführe. Darauf wird im Anschluß noch zurückzukommen sein.

IV. Einwände gegen eine abgeschwächte Anerkennung

A. Verneinung der notwendigen anerkennungsrechtlichen Prämissen

Der Weg einer Residuumanerkennung bleibt schon von vornherein für diejenigen ungangbar, die nicht bereit sind, die zu den verschiedenen unter II. genannten Fallgruppen aufgestellten Prämissen zu akzeptieren. Wer also z.B. für die inländische Wirksamkeit einer ausländischen Streitverkündung an der Voraussetzung selbständiger Zuständigkeitsanknüpfung gegenüber dem Litisdenunziaten festhält, dem kann sich, wenigstens im Bereich des § 328 I Nr. 1 ZPO, die Frage einer abgeschwächten Anerkennung überhaupt nicht stellen[16]. So auch im Falle des § 328 I Nr. 2 ZPO, wenn man — wie der Verfasser — die Zustellung nach dem HZÜ auch für die *vouching notice* fordert. Ähnliches gilt sinngemäß für die restlichen Unterabschnitte der Vorschrift.

B. Denaturierung der ergangenen Entscheidung bzw. der Interventionswirkung

Ein weiterer im Schrifttum vorgebrachter Einwand gegen ein Herauslösen von Streitverkündungswirkungen aus Dritturteilen kommt in dem Vorwurf zum Ausdruck, man betreibe auf diese Weise eine Denaturierung des ausländischen

[15] S.o. Erster Teil, Erstes Kapitel, VI. A. 4.

[16] Zweifelnd *Martiny*, Hdb. IZVR III/1, Kap. 1, Rn. 705.

Judikates[17]. Martiny präzisiert die Stoßrichtung dieses Arguments dahingehend, daß sich die angestrebte Reduktion nicht unmittelbar aus der Entscheidung entnehmen lasse, sondern umfangreiche Untersuchungen des ausländischen Prozeßrechts erforderlich mache[18].

Mit Blick auf das amerikanische Recht ist die Durchschlagskraft dieser Bedenken aber zweifelhaft. Das liegt daran, daß das US-Recht eine in ihrem Ausmaß weithin deutlich konturierte Streitverkündung kennt, die als bequemer Maßstab für eine reduzierte Anerkennung herangezogen werden kann. Ein umständliches Eintauchen in fremdes Prozeßrecht erübrigt sich im Verhältnis zu den Vereinigten Staaten also. Ob Martinys Bedenken gegenüber Dritturteilen aus Ländern, die *keine* der Streitverkündung vergleichbare Institution und -wirkung kennen, durchschlagen[19], ist hier nicht zu erörtern.

Unbestreitbar ist freilich, daß zumindest aus Sicht des *Restatement* geringfügige Diskrepanzen in der Reichweite der Bindung des *vouchee* bzw. *third-party defendant* an die Ergebnisse des Hauptstreites bestehen, die sich ohne Beeinträchtigung des betroffenen Dritten nur durch eine entsprechende Beschneidung der aus einem *impleader*-Verfahren ableitbaren Streitverkündungswirkung beheben lassen[20]. In diesem Vorgehen könnte eine Denaturierung der *Interventionswirkung selbst* liegen, da ihr Grenzen gesetzt werden, die für sie normalerweise nicht gelten. Berücksichtigt man aber den Umstand, daß die moderne amerikanische Gerichtspraxis *selbst* fast einhellig dazu übergegangen ist, auch die *vouching*-Wirkungen als Ausdruck des Prinzips der *issue preclusion* zu deuten, dann kann man die Lösung, eine auf die Streitverkündungswirkung reduzierte Anerkennung des Dritturteils von vornherein von der Einhaltung der im Bereiche jener Doktrin anerkannten Grenzen abhängig zu machen, schwerlich als Denaturierung abtun.

C. Unterschiede in der Prozeßführungslast von *Vouchee* und *Third-Party Defendant*

Mit der Feststellung, daß das Herauslösen von Streitverkündungswirkungen aus einem *impleader*-Verfahren *konstruktiv* möglich sei, ist der Weg zu einer Bejahung der Zulässigkeit einer abgeschwächten Anerkennung aber noch nicht geebnet. Außer acht bleiben darf nämlich nicht, daß der Adressat eines *third-*

---

17 Siehe *Martiny* a.a.O.; *Taupitz*, ZZP 102 (1989), 288, 305.

18 A.a.O.

19 Verneinend *Bernstein*, FS Ferid, S. 75, 91; wohl auch *Koch*, ZVglRWiss 85 (1986), 11, 58. Bejahen will die Frage dagegen offenbar *Taupitz*, ZZP 102 (1989), 288, 303 Fn. 80 a.E. Er meint, es sei nicht einzusehen, wieso es für eine abgeschwächte Anerkennung darauf ankommen solle, daß die beteiligte Fremdrechtsordnung eine der deutschen Streitverkündung vergleichbare Handlung kenne. Dagegen ist aber einzuwenden, daß eine abgeschwächte Anerkennung dem betroffenen Dritten nur zugemutet werden kann, wenn er sich auf die daraus resultierenden Folgen auch nach dem Recht des Urteilssstaates einzustellen hatte. Mit dem ergangenen Dritturteil allein kann man dabei nicht argumentieren, denn dieses wird ja als solches gerade *nicht* anerkannt.

20 S.o. II. B.

party complaint im Falle seines Verfahrenseintrittes in den USA nicht als *vouchee*, sondern als *third-party defendant* behandelt werden würde. Setzte man den Dritten durch die Aussicht der eingeschränkten Anerkennung eines mit bestimmten Mängeln behafteten Dritturteils unter Druck, sich an dem amerikanischen Prozeß zu beteiligen, so mutete man ihm also zu, das laufende Verfahren der Eigenschaft als volle Partei zu bestreiten, "nur um in Deutschland eine mindere Wirkung zu erzielen"[21]. Ein solches Resultat wäre aber nur unter der Voraussetzung vertretbar, daß sich die prozessuale Belastung des Betroffenen infolge der verschobenen Verfahrensstellung, in die er einrücken müßte, nicht erheblich erhöht.

1. Prozeßhandlungsbefugnisse

Ansatzpunkt eines Vergleichs zwischen der einen *vouchee* im Gegensatz zu einem *third-party defendant* treffenden Prozeßlast muß zunächst einmal der mit der jeweiligen Beteiligtenstellung verbundene *Umfang der Prozeßhandlungsbefugnisse* sein. Denn mit diesen Kompetenzen korreliert das Ausmaß der späteren Präklusion des Betroffenen; sie wirken sich in einem Folgeprozeß als prozessuale Obliegenheiten aus. Wäre dem Drittbeklagten im amerikanischen Recht eine erheblich verfahrensmächtigere Stellung zugewiesen als dem Streitverkündungsemfänger, so bedeutete der faktische Zwang zum Verfahrenseintritt als *third-party defendant* eine ungerechtfertigte Benachteiligung des Dritten gegenüber dem Fall, in dem er von vornherein nur als *vouchee* herbeizitiert wird.

Indes trägt ein eintretender *vouchee* — wie gesehen — de facto die *gesamte* Verhandlungslast des Ausgangsprozesses[22]. Eine benachteiligende Mehrbelastung gegenüber einem *third-party defendant* läßt sich also in dieser Richtung nicht feststellen. Übrigens ist auch der Litisdenunziat deutschen Rechts gegebenenfalls gezwungen, die Verteidigung des Verfahrens alleine auf sich zu nehmen, da ihn ja selbst die völlige Untätigkeit des Streitverkünders nicht vor dem Eintritt der Interventionswirkung schützt.

2. Prozeßgegenstand

Ein weiteres Vergleichskriterium ist das mit der jeweiligen Beteiligtenstellung verbundene *(streit)gegenständliche Ausmaß* des "Einlassungsdrucks": Zu welchen Fragen hat sich der Dritte zu äußern? In diesem Punkte ist der *vouchee* freilich gegenüber einem *third-party defendant* insoweit begünstigt, als Vorbringen zu seiner *eigenen* Haftung von ihm nicht verlangt wird.

---

[21] Auch aus diesem Grunde ablehnend *Martiny*, Hdb. IZVR III/1, Kap. 1, Rn. 705. Ebenso *Taupitz*, ZZP 102 (1989), 288, 305. In dieselbe Richtung gehen vermutlich auch die Überlegungen *Mezgers*, IPRax 84, 331, 334 Fn. 21, wenn er (mit Blick auf die französische *demande en garantie*) zu bedenken gibt, daß "die Einstellung des Beklagten gegenüber einer inzidenten Garantieklage eine andere sein mag als gegenüber einer Streitverkündung."

[22] S.o. Erster Teil, Erstes Kapitel, V. A. 2.

Indes würden Feststellungen zum Regreßverhältnis von einer abgeschwächten Anerkennung ohnehin nicht erfaßt[23], so daß sich — ließe sich argumentieren — der Drittverklagte folglich im US-Prozeß ihretwegen aufs Schweigen verlegen könnte, ohne aus dieser Passivität in einem Folgeprozeß in der Bundesrepublik Nachteile befürchten zu müssen[24].

Für problematisch muß man den vorstehendem Gedankengang dennoch halten[25]. Will er doch die prozessuale Mehrbelastung des als *third-party defendant* ins US-Verfahren verwickelten Dritten gegenüber dem genuinen *vouchee* dadurch beheben, daß er ihn darauf verweist, sich eben nur zu Fragen der Ausgangsklage zu äußern, also ohne Rücksicht auf seine Parteistellung den bloßen Streitverkündeten "zu spielen". Dadurch wird der Dritte aber überfordert. Es dürfte für ihn schwer genug sein, die genaue Bedeutung des ihm ins Hause flatternden *third-party complaint* — nämlich: *keine* bloße Streitverkündung — zu erfassen und seine angemessene Reaktion darauf abzuwägen. Ihn darüberhinaus durch verwirrende Vorgaben dazu zu belasten, wie er sein Verteidigungsverhalten im US-Prozeß angesichts einer drohenden reduzierten Anerkennung abzustufen habe, ist nicht zumutbar. Als *Partei* wurde er in den Prozeß gerufen; auf *diese* Rolle allein hat er sich einzurichten. Eine andere Lösung würde zu völliger Rechtsunsicherheit führen.

---

[23] S.o. III. A.

[24] Diese Rechnung ginge indes bereits dann nicht auf, wenn das amerikanische Prozeßrecht dem *third-party defendant* ein Bestreiten des Hauptanspruches nur unter der Voraussetzung offen hielte, daß er sich *auch* zum Regreßverhältnis äußert. Eine solche Koppelung gibt es aber nicht. Solange der *third-party defendant* im Wege seiner Klageerwiderung wenigstens die Berechtigung der Ausgangsklage (und damit notwendig auch der Rückgriffsklage) attackiert, kann der *third-party plaintiff* nicht zu einem Versäumnisurteil gegen den Erstgenannten gelangen (durch welches dieser jede weitere Einflußnahme *auch* auf den Verlauf und Ausgang des Hauptstreites verlöre). Zwar gehört der Erlaß eines *default judgment* auch zu den Zwangsmitteln, die das US-Recht zur Durchsetzung von *discovery*-Maßnahmen vorsieht; sedes materiae ist auf Bundesebene *Fed. R. Civ. P. 37(b)(2)(C)*. Dazu kann es jedoch nicht kommen, wenn das regreßbezogene Vorbringen des Drittklägers schon mangels streitiger Einlassung des -beklagten in diesen Punkten als *zugestanden* gilt: eine Beweiserhebung ist in einem solchen Falle ja überflüssig.

[25] Nicht durchschlagend ist der Einwand, man mute dem Dritten auf diese Weise zu, untätig zuzusehen, wie das US-Gericht die Frage des Rückgriffs zu seinen Ungunsten entscheide, und verlangte damit von ihm, sich dem fatalen Risiko auszusetzen, diesgerichtete Einwendungen gänzlich zu verlieren — dann nämlich, wenn das *third-party judgment* in Deutschland später wider Erwarten *doch* in vollem Umfang anerkannt — und vollstreckt — wird (nicht immer wird der Dritte in dieser Frage sichere Prognosen aufstellen können).

Diese Argumentation verfängt deswegen nicht, weil die Gefahr, die Chancen einer Vollanerkennung der ausländischen Entscheidung falsch zu beurteilen, den Dritten *ganz unabhängig davon* trifft, ob eine abgeschwächte Anerkennung zur Debatte steht oder nicht. Denkt man deren Möglichkeit nämlich für einen Moment hinweg, befreit man also den Dritten von dem durch sie ausgelösten Beitrittsdruck, unterwirft ihn eine Fehleinschätzung in der Frage der uneingeschränkten Anerkennungsfähigkeit des *third-party judgment* um nichts weniger dem inländischen Vollstreckungszugriff des Urteilsgläubigers. Durch die Lösung, sich im Falle drohender Residuumanerkennung (nur) zu Fragen des Bestehens des Hauptanspruches äußern zu sollen, wird dem Dritten also kein Anerkennungsrisiko aufgebürdet, das er nicht ohnehin zu tragen hätte.

Dann aber bleibt es dabei, daß der auf einem Drittbeklagten lastende "Einlassungsdruck" höher ist als derjenige, dem ein *vouchee* ausgesetzt ist. Das wiederum zwingt zu der Schlußfolgerung, daß eine Residuumanerkennung aus Gründen der unterschiedlichen Beteiligtenstellung von *third-party defendant* und *vouchee* abzulehnen ist.

D. Mangelndes Bedürfnis nach einer reduzierten Anerkennung

Es gibt aus Sicht des Verfassers noch einen weiteren Grund, dessentwegen der Gedanke einer Residuumanerkennung zumindest im Falle amerikanischer *third-party judgments* nicht zu überzeugen vermag.

Er liegt darin, daß das US-Recht dem Erstbeklagten eben nicht "keine andere Wahl läßt", als den Weg des *impleader* zu beschreiten. Er kann ebensogut von vornherein auf das *vouching in* zurückgreifen. Warum sollte ihm dann das Risiko der Wahl des anerkennungsfähigen Prozeßmittels abgenommen und auf den Dritten übergewälzt werden können? Auch im internen US-Recht kommt es ja immer wieder zu Fällen, in denen eine Drittklage z.B. mangels *personal jurisdiction* über den *third-party defendant* abgewiesen wird — *ohne* daß dies den Effekt hätte, den *third-party complaint* in eine *vouching notice* umzudeuten. Wenn der Erstbeklagte mit der Notwendigkeit eines Vollstreckungszugriffs gegen den Dritten in Deutschland rechnet, dann ist es ihm zuzumuten, sein Vorgehen gegen den letzteren nach den damit jeweils verbundenen Anerkennungschancen einzurichten — zumal er sich einem "normalen" (d.h. Nicht-Dritt-)Kläger gegenüber schon in einer privilegierten Lage insofern befindet, als er sein Procedere dank der Auswahl von *third-party practice* und *vouching in überhaupt* abstufen kann.

Bei einer partiellen "geltungserhaltenden Reduktion" der Drittklage auf internationaler Ebene hätte der Regreßberechtigte übrigens überhaupt keinen Anlaß mehr, sich des *vouching*-Verfahrens zu bedienen; er könnte ja damit rechnen, das mit einer *vouching notice* verfolgbare Minimalziel ebensogut über den *impleader* erreichen zu können.

V. Ergebnis

Eine Residuumanerkennung anerkennungsrechtlich defekter *third-party judgments* ist abzulehnen. Dieses Resultat folgt in erster Linie aus dem erweiterten Prozeßgegenstand, dem sich der *third-party defendant* im Vergleich zum *vouchee* zu stellen hat. Hinzu tritt nach hiesigem Dafürhalten ein mangelndes Bedürfnis nach einer Residuumanerkennung.

Zusammenfassung

1. Das moderne US-amerikanische Recht kennt zwei unterschiedliche Wege, Regreßkonstellationen bzw. die aus ihnen folgenden prozessualen Probleme zu bewältigen, also zu einer einheitlichen gerichtlichen Beurteilung wiederkehrender Streitfragen zu gelangen und ein mehrmaliges Verhandeln derselben zu vermeiden.

a) Die entwicklungsgeschichtlich ältere Möglichkeit ist das *vouching in*, teilweise auch *tender of defense* genannt, dessen Ursprünge im germanischen Gewährschaftsrecht liegen und das später — über manche historische Klippe hinweg — seinen Platz im amerikanischen Prozeßinstrumentarium gefunden hat, den es dort bislang behaupten konnte. Wenngleich sich das *vouching* in seinem heutzutage praktisch wichtigsten Anwendungsfall, dem kaufrechtlichen Mängelgewährleistungsrecht, seit geraumer Zeit auf eine gesetzliche Grundlage — *U.C.C. Section 2-607(5)(a)* — stützen kann, so handelt es sich doch weiterhin im wesentlichen um eine Doktrin des *case law*, deren dogmatische Ausgestaltung in erster Linie dem richterlichen Präzedenzienrecht zu entnehmen ist.

Danach stellt sich das Verfahren nicht nur funktional, sondern auch methodisch als weitgehendes Äquivalent der Streitverkündung deutschen Rechts dar: der betreffende Dritte wird vom ursprünglichen Beklagten per *vouching notice* zum Eintritt in das zwischen den Hauptparteien schwebende Verfahren aufgefordert, aus dem ihm zwar keine Verurteilung, wohl aber die Präklusion bezüglich solcher für den Regreß präjudizieller Feststellungen droht, die bereits in jenem Verfahren zu treffen waren. Im Gegensatz zum Streitverkündeten tritt der *vouchee* allerdings im Prozeß nicht neben, sondern an die Stelle des *voucher*; dieser bleibt freilich nominell Partei.

Der charakteristischen Urteilsbindung des *vouchee* können bestimmte Ausschlußgründe entgegenstehen, von denen fehlende Entscheidungserheblichkeit, der Mangel an streitigem Verhandeln sowie insbesondere das Bestehen eines Interessenkonfliktes auf Seiten des *vouchee* die wichtigsten sind. Entsprechenden Einwänden des jeweiligen Betroffenen ist in der Entscheidungspraxis durchaus häufig Erfolg beschieden.

Die konstatierte Parallelität zur Streiverkündung setzt sich noch in einem weiteren Punkte fort, der maßgeblich dafür verantwortlich ist, daß auf das *vouching in* trotz allgemeiner Verfügbarkeit einer echten Drittklage in den USA auch heute noch zurückgegriffen wird: die Wirksamkeit eines *tender of defense* setzt nicht voraus, daß der zur Verteidigung aufgeforderte Dritte der *personal jurisdiction* des Gerichtes des Erstverfahrens unterliegt. Von der verbreiteten literarischen Kritik an diesem Wesenszug hat sich die Praxis bisher nicht beeindrucken lassen.

b) Als zweite Option bietet sich dem Regreßberechtigten die *third-party practice* an. In ihren Anfängen auf die zweite Hälfte des vorigen Jahrhunderts zurückgehend, stellt die Drittklage in den USA heute ob ihrer größeren Effizienz und dogmatischen Reife das gegenüber dem *vouching in* sowohl theoretisch als auch praktisch deutlich bevorzugte Mittel der subjektiven Verfahrenskonzentration in Rückgriffsfällen dar. Hier wird der Dritte, wiederum auf Initiative des Erstbeklagten, des nunmehrigen *third-party plaintiff*, zur Partei des Verfahrens. Dementsprechend setzt die Zulässigkeit des *impleader* auch voraus, daß das Prozeßgericht *personal jurisdiction* über den *third-party defendant* innehat.

Sind seit der Klageerwiderung in der Hauptsache mehr als zehn Tage vergangen, so bedarf es zur Drittklageerhebung darüberhinaus nach der — nicht nur in dieser Hinsicht Modellcharakter tragenden — bundesgesetzlichen *impleader*-Vorschrift, *Fed. R. Civ. P. 14(a)*, der gerichtlichen Zulassung. Diese Regelung zielt im Verbund mit den sie ergänzenden drittklagespezifischen Antragsbefugnissen der Parteien darauf ab, dem Spannungsverhältnis zwischen dem Ziel der Prozeßkonzentration und den Gefahren einer Verkomplizierung und Verweitläufigung des Gesamtverfahrens Rechnung zu tragen; auf diese Weise wird dem Gericht eine bemerkenswert flexible Handhabung der *third-party practice* ermöglicht.

Die prozessuale Stellung des Drittbeklagten unterscheidet sich prinzipiell nicht von der eines jeden anderen Beklagten — mit der Besonderheit, daß der *third-party defendant* in gleicher Weise wie der *original defendant* zum Bestreiten des Hauptanspruchs berechtigt ist. Mit dieser Befugnis korrespondiert die Bindung des Drittbeklagten an das Verhandlungsergebnis in der Hauptsache.

Konsequenz der Parteieigenschaft des Dritten ist das Ergehen eines Urteils gegen ihn schon im Erstprozeß. Darin liegt der wesentliche Vorzug im Vergleich zum *vouching in*.

2. Die anerkennungsrechtliche Diskussion hat folgende Ergebnisse erbracht:

a) Die Bindungswirkungen, die ein amerikanischer *tender of defense* auslöst, sind in Deutschland als Streitverkündungswirkungen anerkennungsfähig. Da sich das Ausmaß der Präklusion nach amerikanischem Recht im Ergebnis weitgehend mit demjenigen deckt, das auch der deutsche Litisdenunziat zu gewärtigen hat, und im Diskrepanzfalle eher hinter der ZPO zurückbleibt, als über sie hinauszugehen, spielt der Theorienstreit um die Reichweite der Anerkennung ausländischer Urteile vorliegend nur eine untergeordnete Rolle. Zu folgen ist aber jedenfalls der Wirkungserstreckungslehre. An der von ihr aufgestellten Anerkennungsgrenze, die zur Debatte stehende Urteilswirkung dürfe dem deutschen Recht nicht ihrer Art nach fremd sein, scheitert insbesondere spätestens die Anerkennung einer *vouching*-Präklusion aus Vergleich.

Die Anerkennung der durch das *vouching in* hervorgebrachten Interventionswirkung setzt die vollständige Erfüllung des Kataloges des § 328 I ZPO voraus. Dabei sind die einzelnen Vorschriften der Bestimmung aber von vornherein "wirkungsspezifisch" auszulegen, ihre Prüfung also auf die anzuerkennende Streitverkündungswirkung hin auszurichten. Eine (zusätzliche) Prüfung der Grundanerkennungsfähigkeit des US-Urteils ist verfehlt.

b) Auch *third-party judgments* sind in der Bundesrepublik anzuerkennen, d.h. insbesondere vollstreckungsfähig. Dabei wirft die Qualität der Entscheidung als Dritturteil Sonderfragen nur im Bereiche des § 328 I ZPO (nicht dagegen in der Frage der Reichweite der Anerkennung ausländischer Entscheidungen) auf. Hier gilt zu § 328 I Nr. 1 ZPO, daß auf das US-Gericht eine selbständige Basis internationaler Zuständigkeit i.S.d. deutschen IZPR gegenüber dem *third-party defendant* entfallen sein muß. Der ordre public, § 328 I Nr. 4 ZPO, steht einer Anerkennung amerikanischer Dritturteile per se nicht entgegen.

c) Eine Residuumanerkennung anerkennungsrechtlich zu beanstandender *third-party judgments* ist abzulehnen. Grund hierfür ist weniger die drohende Denaturierung der US-Entscheidung als vielmehr die ungleiche Prozeßführungs-, genauer: Einlassungslast von *third-party defendant* und *vouchee*. Außerdem besteht angesichts der Verfügbarkeit des *vouching*-Verfahrens kein echtes Bedürfnis für eine derartige teilweise geltungserhaltende Reduktion.

Literaturverzeichnis

a) englischsprachige Literatur

American Law Institute: Restatement of the Law of Judgments, St. Paul (Minn.) 1942

— Restatement of the Law Second, Judgments 2d, St. Paul (Minn.) 1982

— Restatement of the Law Second, Conflict of Laws 2d, St. Paul (Minn.) 1971

— Restatement of the Law Third, Foreign Relations Law of the United States 3d, St. Paul (Minn.) 1987

Appleman, John A.: Insurance Law and Practice, Vol. 7C, überarb. und hrsg. von W.F. Berdal, St. Paul (Minn.) Stand 1991

Baker, John H.: An Introduction to English Legal History, 3. Aufl., London u.a. 1990

Baker, John H. / *Milsom*, Stroud F.C.: Sources of English Legal History, London/Edinburgh 1986

Bennett, Dale E.: Bringing in Third Parties by the Defendant, 19 Minn. L. Rev. 163 (1935)

Bernard, Kent S.: Vouching to Warranties of Quality: A Legal Anachronism?, 55 U. Det. J. Urb. L. 73 (1977)

Bigelow, Melville M.: History of Procedure in England, Boston 1880

Bishop, R. Doak / *Burnette*, Susan: United States Practice Concerning the Recognition of Foreign Judgments, 16 Int'l Law. 425 (1982)

Blackstone, William: Commentaries on the Laws of England, Vol. 1-4, London 1765-69, Nachdruck Chicago/London 1979

Born, Gary B. / *Westin*, David: International Civil Litigation in United States Courts, Deventer/ Boston 1989

Bostelman, John T.: Due Process Constraints on Vouching as a Device to Bind Non-Parties, 14 Colum. J.L. & Soc. Probs. 189 (1978)

Casad, Robert C.: Issue Preclusion and Foreign Country Judgments: Whose Law?, 70 Iowa L. Rev. 53 (1984)

Cheshire, Geoffrey C. / *North*, Peter M.: Cheshire and North's Private International Law, bearb. von P.M. North und J.J. Fawcett, 12. Aufl., London 1992

Christensen, Robert A.: Note, Does Voucher to Warranty Belong in the UCC?, 18 Stan. L. Rev. 666 (1966)

Cohen, Isadore H.: Impleader: Enforcement of Defendants' Rights Against Third Parties, 33 Colum. L. Rev. 1147 (1933)

Cohn, Ernst J.: Parties, *in* International Encyclopedia of Comparative Law, Vol. 16, Ch. 5, Secs. 5-1 bis 5-278, Tübingen u.a. 1976

Collins, Lawrence: The Civil Jurisdiction and Judgment Act 1982, London 1983

Corkey, James A.: Note, Rule 14: Third Party Practice, 28 Geo. L.J. 826 (1940)

Cound, John J. / *Friedenthal*, Jack H. / *Miller*, Arthur R. / *Sexton*, John E.: Civil Procedure — Cases and Materials, 5. Aufl., St. Paul (Minn.) 1989
(zit.: *Cound u.a.*)

Degnan, Ronan E. / *Barton*, Alan J.: Vouching to Quality Warranty: Case Law and Commercial Code, 51 Cal. L. Rev. 471 (1963)

Dicey, Albert V. / *Morris*, John H.C.: Dicey and Morris on the Conflict of Laws, hrsg. von J.H.C. Morris, 10. Aufl., London 1980 / hrsg. von L. Collins, 11. Aufl., London 1987

Dobbyn, John F.: Insurance Law in a Nutshell, 2. Aufl., St. Paul (Minn.) 1989

Engelmann, Arthur: A History of Continental Civil Procedure, Boston 1927

Farnsworth, E. Allan: An Introduction to the Legal System of the United States, London u.a. 1983

Feirich, John C.: Third-Party Practice, 1967 U. Ill. L.F. 236 (1967)

Flynn, Daniel F.: Sales Law — The "Vouching In" Provision of the Uniform Commercial Code, 36 Conn. B.J. 288 (1962)

Friedenthal, Jack A. / *Kane*, Mary K. / *Miller*, Arthur R.: Civil Procedure, St. Paul (Minn.) 1985

Glanvill, —: The Treatise on the Laws and Customs of the Realm of England Commonly Called Glanvill, hrsg. von George D.G. Hall, London/Edinburgh 1965

Greenbaum, Arthur F.: Jacks or Better to Open: Procedural Limitations on Co-Party and Third-Party Claims, 74 Minn. L.R. 507 (1990)

Gross, Peter A.: Comment, Constitutional Limitations on Vouching, 118 U. Pa. L. Rev. 237 (1969)

Hague Conference on Private International Law: Practical Handbook on the Operation of the Hague Convention of 15 November 1965 on the Service Abroad of Judicial and Extrajudicial Documents in Civil and Commercial Matters, Antwerpen/Apeldoorn 1983
(zit.: Practical Handbook)

Halsbury, Harding S.G.: Laws of England, hrsg. von Lord Hailsham of St. Marylebone, Vol. 37, 4. Aufl. London 1982

Hamilton, Robert W.: Corporations, 3. Aufl., St. Paul (Minn.) 1986

Harper, Fowler V. / *James*, Fleming / *Gray*, Oscar S.: The Law of Torts, Vol. 1-6, 2. Aufl., Boston/Toronto 1986

Haydock, Roger S.: Negotiation Practice, New York u.a. 1984

Hinman, Benjamin: Note, Development of the Common Law Rule Making a Judgment Conclusive Against Warrantors and Indemnitors, 34 Va. L. Rev. 321 (1948)

Holdsworth, William S.: A History of English Law, Vol. 1-16, 3. Aufl., London 1922

James, Fleming / *Hazard*, Geoffrey C. / *Leubsdorf*, John: Civil Procedure, 4. Aufl., Boston u.a. 1992

Jenks, Edward: A Short History of English Law, London 1912

Kaye, Peter: Civil Jurisdiction and Enforcement of Foreign Judgments, Abingdon 1987

Keeton, Robert E. / *Widiss*, Alan I.: Insurance Law (Student Edition), St. Paul (Minn.) 1988

Landis, Debra T.: Annotation, Products Liability: Seller's Right to Indemnity from Manufacturer, 79 A.L.R.4th 278 (1990)

Lynch, Eugene F. / *Reed*, Barry C. / *Young*, Douglas R. / *Taylor*, Stephen E. / *Purver*, Jonathan M. / *Davis*, James J.: Negotiation and Settlement, New York 1992
(zit.: *Lynch u.a.*)

Maltz, Earl M.: Unraveling the Conundrum of the Law of Personal Jurisdiction: A Comment on Asahi Metal Industry Co. v. Superior Court of California, 1987 Duke L.J. 669 (1987)

Martiny, Dieter: Recognition and Enforcement of Foreign Money Judgments in the Federal Republic of Germany, 35 Am. J. Comp. L. 721 (1987)

McCoid, John C.: A Single Package for Multiparty Litigation, 28 Stan. L. Rev. 707 (1976)

von Mehren, Arthur T. / *Trautman*, Donald T.: Jurisdiction to Adjudicate: A Suggested Analysis, 79 Harv. L. Rev. 1121, 1136 (1966)

— Recognition of Foreign Adjudications: A Survey and a Suggested Approach, 81 Harv. L. Rev. 1601 (1968)

Mengler, Thomas M.: Consent Decree Paradigms: Models Without Meaning, 29 B.C. L. Rev. 291 (1988)

Millar, Robert W.: Civil Procedure in the Trial Court in Historical Perspective, New York 1952

Mills, David N.: Comment, Judgments — Conclusiveness of Judgments as Against Persons Liable Over to Original Defendant — Applicability to Cases of Resale of Defective Chattels, 40 Mich. L. Rev. 872 (1942)

Mixon, Donn: Voucher to Products Liability: The Mechanics of U.C.C. § 2-607(5)(a), 29 Ark. L. Rev. 486 (1976)

Moore, James W.: Moore's Federal Practice, bearb. von J.W. Moore u.a., Loseblatt, 2. Aufl., New York u.a. Stand 1992

Nanda, Ved P. / *Pansius*, David K.: Litigation of International Disputes in U.S. Courts, Loseblatt, New York Stand 1991

N.N.: Comment, The Insurer's Duty to Defend Under a Liability Insurance Policy, 114 U. Pa. L. Rev. 734 (1966)

— Note, Developments in the Law — Res Judicata, 65 Harv. L. Rev. 818 (1953)

— Note, Direct Action Statutes: Their Operational and Conflict-of-Law Problems, 74 Harv. L. Rev. 357 (1960)

— Note, The Consent Judgment as an Instrument of Compromise and Settlement, 72 Harv. L. Rev. 1314 (1959)

Oakley, John B. / *Coon*, Arthur F.: The Federal Rules in State Courts: A Survey of State Court Systems of Civil Procedure, 61 Wash. L. Rev. 1367 (1986)

Pollock, Frederick / *Maitland*, Frederic W.: The History of English Law, Vol. 2, Neuausgabe der 2. Aufl., Cambridge u.a. 1968

Prosser, William L. / *Keeton*, W. Page: Prosser and Keeton on the Law of Torts, bearb. von W.P. Keeton u.a., 5. Aufl., St. Paul (Minn.) 1984

Rawle, William H.: A Practical Treatise on the Law of Covenants for Title, 5. Aufl., Boston 1887

Resnik, Judith: Judging Consent, 1987 U. Chi. Legal F. 43

Ristau, Bruno A.: International Judicial Assistance (Civil and Commercial), Vol. 1, Washington 1986

Rosenberg, Maurice / *Smit*, Hans / *Dreyfuss*, Rochelle C.: Elements of Civil Procedure, 5. Aufl., Westbury (N.Y.) 1990

Schopler, E.H.: Annotation, Sufficiency and Timeliness of Notice by Indemnitee to Indemnitor of Action by Third Person, 73 A.L.R.2d 504 (1960)

Scoles, Eugene F. / *Hay*, Peter: Conflict of Laws, 2. Aufl., St. Paul (Minn.) 1992

Selden Society (Hrsg.): Select Cases Concerning the Law Merchant, Vol. 1, Local Courts, London 1908
(zit.: Selden Society, Select Cases)

Siegel, David D.: New York Practice, 2. Aufl., St. Paul (Minn.) 1991

Smit, Hans: International Res Judicata and Collateral Estoppel in the United States, 9 UCLA L. Rev. 44 (1962)

Spencer Bower, George / *Turner*, Alexander K.: The Doctrine of Res Judicata, 2. Aufl., London 1969

Squillante, Alphonse M.: Problems Relating to Vouching In Under the Code, 78 Com. L.J. 320 / 380 / 415 / 444 (1973)

Squillante, Alphonse M. / *Fonseca*, John R.: Wiliston on Sales, Vol. 3, 4. Aufl., Rochester/San Francisco 1974

Teply. Larry L.: Legal Negotiation in a Nutshell, St. Paul (Minn.) 1992

Thorne, Samuel E. (Bearb.): Bracton on the Laws and Customs of England, Vol. 1-4, Cambridge (Mass.) 1968-77

Thorpe, B.: Ancient Laws and Institutes of England, Vol. 1-2, London 1840

Tribe, Laurence H.: American Constitutional Law, 2. Aufl., St. Paul (Minn.) 1988

United States Department of Justice: Instructions for Serving Foreign Judicial Documents in the U.S. and Processing Requests for Serving American Judicial Documents Abroad, 16 I.L.M. 1331 (1977)

Vestal, Allan D.: Rationale of Preclusion, 9 St. Louis U. L.J. 29 (1984)

White, James J. / *Summers*, Robert S.: Uniform Commercial Code, 3. Aufl., St. Paul (Minn.) 1988

Wright, Charles A. / *Miller*, Arthur R. / *Kane*, Mary K.: Federal Practice and Procedure, 2. Aufl., St. Paul (Minn.) ab 1982

b) deutschsprachige Literatur

von Bar, Christian: Internationales Privatrecht, Bd. 1, Allgemeine Lehren, München 1987

Baumbach, Adolf / *Lauterbach*, Wolfgang / *Albers*, Jan / *Hartmann*, Peter: Zivilprozeßordnung, 51. Aufl., München 1993
(zit.: *B/L/Bearbeiter*)

Bernstein, Herbert: Prozessuale Risiken im Handel mit den USA, *in* Konflikt und Ordnung, Festschrift für Murad Ferid zum 70. Geburtstag, hrsg. von A. Heldrich u.a., München 1978, S. 75

Bischof, Helmut: Die Streitverkündung, JurBüro 84, 969 / 1141 / 1309 / 1461

Blumenwitz, Dieter: Einführung in das anglo-amerikanische Recht, 3. Aufl., München 1987

Böckstiegel, Karl-Heinz / *Schlafen*, Dieter: Die Haager Reformübereinkommen über die Zustellung und die Beweisaufnahme im Ausland, NJW 78, 1073

Bülow, Arthur / *Böckstiegel*, Karl-Heinz / *Geimer*, Reinhold / *Schütze*, Rolf A.: Internationaler Rechtsverkehr in Zivil- und Handelssachen, Loseblatt, Bd. 1-3, München Stand 1990
(zit.: *Bülow/Böckstiegel*)

Chrocziel, Peter / *Westin*, David: Die Vollstreckbarkeit ausländischer Urteile und Schiedssprüche, ZVglRWiss 87 (1988), 145

Eibner, Josef-Adolf: Aktuelle Probleme des Streitverkündungsrechts, JurBüro 88, 149 / 281

— Möglichkeiten und Grenzen der Streitverkündung, Erlangen 1986

Endemann, Wilhelm: Das deutsche Zivilprozeßrecht, Heidelberg 1868 (Neudr. Aalen 1969)

Engelmann-Pilger, Albrecht: Die Grenzen der Rechtskraft des Zivilurteils im Recht der Vereinigten Staaten, Berlin 1974

Geimer, Reinhold: Anerkennung und Vollstreckbarerklärung französischer Garantieurteile in der Bundesrepublik Deutschland, ZZP 85 (1972), 196

— Internationales Zivilprozeßrecht, Köln 1987
(zit.: *Geimer*, IZPR)

Geimer, Reinhold / *Schütze*, Rolf A.: Internationale Urteilsanerkennung, Bd. I, 1. Halbbd., München 1983 / 2. Halbbd., München 1984

Gönner, —: Handbuch des deutschen gemeinen Prozesses, Erster Bd., 2. Aufl., Erlangen 1804

Gottwald, Peter: Grundfragen der Anerkennung und Vollstreckung ausländischer Entscheidungen in Zivilsachen, ZZP 103 (1990), 257

Habscheid, Walther J.: Rechtsvergleichende Bemerkungen zum Problem der materiellen Rechtskraft des Zivilurteils, *in* Festschrift für Charalambos N. Fragistas, Thessaloniki 1966, S. 529

Häsemeyer, Ludwig: Die Interventionswirkung im Zivilprozeß — prozessuale Sicherung materiellrechtlicher Alternativverhältnisse, ZZP 84 (1971), 179

Hahn, C. (Hrsg.): Die gesammten Materialien zur Civilprozeßordnung, Berlin 1880

Hay, Peter: Bemerkungen zum deutsch-amerikanischen "Justizkonflikt", DAJV-Newsletter 3/92, S. 33

Heidenberger, Peter / *Barde*, Knut: Die Entscheidung des U.S. Supreme Court zum Haager Zustellungsübereinkommen, RIW 88, 683

Hirte, Heribert: Der amicus-curiae-brief — das amerikanische Modell und die deutschen Parallelen, ZZP 104 (1991), 11

von Hoffmann, Bernd: Gegenwartsprobleme internationaler Zuständigkeit, IPRax 82, 217

Hollmann, Hermann H.: Auslandszustellung in US-amerikanischen Zivil- und Verwaltungssachen, RIW 82, 784

Jarass, Hans D. / *Pieroth*, Bodo: Grundgesetz für die Bundesrepublik Deutschland, 2. Aufl., München 1992

Jauernig, Othmar: Zivilprozeßrecht, 23. Aufl., München 1991

Junker, Abbo: Der deutsch-amerikanische Rechtsverkehr in Zivilsachen — Zustellungen und Beweisaufnahmen, JZ 89, 121

— Einheit und Vielfalt: Die Zivilprozeßrechte der Vereinigten Staaten von Amerika, ZZP 101 (1988), 241

Kallmann, François: Anerkennung und Vollstreckung ausländischer Zivilurteile und Vergleiche, Basel 1946

Kegel, Gerhard: Internationales Privatrecht, 6. Aufl., München 1987

Kittner, Thomas: Streithilfe und Streitverkündung, JuS 85, 703 / 86, 131 / 624

Koch, Harald: Streitverkündung und Drittklage im amerikanisch-deutschen Prozeß, ZVglRWiss 85 (1986), 11

— Zur Praxis der Rechtshilfe im amerikanisch-deutschen Prozeßrecht, Ergebnisse einer Umfrage zu den Haager Zustellungs- und Beweisübereinkommen, IPRax 85, 245

Kommentar zur Zivilprozeßordnung (Reihe Alternativkommentare), hrsg. von R. Wassermann, Neuwied/Darmstadt 1987
(zit.: *AK-ZPO/Bearbeiter*)

Kropholler, Jan: Internationales Privatrecht, Tübingen 1990

— Internationale Zuständigkeit, *in* Handbuch des Internationalen Zivilverfahrensrechts, Bd. 1, Tübingen 1982
(zit.: *Kropholler*, Hdb. IZVR I)

Lange, Dieter G. / *Black*, Stephen F.: Der Zivilprozeß in den Vereinigten Staaten, Heidelberg 1987

Liebermann, F.: Die Gesetze der Angelsachsen, Bd. 1-3, 1913-1916 (Nachdruck Aalen 1960)

Linke, Hartmut: Internationales Zivilprozeßrecht, Köln u.a. 1990

Lüke, Wolfgang: Die Beteiligung Dritter im Zivilprozeß — Eine rechtsvergleichende Untersuchung zu Grundfragen der subjektiven Verfahrenskonzentration, bislang unveröffentlichtes Manuskript der Freiburger Habilitationsschrift 1992

Martiny, Dieter: Anerkennung ausländischer Entscheidungen nach autonomem Recht, *in* Handbuch des Internationalen Zivilverfahrensrechts, Bd.III/1, Tübingen 1984
(zit.: *Martiny*, Hdb. IZVR III/1)

Matscher, Franz: Grundfragen der Anerkennung und Vollstreckung ausländischer Entscheidungen in Zivilsachen (aus österreichischer Sicht), ZZP 103 (1990), 294

— Zur Theorie der Anerkennung ausländischer Entscheidungen nach österreichischem Recht, *in* Festschrift für Hans Schima zum 75. Geburtstag, hrsg. von H.W. Fasching und W. Kralik, Wien 1969, S. 265

Maunz, Theodor / *Dürig*, Günter: Grundgesetz, Kommentar, bearb. von Th. Maunz u.a., Loseblatt, München Stand 1991
(zit.: *M/D/Bearbeiter*)

Merkt, Hanno: US-amerikanisches Gesellschaftsrecht, Heidelberg 1991

Mezger, Ernst: Die Ausschließlichkeit des gewählten Gerichtsstandes (Art. 17 EuGVÜ) aus französischer Sicht, IPRax 84, 331

Milleker, Erich: Die Teilanerkennung fremder Urteile nach Urteilswirkungen in vermögensrechtlichen Streitigkeiten, NJW 71, 303

— Formen der Intervention im französischen Zivilprozeß und ihre Anerkennung in Deutschland, ZZP 84 (1971), 91

— Inlandswirkungen der Streitverkündung im ausländischen Verfahren, ZZP 80 (1967), 288

Müller, Klaus: Zum Begriff der "Anerkennung" von Urteilen in § 328 ZPO, ZZP 79 (1966), 199

Münchener Kommentar zum Bürgerlichen Gesetzbuch, hrsg. von K. Rebmann und F.J. Säcker, Bd. 7, EGBGB/IPR, 2. Aufl., München 1990
(zit.: *MüKo-BGB/Bearbeiter*)

Münchener Kommentar zur Zivilprozeßordnung, hrsg. von G. Lüke und A. Walchshöfer, Bd. 1, München 1992
(zit.: *MüKo-ZPO/Bearbeiter*)

Nagel, Heinrich: Internationales Zivilprozeßrecht, 3. Aufl., Münster 1991

Pfeil-Kammerer, Christa: Deutsch-amerikanischer Rechtshilfeverkehr in Zivilsachen, Tübingen 1987

Pfennig, Günter: Die internationale Zustellung in Zivil- und Handelssachen, Köln u.a. 1988

Planck, J.W.: Das deutsche Gerichtsverfahren im Mittelalter, Erster Band, Braunschweig 1879

Riezler, Erwin: Internationales Zivilprozeßrecht, Berlin/Tübingen 1949

Rosenberg, Leo / *Schwab*, Karl Heinz: Zivilprozeßrecht, 14. Aufl., München 1986

Schack, Haimo: Einführung in das US-amerikanische Zivilprozeßrecht, München 1988
(zit.: *Schack*, US-ZPR)

— Internationales Zivilverfahrensrecht, München 1991
(zit.: *Schack*, IZVR)

— Widersprechende Urteile: Vorbeugen ist besser als Heilen, IPRax 89, 139

Schäfer, Peter Wilhelm: Nebenintervention und Streitverkündung, Köln u.a. 1990

Schellhammer, Kurt: Zivilprozeß, 5. Aufl., Heidelberg 1992

Schiessl, Maximilian: Umstrukturierung amerikanischer Tochtergesellschaften zur Vermeidung einer Durchgriffshaftung der deutschen Mutter?, DB 89, 513

Schlosser, Peter: Legislatio in fraudem legis internationalis, *in* Festschrift für Ernst C. Stiefel zum 80. Geburtstag, hrsg. von M. Lutter u.a., München 1987, S. 683

Schneider, Egon: Über die Interventionswirkungen im Folgeprozeß, MDR 61, 3

Schober, Axel: Drittbeteiligung im Zivilprozeß, Bayreuth 1990

Schröder, Jochen: Internationale Zuständigkeit, Opladen 1971

Schubert, Werner: Entstehung und Quellen der Civilprozeßordnung von 1877, Frankfurt (M.) 1987

Schütze, Rolf A.: Deutsch-amerikanische Urteilsanerkennung, Berlin/New York 1992
(zit.: *Schütze*, Urteilsanerkennung)

— Deutsches Internationales Zivilprozeßrecht, Berlin/New York 1985
(zit.: *Schütze*, DIZPR)

— Die Anerkennung und Vollstreckbarerklärung US-amerikanischer Schadensersatzurteile in Produkthaftungssachen in der Bundesrepublik Deutschland, *in* Beiträge zum internationalen Verfahrensrecht und zur Schiedsgerichtsbarkeit, Festschrift für Heinrich Nagel zum 75. Geburtstag, hrsg. von W.J. Habscheid und K.H. Schwab, Münster 1987

Schurtman, William / *Walter*, Otto L.: Der amerikanische Zivilprozeß, Frankfurt (M.)/Deventer 1978

Schwanecke, Hans-Joachim: Nebenintervention und Rechtskraftwirkung, Heidelberg 1975

Siegel, Heinrich: Geschichte des deutschen Gerichtsverfahrens, Erster Band, Gießen 1857, Nachdr. 1970

von Staudinger, Julius: Kommentar zum Bürgerlichen Gesetzbuch, EGBGB, Einl. zu Art. 7ff. usw., erl. von G. Beitzke u.a., 12. Aufl., Berlin 1984
(zit.: *Staudinger/Bearbeiter*)

Stein, Friedrich / *Jonas*, Martin: Kommentar zur Zivilprozeßordnung, bearb. von W. Grunsky u.a., 20. Aufl., Tübingen ab 1977
(zit.: *St/J/Bearbeiter*)

Stürner, Rolf: Der Justizkonflikt zwischen den USA und Europa, *in* Der Justizkonflikt mit den Vereinigten Staaten von Amerika, hrsg. von W.J. Habscheid, Bielefeld 1986, S. 3

— Europäische Urteilsvollstreckung nach Zustellungsmängeln, *in* Festschrift für Heinrich Nagel zum 75. Geburtstag, hrsg. von W.J. Habscheid und K.H. Schwab, Münster 1987, S. 446

— Förmlichkleit und Billigkeit bei der Klagzustellung im Europäischen Zivilprozeß, JZ 92, 325

Stürner, Rolf / *Stiefel*, Ernst C.: Die Vollstreckbarkeit US-amerikanischer Schadensersatzurteile exzessiver Höhe, VersR 87, 829

Taupitz, Jochen: Verjährungsunterbrechung im Inland durch unfreiwillige Beteiligung am fremden Rechtsstreit im Ausland, ZZP 102 (1989), 288

Thomas, Heinz / *Putzo*, Hans: Zivilprozeßordnung, 17. Aufl., München 1991

Thümmel, Roderich C.: Zum Regreß im US-amerikanischen Produkthaftpflichtprozeß, RIW 88, 359

Vorpeil, Klaus: Haftungsdurchgriff auf deutsche Muttergesellschaften für Verbindlichkeiten ihrer US-amerikanischen Tochtergesellschaften, insbesondere nach New Yorker Recht, RIW 91, 995

Weinschenk, Fritz: Die Anerkennung und Vollstreckung bundesdeutscher Urteile in den Vereinigten Staaten unter den "Foreign Country Money Judgment Recognition Acts", Berlin 1988

Wetzell, Georg: System des ordentlichen Civilprocesses, 3. Aufl., Leipzig 1878

Wieser, Eberhard: Die Interventionswirkung nach § 68 ZPO, ZZP 79 (1966), 246

Wilhelmi, Walter: Die Streitverkündung vom Ausland, NiemeyersZ 48 (1933/34), 105

Zekoll, Joachim: Zur Vollstreckbarkeit eines US-amerikanischen Schadensersatzurteils, RIW 90, 302

Zeuner, Albrecht: Rechtsvergleichende Bemerkungen zur objektiven Begrenzung der Rechtskraft im Zivilprozeß, *in* Festschrift für Konrad Zweigert zum 70. Geburtstag, hrsg. von H. Bernstein u.a., Tübingen 1981, S. 603

Ziegenbein, Ulrich: Die Unterscheidung von Real und Personal Actions im Common Law, Berlin 1971

Zöller, Richard: Zivilprozeßordnung, bearb. von R. Geimer u.a., 17. Aufl., Köln 1991
(zit.: *Zöller/Bearbeiter*)

c) französischsprachige Literatur

Conférence de la Haye de Droit International Privé: Actes et documents de la Dixième Session, Tome III, Notification, Den Haag 1965

FSC
www.fsc.org
MIX
Papier | Fördert gute Waldnutzung
FSC® C083411

Kolibri 360 GmbH
Ferdinand-Jühlke-Straße 7
99095 Erfurt, Deutschland
produktsicherheit@kolibri360.de

Druck:
CPI Druckdienstleistungen GmbH
im Auftrag der
Kolibri 360 GmbH
Ferdinand-Jühlke-Str. 7
99095 Erfurt